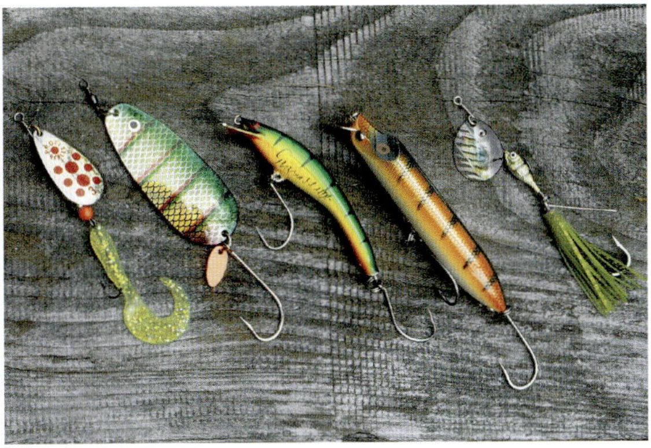

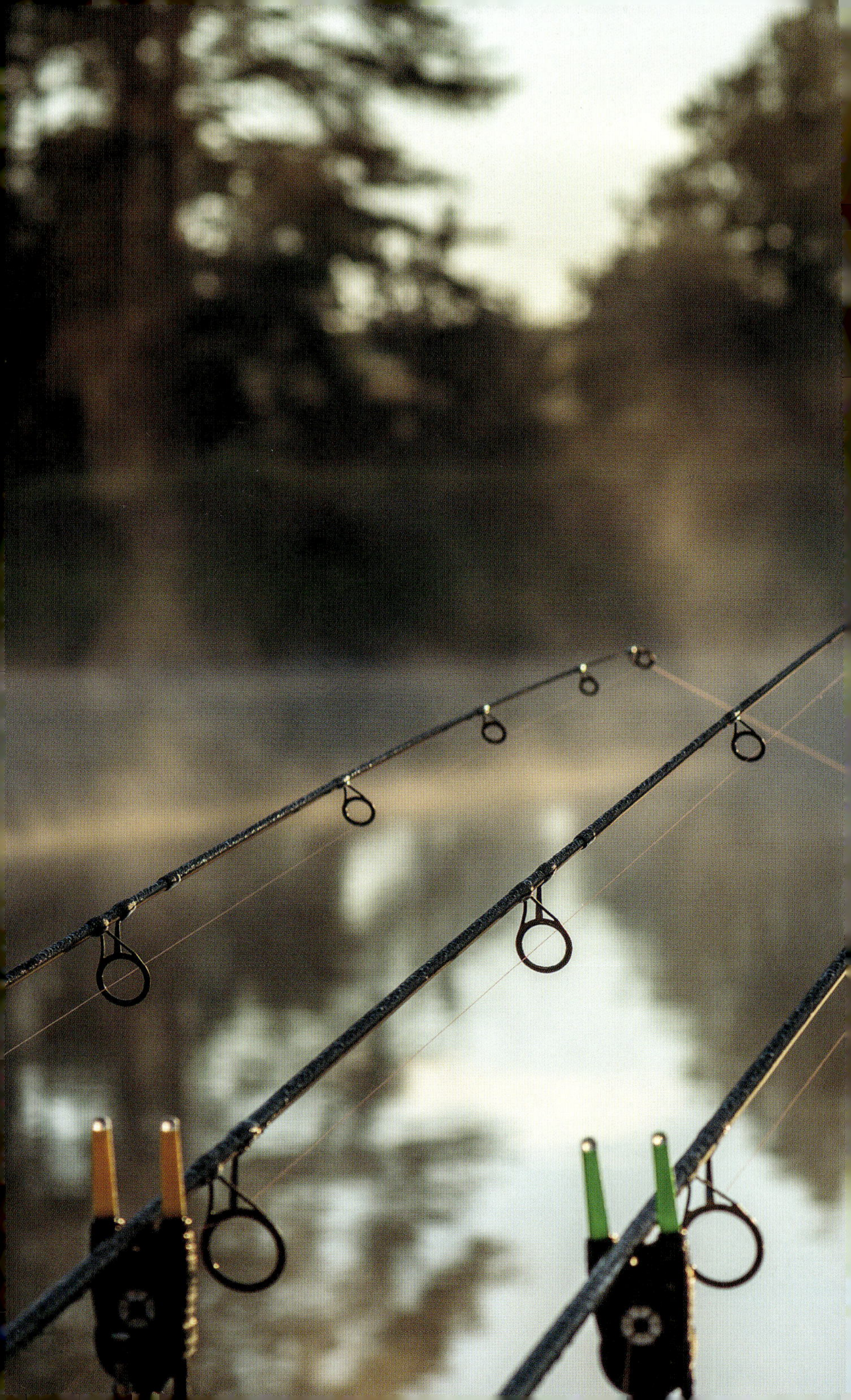

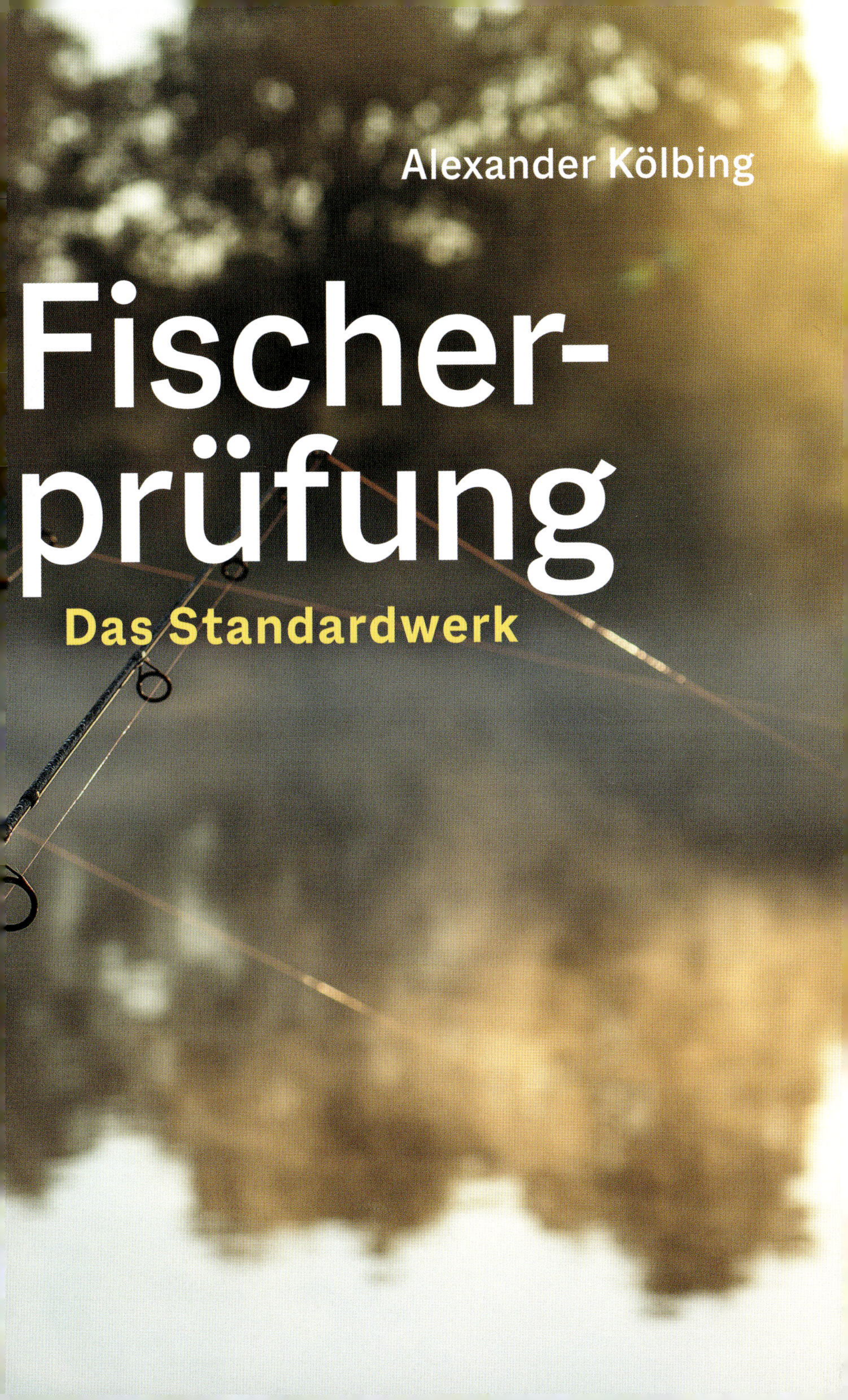

Alexander Kölbing

Fischer-prüfung

Das Standardwerk

Was Sie in diesem Buch finden

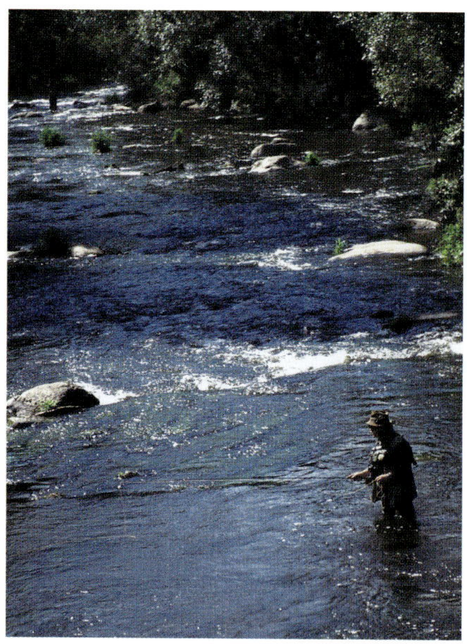

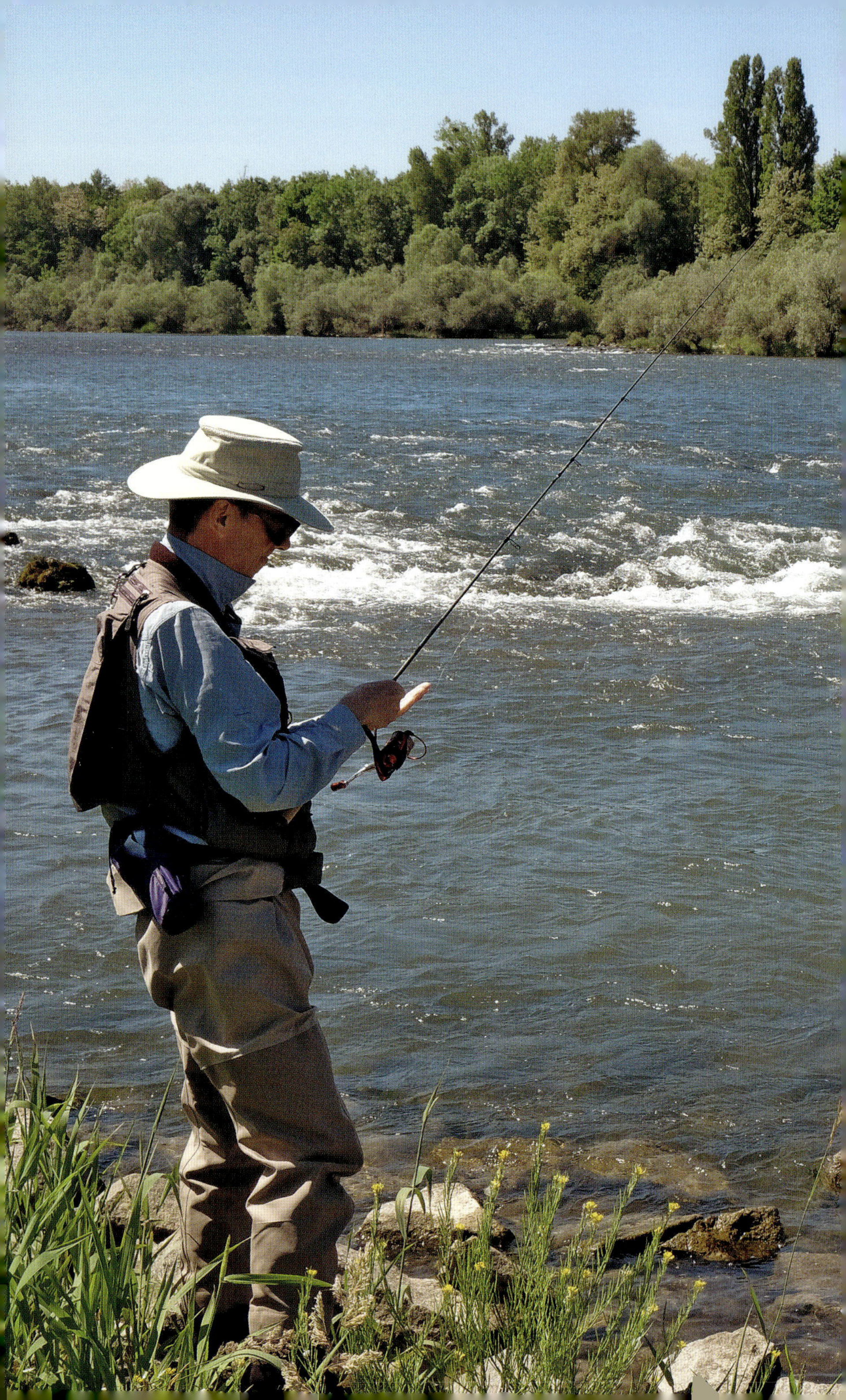

Vorwort

Fischfang ist so alt wie die Geschichte der Menschheit. Die Entwicklung der Fanggeräte bis zum heutigen Tag zeugt von der Phantasie und dem Ideenreichtum, welche die Fische zu allen Zeiten den Menschen zu ihrer Überlistung abverlangt haben. Neben Fischspeeren zählen Reusen und Netze, aber auch die Angel zu diesen Gerätschaften. Schon die Fischer der Bronzezeit benutzten kunstvoll geschmiedete Haken, die sich in ihrer Form von den heute gebräuchlichen kaum unterscheiden. Früher diente die Angelfischerei dem Lebensunterhalt, in unserer Gesellschaft ist sie zu einer sinnvollen Freizeitgestaltung geworden, eng mit der Pflege der heimatlichen Natur und ökologiegerechter Hege der Fischbestände verbunden. Noch um das Jahr 1920 waren es in Deutschland nur wenige, die sich einer solchen Fischerei verschrieben hatten. Das bisher stille Vergnügen wandelte sich in den 1950er Jahren immer mehr zu einer sportlichen Disziplin. Preisfischen und Wettkampfangeln hatten an vielen Gewässern hohen Stellenwert. Im Zuge dieser Entwicklung entstand seitens des Gesetzgebers der Erlass zur Staatlichen Fischerprüfung. Sie ist als Befähigungsnachweis im Umgang mit den gefangenen Fischen zu sehen. Die Idee war damals, die sachkundige Beschäftigung mit den Fischen und ihren Gewohnheiten zu fördern. Das bewusste Erleben der Natur einschließlich aktiver Natur- und Tierschutzarbeit sowie das Gefühl innerer Ruhe und Entspannung sollte wieder in den Vordergrund gerückt werden. Das Originalbuch »Sportfischerprüfung leicht gemacht« entstand 1979. Die grundlegende Idee damals und auch heute noch ist, den Lernstoff an den bekannt gewordenen Prüfungsfragen zu orientieren. Das hat den Erfolg dieses Buches entscheidend geprägt.

Der Verlag geht jetzt noch einen ganz entscheidenden Schritt weiter, was den Lernvorgang nochmals deutlich erleichtert: Sie können die Fische mit ihren prüfungsrelevanten Körpermerkmalen lebend betrachten. Dazu scannen Sie einfach mit Ihrem Mobiltelefon den QR-Code, der beim jeweiligen Fisch-Steckbrief platziert ist. Denn es sind die Augen, die nachweislich den besten Lerneffekt garantieren.

Mit diesem Buch verbindet der Autor nicht nur den Wunsch, Ihnen lieber Leser und liebe Leserin, durch die Kenntnisse von den Fischen und der Fischerei zum Bestehen der Prüfung zu verhelfen, sondern in erster Linie auch die Hoffnung, dass Sie in unserer hektischen Zeit der beschaulichen Seite des Angelns wieder mehr Beachtung schenken.

Warum eine Fischerprüfung?

Sie haben sich entschlossen, Fischer zu werden. Sie widmen damit Ihre Freizeit einer herrlichen Beschäftigung, in deren Mittelpunkt nicht nur die Faszination des Fischfanges, sondern auch die Begegnung mit der Natur, mit Gleichgesinnten, vielleicht sogar mit sich selbst, steht. Vor das Erlebnis eines aufregenden Drills hat der Gesetzgeber jedoch eine staatliche Prüfung zum Erwerb des Fischereischeines (Fischerprüfung) gestellt. Erst nach deren Bestehen kann der Staatliche Fischereischein erteilt werden. Er ermöglicht eine wirksame Kontrolle des Fischereiausübenden und dient als Unbedenklichkeitsbescheinigung. Die zuständige Behörde hat nämlich die Möglichkeit, Personen den Fischereischein zu versagen, wenn Zweifel an der Eignung des Bewerbers im Hinblick auf ordnungsgemäße Ausübung des Fischfanges begründet sind. Ist keine Gewähr für die Einhaltung fischereilicher Schutzbestimmungen gegeben, können auch bereits vergebene Fischereischeine für ungültig erklärt und eingezogen werden. Mit bestandener Fischerprüfung wird schließlich ein Befähigungsnachweis erteilt. Als erstes Bundesland hat Bayern für die Erteilung des Fischereischeines 1971 das Bestehen der Staatlichen Fischerprüfung zur Voraussetzung gemacht.

In der Bundesrepublik gibt es derzeit weit über eine Million Inhaber Staatlicher Fischereischeine. Vor dem Hintergrund einer hohen Zahl von Anglern und dem damit verbundenen Druck auf die fischereilich zu nutzenden Gewässer müssen unsere Seen, Flüsse und Bäche im Zustand entsprechender Ertragsfähigkeit sein. Um die Fangerwartungen des einzelnen auch nur einigermaßen befriedigen und dabei gleichzeitig die Gewässer vor Überfischung schützen zu können, bedarf es fachgerechter und zielbewusster Maßnahmen. Darunter fallen nicht nur weidgerechter Fischfang, sondern auch die Bewirtschaftung der Gewässer unter dem Gesichtspunkt natürlicher Reproduktion der Fischbestände, eventuell auch angemessener Besatz, dauernde Gewässerpflege und die Vorbeugung gegen Fischkrankheiten. Jeder Fischer ist aufgefordert, zur ordnungsgemäßen Gewässerbewirtschaftung beizutragen und in diesem Sinne auch Verantwortung zu übernehmen. Eine qualifizierte Ausbildung ist Voraussetzung, diesen fachlichen Ansprüchen gerecht werden zu können. Die intensive Beschäftigung mit dem gesamten Fischereiwesen ist dafür unerlässlich. Sie werden später sehen, dass Ihnen das Verständnis für manches fachliche Problem im Wesentlichen durch Ihre Ausbildung ermöglicht wurde. Außerdem sollten Sie die Aneignung des Prüfungsstoffes nicht als lästige Pflicht ansehen, sondern als eine Sache, die Spaß macht. Je mehr Sie sich mit den einzelnen Prüfungsgebieten auseinandersetzen, desto reizvoller bietet sich der nicht geringe Umfang des Lernstoffes dar. Es werden Ihnen Zusammenhänge klar, die vielleicht beim ersten Überlesen als Widersprüche erschienen sind. Schneller als erwartet aber wird für Sie der Lerninhalt überschaubar, sodass Sie unbesorgt in die Prüfung gehen und diese mit Erfolg ablegen können.

Der Prüfungsstoff umfasst bundeseinheitlich die Disziplinen

1. Fischkunde und -hege,
2. Pflege der Fischwasser,
3. Fanggeräte und ihr Gebrauch,
4. Fischereiliche Praxis und Behandlung

der gefangenen Fische einschließlich des Tierschutzes,

5. Rechtsvorschriften, welche die Ausübung der Fischerei, den Schutz und die Erhaltung der Fischbestände, sowie die Pflege und Sicherung standortgerechter Lebensgemeinschaften regeln, einschließlich des Naturschutzrechts.

Prüfungsfragen

Obwohl die Prüfungsdisziplinen einheitlich sind, gibt es teils deutliche Unterschiede in den Prüfungsverfahren, z. B. zur Anzahl und Beantwortungsweise der Fragen, zum Bestehen der Prüfung usw. Es ist deshalb empfehlenswert, dass Sie sich rechtzeitig vor der Prüfung über deren Modalitäten in Ihrem Bundesland informieren.

Mit Durchführung der theoretischen Fischerprüfungen im Bundesgebiet ist eine erhebliche Anzahl von Prüfungsfragen bekannt geworden, sodass die Schwierigkeit der Prüfung in etwa abgeschätzt werden kann. In diesem Buch sind über **1000 Fragen** aus allen Bundesländern aufgeführt, zwar nicht immer in den gleichen Formulierungen, aber sinngemäß von den Inhalten her. Es besteht daher eine hohe Wahrscheinlichkeit, dass auch Fragen zukünftiger Fischerprüfungen in dieser Fragensammlung enthalten sind. In den Prüfungen werden zu jeder Frage drei mögliche Antworten vorgegeben, von denen in der Regel nur eine richtig ist, in manchen Bundesländern können es aber auch zwei, möglicherweise sogar alle drei sein. Um Ihnen das Lernen zu erleichtern, wird bei den angeführten Beispielsfragen jeweils nur die richtige Antwort genannt.

Achtung Prüfungsstoff!

Wer darüber hinaus zusätzliche Aufklärung, insbesondere im Hinblick auf spezi-

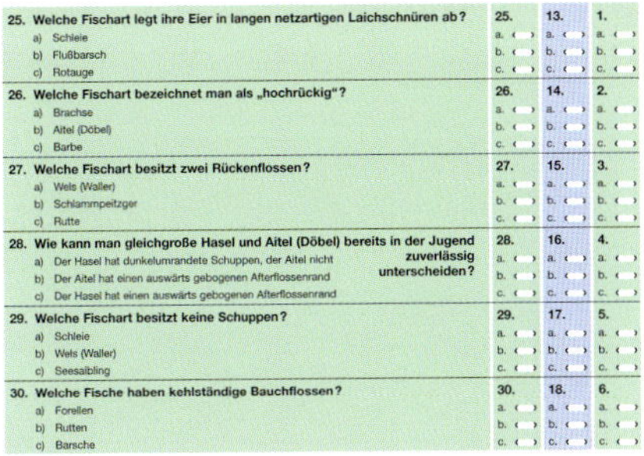

25. Welche Fischart legt ihre Eier in langen netzartigen Laichschnüren ab? a) Schleie b) Flußbarsch c) Rotauge	25. a. ( ) b. ( ) c. ( )	13. a. ( ) b. ( ) c. ( )	1. a. ( ) b. ( ) c. ( )
26. Welche Fischart bezeichnet man als „hochrückig"? a) Brachse b) Aitel (Döbel) c) Barbe	26. a. ( ) b. ( ) c. ( )	14. a. ( ) b. ( ) c. ( )	2. a. ( ) b. ( ) c. ( )
27. Welche Fischart besitzt zwei Rückenflossen? a) Wels (Waller) b) Schlammpeitzger c) Rutte	27. a. ( ) b. ( ) c. ( )	15. a. ( ) b. ( ) c. ( )	3. a. ( ) b. ( ) c. ( )
28. Wie kann man gleichgroße Hasel und Aitel (Döbel) bereits in der Jugend zuverlässig unterscheiden? a) Der Hasel hat dunkelumrandete Schuppen, der Aitel nicht b) Der Aitel hat einen auswärts gebogenen Afterflossenrand c) Der Hasel hat einen auswärts gebogenen Afterflossenrand	28. a. ( ) b. ( ) c. ( )	16. a. ( ) b. ( ) c. ( )	4. a. ( ) b. ( ) c. ( )
29. Welche Fischart besitzt keine Schuppen? a) Schleie b) Wels (Waller) c) Seesaibling	29. a. ( ) b. ( ) c. ( )	17. a. ( ) b. ( ) c. ( )	5. a. ( ) b. ( ) c. ( )
30. Welche Fische haben kehlständige Bauchflossen? a) Forellen b) Rutten c) Barsche	30. a. ( ) b. ( ) c. ( )	18. a. ( ) b. ( ) c. ( )	6. a. ( ) b. ( ) c. ( )

Teil eines bayerischen Prüfungsbogens aus den 1980er Jahren.

elle Fragen der Fischerei, wünscht, kann dieses Wissen in den Vorbereitungskursen zur Fischerprüfung erwerben, wie sie alljährlich von den Fischereiorganisationen abgehalten werden. In Bayern ist z.B. die Teilnahme an einem Vorbereitungskurs Pflicht. Nur so wird man zur Prüfung zugelassen. Bei der Vorbereitung auf die Fischerprüfung besteht nach wie vor das Problem mit der Gesetzeskunde. Das resultiert aus der Tatsache, dass das Fischereirecht Länderrecht ist. Trotz vieler Gemeinsamkeiten gibt es Unterschiede. Dies wird besonders an den Ausführungsbestimmungen deutlich. Während in allen Gesetzen beispielsweise die Schutzwürdigkeit der Fische durch Erlass von Schonmaßen und Schonzeiten dokumentiert ist und damit eigentlich von einem einheitlichen Rahmen gesprochen werden kann, weichen die genannten Ausführungsbestimmungen häufig voneinander ab. Vergleichen Sie hierzu nur einmal die unterschiedlichen Schonmaße in Bayern, Nordrhein-Westfalen und Brandenburg. Die Juristen unter Ihnen werden beim Studium der Gesetzestexte eine ganze Reihe zusätzlicher Abweichungen feststellen können. Wir wollen hier aber nur das ausdrücklich erwähnen, was im Hinblick auf die Fischerprüfung von Bedeutung ist.

A Fischkunde

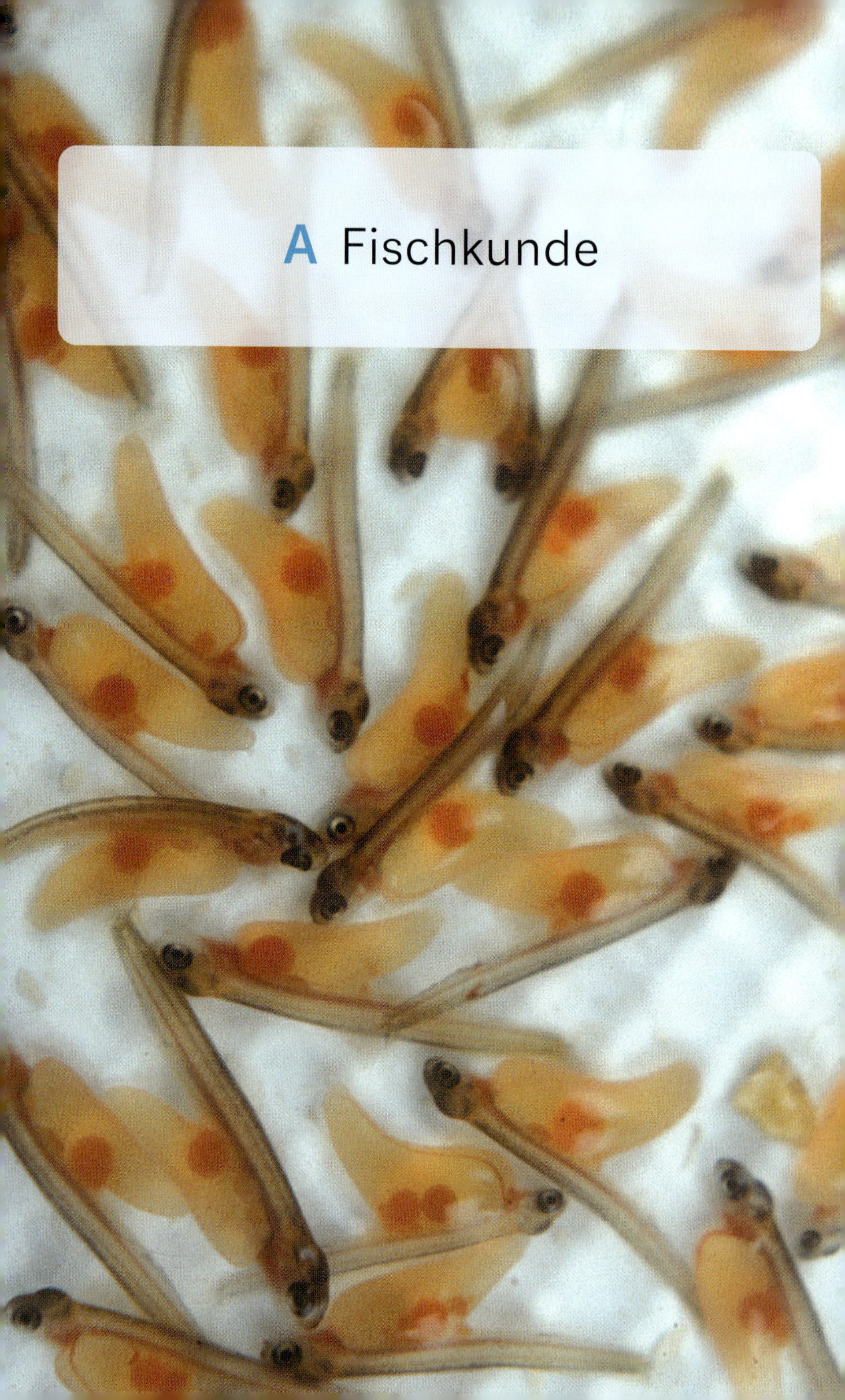

Lachse im sogenannten »Dottersackstadium«. Der Dottersack dient als Nahrungsquelle bis die Jungfische in der Lage sind, sich selbst zu ernähren.

Machen Sie sich folgendes zur Angewohnheit: Egal an welcher Stelle in diesem Buch ein Fischname fällt, schlagen Sie *sofort* im Bildteil (Seite 80 ff.) nach und schauen Sie sich den Fisch dann genauestens an. Fische zu kennen, ist die halbe Prüfung! Beachten Sie den charakteristischen Körperbau. Ordnen Sie den Fisch auf Grund seiner äußeren Merkmale den einzelnen Familien zu, z.B. die Fische mit der Fettflosse den Salmoniden. Auch Färbung und körperliche Besonderheiten wie die Zahl der Barteln oder die Stellung des Maules prägen Sie sich genau ein. Schauen Sie die Fische solange immer wieder an, bis Sie sich jede einzelne Fischart mit all ihren Eigentümlichkeiten jederzeit vorstellen können. Der QR Code unterstützt Sie dabei zusätzlich.

Einteilung der Fische

Fische gehören zu den Wirbeltieren. Es gibt rund 20 000 Arten. Davon leben etwa 5000 im Süßwasser. Rund 70 Arten schwimmen in unseren heimischen Bächen, Flüssen und Seen. Eine sehr große Artenvielfalt findet sich z.B. im Wassereinzugsgebiet der Donau. Hier sind rund 50 Arten zu Hause. Das Donaueinzugsgebiet umfasst jenen Bereich, in dem alle Fließgewässer der Donau zustreben. Zu den typischen Fischarten, die nur im Donaueinzugsgebiet heimisch sind, gehören z.B.:

- Huchen, Perlfisch und Frauennerfling, sowie
- Streber, Zingel und Schrätzer.

Für die Fischerprüfungen in Deutschland interessieren nicht nur Süßwasserarten, sondern auch die in unseren Küstenregionen vorkommenden Meeresfische. Die für uns wichtigen Fischgruppen können wie folgt eingeteilt werden:

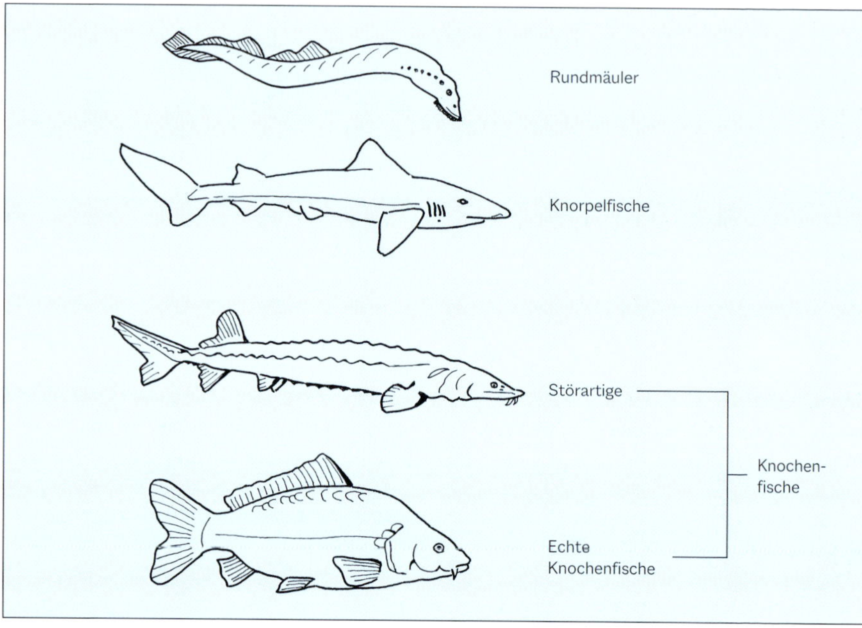

Einteilung der Fische.

- Rundmäuler (Neunaugen)
- Knorpelfische
- Knochenfische
  - Störartige (z.B. Stör, Sterlet)
  - Echte Knochenfische

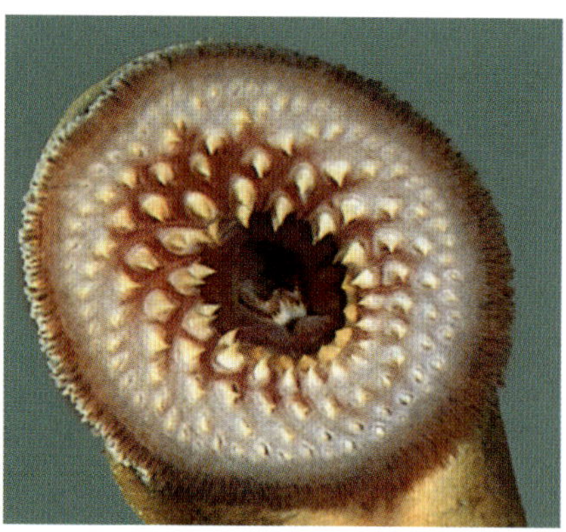

Das mit Hornzähnen besetzte runde Saugmaul eines Flußneunauges.

Rundmäuler

Zu diesen gehören die Neunaugen. Zoologisch werden sie nicht zu den Fischen gezählt. Ihr rundes Saugmaul ist mit Hornzähnen bewaffnet und sie besitzen ein knorpeliges Skelett. In Deutschland kommen das Meer-, Fluss- und Bachneunauge vor. Der Name Neunauge erklärt sich daher, dass, egal von welcher Seite her betrachtet, jeweils das unpaare Nasenloch, 1 Auge und 7 Kiemenöffnungen zu erkennen sind.

Das Bachneunauge *(Lampetra planeri)* lebt nur im Süßwasser, während Flussneunauge *(Lampetra fluviatilis)* und Meerneunauge *(Petromyzon marinus)* im Meer leben und zum Laichen ins Süßwasser aufsteigen. Bachneunaugen ernähren sich im Jugendstadium von Kleintieren, als Erwachsene nehmen sie keine Nahrung mehr auf. Im Gegensatz dazu schmarotzen Meer- und Flussneunauge an Fischen, indem sie sich an ihnen festsaugen und Blut und Gewebe entnehmen. In Deutschland sind die Bestände an Meer- und Flussneunaugen durch Gewässerverschmutzung stark zurückgegangen. Seit einigen Jahren zeigt das Flussneunauge besonders im Bereich von Elbe, Oder und Rhein aber wieder aufsteigende Tendenz, nicht jedoch im Donaugebiet. Das Bachneunauge konnte sich vor allem in sauberen Forellenbächen recht gut halten und ist häufiger als gemeinhin angenommen. Die Larven der Neunaugen heißen *Querder*. Sie leben im Gewässerboden und entwickeln sich in einem Zeitraum von 10 Monaten bis 4 Jahren - je nach Art - zum geschlechtsreifen Tier.

Knorpelfische

Die bekanntesten Vertreter, mit denen auch der Angler im Meer in Berührung kommen kann, sind *Haie* und *Rochen*. Sie besitzen *keine Kiemendeckel* und *keine Schwimmblase*. Es gibt Haiarten, die vor allem im Freiwasser der Ozeane schwimmen, andere leben eher am Grund wie z.B. der Dornhai im Nordatlantik und seinen Randmeeren (z. B. Nordsee). Sein charakteristisches Erkennungsmerkmal ist je ein Dorn vor den beiden Rückenflossen.

Knochenfische

Diese Gruppe umfasst u.a. die *»Störartigen«* und die *»Echten Knochenfische«*. Störe verfügen, obwohl auch »Schmelzschupper« genannt, über *keine Schuppen*. Sie schützen sich durch sog. Seiten- und Bauchschilde (Knochenplättchen). Von dem Material, aus dem diese Knochenplättchen bestehen, glaubte man ursprünglich, dass es dem Zahnschmelz ähnlich sei.

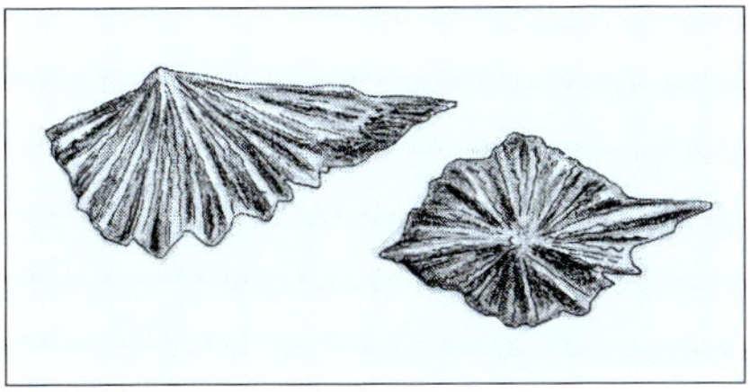

Knochenplättchen des Störs. Er trägt sie anstelle von Schuppen.

Die für uns Angler wichtigsten Arten sind die *Echten Knochenfische*. Ihr Skelett ist knöchern. In diesem Buch teilen wir sie der Einfachheit halber in vier große Gruppen ein. Es wird hier nur auf jene Fische näher eingegangen, die Gegenstand Ihrer Lernvorbereitung sein müssen.

Lachsartige (*Salmoniden*)

Lachs, Meerforelle, Bachforelle, Seeforelle, Huchen, Seesaibling, Bachsaibling, Regenbogenforelle zählen zu den Salmoniden, ebenso auch die Renken (Maränen, Felchen), die in ihrer Gesamtheit auch als Coregonen bezeichnet werden.

Auch die Äsche gehört dazu. Entfernt mit den Salmoniden verwandt ist der in europäischen Küstengewässern lebende Stint. Alle diese Arten haben als äußeres,

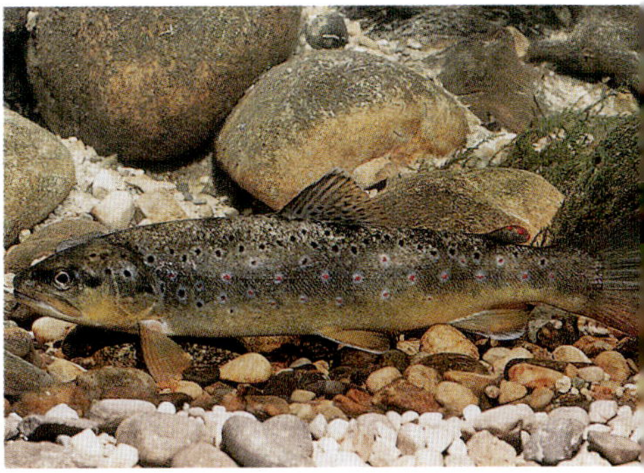

Die Bachforelle gehört zu den Salmoniden.

untrügliches Kennzeichen eine *Fettflosse*. Diese ist keine echte Flosse, sondern eine strahlenlose Hautfalte zwischen Rücken- und Schwanzflosse. Die Salmoniden sind wertvolle Speisefische. Zu den wichtigen Angelfischen gehören vor allem die Angehörigen dieser Lachsfamilie und die Äsche. Maränen (Renken, Felchen) haben dort, wo sie vorkommen, viele Anhänger. Sie sind sehr wohlschmeckend. .

Karpfenartige, Weißfische (*Cypriniden*)

Diese Fischgruppe besitzt die *größte Artenzahl*. Zu ihr gehören der Karpfen, Schleie, Karausche, Blei (Brachse), Güster, Zobel, Zope, Barbe, Nase, Zährte, Perlfisch, Aland (Nerfling), Frauennerfling, Döbel (Aitel), Rapfen (Schied), Rotfeder, Rotauge (Plötze), Giebel, Gründling, Schneider, Mairenke, Ukelei (Laube), Hasel, Bitterling, Elritze, Grasfische.

Die Karpfenfische weisen mehrere Gattungen und zahlreiche Arten auf. Sie werden in diesem Buch vereinfacht als Karpfenartige oder eben Cypriniden zusammengefasst. Viele Arten in dieser Gruppe werden wegen ihres Grätenreichtums verschmäht. Karpfen und Schleien nehmen als wertvolle Speisefische eine Sonderstellung ein, obwohl die Schleie besonders viele Gräten aufweist. Hinweise wie man grätenreiche Fische zubereitet, finden Sie am Ende dieses Buches im Abschnitt Verwertung. Manche der Cypriniden bilden Unterarten und Variietäten. So der Aland die rotgoldgefärbte Goldorfe und der Giebel den Goldfisch. Der Wild- oder Schuppenkarpfen ist die *Urform* aller anderen Karpfen, wie z.B. des Spiegel- oder Lederkarpfens.

Bis auf *Döbel* und *Rapfen*, die im *Erwachsenenstadium Raubfische* sind, gelten die Cypriniden als *Friedfische*. Sie sind Kleintier- und teilweise auch Pflanzenfresser. Typisch für sie ist: sie besitzen *keinen Magen* und haben *keine Fettflosse*. Sozusagen als Widerlager zu den Schlundknochen im Unterkiefer besitzen sie eine Kauplatte im Oberkiefer. Sie weisen damit ganz spezielle Kauwerkzeuge auf. Für die Cypriniden sind die *Schlundknochen* wichtige Bestimmungsmerkmale. Alle anderen heimischen Fischarten haben keine Kauplatte (Ausnahme: Schmerlen).

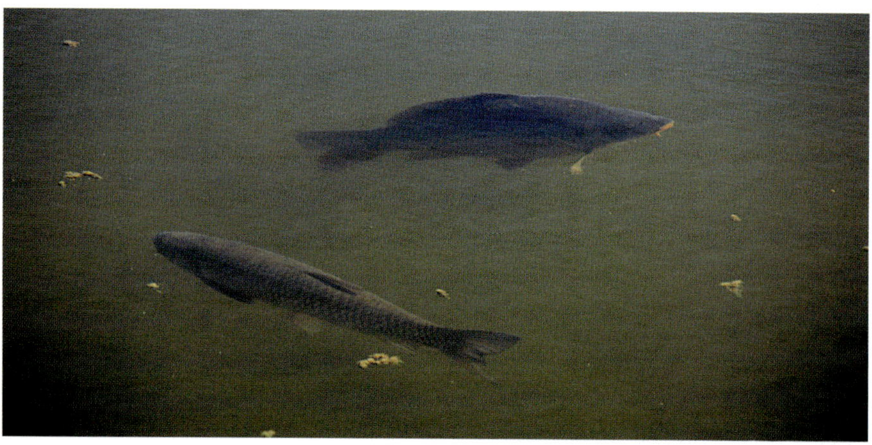

Ein Spiegelkarpfen (oben) und ein Grasfisch (unten) haben ganz ähnliche Ansprüche an ihren Lebensraum.

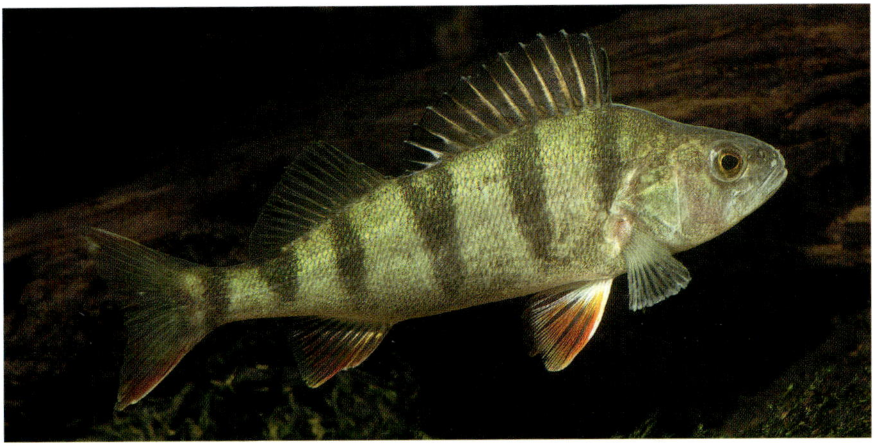

Ein Flussbarsch, der typische einheimische Vertreter der barschartigen Fische, zeigt sich hier in seiner ganzen Schönheit.

Barschartige (*Perciden*)

Die wichtigsten Arten sind Barsch (Flussbarsch) und Zander. Weitere Vertreter sind Zingel, Schrätzer, Streber und Kaulbarsch. Auch die Einwanderer aus Nordamerika wie Forellenbarsch, Schwarzbarsch und Sonnenbarsch werden dazu gezählt.

Die Barschartigen werden ihrer rauen, kammartigen Schuppen wegen auch *Kammschupper* genannt. Die Kammschuppen sowie die Tatsache, dass alle diese Fische brustständige Bauchflossen haben, macht die Zuordnung zu dieser Gruppe einfach. Alle Barschartigen sind *Raubfische* und die erste vordere Rückenflosse besitzt bei allen Arten harte *Stachelstrahlen*, die, wenn aufgestellt, zur Drohung und Abwehr dienen. Besonders Zander und Barsch werden von Feinschmeckern und Anglern hoch geschätzt.

Übrige Fischarten

In diese vierte Gruppe werden hier der Einfachheit halber alle anderen Fischarten eingeordnet, die entweder nur eine kleine Gruppe bilden oder nur als einzelner Vertreter einer Familie oder Gattung vorkommen. Es würde an dieser Stelle zu weit führen, die einzelnen Verwandtschaftszugehörigkeiten in aller Genauigkeit zu erörtern. Dies ist für die Fischereiprüfung ohne Bedeutung. Wer sich in dieser Hinsicht wissenschaftlich informieren will, schlägt in speziellen Bestimmungsbüchern nach.

In die Gruppe »Übrige Fischarten« fallen u.a.Wels, Zwergwels, Aal, Quappe (Rutte, Trüsche), Hecht, Stör, Stichling, Koppe (Mühlkoppe), Schmerle, Schlammpeitzger, Steinbeißer. Auch Krebse und Muscheln werden behandelt.

Meeresfische

Verschiedene für den Angler wichtige Meeresfische in der Nord- und Ostsee werden in einer weiteren Gruppe zusammengefasst. Sie können in den Prüfungen der nördlichen Bundesländer besonders vorkommen: Dazu gehören u.a. Hering, Hornhecht, Dorsch, Aalmutter, Makrele, Scholle, Flunder und Dornhai.

Hinweis: Prägen Sie sich die Hauptmerkmale der einzelnen Arten besonders gut ein, denn auf diese ist ein Großteil der Prüfungsfragen zugeschnitten. Durch rasches Zuordnen einzelner Fische in ihre Familiengruppen haben Sie typische Eigenschaften der jeweiligen Fische parat. Stören Sie sich nicht an den wissenschaftlichen Bezeichnungen *Salmoniden* (Lachsartige) oder *Cypriniden* (Karpfenartige). Diese aus dem Lateinischen kommenden Bezeichnungen haben sich in der Fischersprache eingebürgert und Sie werden sie auch später bei Unterhaltungen zwischen Anglern immer wieder hören.

Um die Vielzahl der Fische geordnet vor Ihr geistiges Auge zu bekommen, orientieren Sie sich zu Beginn am besten an den besonders auffälligen Körpermerkmalen. Wir wissen ja schon auf Grund von Fettflossen, Kammschuppen oder Kauplatten von der Familienzugehörigkeit der Fische. Nun werden wir uns weitere nicht minder wichtige Erscheinungsmerkmale vor Augen führen.

?

1 | Zu welcher Gruppe der Wirbeltiere gehören die meisten einheimischen Süßwasserfische?
Zu den Knochenfischen.

2 | Welche Fischarten gehören zu den Schmelzschuppern?
Sterlet und Stör.

3 | Wie viele heimische Süßwasserfischarten kommen in Deutschland vor?
70 Arten.

4 | Zu welcher Familie gehört der Sterlet?
Zur Familie der störartigen Fische.

5 | Welche für den Angler interessanten Fischarten waren ursprünglich in deutschen Gewässern nicht anzutreffen?
Bachsaibling, Regenbogenforelle, Grasfische.

Besondere Bezeichnungen

Mitunter trifft man auf spezielle Fischbezeichnungen. Sie sind Sprachgebrauch, bedeuten aber keine eigene Art. Einige Beispiele, um späteren Irritationen vorzubeugen:

Steinforelle: Meist Bachforellen, die in einem nahrungsarmen, kalten Bach leben und deswegen kleinwüchsig bleiben. Meistens gekennzeichnet durch einen relativ großen Kopf und einen dünnen schmalen Körper.

Schwarzreuter: Die Zwergform eines Seesaiblings in Hochgebirgsseen (z. B. Königssee).

Elsässer Saibling: Die Kreuzung zwischen Seesaibling und Bachsaibling. Eine Zuchtform für den Verkauf als Speisefisch.

Tigerfisch: Die Kreuzung zwischen Bachsaibling und Bachforelle.

Lachsforelle: Eine reine Marktbezeichnung für eine meist in Teichen oder Käfigen herangezogene Regenbogenforelle mit lachsrotem Fleisch. Die Rotfärbung stammt von karotinhaltigem Futter. Das rötliche Fleisch von Wildfischen stammt dagegen in erster Linie aus dem Verzehr von Kleinkrebsen (z. B. Bachflohkrebsen), die einen dem Karotin ähnelnden Farbstoff enthalten.

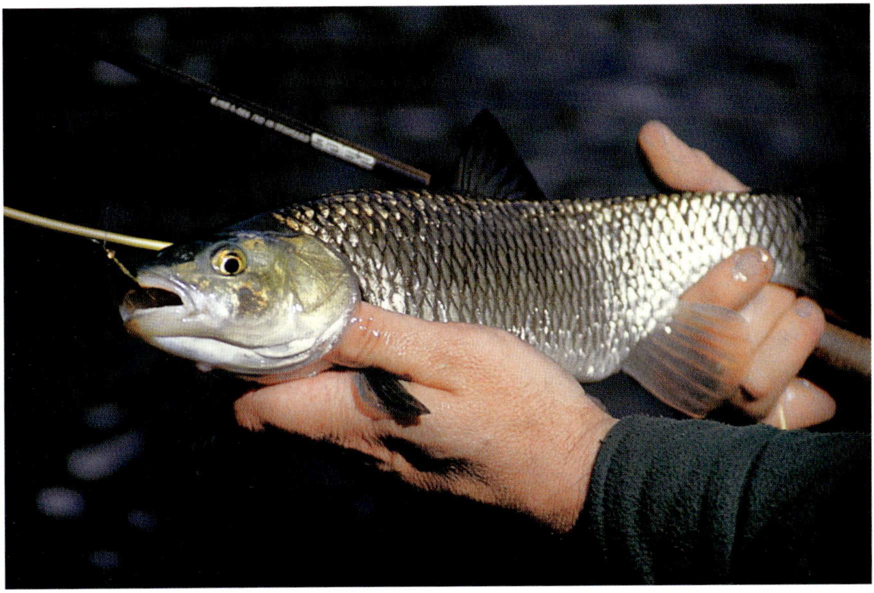

Der Döbel oder Aitel gehört zu den karpfenartigen Fischen (Cypriniden).

6 | Welche Besonderheit weist das Maul der Neunaugen auf?
Es ist mit Hornzähnen bestückt.

7 | Wie ernähren sich Fluss- und Meerneunauge?
Parasitär vom Gewebe und Blut anderer Fische.

8 | Welches Neunauge schmarotzt nicht an Fischen?
Bachneunauge.

9 | Wie wird das Larvenstadium der Neunaugen bezeichnet?
Querder.

10 | Wo leben die Bachneunaugen im Larvenstadium?
Im Süßwasser, im Sand oder Schlamm vergraben.

11 | Welches Tier aus der Familie der Neunaugen verbringt alle Lebensstadien im Süßwasser?
Bachneunauge.

12 | Welche Neunaugen verbringen einen Teil ihres Lebens im Meer?
Flussneunauge, Meerneunauge.

13 | Wo laichen alle Neunaugen?
Im Süßwasser.

14 | Welche Tierart besitzt ein Maul mit Hornzähnen?
Neunaugen.

15 | Wo laicht das Meerneunauge?
Im Süßwasser.

16 | Wie werden Neunaugen innerhalb des Tierreichs eingeordnet?
Sie gehören nicht zu den Fischen, sondern zu den Rundmäulern.

17 | Welche Besonderheit weisen Neunaugen bei den Flossen auf?
Sie besitzen keine paarigen Flossen und die beiden ungleich großen Rückenflossen sind miteinander verbunden.

18 | Welche barschartigen Fische leben nur im Donaueinzugsgebiet?
Zingel, Schrätzer, Streber.

19 | Wo kommen außer Zander, Barsch und Kaulbarsch noch andere barschartige Fische vor?
Donaueinzugsgebiet.

20 | Welche Fischarten sind in Bayern nur im Donaueinzugsgebiet heimisch?
Huchen, Frauennerfling und Perlfisch sowie die barschartigen Zingel, Streber, und Schrätzer.

21 | Wann bezeichnet man Bachforellen auch als Steinforellen?
Wenn sie schlecht wachsen und klein bleiben.

22 | Was versteht man unter Schwarzreuter?
Zwergform des Seesaiblings.

23 | Der Elsässer Saibling ist die Bezeichnung für eine Kreuzung welcher Fischarten?
Seesaibling und Bachsaibling.

24 | Tigerfisch (Tigerforelle) bezeichnet die Kreuzung welcher Arten?
Bachsaibling und Bachforelle.

25 | Was versteht man unter einer Lachsforelle?
Eine Regenbogenforelle deren rote Fleischfarbe durch Farbstoffe im Futter erzeugt wird.

26 | Welche ist die artenreichste Familie der einheimischen Süßwasserfische?
Karpfenartige, Weißfischarten (Cypriniden).

27 | Zu welcher Fischfamilie gehören Strömer, Moderlieschen und Elritze?
Zu den Karpfenartigen (Cypriniden).

28 | Wie heißt die rotgefärbte Abart des Nerflings?
Goldorfe.

29 | Welche ist die Urform des Karpfens?
Schuppenkarpfen.

30 | Welche Gruppe unserer Fischfauna weist die meisten Fischarten auf?
Die Karpfenartigen.

31 | Welche Cyprinidenarten leben im Erwachsenenalter räuberisch?
Döbel (Aitel) und Rapfen (Schied).

32 | Welche der karpfenartigen Fische sind auch Raubfische?
Rapfen (Schied) und Döbel.

33 | Welche unveränderlichen Merkmale werden zur einwandfreien Artenbestimmung bei den karpfenartigen Fischen (Cypriniden) herangezogen?
Die Anzahl und Stellung der Schlundknochen.

34 | Zu welcher Fischfamilie gehört die Mairenke?
Zu den Cypriniden.

Körperbau und Lebensfunktionen

Körperform

Die verschiedenen Körperformen der Fische ergeben sich aus der Anpassung an die unterschiedlichen Lebensräume.

Fast alle Fische, die in erster Linie im freien Wasser unserer Fließgewässer oder räuberisch im Meer leben, besitzen die *Spindel- oder Torpedoform*. Sie sind gute und schnelle Schwimmer. Im Meer sind dies vor allem räuberisch lebende Schnellschwimmer, wie z.B. die Thunfischarten, die übrigens zur großen Familie der Makrelen gehören. Im Süßwasser zählen vor allem jene Fische dazu, die starker Strömung ausgesetzt sind. Typische Vertreter sind die Salmoniden. Lachs und Meerforelle müssen aus dem Meer kommend, wo sie ebenfalls als Räuber unterwegs waren, z.B. weite Laichwanderungen bis in die schnell fließenden Oberläufe der Flüsse unternehmen. Der Lebensraum des aus Nordamerika stammenden Bachsaiblings sind schnell fließende Bäche. Auch die ursprünglich in Nordamerika heimische Regenbogenforelle kommt mit starker Strömung gut zurecht. Der zu den Cypriniden gehörende Döbel, dessen Körper im Querschnitt annähernd *drehrund* ist, hat ebenso wie der kleine Hasel eine der Strömung angepasste Gestalt.

Fische mit *hochrückiger Form* sind an das Leben zwischen Unterwasserpflanzen angepasst. Sie halten sich mit ihren bedächtigen Schwimmbewegungen meist in der Uferregion stehender oder langsam fließender Gewässer auf. Charakteristisch ist die seitliche Abplattung. Typische Vertreter sind Güster und Blei (Brachsen). Jungfische dieser hochrückigen Arten sind in der Jugend oft noch spindelförmig und nehmen ihre typische Form erst mit der Zeit an.

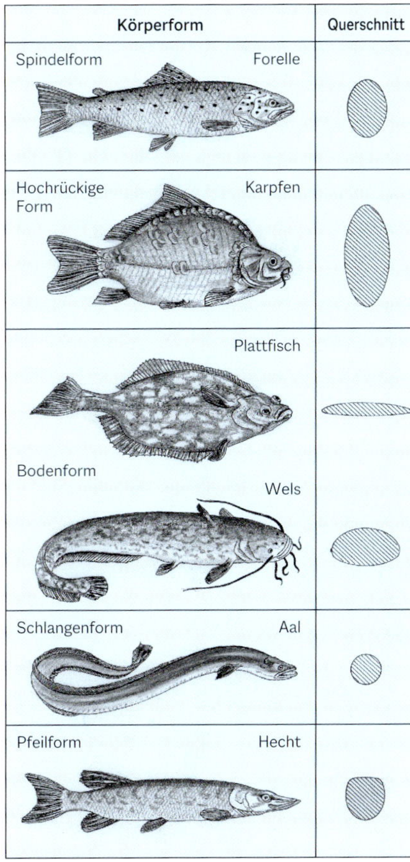

Die Körperform gibt Auskunft über die Lebensweise einer Fischart.

Bei in Bodennähe lebenden Fischen ist oft vor allem der Kopf, seltener der Körper, zusammengedrückt. Gute Beispiele für diese Bodenform sind Wels, Quappe und Barbe.

Bei der *Schlangenform* ist die Körperachse stark verlängert. Aale und Neunaugen (Rundmäuler) leben am oder im Gewässerboden. Beide Arten sind aber gute Schwimmer.

Beim Hecht, dem typischen Vertreter der *Pfeilform*, ist der Kopf nach vorne zugespitzt. Dadurch, dass Rücken- und Afterflosse deutlich nach hinten versetzt sind, wird die plötzliche und zielsichere Beschleunigung aus dem Ruhezustand ermöglicht.

Viele Fischarten stellen *Übergangsformen* durch Anpassung an unterschiedliche Lebensräume dar. So etwa der Aland, der sich sowohl im schnell fließenden Wasser wohlfühlt als auch im krautreichen Flachwasser. Er ist hochrückiger als Döbel und Hasel, aber nicht so ausgeprägt wie Blei und Güster. In manchen Fällen ist Kleinwüchsigkeit charakteristisch. Auffallende Körpermerkmale erleichtern auch die Artbestimmung von Krebsen. Der Sumpfkrebs zum Beispiel, der etwa gleichgroß wird wie der Edelkrebs, kann von diesem wegen seiner auffallend schmalen Scheren ohne weiteres unterschieden werden.

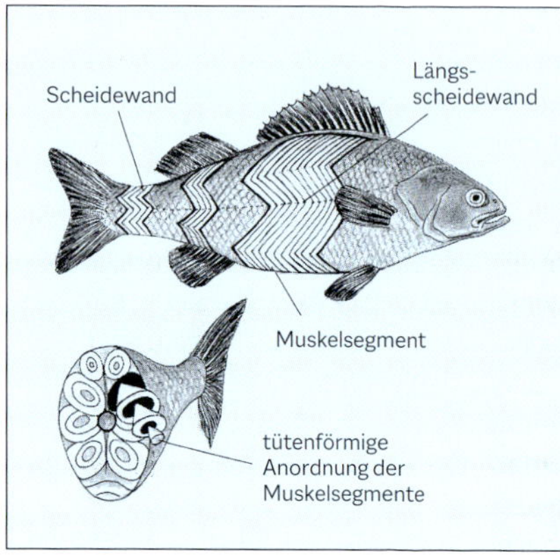

Anordnung der Muskelsegmente von der Seite gesehen (oben), sowie im Querschnitt (unten) [nach Harder 1964, abgeändert].

Skelett

Das Skelett ist das Stützorgan des Körpers. Die mit einander verbundenen einzelnen Knochen und Knorpel bilden ein Gerüst, das den Körper trägt, sowie Hohlräume, die den in ihnen liegenden Organen Schutz gewähren. Eine hohe Grätenzahl wird durch *Zwischenmuskelgräten* (Fleischgräten) bedingt, die vor allem bei den Cypriniden zu finden sind. Im Gegen-

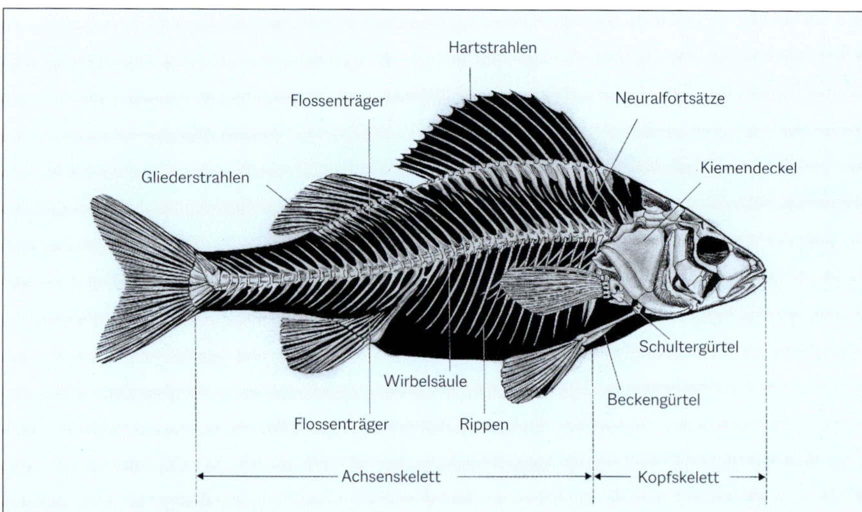

Skelett eines Barsches.

satz zu den Rippenbögen und Flossenträgern handelt es sich um bindegewebeartige Verknöcherungen, die einfach oder verästelt, in der Muskulatur angeordnet und beim Verzehr eines Fisches oft sehr störend sind. Die Regenbogenforelle gehört mit 67 einfachen, unverzweigten Fischgräten zu den grätenarmen Fischen. 143 Zwischenmuskelgräten weisen den Rapfen als grätenreichste heimische Fischart aus. Fleischgräten fehlen z.B. dem Aal. Das Charakteristische der Neunaugen ist ihr unverknöchertes, knorpeliges Skelett.

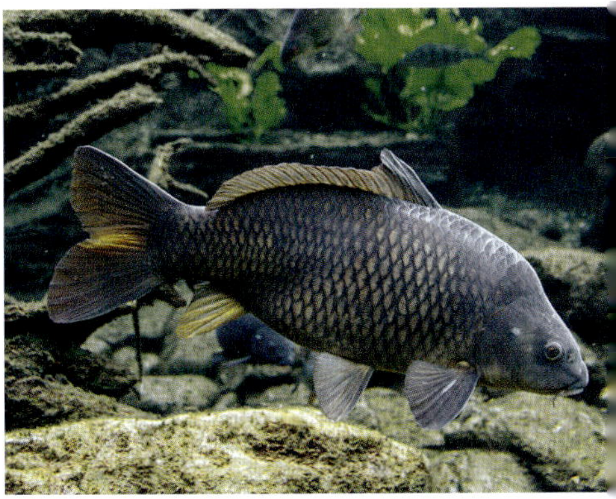

Die Flossen dienen der Fortbewegung, Steuerung und Stabilisierung. Bei diesem Schuppenkarpfen tritt der »Sägestrahl«, der erste Strahl der Rückenflosse, deutlich hervor.

Flossen

Mensch und Tier steuern ihre Fortbewegung an Land durch Arme und Beine, Vögel in der Luft durch ihre Flügel. Fische besitzen Flossen als Steuerungs- und Stabilisierungsorgane, mithilfe derer sie sich im Wasser gezielt fortbewegen können. Die Unterschiede und Besonderheiten der Flossen eignen sich besonders gut zum Abfragen bei der Prüfung. Es empfiehlt sich daher, sich mit den Einzelheiten intensiv zu befassen. Um alle Flossen am Fischkörper richtig zuordnen zu können, unterteilen wir diesen in drei Abschnitte (siehe Abb.).

Bei der Bestimmung der Flossen gibt es zwei grundsätzliche Unterschiede. Einmal gibt es die sogenannten *»paarigen« Brust- und Bauchflossen:* Jeweils eine sitzt auf einer Seite des Fisches. Sie sind in Ihrem Aufbau und Aussehen identisch.

Einzeln vorkommende Flossen werden als *unpaarige Flossen* bezeichnet. Dazu

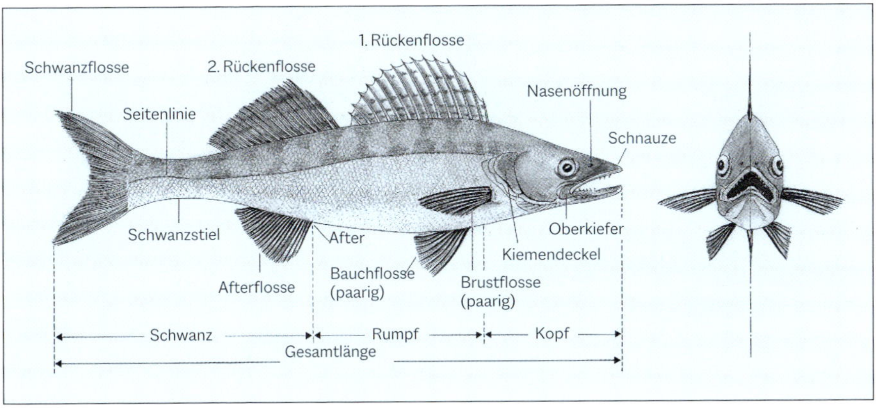

Körperabschnitte und Flossenstellung am Beispiel eines Zanders.

Flossenstrahlen			Fischarten
Hart- oder Stachelstrahlen:	Hart verknöchert	Spitz zulaufend	Barschartige, Koppe, Stichlinge
Weich- oder Gliederstrahlen:	In der Regel weich. Können aber mit der Zeit verknöchern (z.B. alte Karpfen)	Am Ende meist gefiedert, aber auch spitz zulaufend.	z.B. Cypriniden, Salmoniden

zählen die Rücken-, Fett-, Schwanz- und Afterflosse. Manche Fischarten besitzen zwei oder sogar drei Rückenflossen. Nicht alle Fischarten weisen diese klassische Flossenanordnung auf. Beim Aal haben sich über Jahrtausende hinweg die Bauchflossen zurückgebildet. Bei seiner versteckten Lebensweise am Gewässergrund, zwischen Wurzeln, Ästen und Steinen wären sie nur hinderlich. Dafür sind Rücken-, Schwanz- und Afterflosse zu einem langen Flossensaum verbunden. Mit dessen Hilfe kann er sich vorwärts und rückwärts schlängelnd fortbewegen. Neunaugen besitzen überhaupt keine paarigen Flossen. Zur Laichzeit bildet das Weibchen des Flussneunauges eine Art Afterflosse.

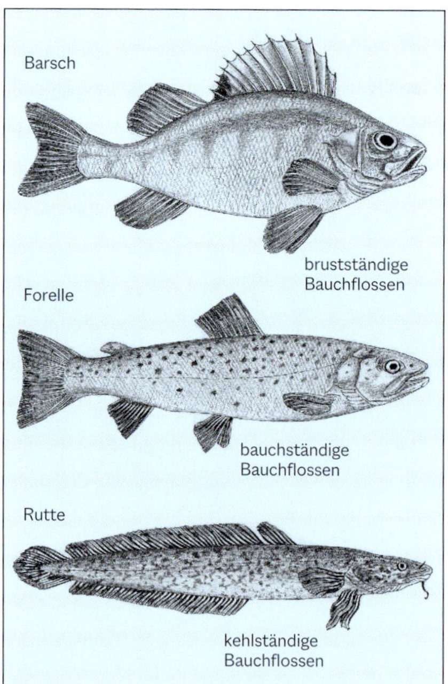

Unterschiedliche Stellung der Bauchflossen.

Flossenstrahlen

Damit die Flossen selbst stabil bleiben und ihre Aufgaben erfüllen können, werden sie durch die Flossenstrahlen gestützt. Eine *Ausnahme ist die Fettflosse,* sie besitzt keine Strahlen.

An manchen Fischen wird der Unterschied der Flossenstrahlen beispielhaft sichtbar. Vor allem an den Barschartigen ist das gut zu studieren. Beim Flussbarsch wird die erste Rückenflosse durch *Stachelstrahlen,* die zweite dagegen durch weiche *Gliederstrahlen* gestützt. Flossenstrahlen sind in der Regel durch Flossenhäute verbunden, Stachelstrahlen können auch einzeln stehen. Während bei den Barschartigen und der Koppe die Strahlen in der ersten Rückenflosse mit Flossenhäuten verbunden sind, stehen z.B. bei den Stichlingen die Rückenstacheln ohne Flossenhäute aufrecht. Die Quappe hat zwei Rückenflossen ohne Stachelstrahlen. Auch Salmoniden besitzen am Rücken zwei Flossen, nämlich eine Rückenflosse und die Fettflosse. Letztere wird aber nicht als Rückenflosse bezeichnet.

Bezeichnung der Bauchflossen			Beispiele
Bauchständig	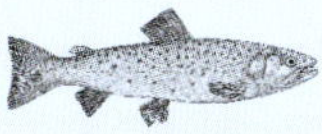	Zwischen Brustflossen und Afterflosse	Salmoniden, Coregonen, Cypriniden, Hecht
Brustständig	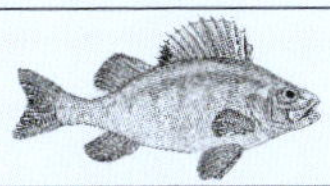	In unmittelbarer Nähe der Brustflossen	Barschartige (z. B. Flussbarsch, Zander), Groppe
Kehlständig	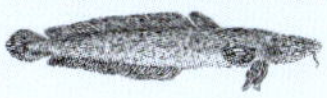	Vor den Brustflossen	Aalrutte (Quappe), Dorscharten, Plattfische

Brust- und Bauchflossen

Bei diesen paarigen Flossen handelt es sich um die *Steuerorgane* des Fisches. Damit kann er sich vor- und rückwärts oder zur Seite bewegen, bzw. seine Fortbewegung abbremsen und sich in seiner Ruhestellung ausbalancieren. Die Strahlen der Brustflossen sind an ihrer Basis mit dem Schultergürtel des Fisches verbunden, die Bauchflossen gehen von zwei frei in der Muskulatur liegenden Beckenknochen aus.

Bauchflossen können an verschiedenen Stellen am Rumpf positioniert sein. Man spricht hier von der »Ständigkeit«. Ein wichtiger Hinweis für die Bestimmung mancher Fischarten.

Die Quappe ist der einzige Vertreter der dorschartigen (kabeljauartigen) Fische im Süßwasser. Ihre im Meer lebenden Verwandten besitzen ebenfalls *kehlständige Bauchflossen* z.B. Dorsch (Kabeljau), Köhler, Wittling, Schellfisch.

Bauchflossen

Sie stehen bei den meisten Fischarten »bauchständig«, also normal hinter den Brustflossen in etwa in der Mitte des Körpers. Dies gilt für alle Salmoniden und Cypriniden.

Bei einigen äußerlich ähnlichen Arten kann die Länge bestimmter Flossen die genaue Bestimmung erleichtern. So können die beiden Weißfischarten Brachse und Güster auf den ersten Blick durchaus verwechselt werden. Bei der Brachse (Blei, Brassen) reichen die Brustflossen bis zum Ansatz der Bauchflossen. Die Güster besitzt dagegen wesentlich kürzere Brustflossen.

Schwanzflosse

Der muskulöse Schwanzstiel und die eigentliche Schwanzflosse sind die *Fortbewegungsorgane* eines Fisches. Die Form der Schwanzflosse kann unterschiedlich ausgeprägt sein.

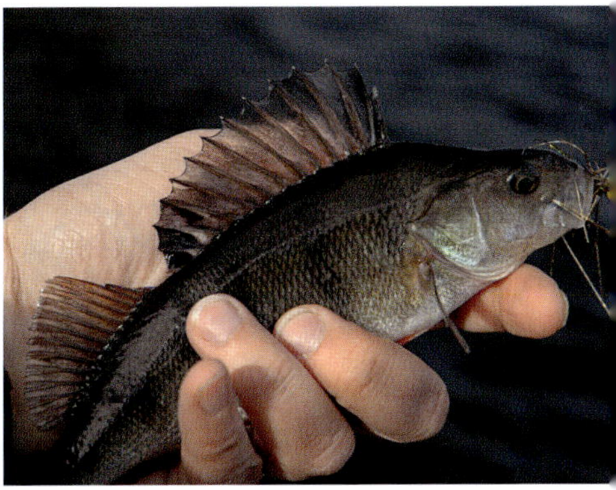

Beim Flussbarsch sind die beiden Rückenflossen deutlich voneinander getrennt.

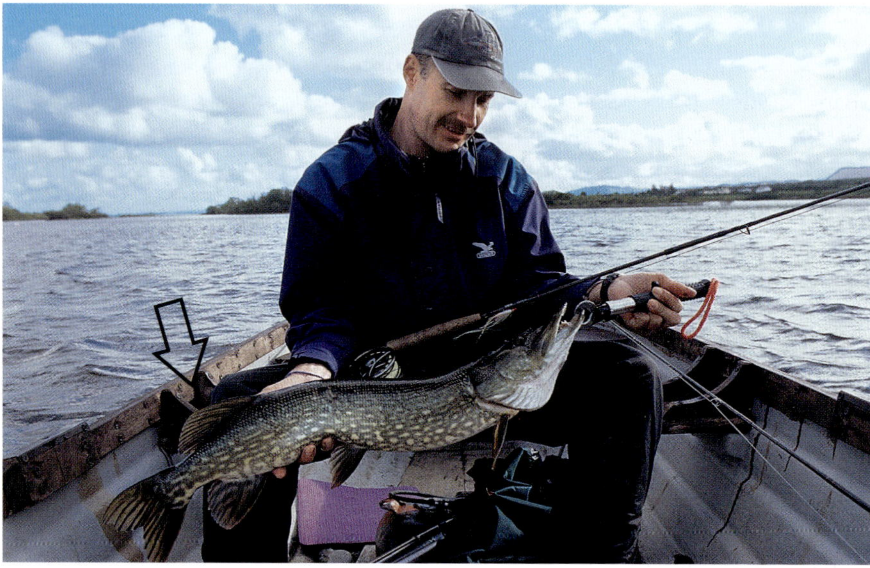

Der Hecht besitzt eine weit nach hinten versetzte Rückenflosse, die ihm neben der Stabilisierung als Beschleunigungshilfe bei plötzlichen Angriffen auf Beutetiere dient.

Bei Fischen mit *symmetrischer* (homozerker) Schwanzflosse sind beide Flossenlappen gleich lang, z.B. beim Zander oder Hecht und auch bei den meisten Cypriniden. Meist ist der hintere Rand gegabelt, er kann aber auch abgerundet *(Aalrutte)* oder gerade verlaufend sein *(Schleie)*.

Auch *unsymmetrische* (herterozerke) Formen kommen vor. *Störe* haben eine ausgeprägt asymmetrische Schwanzflosse mit einem langen oberen Ende. Verursacht wird dies durch ein nach oben gebogenes Ende des Rückgrates. Beim *Zobel* ist dagegen der untere Flossenlappen verlängert. Schwanzflossen können auch halbmond- oder sichelförmig sein, wie bei einigen Meeresfischarten (Haie, Thunfische).

2 Rückenflossen	Barschartige (Flussbarsch, Zander, Kaulbarsch, Streber, Zingel, Streber), Koppen, Aalrutte, Makrele, Neunauge
3 Rücken- und 2 Afterflossen	Viele Dorschartige (im Meer)

Rücken- und Afterflosse

Die Rücken- und Afterflosse dienen in erster Linie zur *Stabilisation* der Körperhaltung. Diese Flossen sind in einem speziellen Knochenband, den Flossenstrahlenträgern, im Körper des Fisches verankert.

Die meisten Fische besitzen nur eine Rücken- und eine Afterflosse. Aber es gibt auch Ausnahmen:

Bei mehrteiligen Rückenflossen sind folgende Unterschiede zu beachten. Sie sind:

- deutlich voneinander getrennt: Flussbarsch, Zander und Quappe;
- gehen ineinander über: bei einigen Barschartigen (z.B. Kaulbarsch und Schrätzer), sowie beim Bachneunauge.

Der Hecht besitzt eine weit nach hinten versetzte Rückenflosse als Stabilisierungs- und Beschleunigungshilfe, für seine überfallartigen Attacken auf Beutefische. Beim Karpfen ist der erste lange Strahl der Rückenflosse ein Hartstrahl, der auf seiner Rückseite mit kleinen feinen Widerhaken versehen ist. Er wird deshalb auch *Sägestrahl* genannt. Angler, die schon öfter einen Karpfen mit Kescher gelandet haben, wissen wie hartnäckig sich dieser Sägestrahl in den Netzmaschen verhaken kann. Auch Barbe, Karausche und Giebel besitzen einen solchen Sägestrahl.

Afterflosse

Bei einigen Fischarten fällt besonders die lange Afterflosse auf. Hierzu zählen neben Aal und Quappe der Zobel, die Zope, Blei und Güster sowie der Wels. Anhand der Afterflosse können von ihrem Aussehen her ähnliche Fische wie Döbel und Hasel bereits im Jugendstadium zuverlässig unterschieden werden. Der *Döbel* besitzt einen nach außen gebogenen *(konvexen)*, der *Hasel* einen nach innen gebogenen *(konkaven)* Afterflossenrand.

Fettflosse

Wie schon erwähnt, ist sie keine echte Flosse. Sie besitzt keine Flossenstrahlen, aber viel Fettgewebe. Sie ist charakteristisch für alle *lachsartigen* Fische wie

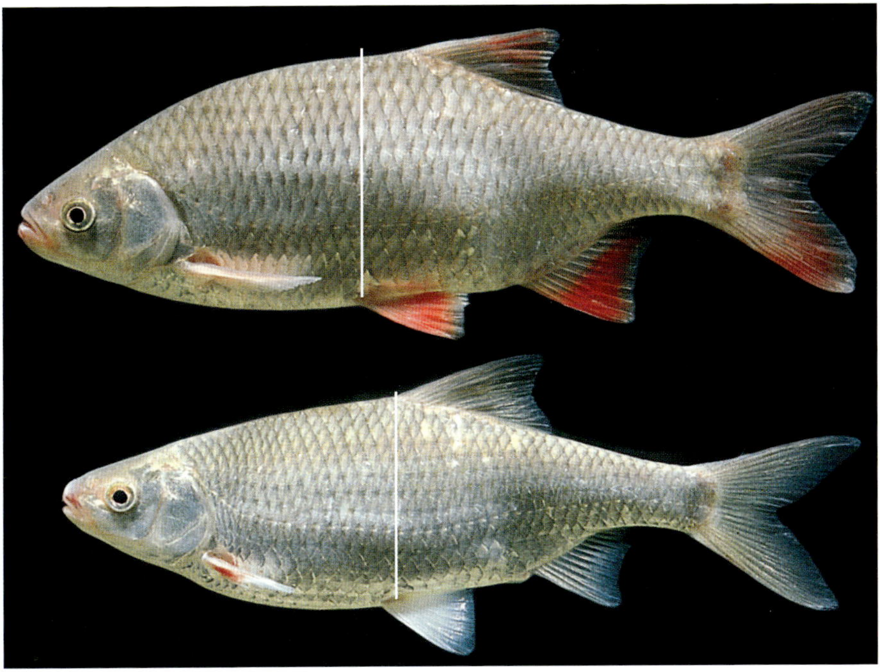

Rotfeder (oben), Rotauge (unten).

Lachse, Forellen, Saiblinge, Huchen, Äschen sowie die *Coregonen* (Maränen, Felchen, Renken). Auch der *Stint* und der *Zwergwels* besitzen sie. Ihr Zweck ist unbekannt. Sie wird nicht als Rückenflosse bezeichnet.

Flossenformen als Unterscheidungsmerkmal

Eine Besonderheit weist die *Karausche* auf. Der obere Rand ihrer Rückenflosse ist leicht nach außen gebogen (konvex). Beim *Karpfen* dagegen wölbt er sich nach innen (konkav).

Bei der *Rotfeder* liegt der Anfang der Rückenflosse hinter dem Anfang der Bauchflossen. Beim *Rotauge* befindet sich der Ansatz der Rückenflosse dagegen fast senkrecht über dem Ansatz der Bauchflossen. Ein deutliches Unterscheidungsmerkmal zwischen beiden Arten. Vorsicht: Bei Hybriden verwischen sich solch eindeutige Unterscheidungsmerkmale.

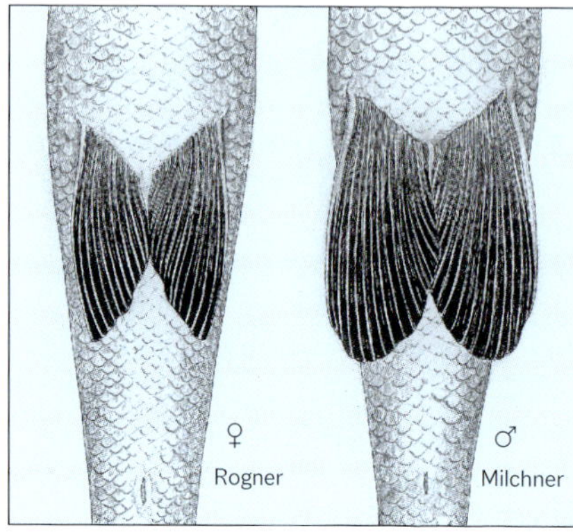

Bauchflossen der Schleien.

In manchen Fällen eignen sich *Flossen zur Geschlechtsunterscheidung.* Schleien-Milchner erkennt man an den deutlich größeren Bauchflossen. Der Hauptstrahl dieser Flossen ist überdies stark verdickt.

Äschen haben als wichtigstes Erkennungsmerkmal eine hohe und lange Rückenflosse. Beim Milchner ist diese *»Fahne«* sehr viel größer noch als beim Rogner

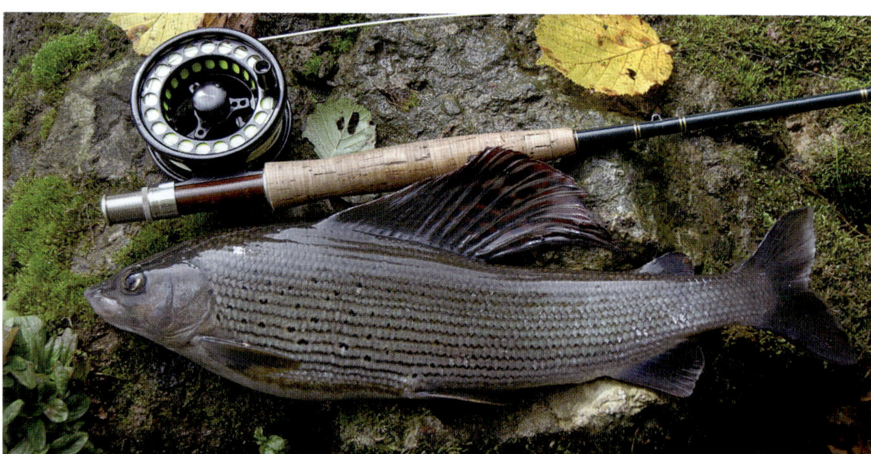

Ein markantes Erkennungsmerkmal des Äschenmilchners ist die besonders hohe und lange Rückenflosse (Fahne).

?

35 | Welche Körperform haben in der Regel Fische, die in starker Strömung leben?
Spindel- oder Torpedoform.

36 | Welche Körperform hat der Bachsaibling?
Spindel- oder Torpedoform.

37 | Welche Fischart bezeichnet man als hochrückig?
Brachse.

38 | Welche Körperform hat die Güster?
Hochrückig, seitlich abgeplattet.

39 | Welche Körperform hat die Karausche?
Hochrückig.

40 | Welche Fische haben eine Fettflosse?
Lachse, Forellen, Äschen, Stinte und Renken, sowie der Zwergwels.

41 | Gehört die Mairenke zu den Renken und besitzt sie eine Fettflosse?
Nein, weder noch. Die Mairenke gehört zu den Cypriniden.

42 | Wo befindet sich die Fettflosse bei Forellen?
Am Rücken, im Schwanzbereich.

43 | Wofür lässt sich bei einigen Fischen die Fettflosse heranziehen?
Zur Artbestimmung.

44 | Wann wird der Ausdruck »kehlständige Bauchflossen« gebraucht?
Wenn der Ansatz der Bauchflossen vor dem Ansatz der Brustflossen ist.

45 | Welcher Süßwasserfisch hat kehlständige Bauchflossen?
Rutte.

46 | Bei welchem Fisch findet man bruständige Bauchflossen?
Flussbarsch.

47 | Wann wird er Ausdruck »bruständige Bauchflossen« gebraucht?
Wenn sich die Brust- und Bauchflossen annähernd untereinander befinden.

48 | Welche Flosse wird nicht durch Flossenstrahlen gestützt?
Fettflosse.

49 | Wie wird der erste und längste Flossenstrahl des Karpfens an der Rückenflosse bezeichnet?
Hartstrahl, Sägestrahl.

50 | Welche Merkmale besitzt der Sägestrahl beim Karpfen?
Er weist auf seiner Rückseite feine Widerhaken auf.

51 | Welche Fische außer dem Karpfen besitzen ebenfalls einen Sägestrahl in der Rückenflosse?
Barbe, Karausche, Giebel.

52 | Bei welchen Fischarten sind die Bauchflossen bruständig?
Zander, Barsch, Koppe.

53 | Wie ist beim Barsch die Stellung der Bauchflossen?
Bruständig.

54 | Das Große Petermännchen ist ein für den Angler gefährlicher kleiner Meeresfisch. Wie ist die Stellung der Bauchflossen beim Großen Petermännchen?
Kehlständig.

55 | Wie bezeichnet man die Stellung der Bauchflossen beim Nerfling?
Bauchständig.

56 | Wie sind die Rückenflossen des Bachneunauges beschaffen?
Die beiden Rückenflossen berühren sich an ihrer Basis.

57 | Welche Besonderheit weisen Neunaugen bei den Flossen auf?
Sie besitzen keine paarigen Flossen, und die beiden ungleich großen Rückenflossen sind miteinander verbunden. Letzteres gilt beim Flussneunauge nur in der Laichzeit.

58 | Wie ist die Stellung der Rückenflosse bei der Rotfeder?
Der Ansatz der Rückenflosse liegt hinter dem Ansatz der Bauchflossen.

59 | Bei welcher Fischart beginnt die Rückenflosse hinter dem Ansatz der Bauchflossen?
Rotfeder.

60 | Welche Flossenstellung ist für das Rotauge kennzeichnend?
Die Rückenflosse beginnt fast senkrecht über dem Ansatz der Bauchflossen.

61 | Beim Milchner welcher Fischart ist der Hauptstrahl der Bauchflosse stark verdickt?
Schleie.

62 | Bei welchen Fischarten ist die Bestimmung des Geschlechts anhand der Flossenform möglich?
Schleie (Bauchflossen) und Äsche (Rückenflosse).

63 | Welches Merkmal ist für den Aal typisch?
Ein Flossensaum erstreckt sich vom Rücken über die Schwanzregion bis hin zum After.

64 | Bei welcher karpfenartigen Fischart sind alle Flossen dunkelgrau?
Brachse (Blei, Brassen).

65 | Wie unterscheidet man die Brachse von der Güster?
Im Gegensatz zur Güster reichen die Brustflossen bei der Brachse bis zum Ansatz der Bauchflossen.

66 | Welche Fischart hat an der ersten Rückenflosse einen großen dunklen Punkt?
Flussbarsch.

67 | Welches Flossenpaar fehlt dem Aal?
Die Bauchflossen.

68 | Welche Tierart hat keine paarigen Flossen?
Neunaugen.

69 | Wie erfolgt in erster Linie die Fortbewegung der Fische?
Mit Schwanz und Schwanzflosse.

70 | Welchen Zweck erfüllen in erster Linie After- und Rückenflossen?
Sie stabilisieren die Körperhaltung. Beim Hecht unterstützen sie das Zuschießen auf die Beute.

71 | Wie ist bei der Koppe die Stellung der Bauchflossen?
Brustständig.

72 | Welche Süßwasserfischarten haben am Rücken zwei Flossen, von welchen eine nicht als Rückenflosse angesprochen wird?
Lachse, Forellen, Renken (Coregonen), Stinte, Äschen. Die zweite Flosse ist die Fettflosse.

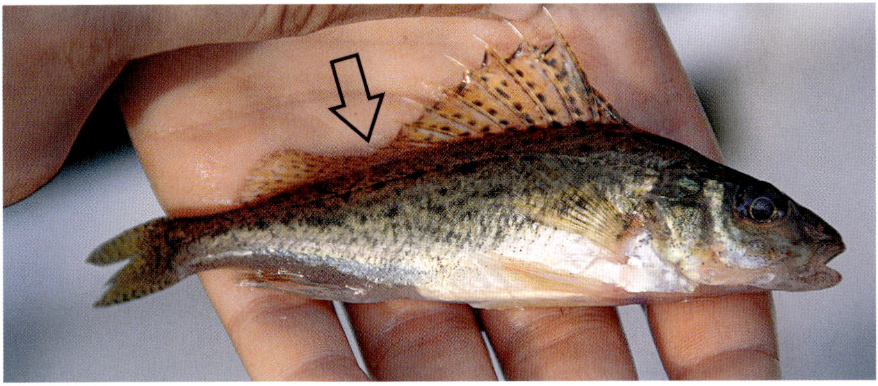

Die beiden Rückenflossen des Kaulbarsches sind an der Basis miteinander verbunden.

73 | Bei welcher Fischart kann man Milchner und Rogner an der Ausbildung der Bauchflossen unterscheiden?
Schleie.

74 | Woran erkennt man die männliche Schleie?
An den größeren, verdickten Bauchflossen.

75 | Welcher Fisch hat eine weit nach hinten versetzte Rückenflosse?
Hecht.

76 | Welche Süßwasserfischarten haben zwei Rückenflossen (nicht gemeint ist die Fettflosse)?
Barschartige und die Rutte.

77 | Bei welcher Barschart sind die beiden Rückenflossen deutlich voneinander getrennt?
Flussbarsch.

78 | Welches Merkmal unterscheidet Flussbarsch und Kaulbarsch eindeutig voneinander?
Die Ausbildung der Rückenflosse.

79 | Bei welcher Fischart zeigt die besonders lange Fahne das männliche Geschlecht an?
Äsche.

80 | Was ist bei der männlichen Äsche ein besonderes Merkmal?
Die Rückenflosse ist größer als beim Weibchen.

81 | Welches wichtige Erkennungsmerkmal besitzt die Äsche?
Eine hohe und lange Rückenflosse.

82 | Woran lassen sich Döbel (Aitel) und Hasel bereits in der Jugend zuverlässig unterscheiden?
Der Hasel hat eine Afterflosse, deren Rand nach innen gebogen (konkav) ist, der Döbel besitzt einen nach außen gewölbten (konvexen) Afterflossenrand.

83 | In welcher Flosse haben einheimische Barscharten Stachelstrahlen?
In der ersten Rückenflosse.

84 | Welche Süßwasserfischart hat in der ersten Rückenflosse Weichstrahlen?
Rutte.

85 | Welche Fischarten haben gewöhnlich in der Rückenflosse Stachelstrahlen?
Barschartige.

86 | Welche der drei Fischarten Wels, Schmerle und Schlammpeitzger hat eine lange Afterflosse?
Wels.

87 | Bei welchem karpfenartigen Fisch ist die Afterflosse und der untere Lappen der Schwanzflosse besonders lang?
Zobel.

88 | Bei welchen Fischarten ist der obere Lappen der Schwanzflosse auffallend lang?
Störarten, einige Haie.

89 | Bei welcher Fischart sind Rücken-Schwanz- und Afterflosse zusammen gewachsen?
Aal.

90 | Welche Fischart hat eine auffallend kurze Rückenflosse?
Wels (Waller).

Haut

Der Fischkörper besitzt mit der Haut und den Schuppen zwei sehr wirksame Schutzeinrichtungen. Die Haut besteht aus der Oberhaut und der darunter liegenden Lederhaut.

Unsere Aufmerksamkeit gilt besonders der *Oberhaut*. Sie bedeckt die Außenseite der Schuppen. Da sie von stark Schleim absondernden Zellen durchsetzt ist, wird sie oft irrtümlich als Schleimhaut bezeichnet. Der *Schleim* verringert zum einen den Reibungswiderstand bei der Fortbewegung im Wasser, zum anderen wehrt er die Ansiedlung von Parasiten und Bakterien ab. Auch gegen verschiedene Giftstoffe bildet er einen gewissen Schutz.

Kommt es zu Verletzungen der Oberhaut, verpilzt die Wunde. Der Fisch kann daran sterben. Lebende Fische deshalb niemals (!) mit trockenen Händen oder gar mit einem Tuch anfassen, weil dadurch die empfindlichen Schleimzellen abgelöst werden. Vor allem beim Fischbesatz wird die Oberhaut oft in Mitleidenschaft gezogen. Entweder werden die Fische nicht schonend genug behandelt, oder es wird vor dem Einsetzen kein Wassertemperaturausgleich durchgeführt. Sind Fische übergangslos großen Temperaturunterschieden ausgesetzt, beeinträchtigt dies besonders die Schleimzellen in der Oberhaut.

Schuppen

Unter der Oberhaut liegen die Schuppen. Sie sind dachziegelartig aneinandergereiht und in taschenförmigen Vertiefungen der Lederhaut fest verankert. Einzelne verlorene Schuppen können nachwachsen. Schuppen, deren Rand glatt und rund ist, bezeichnet man als *Rundschuppen*. Die Mehrzahl der heimischen Süßwasserfische sind *Rundschupper*. Typische Vertreter sind beispielsweise Brachse (Blei) und Hecht. Ist dagegen der Rand wie ein feines Sägeblatt gezahnt, wird von *Kammschuppen* gesprochen.

Alle barschartigen Fische sind *Kammschupper*. Man soll unter keinen Umständen Kamm- und Rundschupper im gleichen Behälter halten, etwa bei Fischtransporten. Die rauen Kammschuppen verletzen die empfindliche Oberhaut anderer Fische.

Die Schuppengröße fällt bei den verschiedenen Fischarten unterschiedlich aus.

Große Schuppen haben vor allem Cypriniden, z.B. der Blei oder der Spiegel-

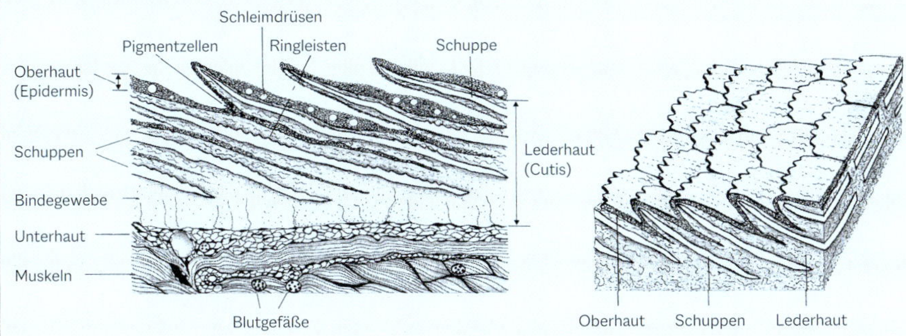

Schnitt durch die Fischhaut [nach Lager 1977]. Rechts: dachziegelartige Anordnung der Schuppen.

karpfen mit seinen geradezu übergroßen Schuppen. *Kleine Schuppen* finden wir bei Forellen, Saiblingen und dem Huchen. Sehr kleine (verkümmerte) Schuppen besitzen Aal und Quappe (Rutte). Je kleiner die Schuppen, desto mehr Schleim wird als zusätzlicher Schutz von der Oberhaut abgesondert. Beim Aal sind die kleinen Schuppen länglich oval und in der dicken schleimigen Haut verborgen.

Keine Schuppen haben Wels, Koppe, Lederkarpfen und Neunaugen. Ihre Schutzeinrichtungen bestehen in der verstärkt ausgebildeten zähen *Lederhaut* und zusätzlicher besonders starker Schleimabsonderung. Auch der Körper der Stichlinge ist schuppenlos. Anstelle von Schuppen sind Körperflanken und Schwanzstiel mit Knochenplättchen bestückt.

Einige Besonderheiten: Beim Döbel sind die Schuppen im Alter dunkel umrandet, der Stint hat Schuppen ohne Silberglanz. Die sogenannten *Schmelzschuppen* der Störe sind keine Schuppen, sondern in Längsstreifen verlaufende Seiten- und Bauchschilde aus Knochenmaterial.

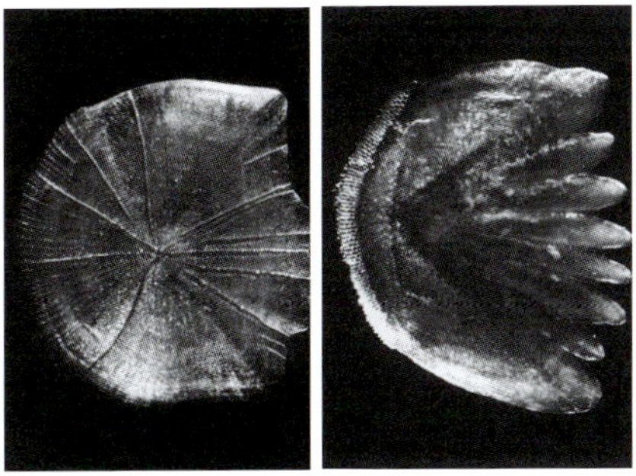

Links: Rundschuppe (Rotfeder).
Rechts: Kammschuppe (Barsch).
Der Außenrand der Schuppen befindet sich jeweils auf der linken Seite.

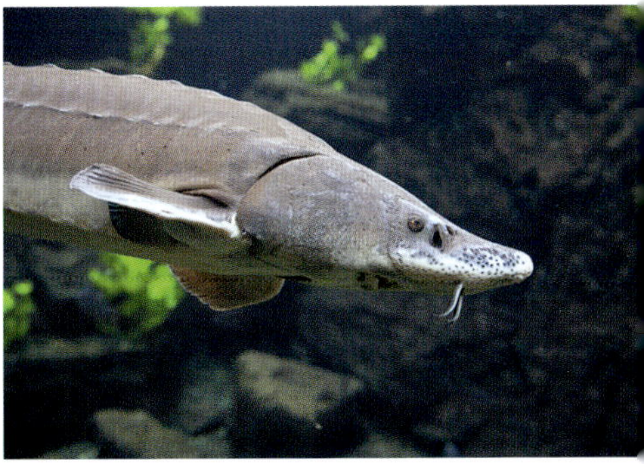

Die »Schmelzschuppen« der Störe sind längs verlaufende Seiten- und Bauchschilde aus Knochenmaterial.

Bei Rotfeder und Sprotte sind die Schuppen im Bereich zwischen Bauchflossen und der Afterflosse so zueinander angeordnet, dass der Bauch als »gekielt« bezeichnet werden kann. Abschließend sei noch auf eine Fischkrankheit, die *Schuppensträube* hingewiesen, bei der sich die Schuppen unnatürlich aufrichten.

?

91 | Womit ist der von außen sichtbare Anteil der Fischschuppe bedeckt?
Von der Oberhaut mit Drüsenzellen und darüber befindlicher Schleimschicht.

92 | Die Schleimschicht auf der Fischhaut hat für den Fisch wichtige Funktionen. Wo wird sie gebildet?
In Drüsenzellen in der Oberhaut.

93 | Wozu dient die Oberhaut?
Zum Schutz des Fisches gegen äußere Einflüsse, außerdem reduziert sie den Reibungswiderstand beim Schwimmen.

94 | Wie kann die Oberhaut beschädigt werden?
Die Fische werden z.B. bei Besatzmaßnahmen nicht schonend genug behandelt. Aber auch auf natürliche Weise z. B. beim Schlagen von Laichgruben.

95 | Wie kann es gerade bei Besatzmaßnahmen zur Schädigung der Oberhaut kommen?
Durch mechanische Verletzungen beim Umgang mit den Fischen. Oder es wird kein Temperaturausgleich durchgeführt.

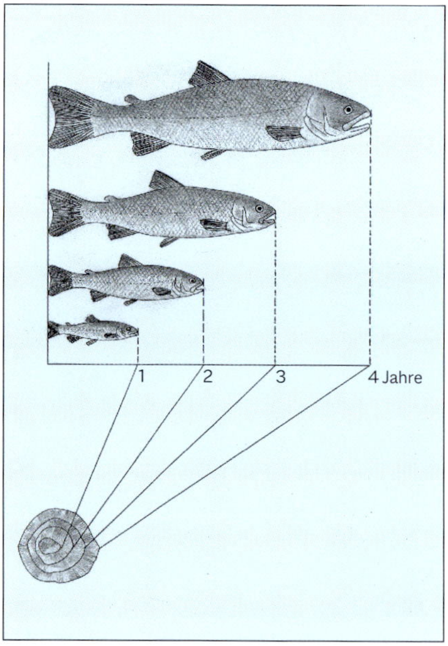

Direkte Beziehung zwischen Längenwachstum des Körpers und Schuppenwachstum.

Altersbestimmung

Mithilfe der Schuppen kann das Alter von Fischen festgestellt werden. Schuppen haben, unter geeigneter Vergrößerung betrachtet, Ähnlichkeit mit den Jahresringen von Bäumen. Das Hauptwachstum des Fisches findet im Sommer statt, es bildet sich somit ein breiter Ring. Ein schmaler Ring weist dagegen auf geringeres Wachstum im Winter hin.

Werden die Ringe auf der Schuppe richtig »gelesen«, kann das Alter zweifelsfrei bestimmt werden. Mühsam dagegen ist die Altersbestimmung bei Fischen, die nur sehr kleine (Aal) oder gar keine Schuppen aufweisen (Wels). Hier ist man gezwungen, die Altersbestimmung mithilfe von getrockneten und dann aufgeschnittenen Wirbel- oder Kiemendeckelknochen, dicker Flossenstrahlen sowie der Gehörsteinchen vorzunehmen.

Anhand von Altersbestimmungen sind Rückschlüsse auf das Fischwachstum und damit auf den Gewässerzustand möglich.

96 | Was geschieht, wenn ein Fisch Schuppen verliert?
Bis zu einem gewissen Grad können neue Schuppen gebildet werden (Ersatzschuppen).

97 | Wie verändern sich die Schuppen, wenn der Fisch wächst?
Die Schuppen vergrößern sich, was an Wachstumsringen sichtbar ist.

98 | Welche Fischarten haben sogenannte Schmelzschuppen?
Störartige.

99 | Welche Art von Schuppen haben die lachsartigen Fische (Salmoniden)?
Rundschuppen.

100 | Bei welcher Fischart sind die Schuppen schwarz umrandet?
Döbel (Aitel).

101 | Was ist das Besondere an Kammschuppen?
Sie besitzen kleine Dornen (Zähne) auf ihrem Hinterrand.

102 | Was versteht man unter Kammschuppen?
Mit Dornen besetzte Schuppen.

103 | Welche Fischarten haben Kammschuppen?
Barschartige.

104 | Bei welchen Fischarten erscheint der Bauch durch die besondere Stellung der Schuppen kielförmig?
Rotfeder, Sprotte.

105 | Besitzt der Aal Schuppen?
Ja, besonders kleine, länglich ovale Schuppen, die unter einer starken Schleimschicht verborgen sind.

106 | Welche Fischarten haben Seiten- und Bauchschilde am Körper?
Störartige.

107 | Welche karpfenartigen Fische haben große Schuppen?
Spiegelkarpfen, Brachse, Döbel.

108 | Welches besondere Merkmal fehlt bei Rundschuppen?
Dornen (Zähne).

109 | Welche Schuppenart hat der Hecht?
Rundschuppen.

110 | Welche Fischarten besitzen keine Schuppen?
Wels, Koppe, Lederkarpfen und Neunaugen (letztere gehören nicht zu den Fischen, sondern zu den Rundmäulern).

111 | Wie schützen sich Fischarten ohne Schuppen (z.B. Wels, Koppe) vor Verletzungen?
Durch eine besonders zähe Lederhaut mit starker Schleimbildung.

112 | Welche Tierart hat kleine, länglich ovale Schuppen, die sich in einer dicken, schleimigen Oberhaut verbergen?
Aal.

113 | Besitzen Stichlinge Schuppen?
Nein, sie tragen anstelle von Schuppen Knochenplättchen an den Körperflanken und am Schwanzstiel.

114 | Wie heißt eine Fischkrankheit, bei der sich die Schuppen unnatürlich aufrichten?
Schuppensträube.

115 | Was lässt sich an den Schuppen eines Fisches feststellen?
Das Alter.

116 | Wie bestimmt man das Alter beim Waller (Wels)?
Mithilfe von Wachstumszonen der Wirbel- oder Kiemendeckelknochen, oder auch der Gehörsteinchen.

117 | Bei welcher Fischart empfiehlt es sich, den Kiemendeckel zur Altersbestimmung zu benutzen?
Waller (Wels).

Färbung

Manche Fische besitzen die Fähigkeit, ihre Haut farblich auf die jeweilige Umgebung abzustimmen. Eine ausgeprägte natürliche Färbung zeigt an, dass sich die Fische im Gewässer wohl fühlen. Sie ist gleichermaßen ein Indiz für die Gesundheit der Tiere. In der Laichzeit hat die Körperfarbe eine besondere Bedeutung (siehe bei: »Fortpflanzung«)

Leuchtende Punkte und Tupfen oder große dunkle Flecke helfen uns bei der Bestimmung der für uns wichtigsten Salmoniden:

Bachforelle: Rote und schwarze Punkte am Körper. Sie wird deshalb auch die »Rotgetupfte« genannt. Die Rückenflosse trägt dunkle Punkte, die Schwanzflosse ist meist ohne Punkte.

Regenbogenforelle: Keine roten Punkte, aber auf dem Körper, der Rücken- und Schwanzflosse viele schwarze Tupfen.

Huchen: Keine Punkte auf Flossen. Auf dem Körper trägt er statt Punkten kleine, eckig ausgeformte dunkle Flecken.

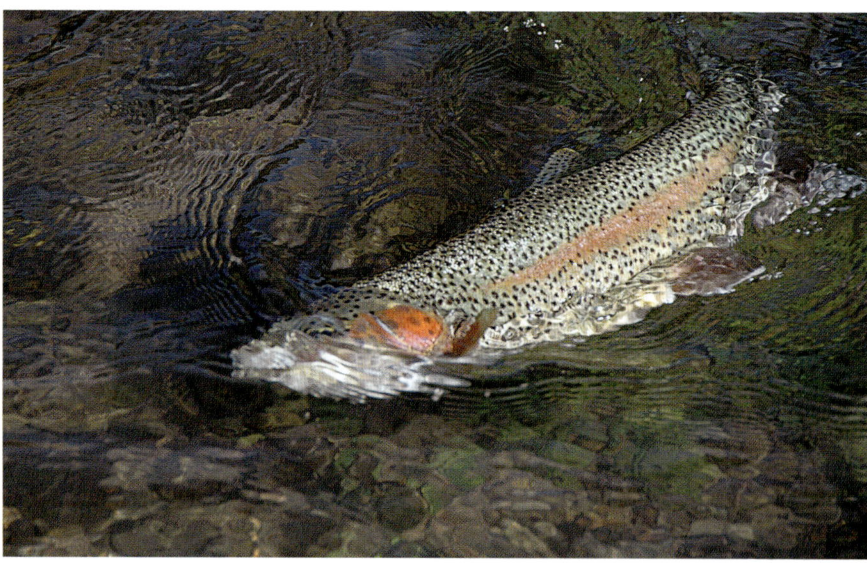

Sehr schön ist der charakteristische, rot schimmernde Seitenstreifen der Regenbogenforelle zu sehen.

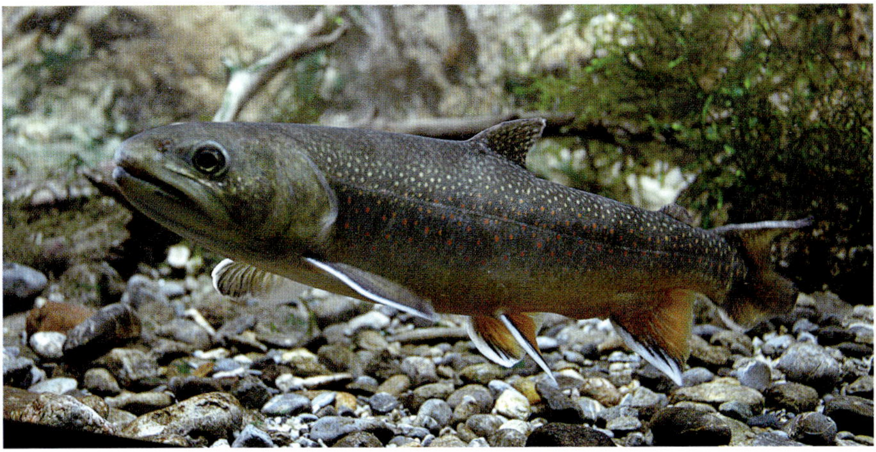

Der Bachsaibling besitzt an den Brust- und Bauchflossen sowie an der Afterflosse einen weißen Rand mit einem schwarzen Streifen. Der schwarze Streifen fehlt beim Seesaibling.

Seeforelle: Auf dem Körper des erwachsenen Fisches finden sich schwarze, unregelmäßig angeordnete, meist x-förmige Flecken.

Zander und Barsch können im Jugendalter miteinander verwechselt werden. Den *Zander* erkennt man an einer Vielzahl kleiner, dunkler Streifen auf der Rücken- und Schwanzflosse. Der *Barsch* hingegen besitzt auf der ersten Rückenflosse einen großen, dunklen Fleck.

Andere Kammschupper sind ebenfalls sehr charakteristisch gefärbt. So besitzen die typischen Fische des Donaugebiets Zingel, Streber und Schrätzer folgende Merkmale:

Zingel: Rücken und Seiten mit dunkelbraunen Partien bedeckt.

Streber: am Körper vier bis fünf dunkle, scharf abgegrenzte, Querbinden.

Schrätzer: am Körper verlaufen drei bis vier schmale, unterbrochene, schwarze Längsstreifen.

Im Gegensatz zum *Seesaibling* haben die paarigen Flossen und die Afterflosse des *Bachsaiblings* einen weißen Vorderrand mit einem anschließenden schwarzen Streifen.

Auch bei *Krebsen* sind unterschiedliche Färbungen ein Unterscheidungsmerkmal. So können vor allem die Unterseiten der Scheren durch ihre charakteristische Färbung Hinweise auf die Art geben. Aller-dings müssen zur sicheren Bestimmung mehrere Merkmale miteinander verglichen werden. Näheres dazu finden Sie bei der Beschreibung der »Krebse«.

Fischkrankheiten: Eine Veränderung der Färbung kann die Diagnose erleichtern. Die Drehkrankheit bei Forellen äußert sich u. a. durch die sogenannte *Schwarzschwänzigkeit*, bei der sich der hintere Teil des Körpers schwarz verfärbt.

118 | Welche Farbe tritt während der Laichzeit bei vielen Fischarten besonders deutlich in Erscheinung?
Rot.

119 | Welche Besonderheit weist die Schwanzflosse des Huchens auf?
Es befinden sich keine Tupfen auf der Schwanzflosse.

120 | Woran lassen sich Regenbogenforelle und Bachforelle unterscheiden?
Im Gegensatz zur Bachforelle trägt bei der Regenbogenforelle die Rückenflosse schwarze Tupfen.

121 | Wie unterscheidet man Huchen und Regenbogenforelle?
Die Schwanzflosse des Huchens hat keine schwarzen Tupfen.

122 | Welche Fischart hat am Körper vier bis fünf dunkle Querbinden, die scharf abgegrenzt sind?
Streber.

123 | Wie ist die Zeichnung der erwachsenen Seeforelle?
Der Körper ist in der Regel mit stern- bzw. x-förmigen Flecken bedeckt.

124 | Welche Farbe haben die Körperpunkte der Bachforelle?
Rot und Schwarz.

125 | Beim Forellenfischen dürfen Junghuchen nicht mit Regenbogenforellen verwechselt werden; worauf müssen Sie achten?
Der Huchen hat keine schwarzen Tupfen auf der Schwanzflosse.

126 | Wie sieht die Jugendform beim Huchen aus?
Der Körper hat keine roten Punkte, die Flossen keine schwarzen Punkte.

127 | Wie unterscheiden sich Bach- und Seesaibling?
Die bauchseitigen roten Flossen haben beim Bachsaibling einen weißen und schwarzen Streifen als Vorderrand, beim Seesaibling nur einen weißen Streifen.

128 | Bei welchem forellenartigen Fisch haben Brust- und Bauchflossen sowie die Afterflosse einen weißen und schwarzen Vorderrand?
Bachsaibling.

129 | An welchen Merkmalen lassen sich junge Zander und Flussbarsche unterscheiden?
Im Gegensatz zum Flussbarsch hat der Jungzander auf der Rücken- und Schwanzflosse dunkle in Reihen angeordnete kleine Streifen.

130 | Welches unveränderliche Merkmal erlaubt die Unterscheidung des Jungzanders von anderen barschartigen Fischen?
Der fehlende spitze Dorn am Kiemendeckel.

131 | Welches Merkmal hilft uns, den Schwarz- und Forellenbarsch auf den ersten Blick von den einheimischen Barscharten zu unterscheiden?
Die erste Rückenflosse mit den Stachelstrahlen ist wesentlich niedriger als die zweite.

132 | Welche Fischart hat am Rücken und an der Seite drei bis vier schmale, unterbrochene, schwarze Längsstreifen?
Schrätzer.

133 | Bei welcher Fischart hat die stachelstrahlige, erste Rückenflosse regelmäßig angeordnete dunkle Flecken?
Schrätzer.

Auch Eigenheiten beziehungsweise die Ausformung bestimmter Körperteile helfen uns, ähnliche Fischarten voneinander zu unterscheiden.

Maul

Die Form des Mauls und seine Stellung ist für einzelne Fische charakteristisch. Unterschiede in der Maulgröße gibt es auch innerhalb einer Fischfamilie, zum Beispiel bei den Salmoniden. Kleinmäulig sind Renke (Felchen), sowie die Äsche. Große Mäuler haben Forellen und Saiblinge.

Die Größe des Mauls gibt Hinweise auf die Art der Nahrung. Es ist ein Unterschied, ob Beutefische unzerkleinert verschlungen werden oder ob lediglich winzig kleines Plankton gefressen wird. Besonders auffallend ist das große, entenschnabelförmige Maul des Hechtes. Von einem großen Maul spricht man, wenn die Maulspalte bis zu den Augen, manchmal sogar bis hinter die Augen reicht (siehe hierzu Rapfen und Döbel, sowie den amerikanischen Forellenbarsch).

Wir unterscheiden drei verschiedene *Maulstellungen:*

Beim *endständigen* Maul sind Ober- und Unterkiefer gleichlang. Die Nahrungsaufnahme erfolgt meist im freien Wasser.

Beim *oberständigen* Maul ist der Oberkiefer kürzer als der Unterkiefer. Die Nahrungsaufnahme erfolgt entweder unmittelbar an der Wasseroberfläche oder zumindest aus der Schwimmbewegung heraus nach oben gerichtet. So schießt der Hecht beim Beutefang vorwärts und meist auch aufwärts.

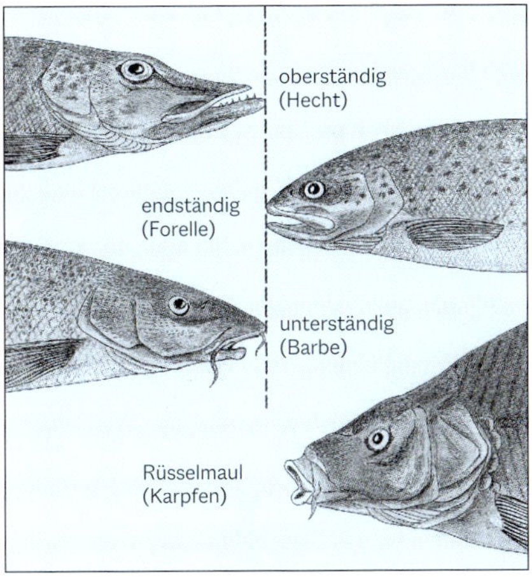

Unterschiedliche Maulstellungen bei verschiedenen Fischarten.

Beim *unterständigen* Maul ist der Oberkiefer länger ausgebildet, was die Nahrungsaufnahme am Boden erleichtert. Bei der Maulstellung gibt es Übergangsformen, z.B. leicht unter- oder oberständig.

Oberständiges Maul ▶ Hecht, Rapfen, Ukelei, bei der Rotfeder ist es leicht oberständig.

Unterständiges Maul ▶ Zährte (mit dunkler Schnauze), Barbe, Gründling, Frauennerfling, Nase.

Leicht unterständig ▶ Perlfisch, Hasel und die Äsche. Letztere besitzt zudem eine auffallend kurze Maulspalte.

Endständig ▶ Forelle, Flussbarsch, Zander, Döbel (Aitel) und Aland, Rotauge.

Der *Karpfen* hat ein *rüsselartig vorstülpbares Maul,* was zusätzlich auch auf die unterständigen Mäuler von *Barbe, Brachse (Blei), Schleie, Gründling* und

Stör zutrifft. Diese Fische ernähren sich hauptsächlich von Kleintieren, die sie aus dem Gewässergrund wühlen.

Die *Zährte* verdankt ihre Bezeichnung *Rußnase* oder *Blaunase* der nasenförmig hervorragenden dunklen Schnauze. Das Maul der *Nase* dagegen hebt sich von dem anderer Fische durch die hornigen Lippen mit den scharfkantigen Rändern ab. Sie kann damit Algen und Moose, die sich auf Steinen gebildet haben, abweiden. Bei ihr ist das unterständige Maul außerdem quer gespalten.

134 | Welchen Hinweis gibt eine oberständige Maulstellung?
Der Fisch ist auf Oberflächennahrung spezialisiert.

135 | Die Bezeichnung unterständiges Maul bedeutet?
Der Oberkiefer ist länger als der Unterkiefer.

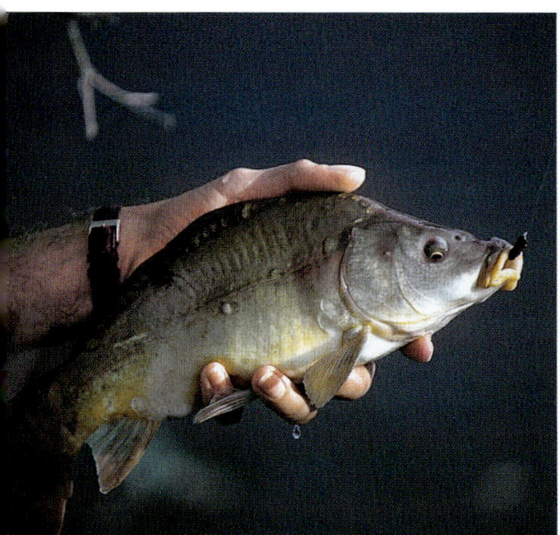

Der Karpfen besitzt ein vorstülpbares, sog. Rüsselmaul.

136 | Welche Stellung hat das Maul der Zährte?
Unterständig.

137 | Wie ist die Stellung des Mauls beim Gründling?
Unterständig.

138 | Wie ist die Stellung des Mauls beim Frauennerfling?
Unterständig.

139 | Wie ist die Stellung des Mauls beim Perlfisch?
Leicht unterständig.

140 | Wie ist die Stellung des Mauls bei der Äsche?
Leicht unterständig.

141 | Wie ist die Stellung des Mauls bei der Nase?
Unterständig.

142 | Wie ist die Stellung des Mauls bei der Barbe?
Unterständig.

143 | Wie ist die Stellung des Mauls beim Rapfen (Schied)?
Oberständig.

144 | Wie ist die Stellung des Mauls beim Aitel (Döbel)?
Endständig

145 | Wie unterscheidet man den Schied (Rapfen) vom Nerfling (Aland)?
Der Schied hat im Gegensatz zum Nerfling (Aland) ein oberständiges Maul.

146 | Welcher Fisch ist das? Entenschnabelförmiges Maul, abgeplatteter Kopf?
Hecht.

147 | Welche in Seen lebende Fischart hat eine vergleichsweise kleine Maulspalte?
Renke.

148 | Welcher Fisch besitzt die größere Maulspalte: Hecht oder Zander?
Hecht.

149 | Bei welcher Fischart ist der Körper typisch drehrund und das Maul endständig?
Döbel (Aitel).

150 | Welche der drei Fischarten Brachse, Giebel und Güster besitzt ein vorstülpbares Maul?
Brachse (Blei).

151 | Welche Merkmale (am Kopf) kennzeichnen den Schied (Rapfen)?
Das Maul ist oberständig, groß und weit gespalten, bis unter die Augenmitte reichend.

152 | Wie unterscheiden sich Schied (Rapfen) und Aitel (Döbel)?
Im Gegensatz zum Aitel (Döbel), der ein endständiges Maul besitzt, hat der Schied (Rapfen) ein oberständiges Maul.

153 | Welche Fischart hat eine kegelförmig hervorragende, dunkle Schnauze?
Rußnase (Zährte).

154 | Welche Fischarten haben ein rüsselartig vorstülpbares Maul?
Karpfen, Barbe, Brachse, Schleie, Gründling und Stör.

155 | Was sagt uns ein rüsselartig vorstülpbares Fischmaul?
Der Fisch ist besonders befähigt, den weichen Gewässerboden nach fressbaren Kleintieren zu durchwühlen.

156 | Welcher Fisch ist das? Körper torpedoförmig, Unterlippe mit hornig- scharfem Rand, Schlundzähne einreihig, Bauchfell schwarz.
Nase.

Bezahnung

Zum Maul gehören die Zähne. Sie sind bei unseren heimischen Fischarten recht verschiedenartig ausgebildet. Forellen, Saiblinge, Lachse und Huchen haben nicht nur auf den Ober- und Unterkieferknochen Zähne, sondern darüber hinaus sind mehrere Knochen der Mundhöhle bezahnt. Besonders wichtig ist in diesem Zusammenhang das Pflugscharbein, weil bei dessen Bezahnung zwischen den genannten Arten Unterschiede auftreten. So ist das *Pflugscharbein* von Forellen anders bezahnt als das von Saiblingen. Die Bezahnung des Pflugscharbeins kann daher zur Artbestimmung nah verwandter Salmoniden (Forellenartige) herangezogen werden.

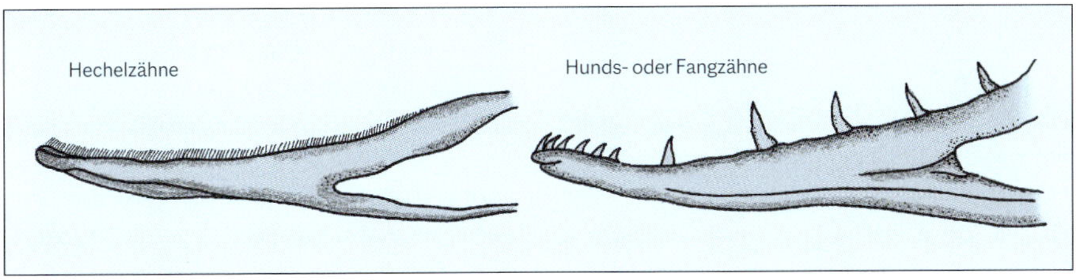

Unterschiedliche Zahntypen bei Raubfischen.

Hunds- oder Fangzähne sind besonders große, sehr deutlich in Erscheinung tretende Zähne. Im Gegensatz dazu sind die Bürsten- oder Hechelzähne sehr klein, z.B. beim großen *Wels*. Einige im Erwachsenenalter räuberisch lebende Süßwasserfische haben keine auffallenden Zähne, wie etwa die zu den Karpfenartigen (Cypriniden) gehörenden *Döbel* und *Rapfen*.

Cypriniden sind generell im Kiefer zahnlos. Dafür haben sie im Unterkiefer zahnartige Gebilde - sogenannte *Schlundknochen*. Mithilfe dieser Schlundknochen und einer Kauplatte im Oberkiefer wird die Nahrung zerquetscht und für die Verdauung vorbereitet.

Neunaugen besitzen ein Saugmaul, das mit *Hornzähnen* bewaffnet ist (s. Foto S. 10).

Die Innenseiten der Kiemenbögen sind dicht mit kleinen Dornen bestanden, sog. *Kiemenreusendornen*. Sie sind bei den Raubfischen grob ausgebildet und verhindern das Entkommen von Beute. Eine enge, dichte Anordnung ist vorhanden, wenn kleine Lebewesen wie das tierisches Plankton aus dem Wasser gefiltert wird. Das ist vor allem bei im Freiwasser lebenden Renken der Fall.

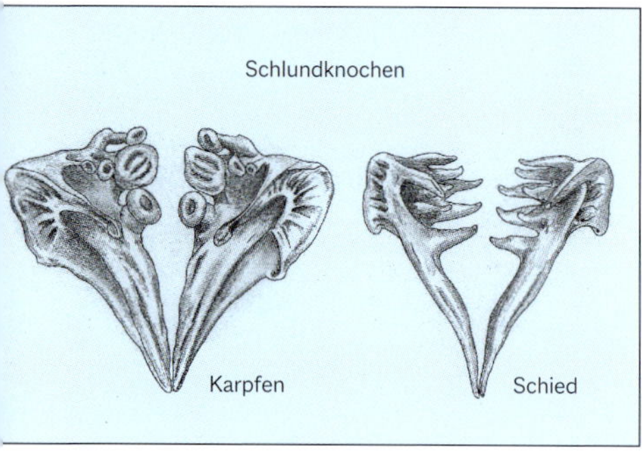

Bezahnung von Cypriniden.

Hunds- und Fangzähne:	▶ Hecht, Zander
Hechelzähne:	▶ Wels, Rutte
Hornzähne:	▶ Neunauge
Schlundzähne:	▶ Karpfenartige (Cypriniden), dazu gehören die räuberisch lebenden Arten Rapfen und Döbel
Reusendornen:	▶ Renken

Siehe auch unter »Körperbewaffnung« (Seite 44).

157 | Welche räuberisch lebenden Fischarten haben ein Maul ohne auffallende Bezahnung?
Rapfen (Schied) und Döbel.

158 | Bei welcher Tierart ist das Maul mit Hornzähnen besetzt?
Neunauge.

159 | Welche Fischart hat Hunds- oder Fangzähne?
Zander, Hecht.

160 | Welche Fischart hat Hechelzähne?
Wels.

161 | Für welche Fischfamilie ist ein Pflugscharbein charakteristisch?
Forellenartige.

162 | Welche Fischarten besitzen ein Pflugscharbein?
Forellen, Saiblinge, Lachse, Huchen.

163 | Wozu kann das Pflugscharbein herangezogen werden?
Zur Altersbestimmung forellenartiger Fische.

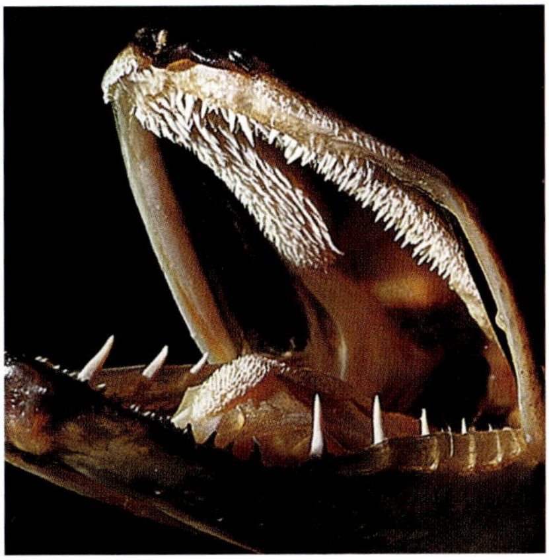

Das Maul eines Hechtes mit deutlich sichtbaren Hunds- oder Fangzähnen.

164 | Welche Fischart hat hornige Lippen mit scharfkantigen Rändern?
Nase.

165 | Welche Fischarten haben Schlundzähne und eine Kauplatte?
Karpfenartige (Cypriniden).

166 | Für welche Fischarten sind die Schlundzähne ein wichtiges Bestimmungsmerkmal?
Karpfenartige (Cypriniden).

Barteln

Manche vornehmlich am Grund der Gewässer lebende Fische besitzen mehr oder weniger lange, wurmartige Fortsätze amOber-und Unterkiefer, sog. Barteln. Das ist bei den *Karpfenartigen*, den *Welsartigen* und den *Störartigen* der Fall. Die Barteln sind *Tast- und Geschmacksorgane*. Mit ihrer Hilfe können diese Fische ihre Nahrung finden und auf Genießbarkeit hin prüfen. Zusätzliche Geschmacksnerven besitzen Fische zudem in der Mund- und Kiemenhöhle.

In den Fischerprüfungen der Länder wird meist nur nach der *Gesamtzahl der Barteln* einzelner Fische gefragt. Die u.a. Tabelle zeigt, wie viele Barteln jeweils am Oberkiefer und am Unterkiefer sitzen. Bei den Cypriniden erleichtern Barteln die Bestimmung der Art. So kann die Ähnlichkeit zwischen einem Schuppenkarpfen und einem Giebel auf den ersten Blick zu Verwechslungen führen. Bei näherem Hinsehen zeigt der Schuppenkarpfen seine vier Barteln, der Giebel hat dagegen keine einzige. Auch bei der äußerlich ähnlichen Karausche fehlen sie gänzlich. Eine Besonderheit ist die Rutte. Als einziger dorschartiger Fisch im Süßwasser besitzt sie eine alleinstehende Bartel am Unterkiefer.

Fischarten mit Barteln	**Gesamt**	Oberkiefer	Unterkiefer
Schlammpeitzger	**10**	6	4
Zwergwels	**8**	4	4
Wels	**6**	2 (lang)	4
Schmerle	**6**	6	
Steinbeißer	**6**	6	
Karpfen, Barbe	**4**	4	
Schleie, Gründling	**2**	2	
Störe	**4**		4
Rutte, Dorsch, Seelachs (Köhler)	**1**		1
Nase, Giebel, Karausche, Brachse (Blei)	**keine**		

?

167 | Nennen Sie ein Organ für den Geschmackssinn.
Barteln.

168 | Die Barteln sind:
Geschmacks- und Tastorgane.

169 | Welche Fischart hat 1 Bartel am Unterkiefer?
Rutte.

170 | Wie viele Barteln hat der Karpfen?
4.

171 | Wie unterscheidet sich die Karausche vom Karpfen?
Der Karpfen hat 4, die Karausche keine Barteln.

172 | In welchen Fischfamilien gibt es Arten, die mit Barteln ausgestattet sind?
Bei den karpfen-, wels-, dorsch- und störartigen Fischen.

173 | Wie viele Barteln besitzt die Nase?
Die Nase hat keine Barteln.

174 | Welche Fischarten besitzen je 6 Barteln?
Wels, Schmerle und Steinbeißer.

175 | Wie viele Barteln hat die Barbe?
4.

176 | Wie kann man eine Jungbarbe von einem Gründling unterscheiden?
Am sichersten durch die Anzahl der Barteln: Die Barbe hat 4, der Gründling nur 2 Barteln.

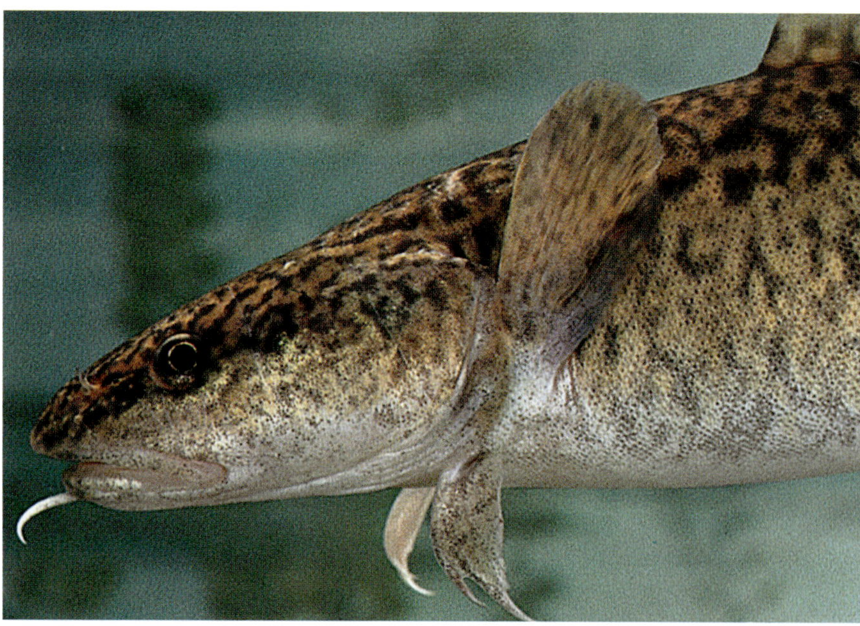

Die im Süßwasser lebende Rutte besitzt als dorschverwandter Fisch eine Bartel am Unterkiefer. Man beachte auch die kehlständigen Bauchflossen.

177 | Wie viele Barteln hat die Schleie?
2.

178 | Was ist charakteristisch für die Karausche?
Sie hat keine Barteln und einen nach außen gebogenen (konvexen) Rückenflossenrand.

179 | Wie viele Barteln hat der Steinbeißer?
6.

180 | Wie unterscheidet sich der Waller (Wels) von der Rutte (Quappe)?
Der Waller (Wels) hat 6 Barteln, die Rutte (Quappe) 1 Bartel.

181 | Wie viele Barteln hat der Wels?
6.

182 | Welches ist ein besonderes Merkmal für den Waller (Wels)?
Er hat 6 Barteln, davon 2 längere am Oberkiefer und 4 am Unterkiefer.

183 | Welche Fischart gehört zu den Dorsch- und Schellfischartigen (*Gadidae*)?
Rutte (Quappe).

184 | Wo befinden sich die Barteln?
An Ober- und Unterkiefer oder nur an einem von beiden.

185 | Wie unterscheidet man die Rutte vom Zwergwels?
Die Rutte hat nur 1 Bartel, der Zwergwels dagegen hat 8 Barteln.

Augen

Bei den meisten heimischen Fischarten spielt das Sehvermögen für die Nahrungssuche und bei der Orientierung eine wichtige Rolle. Fische verfügen über ein großes Gesichtsfeld, da ihre Linse als Kugel ausgeformt ist und die Augen seitlich am Kopf sitzen. Augenlider haben bei Menschen und bei Landtieren die Aufgabe die Augen zu befeuchten. Im Wasser ist dies nicht notwendig, deswegen fehlen die Augenlider. Der Fisch sieht also sozusagen ununterbrochen, auch wenn er ruht. Die eigentliche Sehöffnung - die Pupille - ist bei den meisten Fischen mehr oder weniger rund ausgeformt. Bei *Renken* und *Äschen* ist die Pupille dagegen deutlich nach *vorne zugespitzt*.

Sehbereich

Jedes Auge für sich hat ein Gesichtsfeld von etwa 160° bis 170°. Vor dem Fisch überlagern sich beide Gesichtsfelder. In diesem Überschneidungsbereich (Winkel ca. 30°) ist die Wahrnehmung am deutlichsten.

Dinge über der Wasseroberfläche sieht der Fisch nur in einem kreisrunden »Fens-

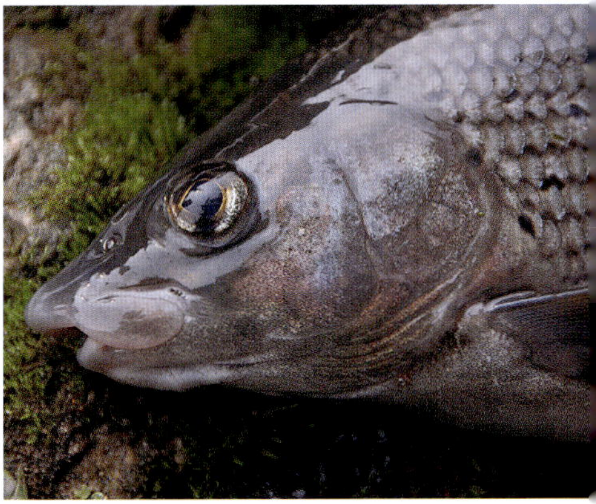

Die Äsche besitzt eine deutlich nach vorne zugespitzte Pupille.

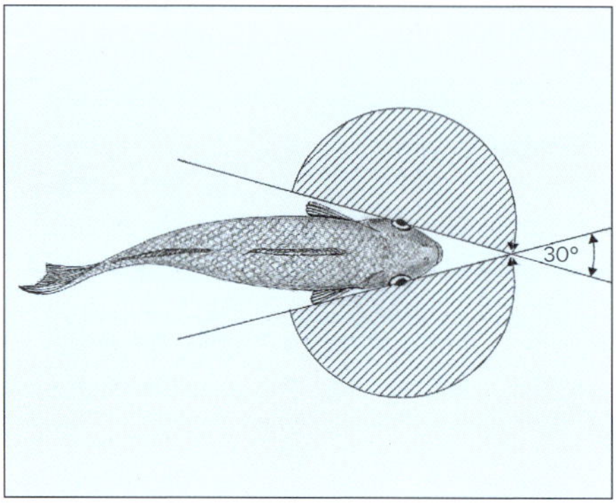

Fische haben durch die seitlich angeordneten Augen ein großes Gesichtsfeld.
Besonders deutlich können sie in der Überschneidung der beiden Sehfelder (30° Winkel) vor ihnen sehen.

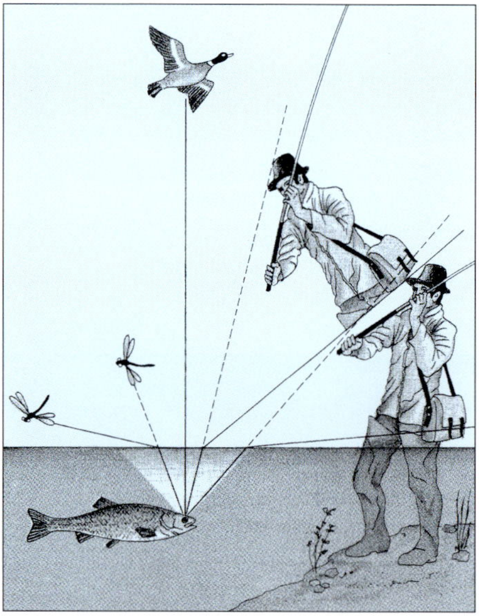

»Fischblick« aus dem Wasser (schematische Darstellung); durchgezogene Linien geben den realen Standort des jeweiligen Objektes wieder; gestrichelte Linien zeigen den durch Lichtbrechung abgeänderten »scheinbaren« Standort aus Sicht des Fischauges.

ter«. Der Blickwinkel beträgt dabei ca. 98°. Außerhalb dieses Kreises sieht der Fisch die Oberfläche von unten als Spiegel. Durch die unterschiedliche Lichtbrechung von Wasser und Luft bekommt der Blickwinkel an der Wasseroberfläche einen Knick, der den Winkel erweitert. Dieses »Fenster« des Fisches wird umso größer, je tiefer er sich im Wasser befindet. Schwimmt er nahe der Oberfläche, ist es sehr klein. Angler sollten sich einem gesichteten Fisch immer in möglichst gebückter Haltung nähern, um möglichst nicht in das »Fenster« zu geraten.

Sehleistung

Die Leistungsfähigkeit der Augen ist den jeweiligen Erfordernissen angepasst. Dies bedeutet: Fische, die gut sehen müssen, haben *große Augen,* z.B. der *Hecht.* Ein gutes Beispiel für großäugige Fische ist der *Zander,* der vor allem trübe Gewässer bewohnt. Seine auffallend großen Augen scheinen für den Betrachter bei direktem Lichteinfall auf unheimliche Art zu leuchten. In seiner Netzhaut liegt eine *Silberhaut,* die das Licht reflektiert und auf diese Weise die Sehzellen unterstützt.

Fische die hauptsächlich am Grund leben, wie der *Wels, Aal* oder die *Schleie,* besitzen auffallend *kleine Augen.* Aal und Wels jagen vor allem in der Nacht, wobei ihr Sehvermögen keine besondere Rolle spielt. Kleinäugige Fische verfügen nämlich über sehr gute Tast-, Riech- und Geschmacksorgane, welche die schwache Sehleistung kompensieren. Wichtig sind für sie die *Riechknospen* vor den Augen, die Barteln und die Seitenlinie.

Über bestimmte Muskeln können Fische die Linse näher an die Netzhaut ziehen und somit die Nah- und Fernsicht steuern.

?

186 | Bei welcher Fischart ist für den Beutefang das Auge unbedeutend?
Wels (Waller).

187 | Welche Fischart hat, im Verhältnis zu seiner Körpergröße, besonders kleine Augen?
Wels (Waller).

188 | Warum benötigt der Waller keine großen Augen?
Weil er seine mangelnde Sehleistung durch andere hochempfindliche Ortungsorgane (z.B. Seitenlinie, Barteln) kompensieren kann.

189 | Welche Fischarten haben eine nach vorn zugespitzte Pupille?
Äschen und Renken.

190 | Wie nennt man das runde Sichtfeld, in dem ein Fisch die Wasseroberfläche und das äußere Umfeld wahrnimmt?
Fenster.

191 | Kann ein Fisch Gegenstände außerhalb des Wassers wahrnehmen?
Ja, das Gesichtsfeld vergrößert sich sogar außerhalb des Wassers durch die besondere Lichtbrechung an der Wasseroberfläche.

192 | Gibt es einen Unterschied in der Größe des »Fensters« eines Fisches, je nachdem in welcher Wassertiefe er sich befindet?
Ja, je tiefer der Fisch sich befindet, desto größer wird sein Fenster.

Oben: Seitenlinie beim Hasel (*Leuciscus leuciscus*). Unten: Kopfporen des Seitenlinienorgans beim Hecht.

Seitenlinie

Ein für den Fisch sehr wichtiges Organ ist das Seitenliniensystem oder einfach gesagt die *Seitenlinie*. Hier liegt eine Art Ferntastsinn, mit dem die Fische z.B. Strömungen und Schwingungen des Wassers wahrnehmen. Sie verläuft entlang beider Körperseiten. Die in der Seitenlinie endenden, äußerst empfindlichen Nerven ermöglichen den Fischen, die Bewegun-

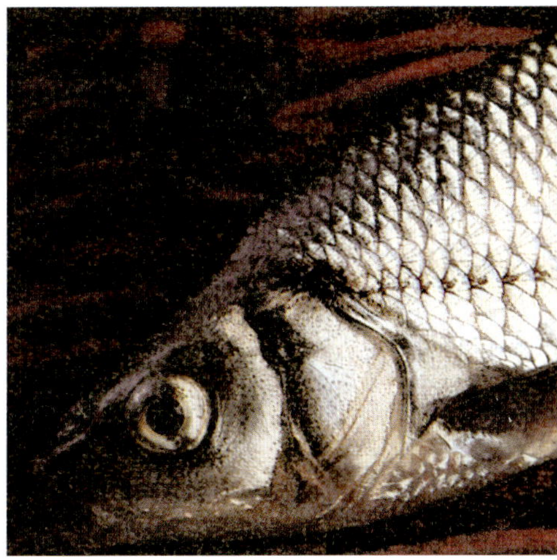

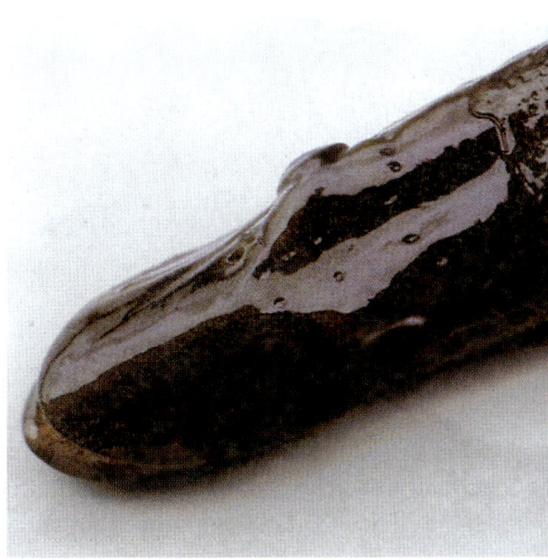

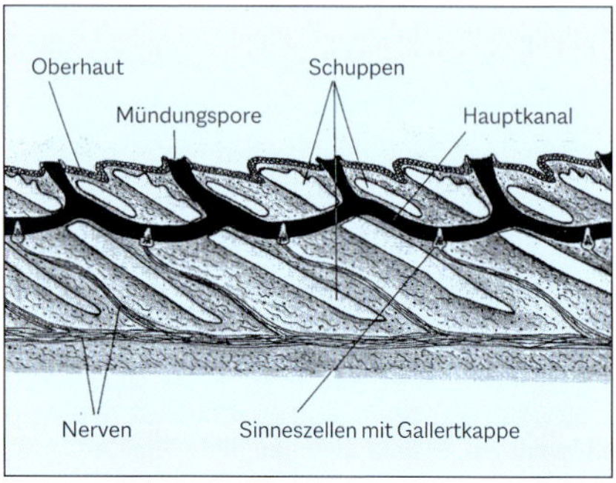

Schematischer Längsschnitt durch das Seitenlinienorgan eines Fisches.

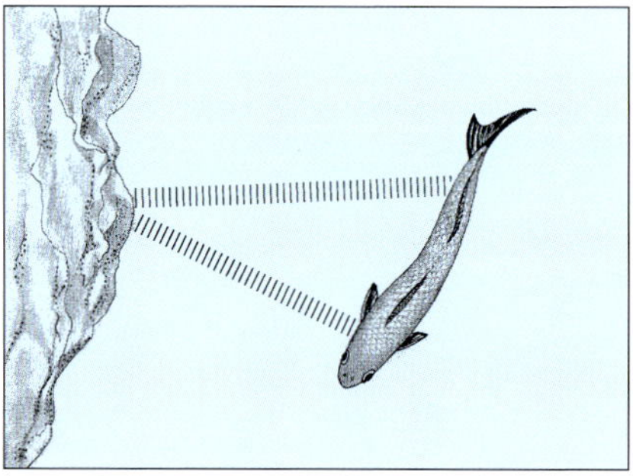

Fische können Gegenstände bzw. Hindernisse mit ihrer Seitenlinie »orten«.

gen eines Beutetieres auch aus größerer Distanz auszumachen. Vor allem der Hecht macht sich diese Fähigkeit zunutze. Bei ihm setzt sich das Seitenlinienorgan bis zum Kopf fort, was ihm besondere Ortungsfähigkeit verleiht. Das Seitenliniensystem ist so fein ausgebildet, dass Temperaturschwankungen von 0,05 °C noch wahrgenommen werden. Am Kopf verzweigt sich die Seitenlinie vor allem bei Raubfischen in mehrere Äste. Bei einigen Fischen weist sie besondere Merkmale auf. So ist sie beim Schneider geknickt und hat eine schwarze Einfassung. Bei Moderlieschen, Bitterling und Stint ist sie nur in verkürzter Form vorhanden.

Besonderheit der Seitenlinie

Moderlieschen, Bitterling, Stint	▶ Verkürzt, nicht über die ganze Seite verlaufend.
Schneider	▶ Geknickte Form mit schwarzer Einfassung

Körperbewaffnung

Beim Angeln kommen Sie möglicherweise mitunter recht unsanft mit Stachelstrahlen, Körperdornen und spitzen Zähnen in Berührung. Achtung! Die Wunden heilen schlecht. In Acht nehmen sollten Sie sich vor allen Fischen mit Stachelstrahlen in den Flossen – also besonders vor den *Barschartigen*. An Nord- und Ostsee müssen Meeresangler in dieser Hinsicht besonders einen Fisch, das *Große Petermännchen,* fürchten. Das Gift, das dieser Fisch über seine Rücken- und Kiemendeckelstacheln abgibt, ist lebensgefährlich.

Stichlinge

Die Stacheln stehen ohne verbindende Flossenhäute frei auf dem Rücken und sind, wenn aufgestellt, gut zu erkennen. Nach Anzahl dieser Stacheln unterscheidet man den dreistacheligen und den neunstacheligen Stichling. Weitere Waffen hat der Stichling nicht.

Steinbeißer und Koppe

Zur Abwehr von Feinden können sie die Dornen ihrer Kopfregion einsetzen. Die Koppe hat ähnlich wie der Barsch einen Dorn im Kiemendeckel. Der Steinbeißer besitzt unter den Augen einen jederzeit aufzurichtenden, zweispitzigen Dorn. Deshalb wird er im Volksmund auch »Dorngrundel« genannt.

Barschartige

Flussbarsch und Kaulbarsch besitzen spitze Dorne am Kiemendeckel. Auch die Donaufische Schrätzer, Zingel und Streber haben Kiemendeckeldorne.

Die Zähne unserer einheimischen Süßwasserfische sind nicht ganz so furchterregend wie die von Hai oder Piranha. Und doch können vor allem die *Hunds-/Fangzähne* von Zander und Hecht, z.B. beim unvorsichtigen Entfernen eines Angelhakens, zu Verletzungen führen.

?

193 | Welche Aufgaben hat das Seitenlinienorgan?
Es nimmt Strömungs- und Wasserdruckreize auf.

194 | Was ermöglicht das Seitenlinienorgan vor allem dem Hecht?
Die Ortung von Beutefischen.

195 | Welche Fischart verfügt über ein ausgeprägtes Seitenliniensystem am Kopf?
Der Hecht.

196 | Was ist an der Seitenlinie beim Schneider bemerkbar?
Die Seitenlinie hat ein schwarze Einfassung und ist geknickt.

197 | Welches Erkennungsmerkmal ist typisch für den Schneider?
Eine schwarz eingefasste Seitenlinie mit einem deutlichen Knick.

198 | Welche Fischarten haben verkürzte Seitenlinien?
Moderlieschen, Stint und Bitterling.

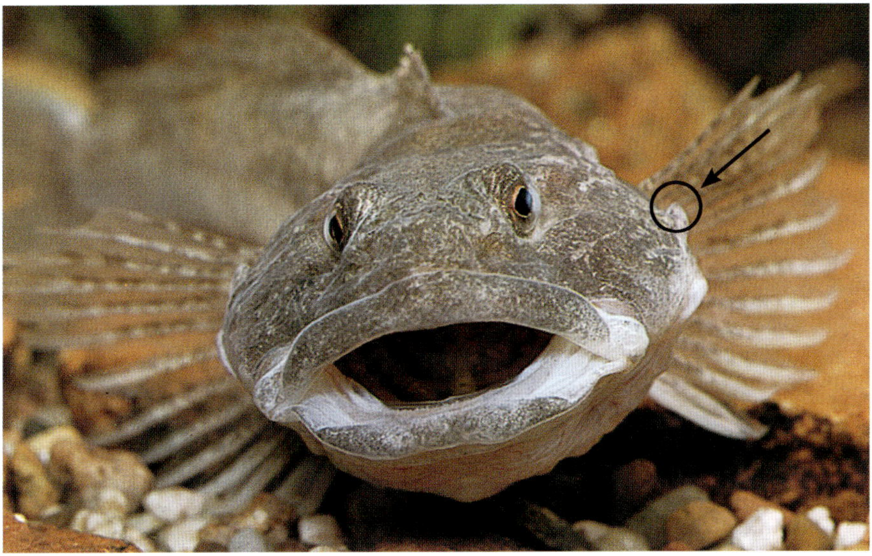

Die nur wenige Zentimeter große Koppe besitzt zu ihrer Verteidigung jeweils einen kräftigen, gekrümmten Dorn an ihren Kiemendeckeln.

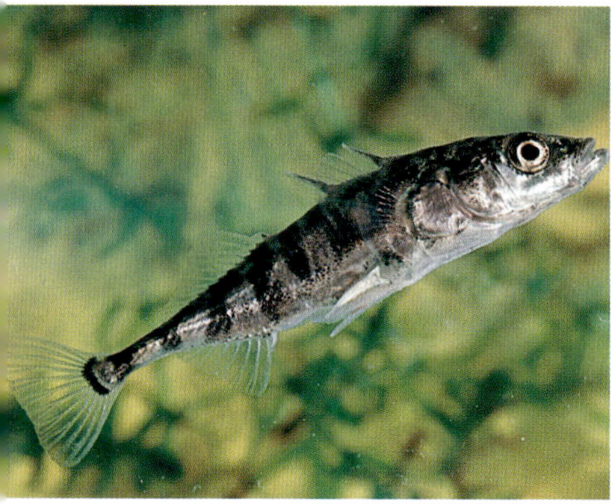

Dreistacheliger Stichling.

199 | Welches Merkmal unterscheidet Laube und Moderlieschen?
Das Moderlieschen hat im Gegensatz zur Laube eine nur kurze Seitenlinie.

200 | Bei welcher Fischart tragen die Kiemendeckel einen kräftigen, gekrümmten Dorn?
Bei der Koppe.

201 | Ein zweispitziger Dorn unter den Augen ist charakteristisch für?
Steinbeißer.

202 | Welche Fischarten haben einen mit einem Stachel endenden Kiemendeckel?
Kaulbarsch, Flussbarsch, Schrätzer, Streber, Zingel, Koppe.

203 | Was ist bei Fischarten mit Stachelstrahlen, Körperbedornung und spitzen Zähnen zu beachten?
Verletzungen heilen schlecht.

204 | Welche Fischarten haben Rückenstacheln ohne Flossenhäute?
Stichlinge.

205 | Bei welcher Kleinfischart ist die vordere Rückenflosse mit Stachelstrahlen und Flossenhäuten versehen?
Koppe.

206 | Welcher Fisch kann in Nord- und Ostsee den Anglern gefährlich werden?
Das Große Petermännchen.

207 | Was ist gefährlich am Großen Petermännchen?
Das Gift in den Dornen der Kiemendeckel und der ersten Rückenflosse.

Gehirn

Das Gehirn der Fische ist sehr klein. Seine Lage muss man kennen, um den Fisch nach dem Tierschutzgesetz vorschriftsmäßig betäuben, bzw. abschlagen zu können. Das Betäuben der Fische erfolgt durch einen Schlag auf den Kopf knapp hinter den Augen mit einem geeigneten Gegenstand, z.B. einem harten, kurzen Stock. Im Handel sind spezielle »Fischtöter« erhältlich.

Der Hauptnervenstrang verläuft *oberhalb* der Wirbelkörper. Diese zentrale Nervenbahn muss beim Töten z.B. von Aalen durchschnitten werden.

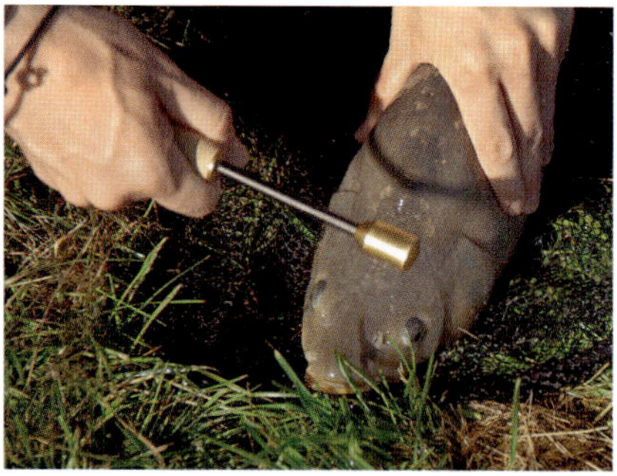

Der Fisch wird mit einem gezielten Hieb auf dem Kopf, kurz hinter den Augen, betäubt.

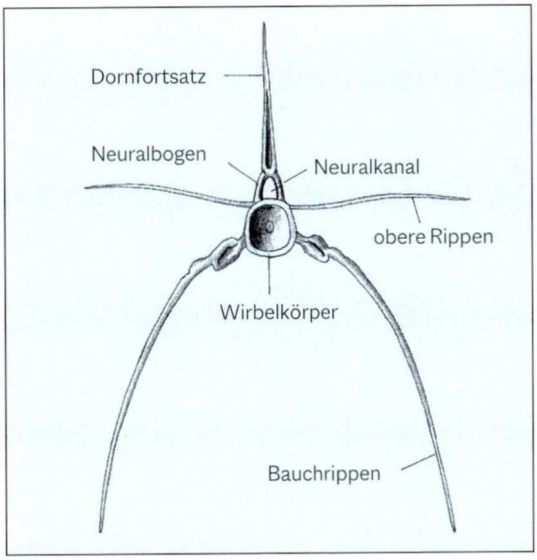

Querschnitt durch einen Rumpfwirbel mit Knochenansätzen und Rippen (Gräten). Der Neural- oder Nervenkanal verläuft oberhalb der Wirbelsäule.

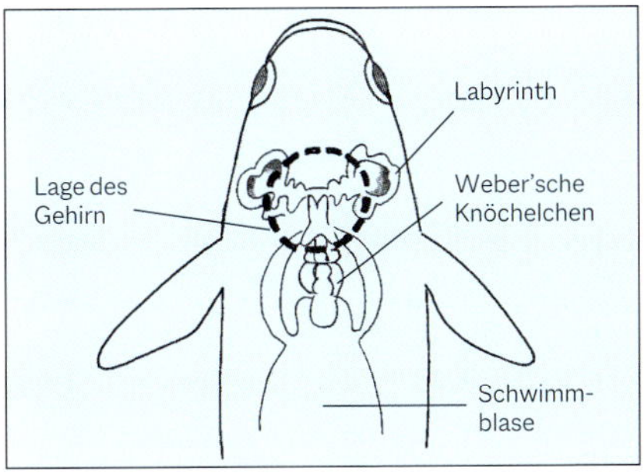

Die Lage des Fischgehirns und des inneren Ohres.

Gehör

Fische besitzen kein äußerlich sichtbares Gehörorgan. Sie können aber trotzdem Töne wahrnehmen, denn sie haben ein inneres Gehörorgan. Die *Schwimmblase* wirkt hierbei als Resonanzmembran. Sie nimmt die Schallschwingungen auf und leitet sie zum inneren Ohr, dem »Labyrinth«, weiter. Das innere Ohr stellt ein kompliziertes anatomisches Gebilde dar, das durch die in ihm liegenden *Gehörsteinchen* nicht nur das Hören, sondern auch eine Gleichgewichtsorientierung ermöglicht. Bei einer Fischkrankheit, der sogenannten *Drehkrankheit,* die vor allem bei Forellen auftritt, wird dieser Gleichgewichtssinn gestört. Karpfen und vor allem Welse hören besonders gut. Anhand der Gehörsteinchen lässt sich bei Aal und Wels das Alter feststellen.

Geruch

Das Riechvermögen ist bei fast allen Fischen außerordentlich gut ausgeprägt. Die Geruchsorgane liegen im Bereich

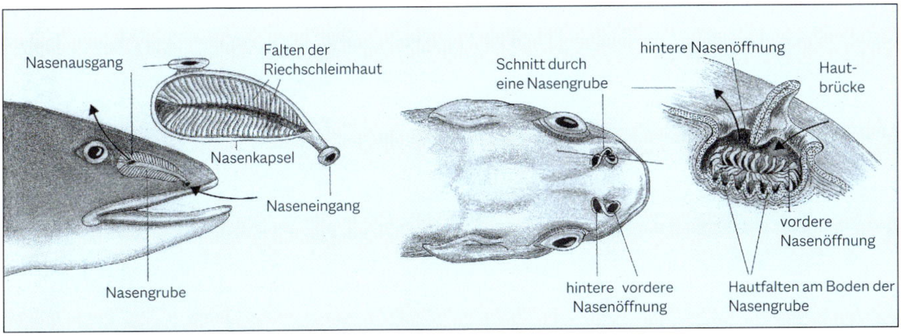

Schematische Darstellung der Nase von Aal (links) und Elritze (rechts). Die Pfeile zeigen die Richtung des Wasserstromes an.

zwischen den Augen und der Maulspitze. Knochenfische haben *paarige Riechgruben*, Neunaugen besitzen hingegen eine *unpaarige Nasengrube*. Mit dem Geruchssinn werden einerseits die Nahrung, andererseits Geschlechtspartner wahrgenommen. Er spielt auch bei der Orientierung der Fische auf ihren Laichwanderungen eine wichtige Rolle. Versuche haben gezeigt, dass Lachse ihre Heimatgewässer nicht erreichen, wenn ihr Riechvermögen ausgeschaltet worden ist. Einige Fischarten haben einen Schreckstoff in der Haut, der bei Verletzungen oder Gefahr freigesetzt wird und dessen Geruch andere Artgenossen warnt. Die empfindlichste Nase besitzt der Aal. In Zusammenhang mit dem Begriff Geruch sei angemerkt, dass einige Fischarten selbst einen charakteristischen Eigengeruch verströmen. So wird der Äsche ein *Thymianduft* zugesprochen, den kleinen Stint kennzeichnet dagegen ein wahrnehmbares *Gurkenaroma*.

?

208 | Wozu ist die Kenntnis der Lage des Fischgehirns wichtig?
Um den Fisch vor dem Töten vorschriftsmäßig betäuben zu können.

209 | Wo verläuft beim Fisch das Rückenmark (Hauptnervenstrang)?
Oberhalb der Wirbelkörper.

210 | Haben Fische ein Gehörorgan?
Sie haben ein inneres Gehörorgan.

211 | Können Fische Töne wahrnehmen?
Ja.

212 | Ist das Gehörorgan der Fische äußerlich sichtbar?
Nein.

213 | Was kann man beim Fisch mithilfe von Schuppen und Gehörsteinchen feststellen?
Das Alter.

214 | Welcher Fisch hat ein Maul mit unpaariger Nasengrube?
Bachneunauge.

215 | Können Knochenfische Gerüche wahrnehmen?
Ja, sie besitzen paarige Riechgruben.

216 | Wo liegen die Geruchsorgane der Fische?
Zwischen den Augen und der Maulspitze.

217 | Wie ist der Geruchssinn des Aals?
Ausgezeichnet.

218 | Welcher aus dem Meer ins Süßwasser ziehende Fisch findet sein Heimatgewässer vor allem mithilfe des Geruchsinns?
Der Lachs.

219 | Für welche Fischart ist der Geruch nach Thymian kennzeichnend?
Äsche.

220 | Welcher Fisch riecht nach Gurken?
Stint.

Atmung

Das Atmungsorgan unserer heimischen Fische sind die Kiemen. Sie liegen unter den Kiemendeckeln in der Kiemenhöhle verborgen. Alle Knochenfische besitzen *4 Paar Kiemenbögen*. In den Kiemen erfolgt die Anreicherung des Blutes mit Sauerstoff. Das Wasser wird vom Maul aufgenommen, infolge der Atembewegung an den Kiemen vorbeigeführt und durch die Kiemendeckelöffnung aus der Kiemenhöhle hinausgepresst. Dem Atemwasser wird beim Vorbeifließen über die Kiemenplättchen ein Teil des im Wasser gelösten Sauerstoffs entzogen und gleichzeitig werden Stoffwechselprodukte wie Kohlendioxid und Ammoniak ins Wasser abgegeben. Das Sauerstoffbedürfnis der Fische ist unterschiedlich. Merken Sie sich folgende Zahlen zum Vergleich:

Salmoniden:	▸ mindestens 7 mg/l,
Cypriniden:	▸ 3 mg/l.

Dadurch wird klar, warum viele Salmoniden vorzugsweise in fließendem, sauerstoffreichem Wasser leben, das sich auch im Sommer nur wenig erwärmt (sommerkalt!). Atemnot ist an schnellen Kiemendeckelbewegungen zu erkennen. Bei akutem Sauerstoffmangel kommen z.B. die Cypriniden an die Wasseroberfläche und schnappen nach Luft. Dieser Vorgang heißt Notatmung.

Neben den Kiemen kann auch die Haut eine Rolle als Atmungsorgan spielen. So kann der *Schlammpeitzger* mehr als die Hälfte seines Sauerstoffbedarfs über die Haut decken. Er besitzt darüber hinaus die Fähigkeit zur *Darmatmung*. Bei Sauerstoffmangel schluckt er an der Wasseroberfläche Luft, die in den Darmkanal gepresst wird. Der Gasaustausch findet dann an der Schleimhaut des Darmes statt.

?

221 | Wo wird das Blut mit Sauerstoff angereichert?
In den Kiemen.

222 | Womit atmen die einheimischen Fische?
Mit den Kiemen.

223 | Wie nennt man den Vorgang, wenn Fische bei Sauerstoffmangel zur Wasseroberfläche kommen, um nach Luft zu schnappen?
Notatmung.

224 | Wie viele Kiemenbögen hat eine Bachforelle?
Vier Paar.

225 | Welche Bedeutung hat die Oberfläche der Kiemen?
Hier wird Sauerstoff aufgenommen und Kohlendioxid abgegeben (Gasaustausch).

226 | Welcher Fisch hat die besondere Fähigkeit zur Haut- und Darmatmung?
Der Schlammpeitzger.

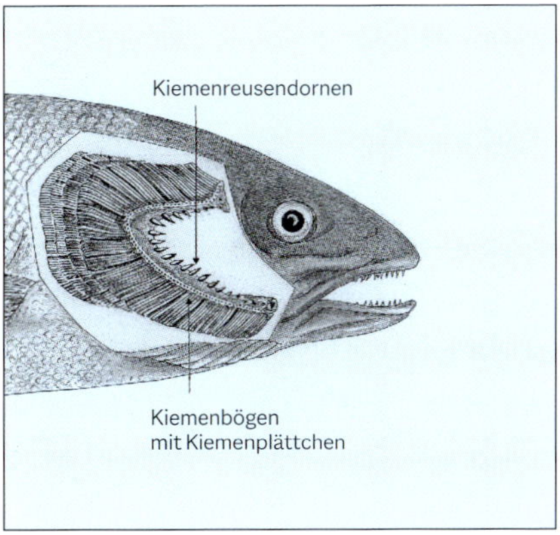

Schnitt durch die Kiemenregion einer Forelle.

Blutkreislauf

Der Transport des in den Kiemen mit Sauerstoff angereicherten Blutes wird durch das Herz vorgenommen, das sich direkt unterhalb der Kiemen, sozusagen »kehlständig« befindet. Die Hauptgefäße verlaufen dann entlang des Rückgrates. Die Körpertemperatur von Fischen entspricht etwa der Temperatur des umgebenden Wassers, sie gelten deshalb als *Kaltblüter*. Da bei höheren Wassertemperaturen auch die Stoffwechselvorgänge im Fisch beschleunigt werden, wachsen die meisten Fische am besten während der warmen Jahreszeit. Vorsicht! Rohes Blut von Aal und Wels verursacht im menschlichen Auge Entzündungen.

227 | Wie hoch ist die Körpertemperatur der Fische?
Etwa gleich der sie umgebenden Wassertemperatur.

228 | Wovon hängt die Temperatur des Fischblutes hauptsächlich ab?
Von der Wassertemperatur, die den Fisch umgibt.

229 | Sind Fische »Kalt-« oder »Warmblüter«?
Kaltblüter.

230 | Was bewirkt die Erhöhung der Wassertemperatur bei einem Fisch?
Die Stoffwechselvorgänge werden beschleunigt.

231 | Worauf muss man beim Töten von Wels und Aal achten?
Das Blut beider Tiere kann zu Entzündungen im menschlichen Auge führen.

232 | Das Herz der Fische befindet sich im Körper an welcher Stelle?
Kehlständig unterhalb der Kiemen.

233 | Wo wird bei den Fischen das Blut mit Sauerstoff angereichert?
In den Kiemen.

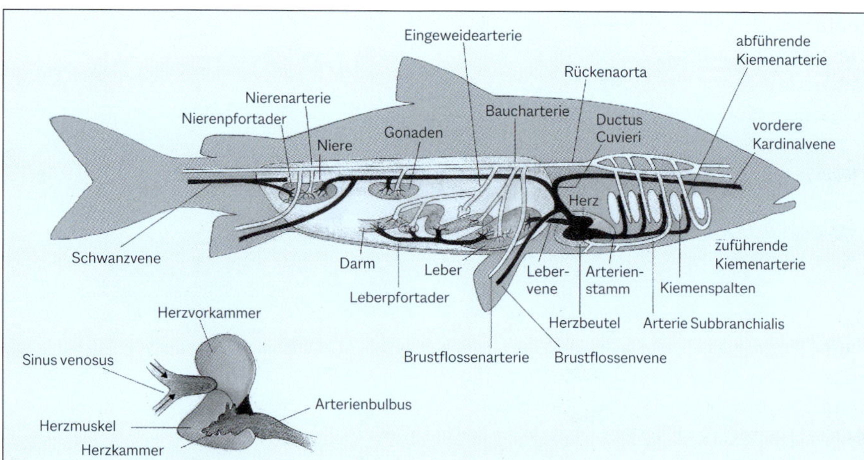

Blutgefäßsystem eines Knochenfisches (vereinfachte Darstellung).
Links unten: Schematische Darstellung eines Fischherzens [nach Lagler 1977].

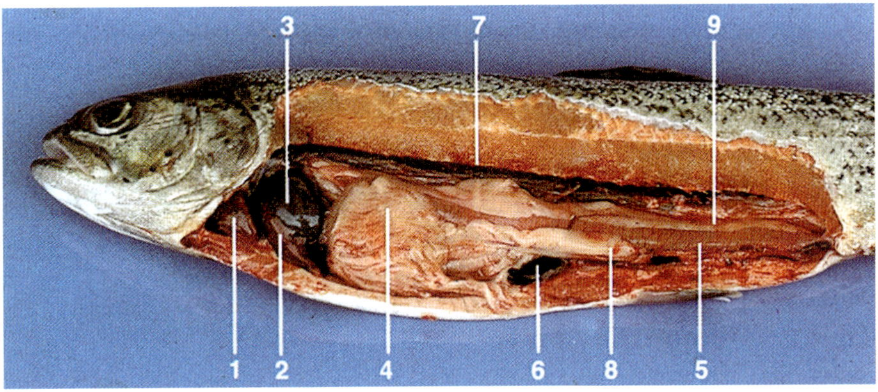

Regenbogenforelle geöffnet:
1 Herz, 2 Leber, 3 Gallenblase,
4 Pylorusschläuche, 5 Darm,
6 Milz, 7 Niere, 8 Fettgewebe,
9 Gonaden, (Schwimmblase eingefallen).

Verdauungsorgane

Magen und Darm

Die Nahrung wird im Fischkörper in Energie für Muskeln und Organe umgesetzt, der Überschuss dient dem Wachstum. Die Wände von Speiseröhre, Magen und Darm sind äußerst dehnfähig. Dies ist eine Voraussetzung dafür, dass auch große Nahrungsbrocken ohne weiteres verschlungen werden können. Dies ist besonders bei Raubfischen von Bedeutung, die ihre Beute verschlingen, ohne sie zu zerkauen. Die Verdauung erfolgt mithilfe der Absonderung von Pepsin im Magensack. Folgende Unterschiede sind wichtig:

Raubfische:	▶ kräftiger Magensack, kurzer Darm
Friedfische, Karpfenartige:	▶ kein Magen, sehr langer Darm

Die eigentliche Verdauung erfolgt bei Raubfischen also im Magen und bei den magenlosen Cypriniden im langen Darm. Beim Karpfen besitzt der Darm mindestens doppelte Körperlänge.

Sogenannte Pylorusschläuche oder -blindsäcke befinden sich am Magenausgang bei vielen Fischarten. Ihre Funktion ist nur teilweise bekannt. Man nimmt an, dass sie bei der Verdauung eine Rolle spielen. Fische ohne Magen (z.B. Cypriniden) besitzen keine Pylorusschläuche.

Enddarm

Er hat hauptsächlich ableitende Funktion. Dicht hinter dem After, dem Ausscheidungsorgan für Kot, befinden sich die Ausgänge für Harn und für die Geschlechtsprodukte.

Leber

Dieses meist große und fettreiche Organ, das oft deutlich (z.B. Rutte) in Erscheinung tritt, erzeugt die Gallenflüssigkeit, die die Verdauung fettreicher Substanzen fördert. Bei den meisten Fischarten ist die Leber braunrot. Bei Hecht, Wels und Rutte ist sie auffallend hell (ocker, lehmfarben), beim Zander rosa und beim Barsch hellrosa bis hellbraun.

Gallenblase

Sie befindet befindet sich direkt an der Leber. Ist sie prall gefüllt, kann daraus geschlossen werden, dass der Fisch längere Zeit nicht gefressen hat. Ungenügend durchgebratene bzw. gekochte Lebern, sowie ungesalzener Rogen und rohes Fleisch von Quappe, Hecht, Barsch und Lachs können beim Menschen zur Infektion mit dem Fischbandwurm *(Diphyllobothrium latum)* führen. Mit einer Maximallänge von 10 bis 12 m ist er der größte im Menschen schmarotzende und zudem schwere Krankheitsbilder auslösende Parasit.

Nieren

Hier wird die Harnabsonderung vollzogen. Sie liegen unter der Wirbelsäule vom Kopfansatz bis zur Höhe des Afters und sind als dunkler Streifen in der Bauchhöhle sichtbar. An dieser Stelle sei auf eine Besonderheit von Nase und Giebel hingewiesen: sie besitzen ein schwarzes Bauchfell, das beim Ausweiden sofort auffällt.

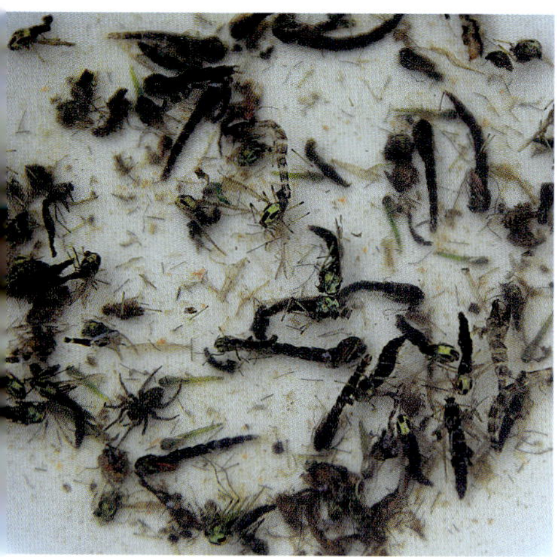

Mageninhalt einer mit der Fliege gefangenen Forelle.

?

234 | Welche Fischart hat im Vergleich zur Körperlänge den längsten Darm?
Karpfen.

235 | Welche Fischart kann bei extremem Sauerstoffmangel einen Teil des Sauerstoffbedarfs über Darmatmung decken?
Schlammpeitzger.

236 | Welche Fischarten haben einen kurzen Darm?
Die Raubfische.

237 | Welche Fischarten haben keine Pylorusschläuche (Blindsäcke) am Darm?
Cyprininden.

238 | Wie lang ist der Darm beim Karpfen?
Mindestens doppelte Körperlänge.

239 | Welche Fischarten haben keinen Magen aber einen sehr langen Darm?
Karpfenartige (Cypriniden).

240 | Welche Fischarten haben einen Magen?
Forellenartige, Barschartige.

241 | Welche Fischart hat eine besonders große, fettreiche Leber?
Rutte (Quappe).

242 | Die Gallenblase befindet sich beim Fisch ...
... an der Leber.

243 | Wo liegen die Nieren im Fisch?
Unter der Wirbelsäule vom Kopfansatz bis auf Höhe des Afters.

Schwimmblase

Eines der auffälligsten inneren Organe ist die Schwimmblase. Sie entsteht schon im Embryo als Ausstülpung am Dach des Vorderdarms. Da Fische etwas schwerer sind als Wasser, ist sie mit einem Gasgemisch gefüllt, um dem Fisch schwereloses Schwimmen zu ermöglichen. Über die Schwimmblase können Fische ihr spezifisches Gewicht kontrollieren.

Der Inhalt der Schwimmblase besteht aus Sauerstoff, Stickstoff, Kohlendioxid und Edelgasen. Achten Sie beim Fischausnehmen auf den verschiedenartigen Bau der Schwimmblase:

Hechte und Salmoniden:	▶ sackförmig ausgebildet und einteilig
Cypriniden:	▶ stets zweigeteilt.

Bei beiden Schwimmblasentypen ist ein Verbindungsgang zum Vorderdarm vorhanden. Über diesen Luftgang erfolgt die Füllung nach dem Schlüpfen der Fische. Dies geschieht durch mehrmaliges Luftabschlucken. Der Luftgang dient auch dem Druckausgleich, wenn die Fische aus größerer Tiefe an die Oberfläche schwimmen. Das überschüssige Gas kann dann über den Luftgang entweichen.

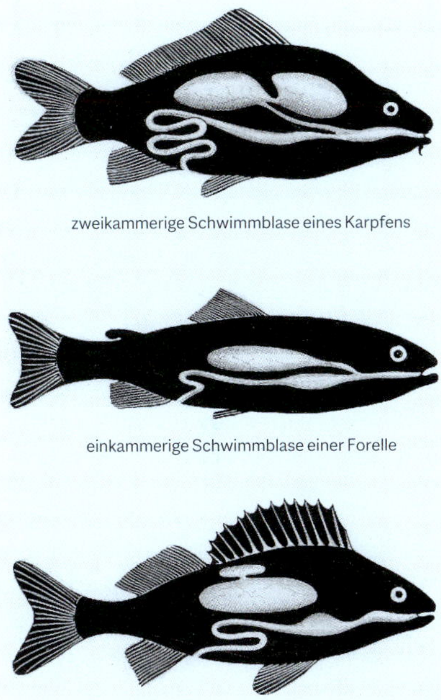

zweikammerige Schwimmblase eines Karpfens

einkammerige Schwimmblase einer Forelle

geschlossene Schwimmblase eines Barsches

Schwimmblasensysteme.

Fische mit Schwimmblasengang und Anzahl der Schwimmblasenkammern:

Eine Kammer	▶ Salmoniden, Hecht
Zwei Kammern	▶ Cypriniden

Schwimmblasengang	Fischarten	Funktion
▶ ständig vorhanden zwischen Schwimmblase und Vorderdarm (Luftgang).	z. B. bei Cypriniden, Salmoniden u. a.	Steuerung der Luftmenge durch Luftschlucken und -ausstoßen.
▶ bei den Jungfischen noch vorhanden, bildet sich mit zunehmenden Alter jedoch zurück.	z. B. Quappe, Dorsch, Zander, Barsch, Stichling, Kaulbarsch, Schrätzer.	Gas wird ausschließlich aus dem Blut über bestimmte Abschnitte der Blasenwand (Gasdrüse) in die Schwimmblase transportiert. Über das »Oval«, eine gasdurchlässige, gut durchblutete Stelle an der oberen Schwimmblasenwand langsame Abgabe an die Blutgefäße.

Werden Fische allerdings sehr schnell aus größeren Tiefen an die Wasseroberfläche geholt, etwa durch rasches Aufziehen von Netzen, erfolgt der Druckausgleich nicht genügend schnell. Die Schwimmblase dehnt sich dann so weit aus, dass es zu einer kräftigen Wölbung des Leibes kommt. Nicht selten wird hierbei der Vorderdarm wie eine Blase zum Maul herausgepresst. Besonders gefährdet sind in dieser Hinsicht die Tiefenbewohner der Gewässer wie Quappe, Seesaibling und eine ganze Reihe von Meeresfischen, wie z.B. der Rotbarsch oder Kabeljau. Diese Erscheinung wird *Trommelsucht* genannt, hat aber mit einer Krankheit nichts zu tun. Meeresanglern begegnet dieses Phänomen, wenn sie z.B. beim Pilkfischen Dorsche in größerer Tiefe haken und sie schnell nach oben ziehen. Ein Zurücksetzen werden sie nicht überleben.

Die *Barschartigen* fallen aus dem eben genannten Schema heraus. Sie haben eine *Schwimmblase ohne Schwimmblasengang.* Hier spricht man von einer geschlossenen Schwimmblase. Der Druckausgleich wird bei diesem System über intensive Gasaustauschvorgänge bewerkstelligt, die an der Schwimmblasenwand ablaufen.

Beim *Wels,* dessen Schwimmblase fest mit dem Bauchfell verwachsen ist und bei *Cypriniden* besteht eine *knöcherne Verbindung* zwischen Schwimmblase und Innenohr. Dies ist der Grund dafür, dass bei diesen Fischen die Gehörleistung so außerordentlich gut ist.

Keine Schwimmblase haben Makrelen, Haie und Rochen (Knorpelfische). Streber und Mühlkoppe sind Grundfische ohne Schwimmblase und daher keine ausdauernden Schwimmer. Sie bewegen sich sozusagen hüpfend und ruckartig über den Boden.

Eine Zwischenstellung nimmt die *Schmerle* (Bartgrundel) ein. Ihre Schwimmblase ist zwar vorhanden, aber *rückgebildet.*

?

244 | Welche Aufgabe hat die Schwimmblase?
Sie ermöglicht das schwerelose Schwimmen.

245 | Bei welcher Fischart ist die Schwimmblase mit dem Bauchfell fest verwachsen?
Waller (Wels).

246 | Bei welchem barschartigen Fisch ist die Schwimmblase völlig zurückgebildet?
Streber.

247 | Welche Fische haben keine Schwimmblase?
Mühlkoppe, Streber, Makrele, Hai, Rochen.

248 | Welche Fischarten haben eine sackförmige, einteilige Schwimmblase?
Salmoniden, Hecht.

249 | Welche Fischarten haben eine Schwimmblase ohne Schwimmblasengang?
Barschartige (Perciden), Quappe, Dorsch.

250 | Wie ist die Schwimmblase bei Barschen gebaut?
Sie ist einkammerig ohne Luftgang. Wird als geschlossene Schwimmblase bezeichnet.

251 | Bei welchen Fischarten ist ein Schwimmblasengang (Verbindungsgang zwischen Schwimmblase und Vorderdarm) vorhanden?

Z.B. bei Forellenartigen (Salmoniden), Karpfenartigen (Cypriniden), Hecht.

252 | Welche Fische haben eine durch eine Einschnürung in zwei Kammern geteilte Schwimmblase?
Karpfenartige (Cypriniden).

253 | Bei welchen Fischarten ist die Schwimmblase zweikammerig?
Karpfenartige (Cypriniden).

254 | Welche Fischarten haben eine einkammerige Schwimmblase?
Salmoniden, Hecht.

255 | Was bezeichnet man bei Fischen mit dem Ausdruck »Trommelsucht«?
Eine kräftige Vorwölbung des Leibes bei plötzlich aus der Tiefe geholten Fischen infolge der Schwimmblasenausdehnung.

Fortpflanzung

Geschlechtsorgane

Wenn Sie einen Fisch aufschneiden und sich die Eingeweide ansehen, erkennen Sie bei einem weiblichen Fisch die Eierstöcke, bei einem Männchen die Hoden als paarig angelegte Organe (Gonaden). Die mehr oder weniger langen, sackartigen Geschlechtsorgane verlaufen symmetrisch zu beiden Seiten der Bauchhöhle.

Einzig beim Weibchen des Barsches und des zu den Rundmäulern gehörende Bachneunauge sind die Eierstöcke unpaarig angelegt.

Je nach dem Reifegrad sind die Geschlechtsorgane verschieden groß. Während der meisten Zeit des Jahres sind sie klein und unauffällig, sodass es zuweilen

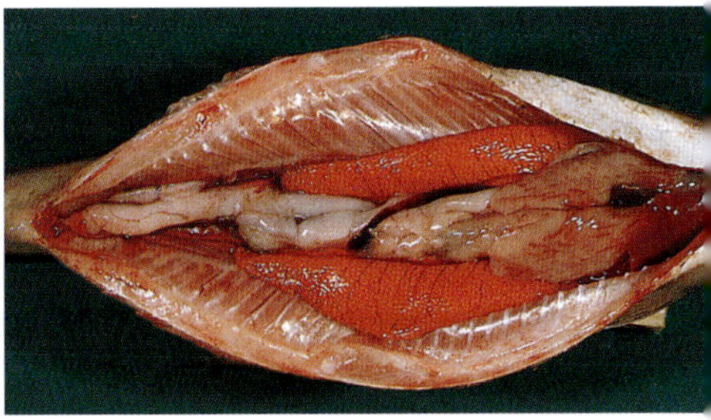

Deutlich sind die orangefarbenen Geschlechtsorgane (Rogen) bei einer weiblichen Renke zu erkennen.

schwer fällt, nach dem Öffnen der Leibeshöhle das Geschlecht schnell und eindeutig zu bestimmen. Beim Aal ist die Geschlechtsbestimmung schwierig und erst ab einer Körpergröße von ca. 50 cm möglich.

Zur Laichzeit (Fortpflanzungsperiode) vergrößern sich die Gonaden aller Fische derart, dass vor allem die weiblichen Fische ihres stattlichen Körperumfanges wegen gut zu erkennen sind.

Der Samen der männlichen Tiere besitzt während der Vollreife ein milchiges Aussehen, weshalb das Sperma auch *Milch* und männliche Tiere *Milchner* genannt werden.

Fischeier werden als *Rogen* bezeichnet. Die Fischersprache gibt den weiblichen Tieren daher den Namen *Rogner*. In welchem Alter Fische geschlechtsreif werden, kann für keine wildlebende Fischart mit Sicherheit gesagt werden. Entscheidend sind in erster Linie die Lebensbedingungen, unter denen die Fische aufwachsen.

Merke! Milchner werden im Allgemeinen schneller geschlechtsreif als Rogner und darüber hinaus auch eher laichreif.

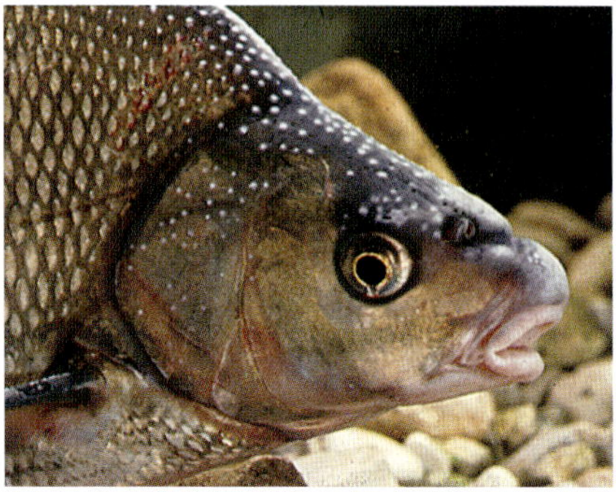

Laichausschlag eines Bleis (Brachse).

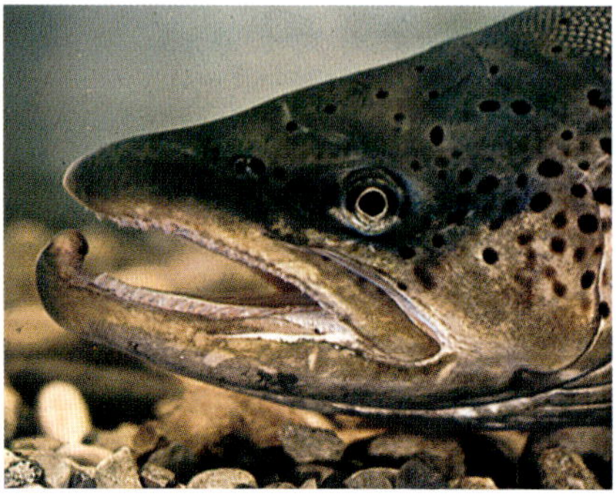

Laichhaken eines Bachforellen-Milchners.

Laichfärbung und Laichausschlag

Sehr viele unserer heimischen Fische färben sich zur Laichzeit auffallend bunt. Manche Fischarten verändern ihr Äußeres zusätzlich durch den sogenannten Laichausschlag. Auf der Körperoberfläche erscheinen noppenartige, harte, meist weißliche Gebilde. Die Fische fassen sich dann sehr rau an, sie können mühelos mit der Hand festgehalten werden, was normalerweise nicht der Fall ist. Da sich manche Fischarten während ihres Liebesspiels intensiv aneinander reiben, liegt die Vermutung nahe, dass der Laichausschlag der Erhöhung sexueller Reize dient. Vor allem *Weißfischarten* besitzen diesen Laichausschlag. Sehr deutlich tritt er beim Blei (Brachse, Brassen) zutage. Alle *Barschartigen* sind dagegen *ohne Laich ausschlag*. Während der Laichzeit besitzen die Milchner einiger großmäuliger Salmoniden (z.B. Forellen, Lachse) am Unterkiefer einen *Laichhaken*. Nach der Laichzeit bildet sich dieser weitgehend zurück.

Geschlechtsunterscheidungen

Bei einigen Fischen weisen deutlich erkennbare körperliche Unterscheidungsmerkmale auf das jeweilige Geschlecht hin:

Weibliche *Aale* und *Hechte* können bedeutend größer werden als männliche. Sehr große Hechte sind fast immer Weibchen.

Die männliche *Äsche* zeigt eine größere Rückenflosse (Fahne) als die weibliche.

Bei der *Schleie* besitzt der Milchner (Männchen) deutlich größere Bauchflossen mit einem stark verdickten Hauptstrahl.

Krebse: Männliche Krebse haben als Geschlechtsorgane sogenannte Griffelpaare. Das sind deutlich erkennbare Begattungsorgane an der Unterseite des 1. Schwanzsegmentes. Weibliche Krebse lassen sich besonders leicht daran erkennen, dass sie die Eier unter ihrem Hinterleib tragen. Dort entwickelt sich auch die Nachkommenschaft vom Ei bis zum Jungkrebs.

Befruchtung

Bei fast allen Fischarten findet eine äußere Besamung statt. Während ihres Liebesspiels werden Rogen und Milch ins Wasser abgegeben. Hier dringt dann das Sperma augenblicklich in die Eier ein, sodass die Befruchtung erfolgen kann. Die Befruchtungserfolge liegen selbst in schnell fließenden Gewässern noch zwischen 80 und 90 %.

Laichzüge/Laichwanderungen

Nicht wenige Fischarten unternehmen unterschiedlich weite Wanderbewegungen, um zu ihren Laichplätzen zu gelangen. Meist liegen diese im Oberlauf der Flüsse oder in geeigneten Nebenflüssen. Die weitesten Laichzüge unternehmen die Fischarten, die im Meer leben und dort heranwachsen, aber zum Laichen ins Süßwasser ziehen. Zu diesen gehören Lachse, Meerforellen und Seestinte sowie Nordseeschnäpel. Die Meerforelle kann in diesem Zusammenhang einerseits als die Wanderform der Bachforelle angesehen werden, wahrscheinlich ist aber die Meerforelle die Urform. Die Bachforelle hat sich als im Süßwasser verbleibende Form herausgebildet. Fische, die im Süßwasser leben und hier eine gewisse Wanderung unternehmen, werden aber nicht als Wanderfische, sondern zur Unterscheidung von den ins Meer wandernden Arten als *Zugfische* bezeichnet. Die im Süßwasser beheimateten Barben und Nasen suchen in ihren Heimatgewässern geeignete Laichplätze auf, die oft flussaufwärts von den Lebensräumen liegen, welche sie als erwachsene Fische besiedeln. In fischreichen Zeiten kommt es deshalb in den großen Flüssen zu starken Laichzügen von Nasen und Barben.

?

256 | Welche im Wasser lebende Tierarten haben unpaare Eierstöcke?
Flussbarsche und Bachneunaugen.

257 | Was versteht man unter dem Begriff »Rogen«?
Fischeier in den Eierstöcken des weiblichen Fisches.

258 | Was ist ein Milchner?
Ein männlicher Fisch.

259 | Was ist ein Rogner?
Ein weiblicher Fisch.

260 | Was wird als Laich bezeichnet?
Befruchtete Eier.

261 | Was bezeichnet man in der Fischersprache als Milch?
Männliche Samenzellen.

262 | Werden männliche oder weibliche Fische eher (jünger) geschlechtsreif?
Männliche Fische.

263 | Ist ein Laichausschlag bei manchen Fischen eine normale oder unnormale Erscheinung?
Eine normale Reaktion bei laichbereiten Fischen.

264 | Welche Fischarten bekommen einen Laichausschlag?
Karpfenartige.

265 | Was ist ein Laichhaken?
Der hakenartig ausgebildete Unterkiefer männlicher, lachsartiger Fische.

266 | Woran erkannt man männliche Forellen während der Laichzeit?
Am Laichhaken.

267 | Wo findet man bei einem männlichen Bachsaibling den Laichhaken?
Am Unterkiefer.

268 | Was ist das besondere Kennzeichen eines Seeforellenmilchners in der Laichzeit?
Der Laichhaken.

269 | Das Geschlecht kann man bei manchen Fischen erkennen:
An der unterschiedlichen Ausbildung des Unterkiefers (Salmoniden), der Rückenflosse (Äsche) oder der Bauchflossen (Schleie).

270 | Woran erkennt man eine männliche Äsche?
An der längeren Rückenflosse.

271 | Wie unterscheiden sich weibliche und männliche Aale?
Weibliche Aale werden größer.

272 | Wie nennt man Fischarten, die vom Meer ins Süßwasser zum Laichen ziehen?
Wanderfische; fachlich: anadrome Fischarten.

273 | Wie werden im Süßwasser lebende Fischarten (z.B. Barbe, Nase) genannt, die innerhalb ihres Lebensraumes mehr oder weniger große Wanderungen zu den Laichplätzen unternehmen?
Zugfische.

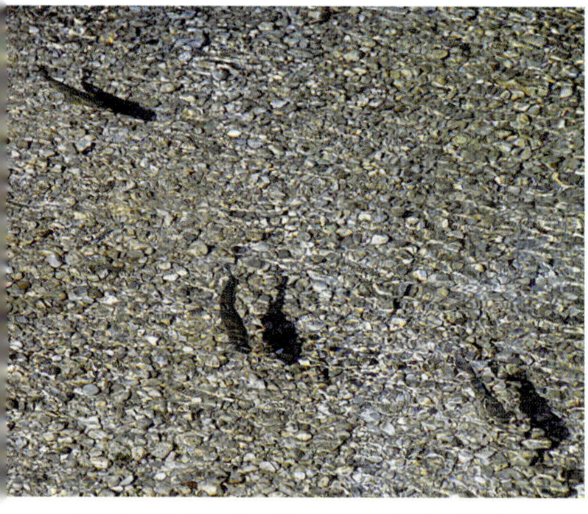

Laichende Forellen über ihren (hellen) Laichgruben.

Durch die Art und Weise ihrer Fortpflanzung lassen sich Fischarten in bestimmte Gruppen einteilen:

Kieslaicher

Alle *Salmoniden,* die Renken ausgenommen, laichen gemäß ihres bevorzugten Aufenthaltsbereichs über kiesigem Grund. Die Eier werden zwischen den Steinchen abgelegt, wobei Forellen und Lachse mithilfe von Brust- und Bauchflossen, sowie dem hinteren Körperdrittel einschließlich der Schwanzflosse eine Laichgrube in den Kies schlagen. Die Ansprüche an die Kiesgröße sind je nach Eigröße unterschiedlich. So benötigt die Äsche ein feineres Substrat als die Bachforelle. Einige karpfenartige Fische, wie die Barbe und Nase fallen auch unter die Kategorie Kieslaicher, sie schlagen aber keine Laichgruben, sondern geben ihre klebrigen Eier über dem Gewässerboden ab. Sie sinken zu Boden und bleiben dann an den Kieseln kleben. Die kleine Elritze gibt ihre Eier in die Kieszwischenräume ab.

Freiwasserlaicher

Renken geben ihre Laichprodukte in der Regel mitten im See, meist an der Oberfläche und zum Teil über der größten Tiefe ab. Sie werden deshalb, wie die im Meer lebenden Dorsche als Freiwasserlaicher bezeichnet.

Krautlaicher

Darunter versteht man Fische, die ihre Laichprodukte vorrangig an Wasserpflanzen meist in Ufernähe ablegen, so etwa die Mehrzahl der *Cypriniden,* vor allem Karpfen und Schleien, aber auch *Hechte* und das kleine *Moderlieschen. Barsche* heften die Laichprodukte in

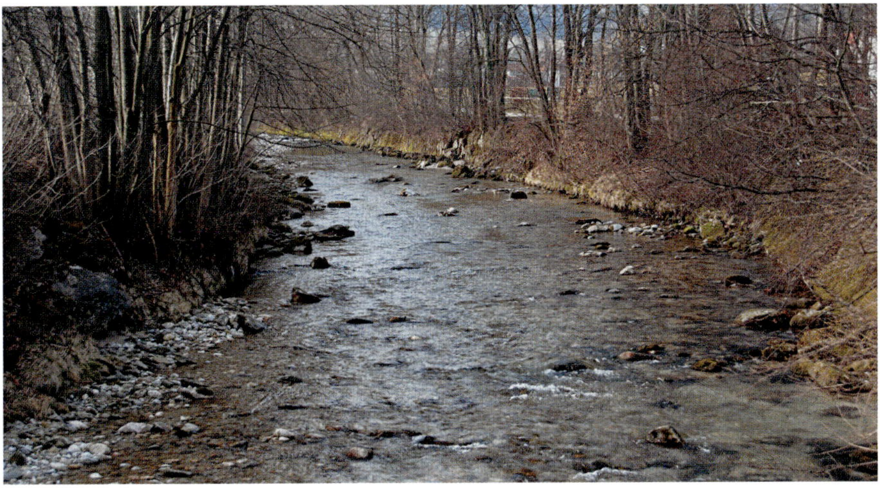

Kiesiger Boden und sauerstoffreiches Wasser bieten ideale Voraussetzungen für erfolgreiches Laichen der Forellen. Da dieser Bach dem Rhein zufließt, könnten hier auch aufsteigende Lachse aus der Nordsee ihre Eier ablegen, wenn ihnen Querverbauungen nicht den Weg abschneiden würden.

langen, netzartigen Gallertschnüren an die Wasserpflanzen.

Solche Fische suchen zur Laichzeit entsprechende Plätze auf. Hechte sammeln sich gerne in krautreichen Buchten oder, wenn vorhanden, auch auf überschwemmten Wiesen, um dort ihre Eier abzugeben. Fallen die Wiesen trocken, bevor die Jungfische geschlüpft sind und in tieferes Wasser abwandern können, gibt es keine Nachkommenschaft.

Manchmal fällt auch der Begriff *»Haftlaicher«*. Lassen Sie sich nicht verwirren. Dies ist eine eher allgemeine Bezeichnung für Fische, die ihre Eier an Gegenständen festkleben. Das können Kiesel, größere Steine oder versunkene Äste, aber auch Pflanzen sein. So haftet der Laich des Hechtes und der von Cypriniden wie Brachsen oder Karpfen an Pflanzen. Die Bezeichnung *Krautlaicher* für diese Fische reicht uns aber, um ihr Laichverhalten hinreichend genau zu definieren. Typische *Kieslaicher* wie die Salmoniden legen ihre Eier relativ lose zwischen die Steine. Störe, Barben, Nasen und einige andere Cypriniden laichen ebenfalls über Kies. Ihre Eier kleben aber an den Steinen und werden nicht wie bei den Salmoniden in eine Laichgrube abgelegt. Barbe u. Co. sind also einerseits Kieslaicher, andererseits aber auch Haftlaicher.

Bei *Döbel* oder *Zander* ist der Begriff Haftlaicher eindeutiger zutreffend. Zander legen ihre Eier an Steine, Wurzeln oder an im Wasser liegendes Totholz. Sie nehmen übrigens auch gerne Laichhilfen in Form von ins Wasser gelegten Zweig- und Astbündeln an. Döbel kleben ihre Eier ebenfalls an Steine oder Wasserpflanzen.

Manche Fischarten haben ganz besondere Laichprozeduren. Bei *Bitterlingen* etwa erfolgt die *Laichablage in Teichmuscheln*. Dazu bilden die Weibchen eine spezielle Legeröhre aus, die sie in die Atemöffnung der Muschel einführen.

Entwicklungszyklus des atlantischen Lachses und des Aales:
Lachs: Als *anadrome* (*aufwärtsziehende*) Fischart steigen die geschlechtsreifen Tiere aus dem Meer kommend bis in die Oberläufe geeigneter Flüsse und Bäche auf. Nach dem Laichen im Herbst und Winter schlüpfen die Jungfische (für diese wird der englische Begriff »Parr« verwendet) aus den Eiern. Sie leben zuerst im Fluss und ernähren sich von Kleinorganismen. Nach etwa zwei Jahren erwacht in ihnen der Drang zum Meer. Sie färben sich nun silbrig und werden ab diesem Zeitpunkt »Smolts« genannt. Wegen der nun auffallend silberglänzenden Färbung und größeren Brustflossen können sie von kleinen Bachforellen unterschieden werden. Im Meer finden die Junglachse reichlich eiweißreiche Nahrung, der Grund für ihre Großwüchsigkeit. Nach ein oder zwei Jahren im Nordatlantik und einer Reise bis Island und Grönland kehren sie wohlgenährt zum Laichen in ihre Heimatgewässer zurück. Im Süßwasser nehmen die Lachse keine Nahrung mehr zu sich. Warum sie trotzdem mit der Angel gefangen werden können, wird unter anderem auf instinktive Beißreflexe zurückgeführt.

Der atlantische Lachs, um 1850 in unseren heimischen Flusssystemen noch reichlich vorhanden, galt aufgrund von Gewässerverschmutzung und vorhandenen Aufstiegshindernissen für längere Zeit für so gut wie ausgestorben. In den letzten Jahrzehnten werden vielerorts, vor allem an den Nebenflüssen von Rhein und Elbe, große Anstrengungen unternommen, um ihn wieder einzubürgern. Probleme bereiten vor allem bestehende unüberwindliche Querverbauungen (Wehranlagen) in den Flüssen, welche die Rückwanderung der Fische behindern.

Europäischer Aal: In diesem Fall läuft die Zugrichtung umgekehrt ab. Er wandert zum Laichen vom Süßwasser ins Meer. In der Fachsprache gehört er damit zu den *»katadromen«* (*abwärtsziehenden*) Fischarten. Seine Laichplätze liegen im Bereich der *Sargassosee* im Westatlantik östlich von Florida. Der Aal laicht nur ein Mal in seinem Leben, danach stirbt er. Aus den Eiern entwickeln sich weidenblattförmige Larven, die mit dem Golfstrom in Richtung Europa verdriftet werden. Wenn sie an den europäischen Küsten angekommen sind, haben sich die Larven in etwa 5–6 cm lange *Glasaale* verwandelt, die dann in die Flüsse aufsteigen und langsam ihr typisches Aussehen annehmen. Während ihres 12–18jährigen Lebens im Süßwasser befinden sie sich im Fressstadium und heißen *»Gelbaal«* wegen der gelben Bauchunterseite. Als *»Blankaale«* mit weißem Bauch beginnen sie ihre Laichwanderung zurück ins Meer. Im Donaugebiet stammen Aale aus künstlichen Besatzmaßnahmen. Von Natur aus kommen sie hier nicht vor, da sie das Schwarze Meer nicht durchwandern können.

?

274 | Wo laicht die Seeforelle?
Über Kiesbetten in den Zuflüssen der Seen.

275 | Lassen sich abwandernde Junglachse von kleinen Bachforellen unterscheiden?
Ja, die Junglachse sind an den größeren Brustflossen und an ihrer Silberfärbung zu erkennen.

276 | Wie werden die jungen, ins Salzwasser abwandernden Lachse genannt?
Sobald die jungen »Parr« beginnen ins Meer abzuwandern, werden sie »Smolts« genannt.

277 | Wie lange bleiben die jungen Lachse im Süßwasser, bevor sie ins Meer abwandern?
Ca. 2 Jahre.

278 | Welche Zeit verbringen Lachse im Meer, bis sie zum Laichen ins Süßwasser zurückkehren?
Ein bis zwei Jahre.

279 | Wo laichen die Lachse im Süßwasser?
In den Oberläufen von Flüssen und Bächen.

280 | Was ist das größte Problem für zum Laichen ins Süßwasser aufsteigende Lachse?
Querverbauungen in den Flüssen.

281 | Nehmen Lachse im Süßwasser Nahrung zu sich?
Nein, aber sie beißen reflexhaft nach angebotenen Ködern.

282 | Welche barschartige Fischart klebt die Eier an Wurzeln, versunkenes Holz und Steine?
Zander.

283 | Wie werden Fische in Bezug auf ihr Laichverhalten genannt, die ihre Eier an Steine und Wurzeln kleben?
Haftlaicher.

284 | Welcher barschartige Fisch legt seine Eier in langen, netzartigen Gallertschnüren an Wasserpflanzen ab?
Flussbarsch.

285 | Wo laicht der Lachs?
Im Süßwasser.

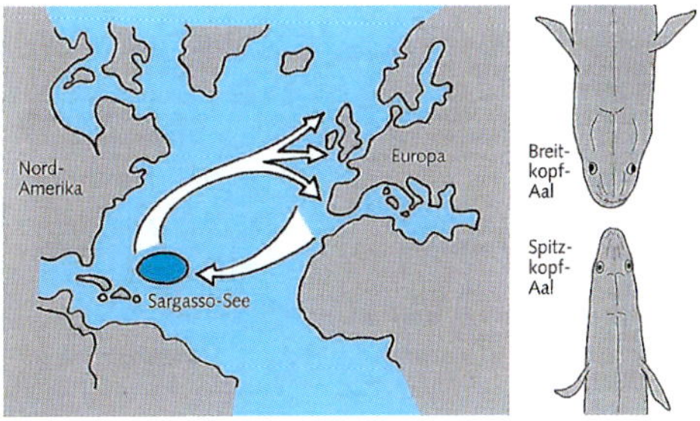

Lebenszyklus des Aals.

286 | Welche Fische (Wanderfische) führen Laichwanderungen vom Meer ins Süßwasser durch?
Z.B. Lachse, Meerforellen, Maifische, Nordseeschnäpel.

287 | Zu welchem Fortpflanzungstyp gehört die Bach-, See- und Meerforelle?
Alle sind Kieslaicher.

288 | Welche Fischarten legen die Eier in eine Laichgrube im Kiesbett?
Forellenartige.

289 | Wie entstehen Laichgruben?
Die Weibchen der Forellenartigen schlagen die Gruben mit ihrem Schwanz in den kiesigen Grund.

290 | Welche Fischarten sind Kieslaicher?
Forellenartige und Äschen (Salmoniden), bestimmte Kleinfischarten wie z.B. Elritze.

291 | Welche Fischarten benötigen für ihr Laichgeschäft Wasserpflanzen?
Karpfen und andere Cypriniden, wie das Moderlieschen; zudem Hechte und Barsche.

292 | Zu welchem Fortpflanzungstyp gehört der Seesaibling?
Er ist ein Kieslaicher (grobkiesiger bis steiniger Grund).

293 | Zu welchem Fortpflanzungstyp gehört die Schleie?
Krautlaicher.

294 | Welche Fischart laicht in der Freiwasserzone eines Sees?
Renken.

295 | Was ist das Besondere am Laichverhalten des Bitterlings?
Das Weibchen (Rogner) legt die Eier mithilfe einer Legeröhre in Teich- oder Malermuscheln ab.

296 | Sind künstlich eingebrachte Laichhilfen sinnvoll?
Ja, falls durch die Strukturarmut eines Gewässers geeignete natürliche Laichplätze fehlen.

297 | Wie oft laicht der Aal in seinem Leben?
Ein Mal.

298 | Wohin wandert der Europäische Aal zum Laichen?
In die Sargassosee.

299 | Wie nennt man einen etwa 5–6 cm langen Jungaal, wenn er aus dem Meer kommend in die Flussmündungen aufsteigt?
Glasaal.

300 | Was versteht man unter einem Glasaal?
Einen Aal im Jugendstadium mit durchsichtigem Körper.

301 | Wie lässt sich das exakte Alter beim Aal bestimmen?
Durch Untersuchung der Gehörsteinchen (Otholiten).

302 | Was ist ein Gelbaal?
Ein im Fressstadium befindlicher Aal.

303 | Was sind Blankaale?
So werden die zum Laichen abwandernden Aale genannt.

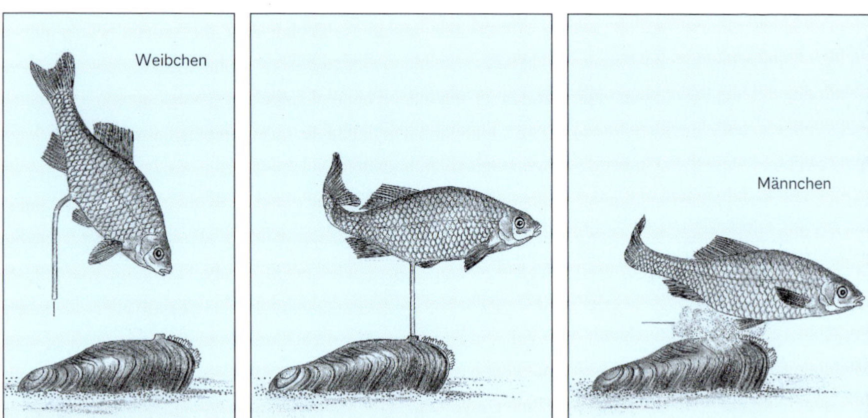

Laichverhalten des Bitterlings.

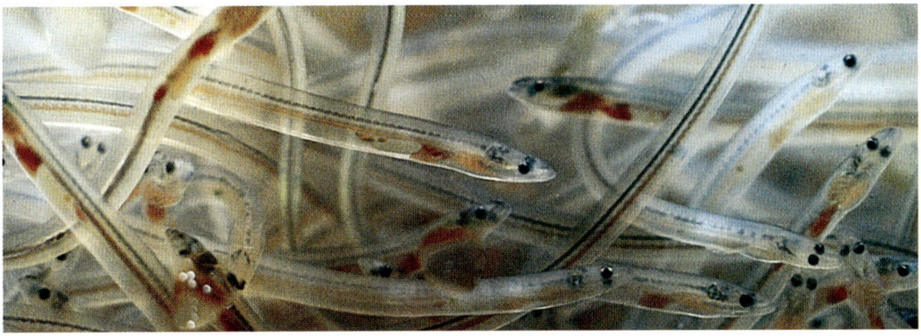

Glasaale sind nur wenige Zentimeter lang.
Rechts: Balz- und Laichverhalten des dreistacheligen Stichlings.

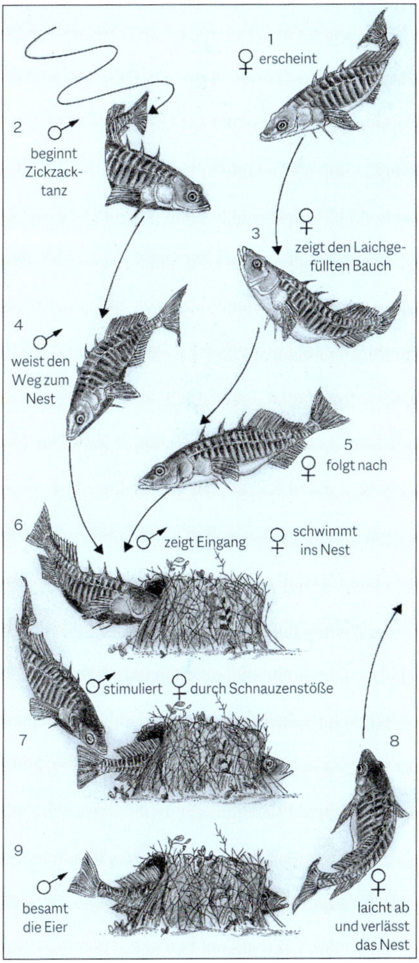

304 | Wie verhält sich die Körperlänge der männlichen und weiblichen Aale zueinander?

Der weibliche Aal wird deutlich länger.

305 | Wo liegen die Laichplätze der Aale?

In der Sargassosee (Westatlantik).

Brutpflege

Die meisten Süßwasserfische überlassen ihre abgelegten Eier und die sich daraus entwickelnde Brut ihrem Schicksal. Es gibt aber auch Arten, die Brutpflege betreiben, d.h. den Laich und manchmal sogar die geschlüpfte Brut beschützen.

Bei den *Stichlingen* baut das Männchen ein Nest, in welches mehrere Weibchen Eier ablegen. Anschließend bewacht das Männchen erst die Eier, dann die Brut. Das *Zander-* und das *Koppenmännchen* sorgen sich ebenfalls um ihre Nachkommenschaft. Sie beschützen allerdings nur das Nest mit den darin abgelegten Eiern, das »Gelege«. Den Schutz der Brütlinge übernehmen sie nicht.

Auch der *Wels* betreibt aktiven Laichschutz. Beide Geschlechter bewachen ihr Nest aus Pflanzenteilen mit den daran haftenden Eiern bis zum Schlüpfen der Jungfische.

Das *Bitterlingsmännchen* verteidigt während der Laichzeit die von ihm ausgesuchte Teich- oder Malermuschel, mit den darin abgelegten Eiern, gegen Rivalen.

Laichzeiten

Unterschieden wird nach Frühjahrs-, Sommer- und Winterlaichern (s. Einzelbeschreibungen S. 76 ff.). **Achtung:** März-April oder Mai-Juli heißt nicht, dass das Laichgeschäft zwei oder drei Monate ununterbrochen anhält. Es findet in diesem Zeitraum statt und dauert in der Regel nur wenige Tage. Folgende Tabelle enthält die Laichzeiten einiger für Angler relevanter Fischarten.

Frühjahr *März - April*	**Sommer** *Mai - Juli*	**Winter** *Oktober - Februar*
Hecht	Karpfen	Bachforelle
Zander	Schleie	Seeforelle
Barsch	Barbe	Bachsaibling
Huchen	Blei	Seesaibling
Äsche	Döbel	Quappe (Rutte)
Regenbogenforelle		Renken

Da die jeweiligen Laichzeiten vornehmlich von der Großwetterlage abhängig sind, kommt es manchmal zu zeitlichen Verschiebungen im Fortpflanzungsgeschehen. Kälteeinbrüche z.B. können das Laichgeschäft stoppen; es wird zu einem späteren Zeitpunkt in der Regel wiederholt. Beim Ukelei zum Beispiel können zwischen erster Laichabgabe und ihrer Wiederholung mehrere Wochen vergehen.

Auch die geographische Breite bestimmt den Laichtermin. Weiter im Norden Europas vorkommende Fische der gleichen Art laichen im Allgemeinen später als die von einem eher beginnenden Frühjahr oder Sommer verwöhnten, südlicher angesiedelten Artgenossen. Besonders auffällig ist dies bei Meeresfischen, die etwa im Nordostatlantik aber auch im Mittelmeer leben, wie zum Beispiel die Makrele. Bestimmte eingeführte Fischarten wie die aus Asien stammenden Grasfische, können bei uns gar nicht ablaichen, da das Wasser selbst im Sommer nicht die dafür erforderlichen Temperaturen erreicht. Möglicherweise ändert sich das mit fortschreitender Klimaerwärmung.

Eizahlen

Von Natur aus geben die meisten Fischarten viele Eier ab, denn bis auf die bereits erwähnten Ausnahmen gibt es keine elter-

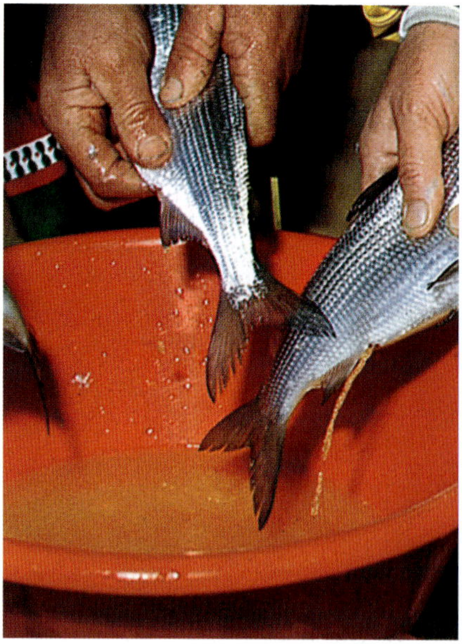

Laichgewinnung von Renken.

liche Fürsorge für Laichgelege oder Brut. Nur ein geringer Prozentsatz der Nachkommen überlebt deshalb. Aufgrund der hohen Eizahlen ist die Arterhaltung aber weitgehend gesichert.

Interessant ist, dass die Größe von Fischeiern von Art zu Art sehr unterschiedlich ausfällt. Warum ist das so? Warum sind nicht alle gleich groß? Der Grund ist in erster Linie die Größe des Dottersacks, mit dem die Brut aus dem Ei entlassen wird und der bei der Eientwicklung viel Raum beansprucht. Sommerlaicher haben in der Regel kleine Eier, weil die Brütlinge nach dem Schlüpfen meist schon einen gedeckten Tisch vorfinden - der Dottersack daher nicht groß sein muss. Bei Winterlaichern muss dafür gesorgt sein, dass die Brütlinge durch ihren großen Dottersack längere nahrungsarme Zeiten durchstehen können.

Wie viele Eier sind in Rognern vorhanden? Die Eizahlen werden bei größeren Fischen in Relation zum Körpergewicht der Fische ausgedrückt, bei Kleinfischen pro Fisch (z.B. Mühlkoppe: 100 bis 200). Hier die Zahlen für einige wichtige Angelfische:

Fischart	**Eizahl pro kg Körpergewicht**
Bach-, See- und Meerforelle	▶ 1500 bis 2500
Huchen	▶ 1000
Lachs	▶ 2000
Karpfen	▶ 100- bis 300 000
Hecht	▶ 20- bis 50 000
Zander	▶ 100- bis 200 000
Flussbarsch	▶ 12- bis 30 000
Wels	▶ ca. 30 000

Der Rogen vieler Fischarten wird von Feinschmeckern geschätzt. Bekannt ist der Kaviar des Störs, es können jedoch die Eier von vielen Fischarten gegessen werden. Aber Achtung! Der Rogen von Barben ist *giftig* und daher nicht für den menschlichen Verzehr geeignet.

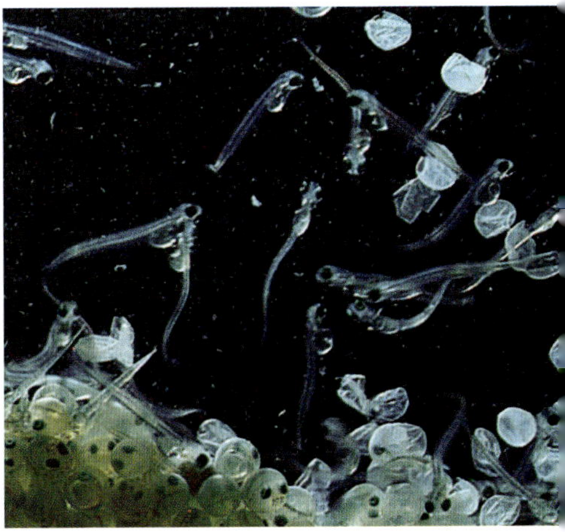
Schlüpfende Renken. Gut sichtbar der relativ große Dottersack.

Eientwicklung

Während ihrer Reifung sind die Eier vielen Gefahren ausgesetzt. Ungünstige Temperatur- und Sauerstoffverhältnisse spielen eine große Rolle, zudem dürfen die Eier nicht verschlammen. Hochwässer können sie vernichten und nicht zuletzt werden sie auch durch Laichräuber dezimiert. Deren Einfluss wird aber oft überschätzt. Laichräuber gehören zum natürlichen Umfeld und sind von der Natur durch hohen Eizahlen schon berücksichtigt.

Um die Entwicklungsdauer der Eier berechnen zu können, benutzt man die sogenannten *Tagesgrade*. Es besteht nämlich eine Abhängigkeit zwischen der zeitlichen Länge der Eientwicklung und der dabei herrschenden mittleren Wassertempera-

Forelleneier (Winterlaicher)	← 410 Tagesgrade
Lachs (Winterlaicher)	← 440 Tagesgrade
Barsch (Frühjahrslaicher)	← ca. 140 Tagesgrade
Karpfen, Schleien (Sommerlaicher)	← ca. 65 Tagesgrade

Hier einige Berechnungs-Beispiele:

Eier von	**Schlupf der Brütlinge**
Bachforelle	bei 10°: nach 41 Tagen (410 : 10 = 41) bei 12°: nach 34 Tagen (410 : 12 = 34)
Barsch	bei 14°: nach ca.10 Tagen (140 : 14 = 10)
Karpfen oder Schleien	bei 20°: nach ca. 3 Tagen (65 : 20 = 3)

tur. So lehrt die Erfahrung, dass z.B. Renkeneier 300 Tagesgrade bis zum Schlüpfen der Brut benötigen. Ist das Wasser dabei im Schnitt 3 °C warm, dauert die Eientwicklung 100 Tage. Ist das Wasser wärmer, geht es schneller, ist es kälter, dauert es entsprechend länger.
Fischereibiologen teilen den Lebenszyklus eines Fisches in vier Stadien ein: Man spricht vom *Augenpunktstadium*, sobald bei den in den Eiern sich entwickelnden Embryos die Augen sichtbar werden. Das *Dottersackstadium* bezeichnet den Zeitabschnitt nach dem Schlüpfen, wenn die Fischlarve einen Dottersack mit sich herumträgt, aus dem sie sich ernährt, solange sie noch nicht selbst Nahrung aufnehmen kann. Ist der Dottersack aufgezehrt, muss der Fisch aktiv nach Futter suchen. Das *Jugendstadium* tritt nach dem Aufbrauchen des Dottersacks ein und das *Altersstadium* ist mit der Geschlechtsreife erreicht.

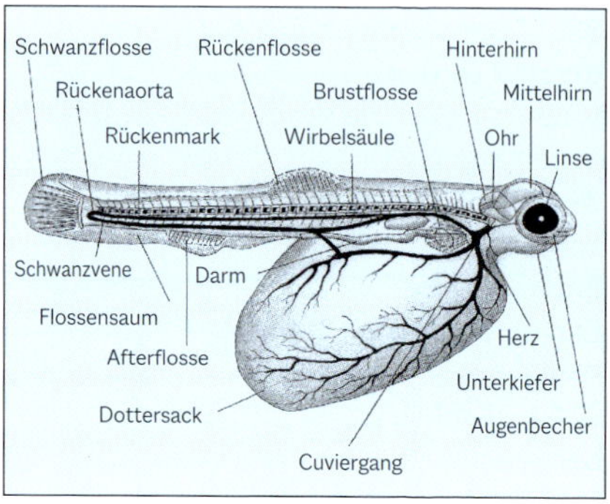

Brütling im Dottersackstadium.

306 | Welcher Fisch baut ein Nest aus Pflanzenteilen und betreibt intensive Brutpflege?
Dreistacheliger und neunstacheliger Stichling.

307 | Was versteht man unter Brutpflege bei Fischen?
Beschützen des Laiches oder/und der Brut.

308 | Welche heimische Fischarten betreiben Brutpflege?
Koppe, Stichlinge, Zander, Wels.

309 | Wie verhält sich das Stichlingsmännchen während der Laichzeit?
Es baut ein Nest, in das mehrere Weibchen ihre Eier ablegen.

310 | Welche Fischarten verfügen über die größten Eier?
Forellenartige (Salmoniden).

311 | Welche rotgetupfte Fischart hat Eier über 4 mm Durchmesser?
Die Bachforelle.

312 | Warum haben Salmoniden die größten Eier?
Weil sie Winterlaicher sind.

313 | Die Eier welcher Fische benötigen die längste Zeit für ihre Entwicklung?
Eier von Winterlaichern.

314 | Welche Fischart laicht bei relativ hoher Wassertemperatur?
Schleie, Karpfen (Sommerlaicher).

315 | Welche Fischarten laichen bei niedriger Wassertemperatur (Winterlaicher)?
Forellenartige, Renken, Rutte (Quappe).

316 | Welche Fische sind Sommerlaicher?
Die Karpfenartigen.

317 | Wo legt der Karpfen seine Eier ab?
An Pflanzen.

318 | Wann hat der Hecht Laichzeit?
Im Zeitraum von Februar bis Mai.

319 | In welchem Alter erlangt ein Hechtweibchen in der Regel die Laichreife?
Nach Vollendung des dritten Lebensjahres.

320 | Wie viele Eier besitzt der Hechtrogner pro kg Körpergewicht?
20- bis 50 000.

321 | Wann laicht der Zander?
Im Zeitraum von April bis Mai.

322 | Wann laichen die Schleien?
Im Zeitraum von Mai bis Juli.

323 | Wie viele Eier hat der Zanderrogner pro kg Körpergewicht?
100- bis 200 000.

324 | Welche Fischart hat speziell zur Laichzeit für den Menschen ungenießbaren Rogen?
Barbe.

325 | Was ist das Augenpunktstadium?
Die Augen werden im Ei sichtbar.

326 | Was versteht man unter dem Dottersackstadium?
Einen Brütling, der die von ihm benötigte Nahrung in einem Hautsack mit sich trägt.

327 | Ab wann muss ein Jungfisch selbst nach Nahrung suchen?
Nach Aufbrauchen des Dottersacks.

328 | Welchen Gefahren sind die Eier ausgesetzt?
Verschlammung, Sauerstoffmangel, ungünstigen Temperaturverhältnissen, Laichräubern.

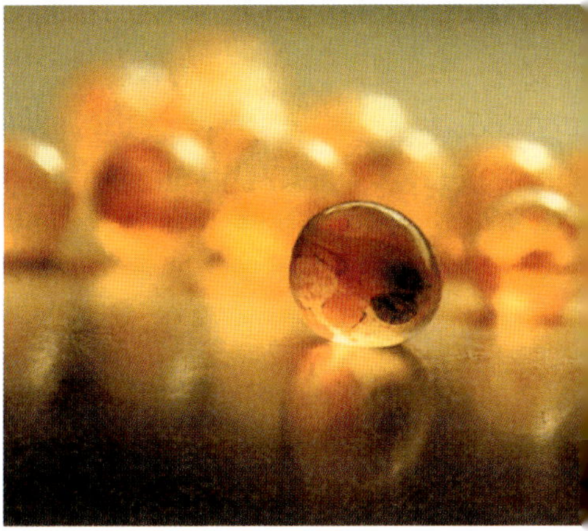

Augenpunktstadium im Ei einer Regenbogenforelle.

329 | Wovon ist die Entwicklungszeit der Fischeier abhängig?

Von der Wassertemperatur.

330 | Wozu dient der Begriff »Tagesgrade«?

Zur Berechnung der Entwicklungszeit von Fischeiern.

331 | Welche nicht heimischen Fischarten können bei uns in der freien Natur nicht ablaichen?

Graskarpfen, Silberkarpfen, Marmorkarpfen.

332 | Warum laichen Graskarpfen, Silberkarpfen und Marmorkarpfen bei uns nicht ab?

Das Wasser erreicht im Sommer nicht die dafür erforderliche Temperatur.

Ernährung und Wachstum

Wenn wir über die Ernährung der Fische reden, wird viel von der sog. *»Nahrungskette«* gesprochen. Bildhaft kann man sich diese als das Prinzip »die Großen fressen die Kleinen« vorstellen. Kleinste organische Partikel werden von etwas größeren Tieren aufgenommen, die wiederum von Größeren gefressen werden.

Ganz am Anfang der Kette steht das pflanzliche Plankton *(Phytoplankton)*. Diese Schwebalgen spielen vor allem in stehenden Gewässern eine große Rolle. Als nächstes sind die *Fischnährtiere* zu nennen. Die kleinsten für die Fische verwertbaren tierischen Lebewesen, das tierische Plankton *(Zooplankton)* besteht z.B. aus winzigen Rädertierchen und verschiedenen Kleinkrebsen, sowie den schon etwas größeren Hüpferlingen und Wasserflöhen. Vor allem die Fischbrut ist darauf angewiesen, aber auch für größere Fische wie Ukeleis, Rotfedern und insbesondere Renkenarten stellt tierisches Plankton einen großen Anteil der Nahrung. Renken (Maränen) »kämmen« das Plankton mit ihren Kiemenreusendornen beim Atmen aus dem Wasser.

Die meisten anderen Friedfische (Kleintierfresser) nehmen schon etwas größere tierische und teils auch pflanzliche Organismen auf. Die Nahrung wird mithilfe der Kauwerkzeuge (Schlundzähne) zerquetscht. Dies können Schnecken, Muscheln und Würmer, Insekten und deren Larven sein. Die Raubfische (Großtierfresser) fressen größere Wasserbewohner. In erster Linie sind dies Fische in maulgerechter Größe, die sie unzerkleinert herunterschlingen.

Beispiele für das Prinzip Nahrungskette:
Phytoplankton ▶ Zooplankton ▶ Ukelei ▶ Hecht
oder
Insektenlarven ▶ Äsche ▶ Huchen

Die Futteraufnahme erfolgt in drei Zonen *(Nahrungsbereiche)* eines Gewässers:

1. Bodenzone

Dies ist der Bereich des Gewässergrundes. Hier sind die am und im Boden siedelnden Lebewesen zu Hause. Typische Fischnährtiere sind z.B.:

Stein- und Eintagsfliegenlarven,
Köcherfliegenlarven auch *Sprock* genannt,
Kriebelmückenlarven,
Rote Zuckmückenlarven,
Schlammröhrenwürmer, Bachflohkrebse.

Die Larven der *Stein- und Eintagsfliegen* besitzen wie alle Insekten drei Beinpaare und sind sich im Körperbau sehr ähnlich.

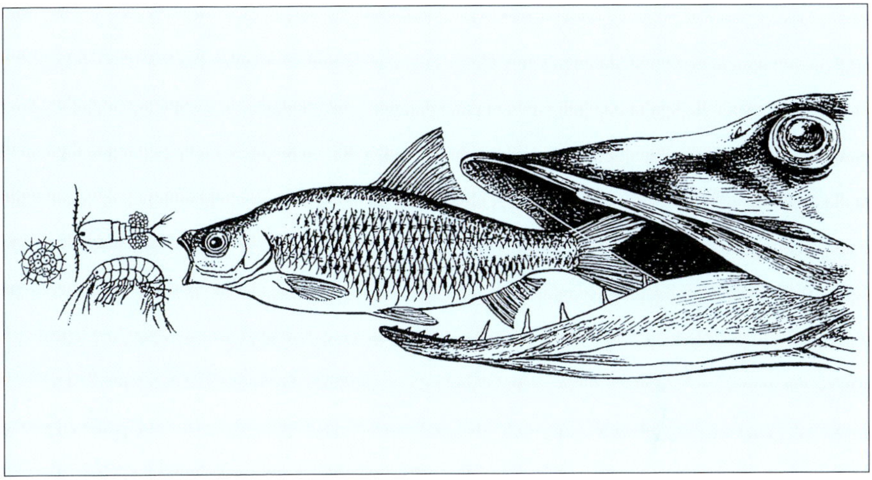

Nahrungskette nach dem Prinzip: Die Großen fressen die Kleinen.

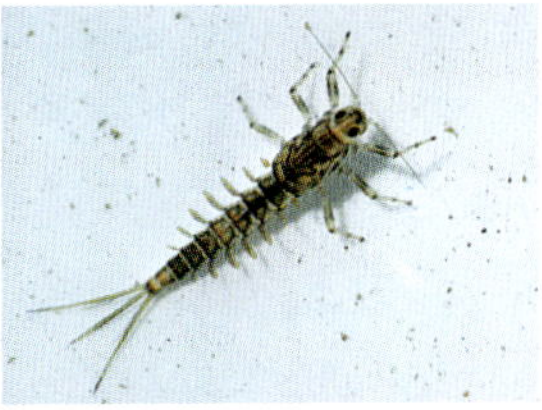

1

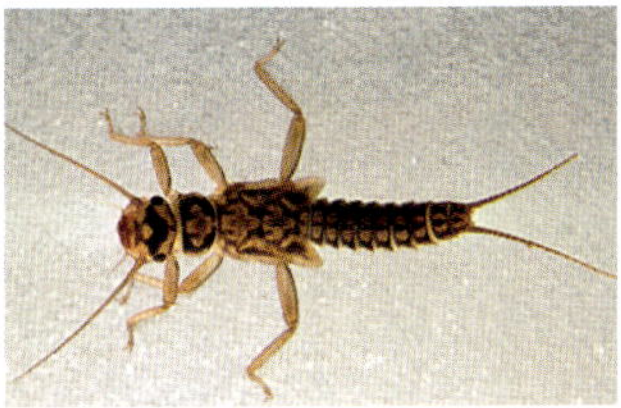

2

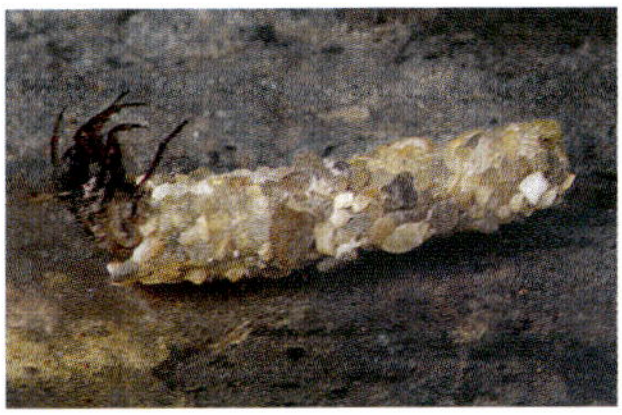

3

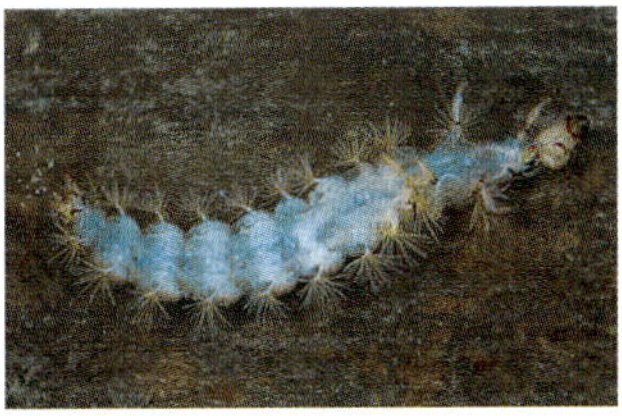

4

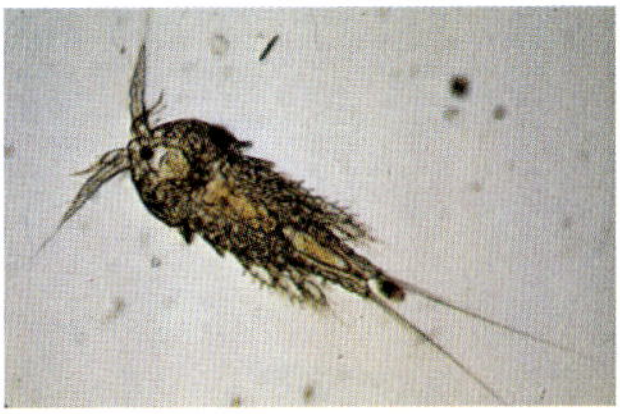

5

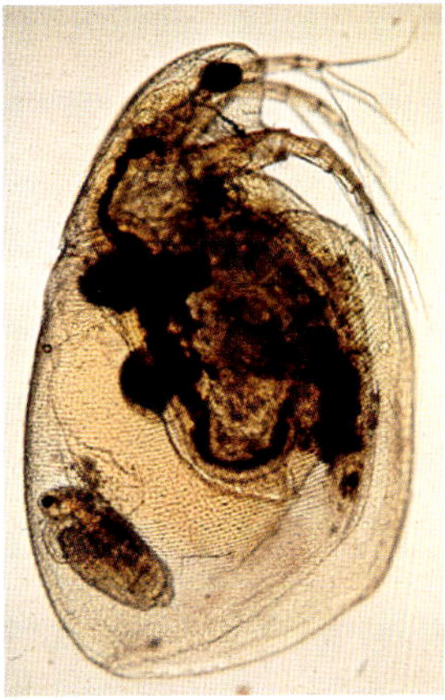

6

1 Eintagsfliegenlarve, Länge ca. 10 mm.
2 Steinfliegenlarve, Länge ca. 30 mm.
3 Köcherfliegenlarve im Gehäuse, etwa 20 mm.
4 Köcherfliegenlarve (gehäuselos) auf dem Rücken liegend, etwa 30 mm.
5 Hüpferling und Wasserfloh (6) gehören zum tierischen Plankton, Länge ca. 1 mm.

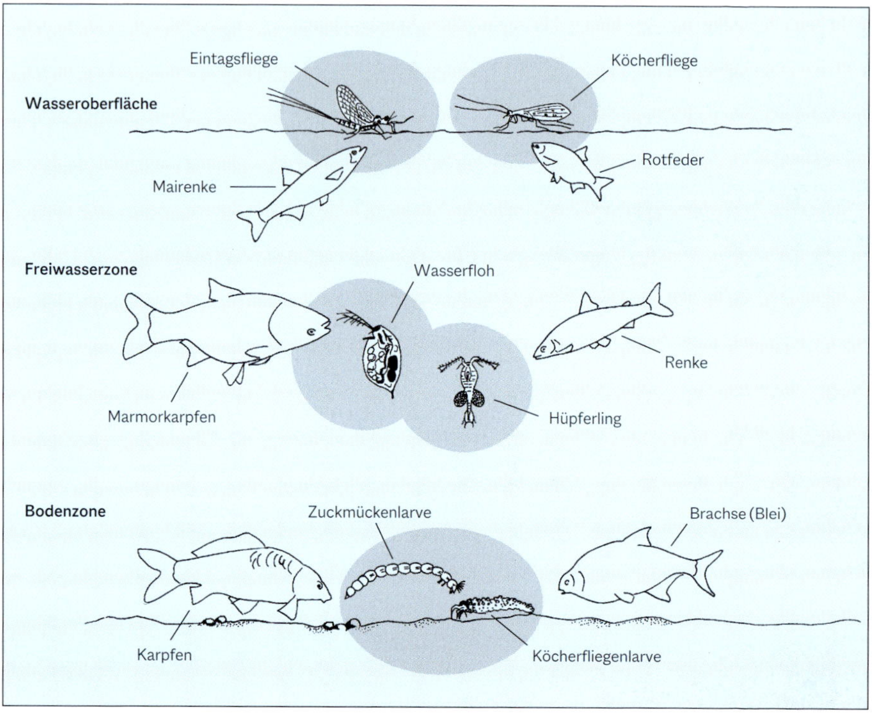

Verschiedene Tiefenzonen und einige wichtige Nährtiere in einem See.

Es gibt für beide ein gutes Unterscheidungsmerkmal. Die Steinfliegenlarven besitzen immer nur zwei Schwanzfäden, die Eintagsfliegen, mit einer Ausnahme, immer drei Schwanzfäden.

Bachflohkrebse leben am Gewässerboden oder an Wasserpflanzen, sie ernähren sich selbst von Tier- und Pflanzenresten. Ein für den Forellenbach typisches Nährtier.

Das Vorkommen bestimmter Nährtiere weist auf den wasserchemischen Zustand des Gewässers hin. *Steinfliegenlarven* leben gewöhnlich nur in sauberem, unbelastetem Wasser (Gewässergüteklasse 1-2) etwa in Gebirgsbächen. In diesen schnell fließenden Gewässern halten sich die Fischnährtiere vor allem zwischen und unter den Steinen auf. *Köcherfliegenlarven* haben ihren Namen von dem selbstgebauten Köcher aus Steinchen oder Pflanzenteilen, den sie als Schutzgehäuse tragen. Es gibt allerdings auch Arten deren Larven ohne Köcher leben. Sie alle sind in gering bis mäßig belasteten Gewässern eine wichtige Fischnahrung.

Die aus den Larven geschlüpften, ausgewachsenen Fluginsekten der eben genannten Arten kann man in Ruhestellung so unterscheiden: Steinfliegen haben flach übereinander gelegte Flügel, Eintagsfliegen besitzen senkrecht nach oben stehende und aneinander gelegte Flügel. Sie ähneln somit einem kleinen Segelboot. Köcherfliegen haben in Ruhestellung ihre Flügel flach und zeltartig über den Rücken gefaltet.

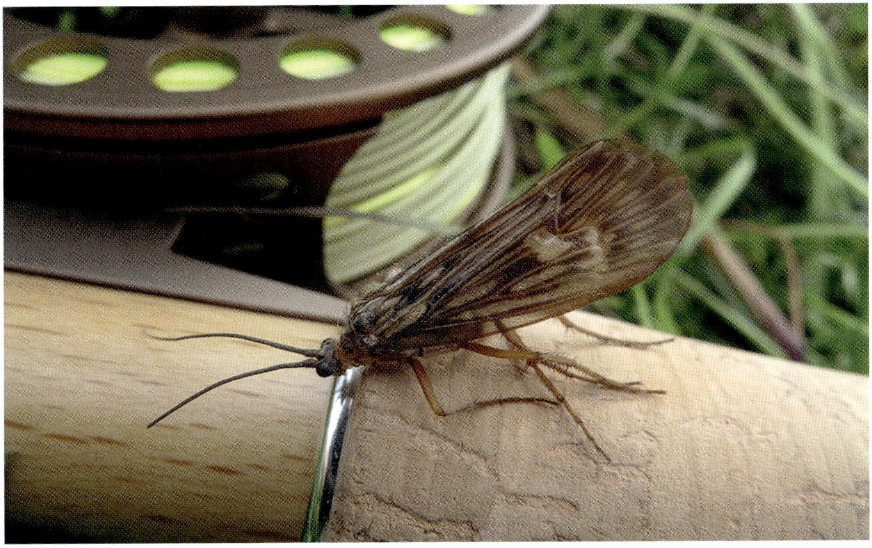

Köcherfliegen haben zeltartig über den Körper gelegte, leicht behaarte Flügel.

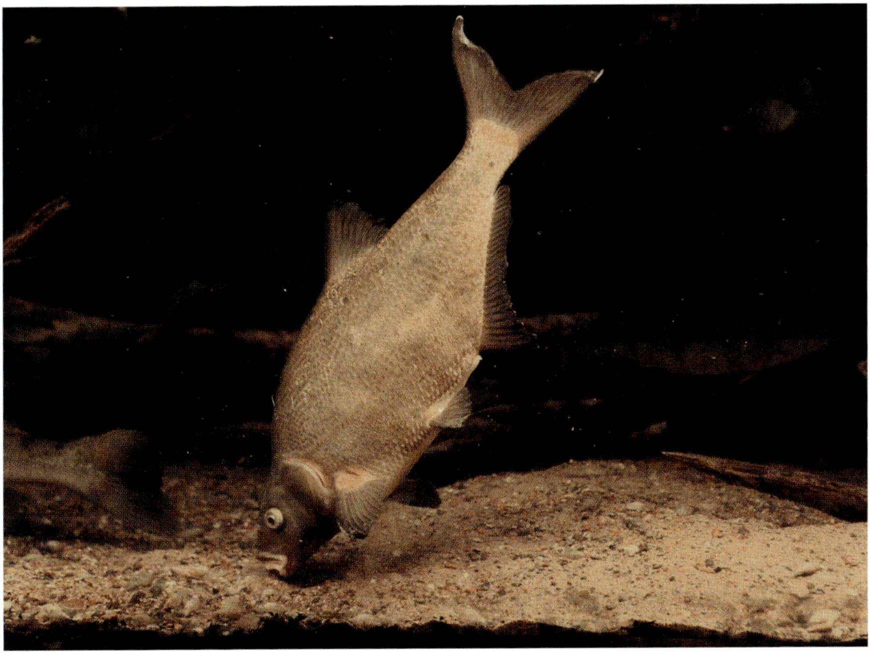

Eine Brachse (Blei) »gründelt« mit dem vorstülpbaren Maul nach Nahrung.

Rote Zuckmückenlarven und *Wasserasseln* im Bodenschlamm zeigen organische Belastung an. Zuckmückenlarven sind aber für Fische, die im Bodenschlamm gründeln, wie z.B. Karpfen, eine hochwertige Nahrungsquelle. Massenhaftes Auftreten von ebenfalls im Bodenschlamm lebenden *Schlammröhrenwürmern* deutet auf eine stärkere Belastung mit fäulnisfähigen Stoffen hin. *Wasserschnecken* gehören ebenfalls zur Nahrung der Fische. Sie sind häufig Zwischenwirte von Parasiten und übertragen diese, wenn sie aufgefressen werden, auf die Fische.

Für die Nahrungsaufnahme am Gewässerboden eignen sich besonders Fische mit *unterständigem Maul*. Zusätzlichen Vorteil bietet eine rüsselartig vorstülpbare Schnauze, wie sie der Karpfen besitzt. Andere typische Bodenfische wie Barbe, Blei und Schleie besitzen ein unterständiges Maul und können es zusätzlich noch vorstülpen.

Achtung! Fischnährtiere sind Gegenstand des Fischereirechts. Die gesetzliche Unterschutzstellung ist deshalb erforderlich, damit eine Beeinträchtigung der natürlichen Nahrungsgrundlage von Fischen durch Eingriffe Unbefugter unterbleibt. Es sollen möglichst naturnahe Lebensbedingungen für die Fische erhalten bleiben. Nur unter bestimmten Bedingungen dürfen einheimische Fischnährtiere daher aus einem Gewässer entnommen werden. Dagegen können einheimische Fischnährtiere, wenn es dem Hegerecht nicht entgegensteht, durchaus in geeignete Gewässer eingesetzt werden. Für den Fang von Fischnährtieren ist ein Fischereischein nicht erforderlich, in der Regel jedoch eine Genehmigung. Beachten Sie die jeweiligen Vorschriften der Bundesländer! Sie können voneinander abweichen.

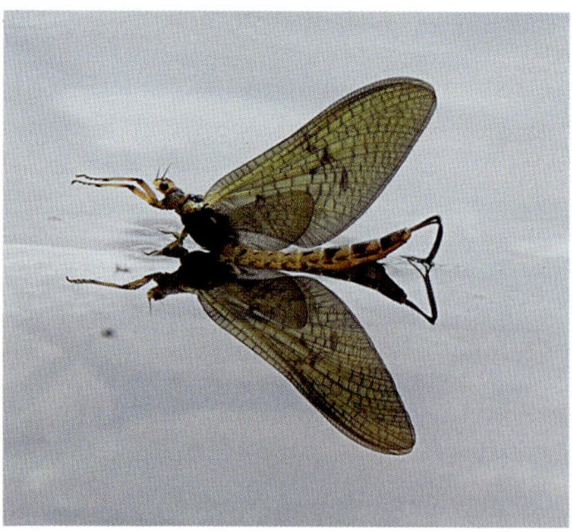

Eine frisch geschlüpfte große Eintagsfliege, eine sog. Maifliege, lässt, auf der Wasseroberfläche sitzend, ihre eben entfalteten Flügel aushärten.

2. Freiwasserzone

Der Bereich zwischen Gewässerboden und Wasseroberfläche ist der *Lebensraum des Planktons*. Das sind sehr kleine, pflanzliche und tierische Organismen, die infolge ihres geringen spezifischen Gewichts, öliger Auftriebshilfen im Körper (beides bei Algen), sowie ihnen in gewissem Umfang möglichen Eigenbewegungen (bestimmte Arten tierischen Planktons) im Wasser schweben. Tierisches Plankton ist nicht nur für viele Jungfische die Hauptnahrung. Es gibt Fischarten, die sich ihr ganzes Leben fast ausschließlich von Plankton ernähren. Besonders *Renken*, die in der Freiwasserzone von Seen leben, gehören dazu. Aber auch die aus China eingeführten Marmorfische (Marmorkarpfen) fressen bevorzugt tierisches Plankton. Die wohl bekanntesten Vertreter tierischen Planktons sind *Wasserflöhe* und *Hüpferlinge*. Das pflanzliche Plankton baut seine Körpersubstanz mittels der im Wasser gelösten Nährstoffe und des Sonnenlichtes (Photosynthese) auf (siehe auch im Kapitel »Wasser«).

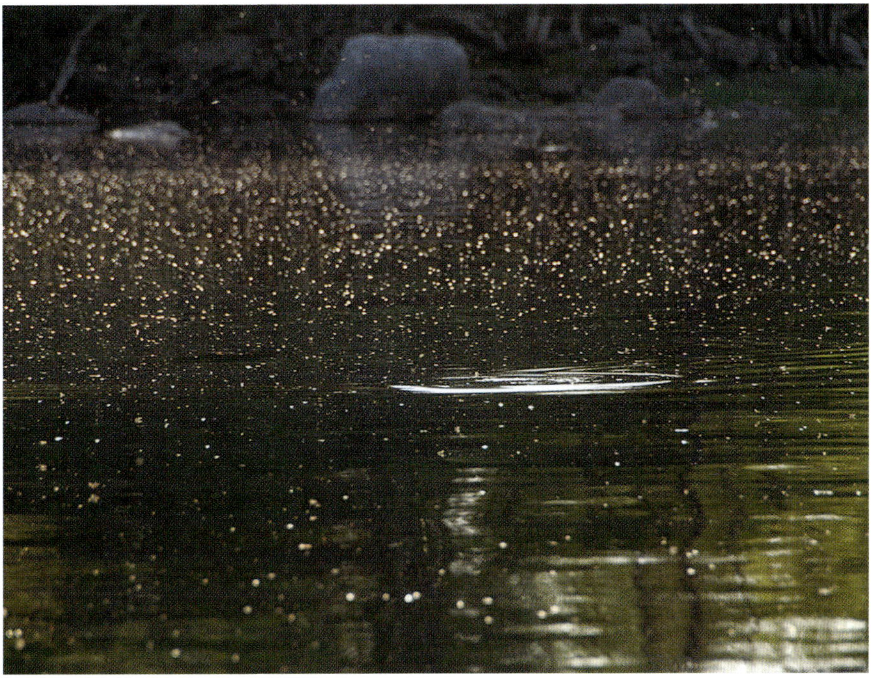

Tausende von Insekten bilden hier auf der Wasseroberfläche den »Anflug«. Die Fische lassen sich nicht lange bitten.

3. Wasseroberfläche

Auf der Wasseroberfläche niedergegangene *Insekten* bilden den sogenannten *Anflug*. Das Angeln mit künstlichen Fliegen als Köder basiert zum großen Teil auf der Eigenschaft vieler Fischarten, zu bestimmten Zeiten ihre Nahrung an der Wasseroberfläche zu suchen. Man spricht dann vom »Steigen« etwa der Forellen oder Äschen. Auch Ukeleis und Hasel halten sich meist dicht unter der Wasseroberfläche auf und halten nach Anflug Ausschau.

Pflanzenfresser

Es gibt auch Pflanzenfresser unter den Fischen. Diese ernähren sich, vor allem in stehenden Gewässern, von pflanzlichem Plankton kleinen einzelligen Algen - oder von größeren Wasserpflanzen. Die aus China stammenden Pflanzenfresser Silberkarpfen und Graskarpfen ernähren sich auf diese Weise. Aber auch unsere heimischen Fische fressen Algen. Das sogenannte »Mooseln« von Fischen, also der etwas modrige Geschmack, welcher oftmals den Genuss eines Karpfens beeinträchtigt, wird durch die Aufnahme von Blaualgen hervorgerufen. Ein in ihnen enthaltenes ätherisches Öl verursacht den Modergeschmack. Durch eine mehrtägige Hälterung in frischem Wasser verliert sich diese unangenehme Eigenschaft deutlich.

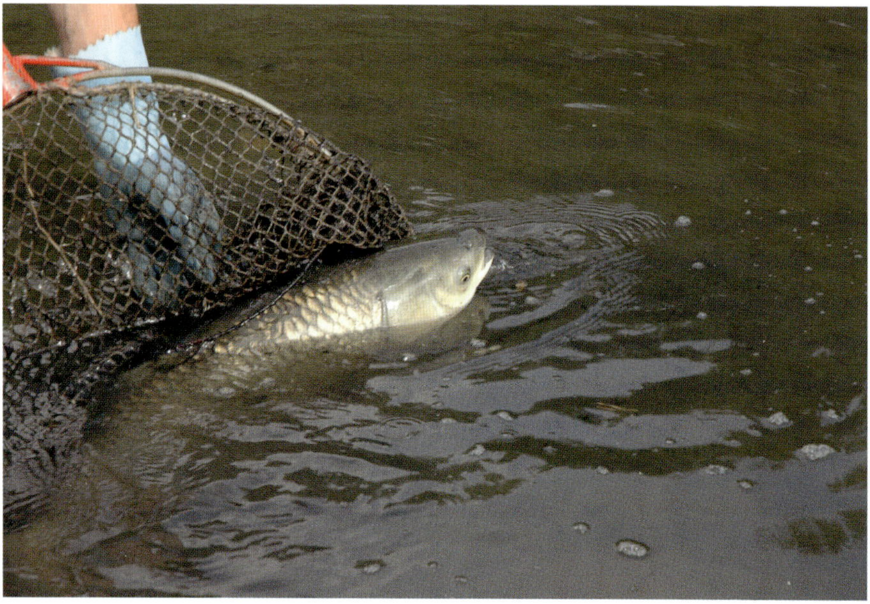

Ein Graskarpfen wird ausgesetzt. Er soll helfen, die Wasserpflanzen kurz zu halten.

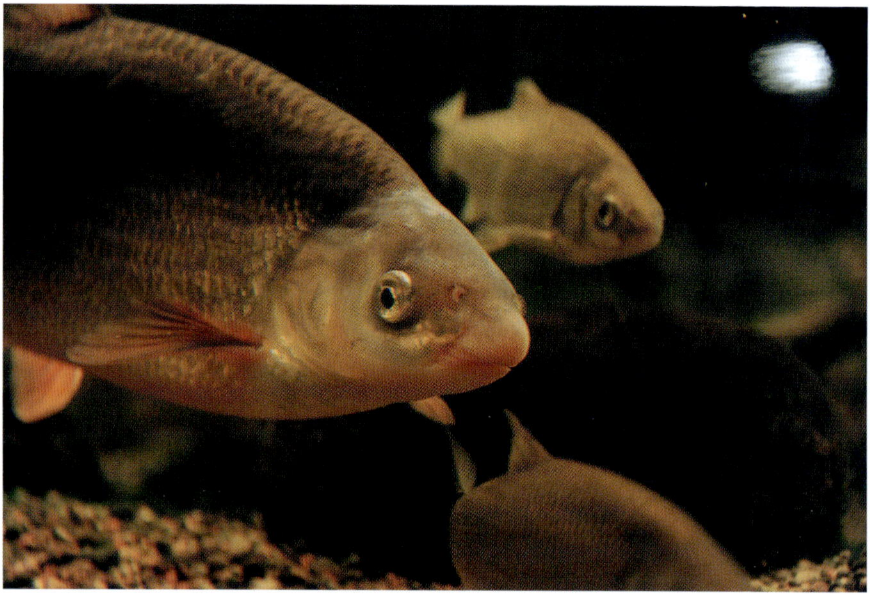

Das unterständige, quergespaltene Maul der Nase.

Aufwuchs

Der Aufwuchs nimmt eine Sonderstellung im Bereich der Fischnahrung ein. Er setzt sich aus mikroskopisch kleinen Organismen zusammen, die besonders auf den Blättern der Unterwasserpflanzen, aber auch auf totem Material, wie Steinen oder Holz siedeln. Zu ihnen rechnet man neben einzelligen Algen, auch tierische Einzeller und Bakterien. Oftmals bildet der Aufwuchs einen schlierigen, grünlich-braunen Belag, welcher von den Fischen abgeweidet wird. Hinterlassen werden dabei deutliche Fraßspuren. Die *Nase* mit ihrem hornigen Maul nimmt besonders gerne Aufwuchs auf. Er spielt auch als Nahrung für Brutfische in Fließgewässern eine große Rolle, da sich hier wegen der dauernden Verdriftung kaum pflanzliches und tierisches Plankton halten kann.

Wachstum und Alter

Die erreichbare Größe eines Fisches hängt in erster Linie von seinem Lebensraum und dem Nahrungsangebot ab. Man denke nur an die sogenannte Steinforelle (s. Seite 14), die in nahrungsarmen Bächen lebt, einen großen Kopf besitzt, aber einen sehr schlanken, ja fast abgemagerten Körper hat. Sie kann viele Jahre alt sein und erreicht trotzdem keine besondere Größe. In der Jugend ist die Wachstumsgeschwindigkeit am größten, mit fortschreitendem Alter lässt sie nach. In der warmen Jahreszeit, wenn die Fische am meisten Nahrung aufnehmen und ihr Stoffwechsel am intensivsten ist, wachsen sie am schnellsten und nehmen rasch an Gewicht zu. Die Umsetzung der Nahrung ist verschieden. So entwickelt der Aal ein sehr fettreiches Fleisch, die Bachforelle dagegen ein sehr fettarmes. Sie ist deshalb in der menschlichen Diätnahrung sehr beliebt.

Fischart	max. erreichbares Alter (Jahre)
Elritzen (10-15 cm)	▸ 2-6
Zander	▸ 15
Huchen	▸ 15
Bachforellen	▸ 30
Weißfische (30-80 cm)	▸ 10-20
Karpfen	▸ 50
Hechte (60-140 cm)	▸ 30
Störe	▸ 70
Welse	▸ 50

?

333 | Welche Organismen gehören zum tierischen Plankton?
Hüpferlinge und Wasserflöhe.

334 | Welche Fischnährtiere sind für die Fischbrut in stehenden Gewässern besonders wichtig?
Zooplankton.

335 | Welche Fischart ernährt sich vorwiegend von tierischem Plankton und Kleintieren?
Felchen (Renken).

336 | Welcher karpfenartige, einheimische Fisch frisst neben höheren Wasserpflanzen auch pflanzliches Plankton (Schwebalgen)?
Rotfeder.

337 | Welcher Kleinkrebs ist ein für den Forellenbach typisches Fischnährtier?
Bachflohkrebs.

338 | Welche Fischnährtiere leben in Forellenbächen am Gewässergrund?
Stein- und Eintagsfliegenlarven.

339 | Wo leben in der Regel die Fischnährtiere in Gebirgsbächen?
Auf, zwischen und unter den Steinen.

340 | Wie kann man Eintagsfliegen- und Steinfliegenlarven sicher unterscheiden?
Die Larven der Steinfliegen haben 2, die der Eintagsfliegen bis auf eine Ausnahme 3 Schwanzborsten.

341 | Wie viele Beinpaare haben Insekten?
Drei.

342 | Woran sind in der Regel Eintagsfliegenlarven erkennbar?
Sie tragen am Hinterleib drei Schwanzborsten.

343 | Woran sind Steinfliegenlarven erkennbar?
Zwei Schwanzborsten am Hinterleib.

344 | Wozu dient der Köcher der Köcherfliegenlarve?
Zum Schutz.

345 | Woran sind Köcherfliegen in Ruhestellung zu erkennen?
An ihren zeltartig über den Rücken gefalteten Flügeln.

346 | Woran sind Steinfliegen in Ruhestellung erkennbar?
An den flach übereinander gelegten Flügeln.

347 | Woran sind Eintagsfliegen in Ruhestellung erkennbar?
An ihren senkrecht nach oben stehenden und aneinander liegenden Flügeln.

348 | Welche Bedeutung haben Köcherfliegenlarven für die Fische?
Sie sind eine wichtige Nahrungsquelle.

349 | Wie ist in einem fließenden Gewässer ein Massenvorkommen von roten Zuckmückenlarven zu bewerten?
Sie zeigen eine massive organische Belastung des Gewässers an.

350 | Welche Fischnährtiere leben vorwiegend am Gewässergrund?
Rote Zuckmückenlarven und Schlammröhrenwürmer.

351 | Wo leben die roten Zuckmückenlarven?
Im Gewässerboden.

352 | Welche Tierart ist als Fischnährtier anzusprechen?
Schlammröhrenwurm.

353 | Welche Fischnährtiere leben im schlammigen Boden eines Gewässers?
Zuckmückenlarven und Schlammröhrenwürmer (Tubifex).

354 | Welche Tiere sind eine wertvolle Fischnahrung?
Zuckmückenlarven.

355 | Was versteht man unter Sprock?
Eine Köcherfliegenlarve.

356 | Woraus fertigen manche Köcherfliegenlarven ihren Köcher?
Aus kleinen Steinen oder Pflanzenteilen.

357 | Welches Fischnährtier ist für den Karpfen besonders wertvoll?
Zuckmückenlarve.

358 | Welche Bedeutung besitzen Kriebelmückenlarven in einem Fischwasser?
Sie sind eine sehr gute Fischnahrung.

359 | Was fressen Bachflohkrebse?
Tier- und Pflanzenreste.

360 | Welche Bedeutung haben Wasserschnecken für die Fische?
Sie sind Fischnahrung und zugleich Zwischenwirte für Fischparasiten.

361 | Welche Fischnährtiere leben vorrangig in der Freiwasserzone?
Wasserflöhe.

362 | Welche Fischart lebt vorzugsweise in der Freiwasserzone eines Sees?
Renke (Felchen), Blaufelchen.

363 | Was sind die bekanntesten Vertreter tierischen Planktons?
Wasserflöhe und Hüpferlinge.

364 | Wo kommen Wasserasseln gehäuft vor?
In belasteten Gewässern der Güteklasse III.

365 | Welche Nahrungskette ist typisch für die Brachsenregion?
Insektenlarven - Friedfische (z.B. Rotaugen) - Raubfische (z.B. Hecht).

366 | Welche Organismen stehen in Gewässsern am Anfang der Nahrungskette?
Einzellige Algen.

367 | Was versteht man unter Aufwuchs?
Ansiedelung von bestimmten Algen auf lebendem (z.B. Wasserpflanzen) und totem (z.B. Steinen) Material.

368 | Welche Fischart ernährt sich vorwiegend von Aufwuchs?
Nase.

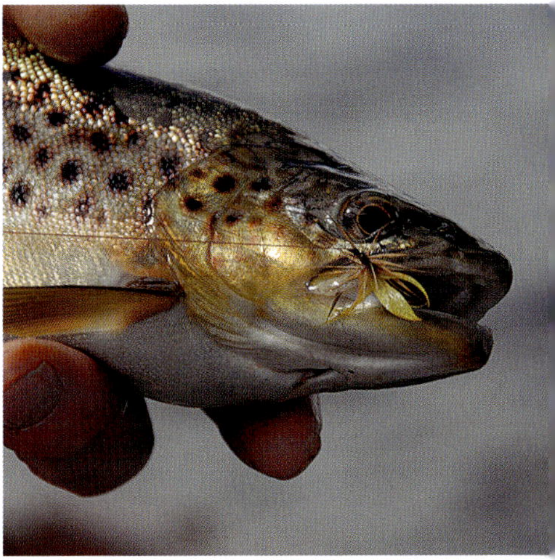

Diese Bachforelle wurde mit der Nachbildung einer Eintagsfliege überlistet.

369 | Welcher Fisch ist der größte Raubfisch in Mitteleuropa?
Wels.

370 | In welcher Jahreszeit wachsen Fische am raschesten?
In der warmen Jahreszeit.

371 | In welchem Altersstadium nehmen Fische am raschesten an Gewicht zu?
In der Jugend.

372 | Warum wächst der Fisch in der warmen Jahreszeit schneller?
Weil sein Stoffwechsel hoch ist.

373 | Wodurch wird die erreichbare Größe eines Fisches besonders beeinflusst?
Durch seinen Lebensraum und das verfügbare Nahrungsangebot.

Fischarten mit Steckbriefen

Atlantischer Lachs
Seite 89

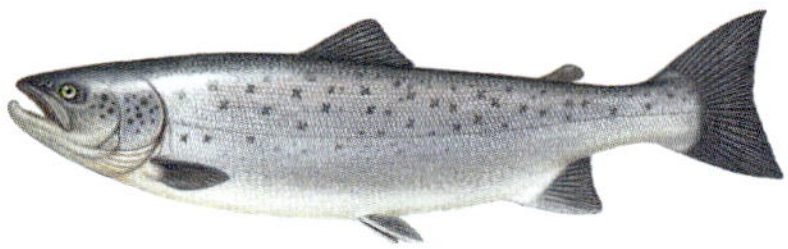

Meerforelle
Seite 90

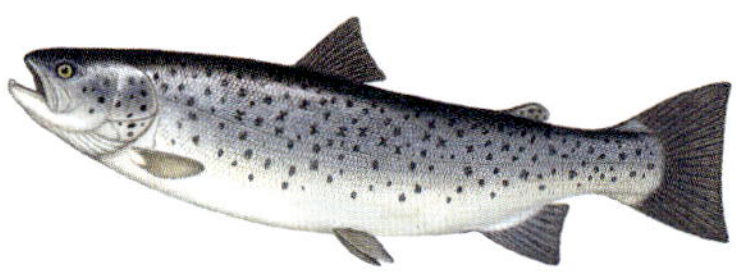

Bachforelle
Seite 91

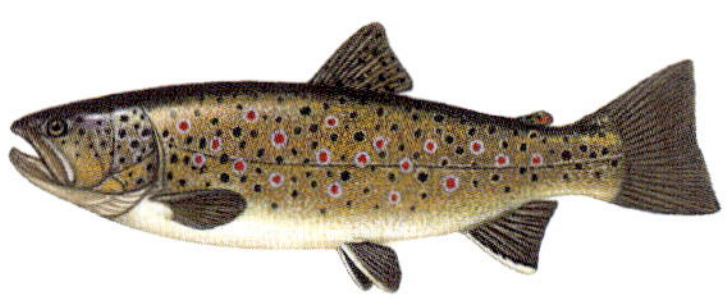

Seeforelle
Seite 92

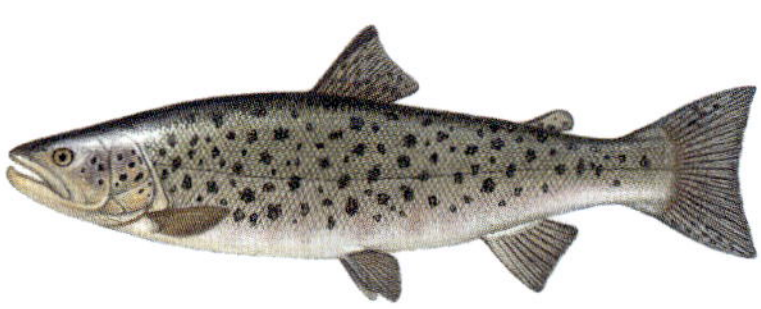

Regenbogenforelle
Seite 93

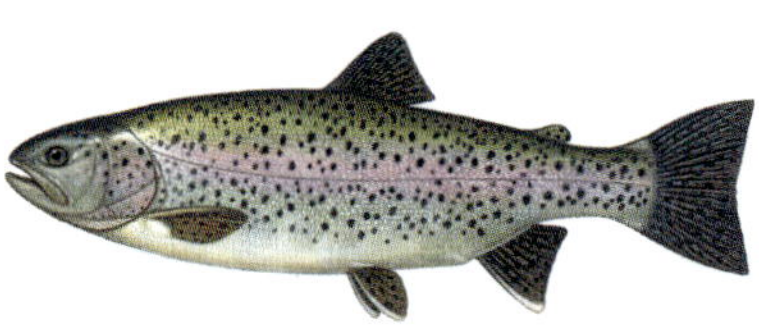

Huchen, Donaulachs
Seite 94

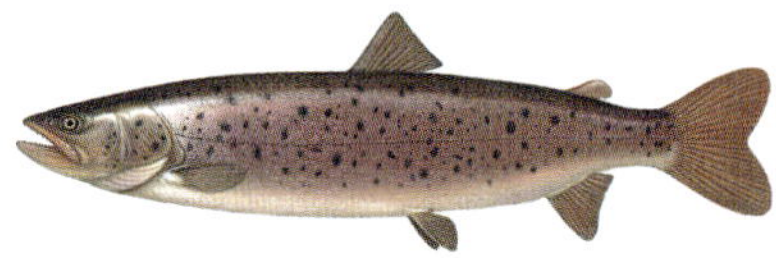

Seesaibling, Wandersaibling
Seite 95

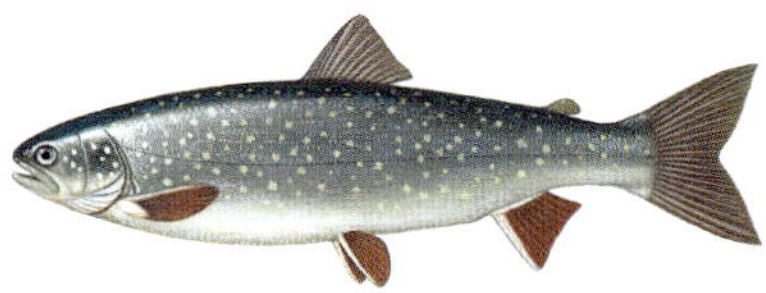

Bachsaibling
Seite 96

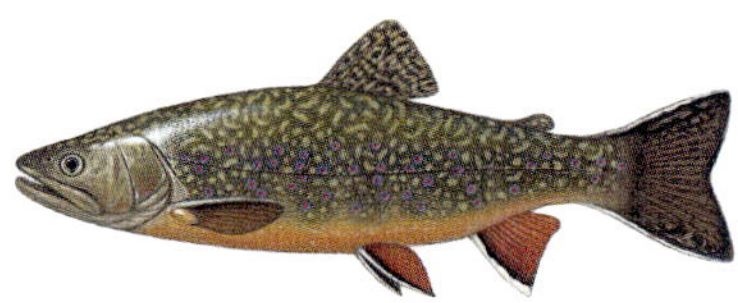

Äsche
Seite 97

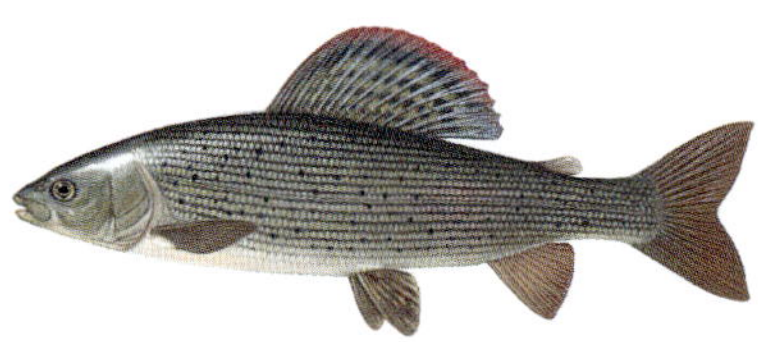

Renken, Felchen, Maränen
Seite 98

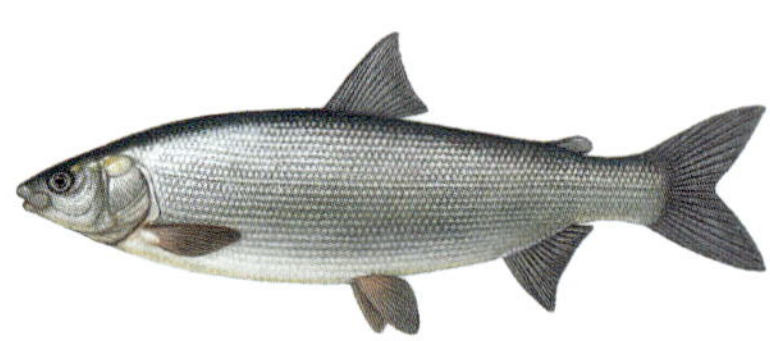

Stint Seite 99

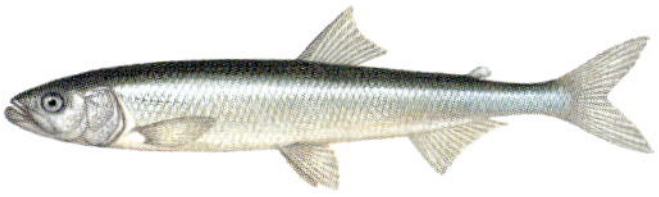

Schuppenkarpfen Seite 101

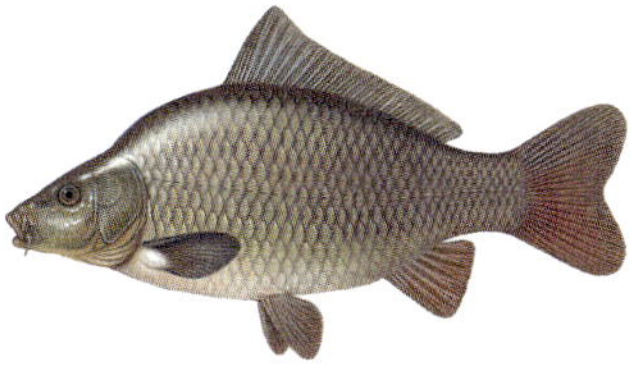

Spiegelkarpfen Seite 102

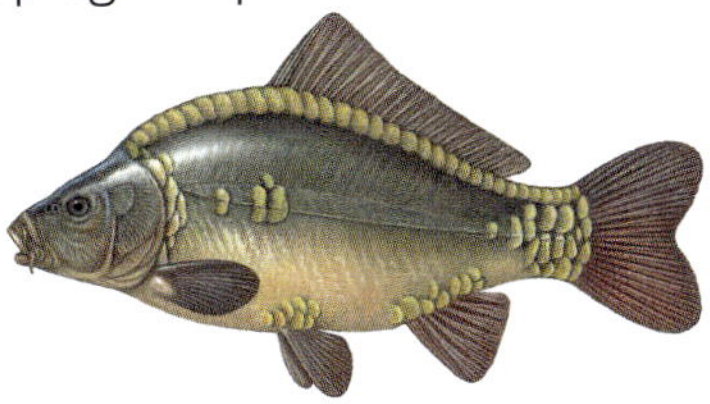

Karausche, Schusterkarpfen Seite 103

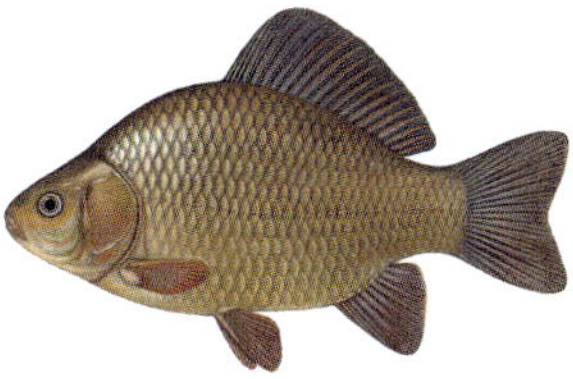

Giebel, Silberkarausche Seite 104

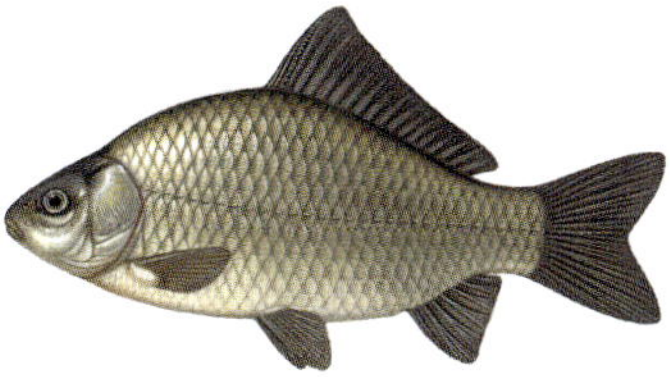

Schleie Seite 105

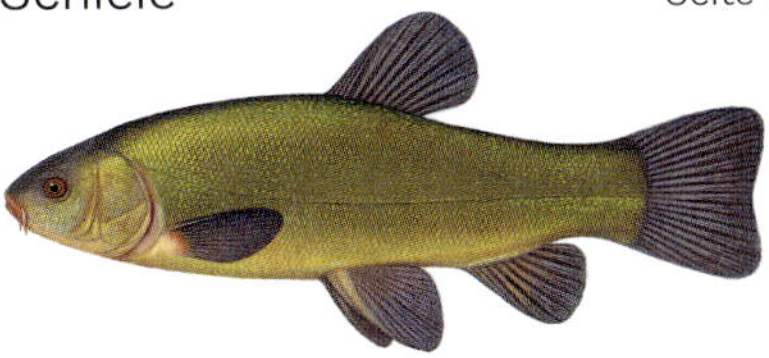

Rotfeder Seite 106

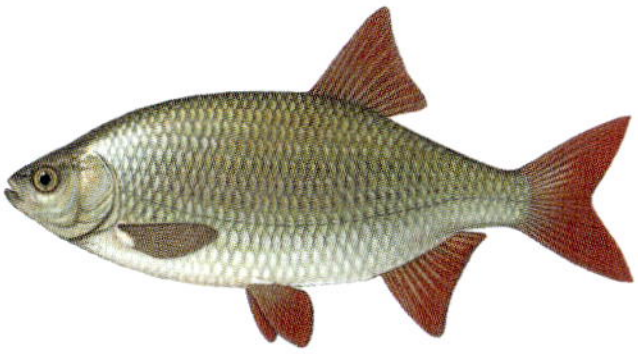

Rotauge, Plötze Seite 107

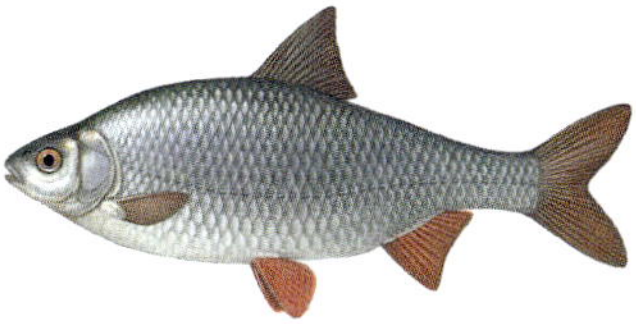

Brachse, Blei, Brassen Seite 108

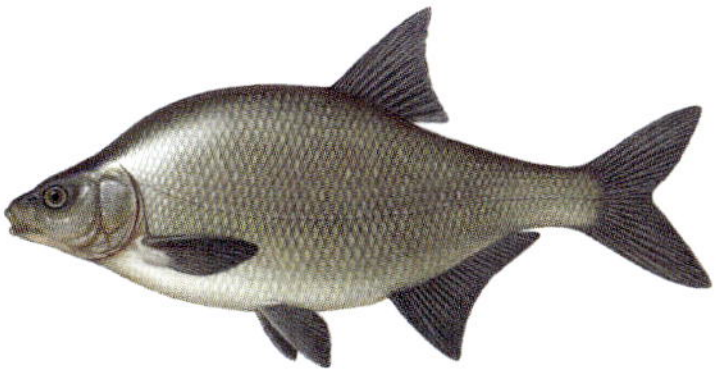

Güster, Blicke, Pliete Seite 109

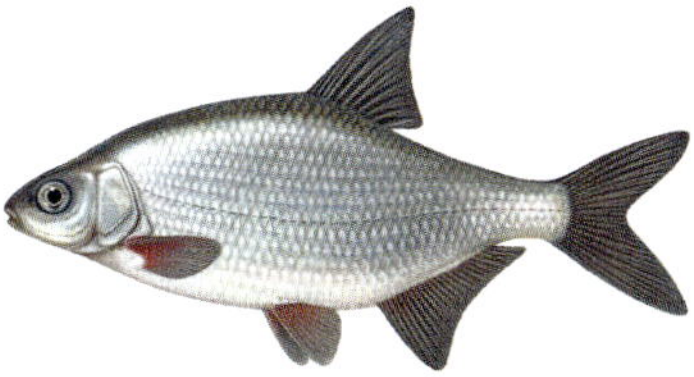

Zobel Seite 110

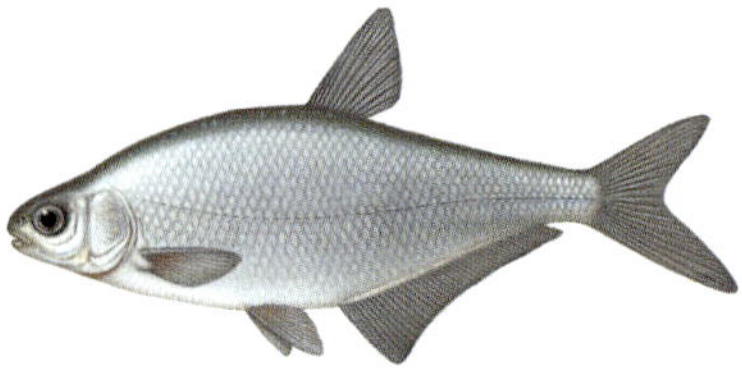

Zope, Pleinzen Seite 111

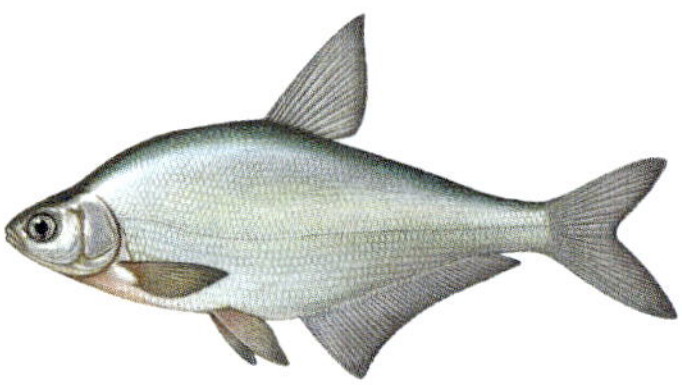

Zährte, Rußnase, Blaunase Seite 112

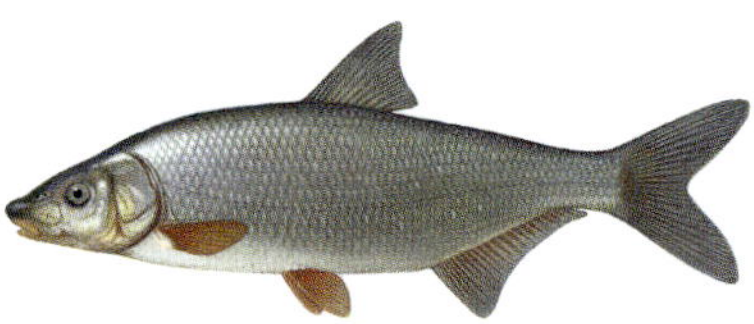

Nase Seite 113

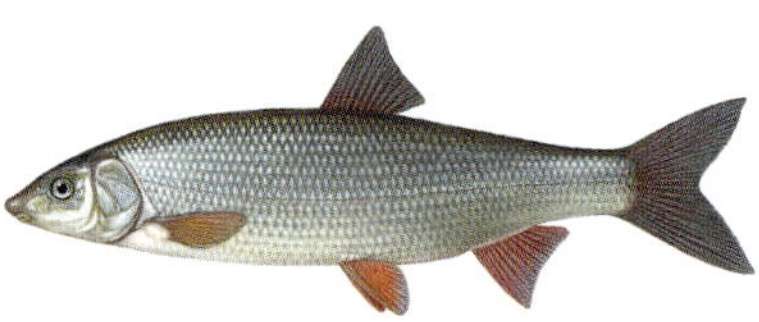

Aland, Nerfling, Orfe Seite 114

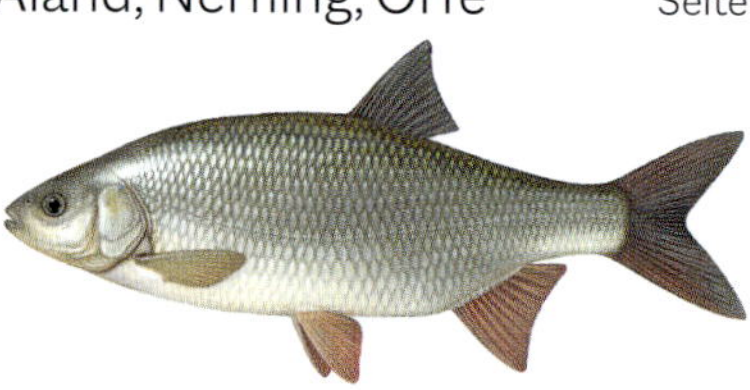

Frauennerfling, Frauenfisch Seite 115

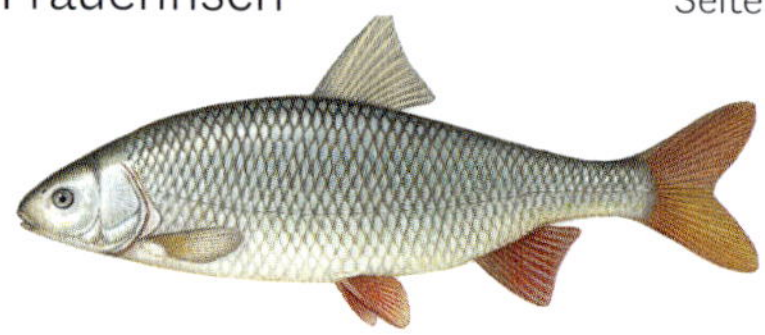

Perlfisch Seite 116

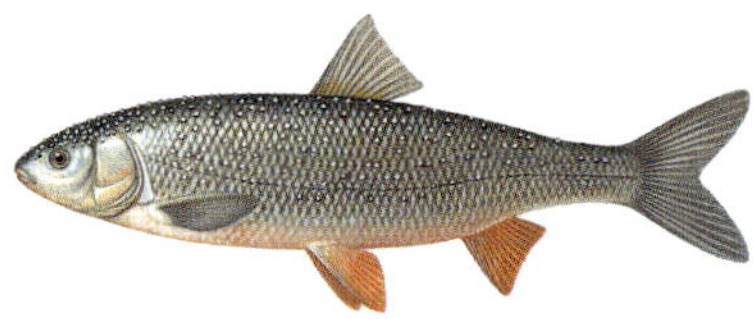

Mairenke, Schiedling, Seelaube Seite 117

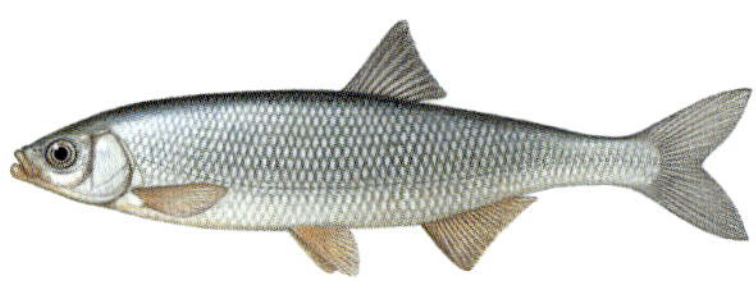

Rapfen, Schied Seite 118

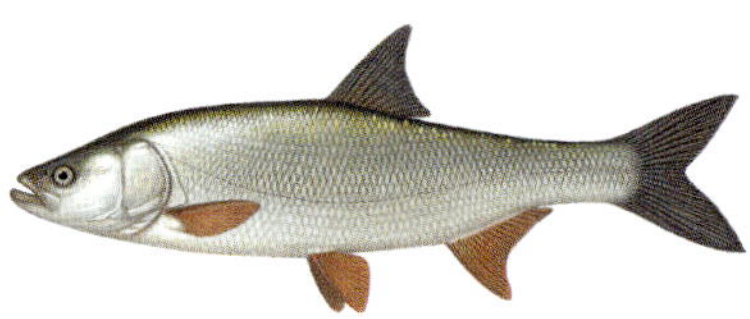

Barbe Seite 119

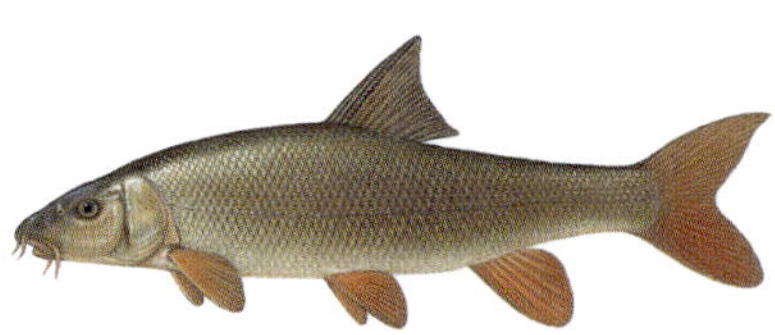

Döbel, Aitel, Dickkopf

Seite 120

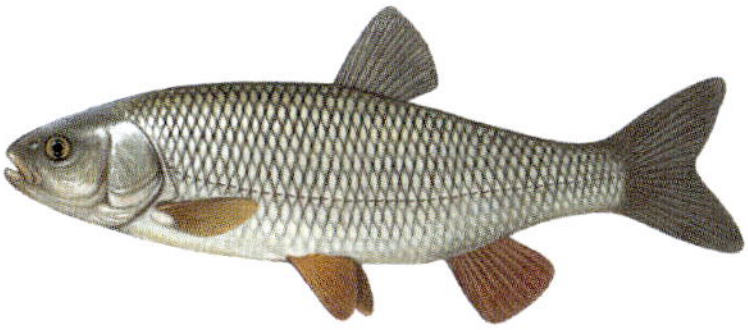

Hasel

Seite 121

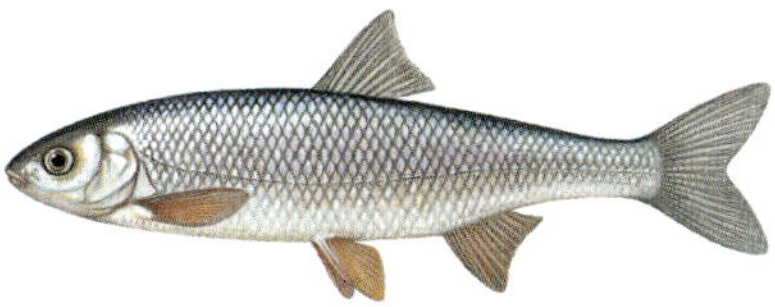

Laube, Ukelei

Seite 122

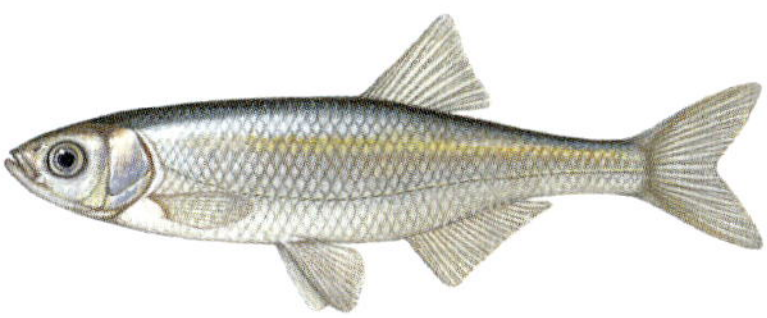

Schneider

Seite 123

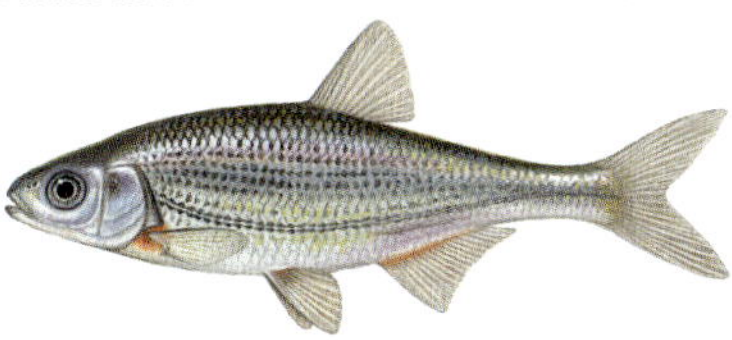

Bitterling, Bitterfisch, Blaukärpfl

Seite 124

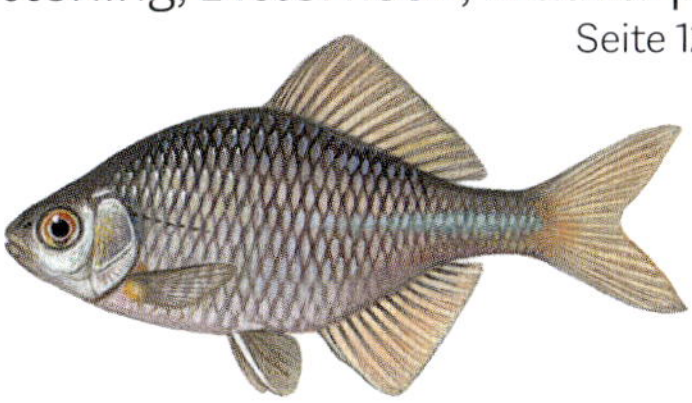

Elritze, Pfrille

Seite 125

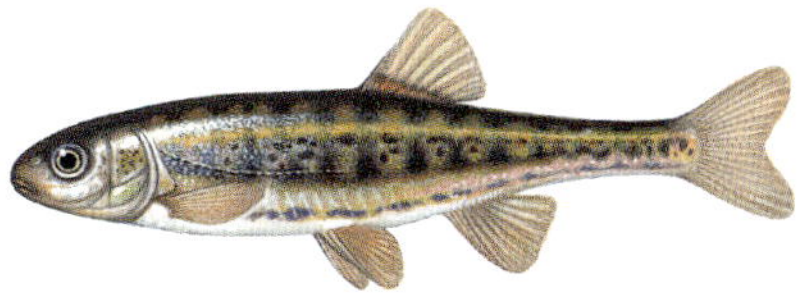

Gründling

Seite 126

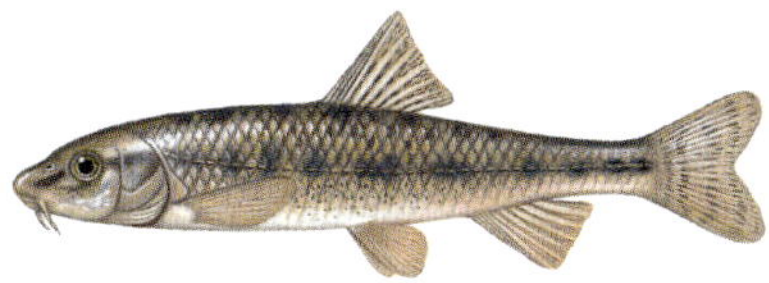

Graskarpfen, Grasfisch, Weißer Amur

Seite 127

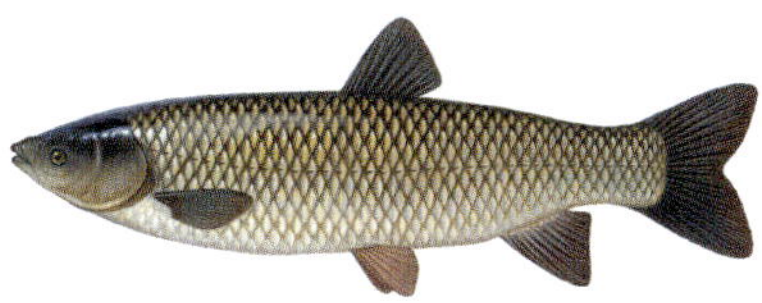

Silberkarpfen, Tolstolob

Seite 128

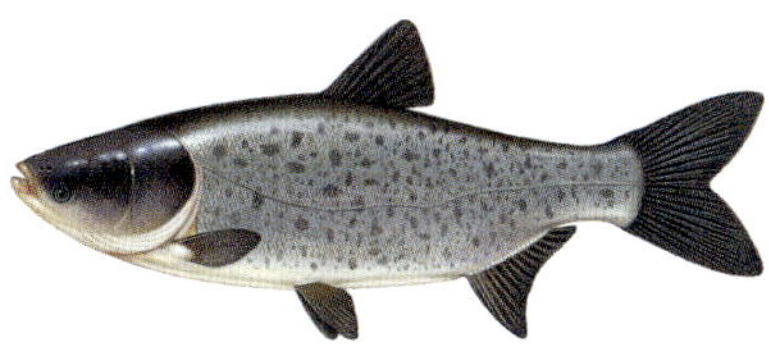

Marmorkarpfen

Seite 129

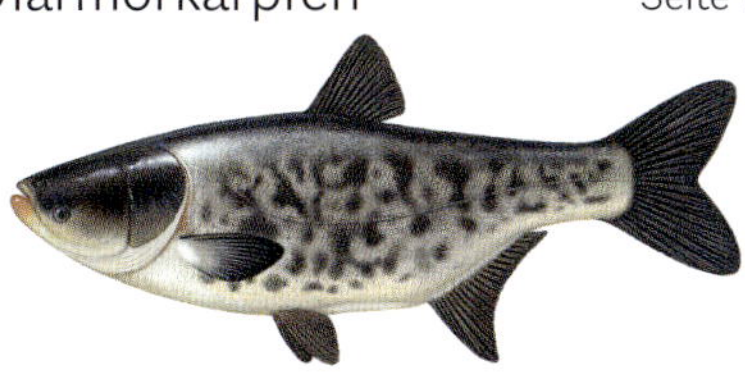

Flussbarsch, Barsch
Seite 131

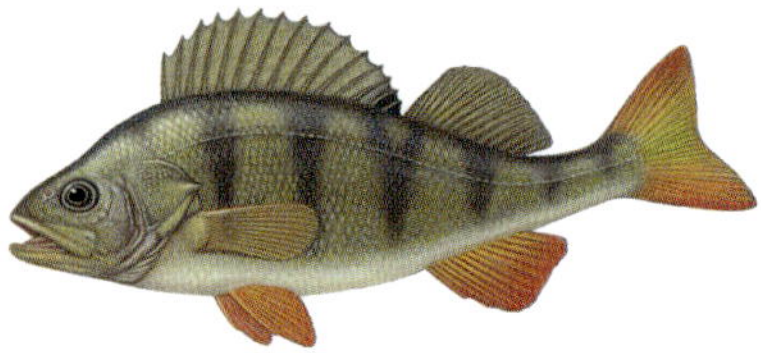

Zander, Schill
Seite 132

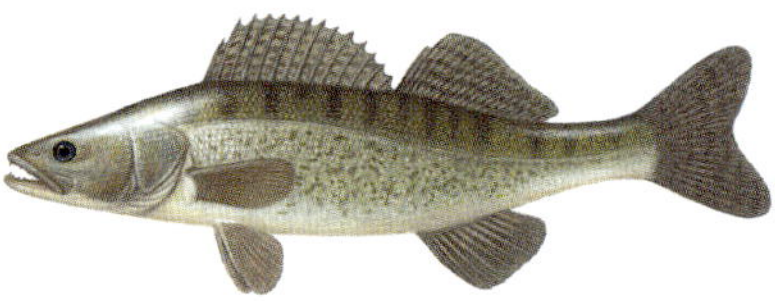

Kaulbarsch, Pfaffenlaus
Seite 133

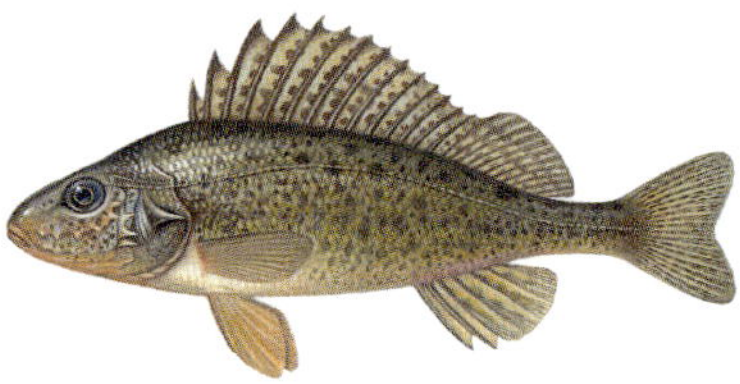

Schrätzer, Schratz
Seite 134

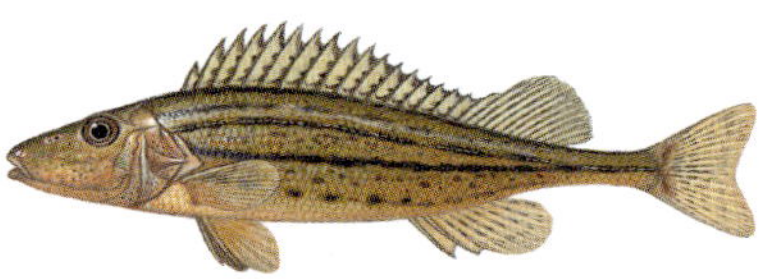

Zingel
Seite 135

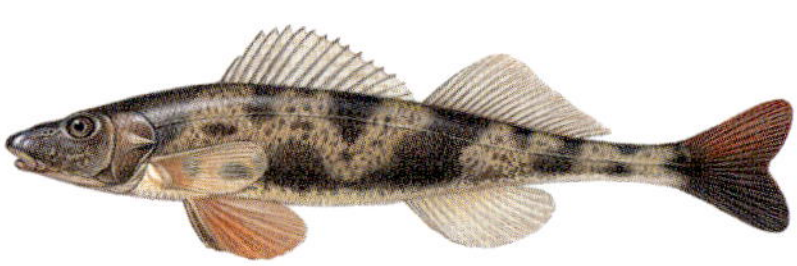

Streber
Seite 136

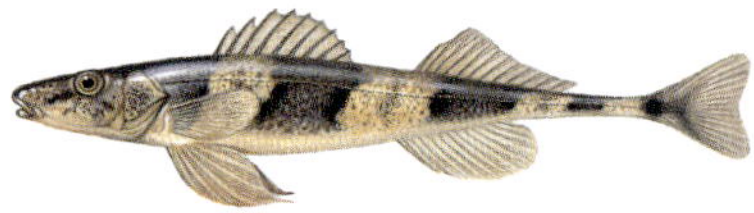

Forellenbarsch
Seite 137

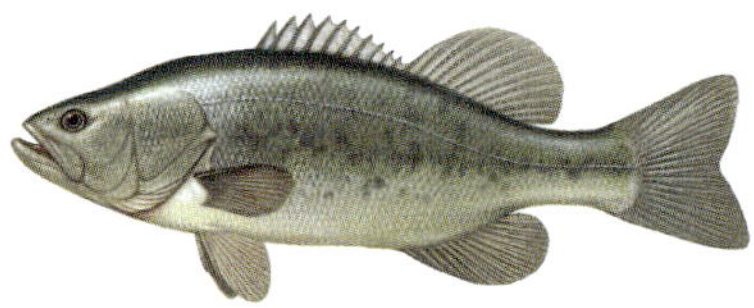

Sonnenbarsch
Seite 138

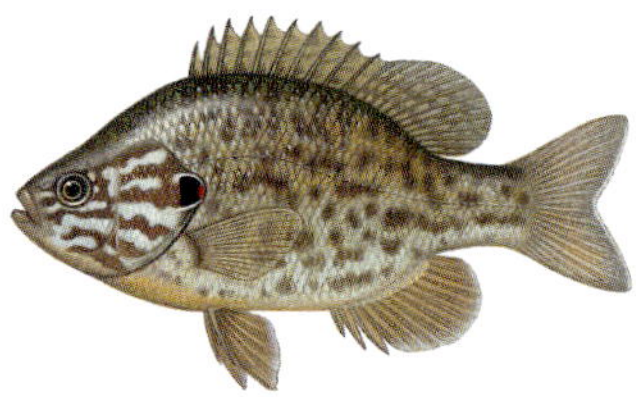

Dreistacheliger Stichling
Seite 140

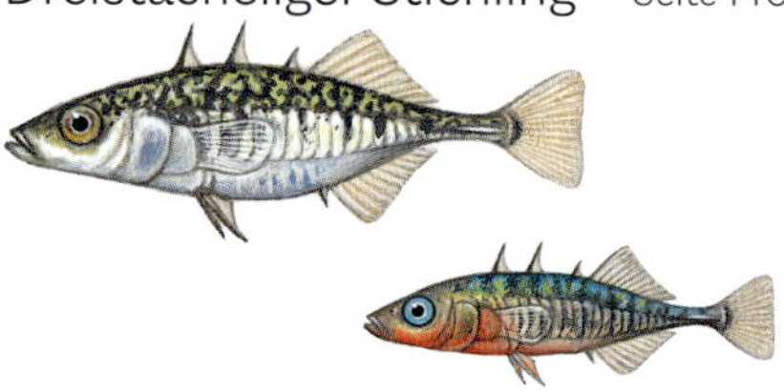

Schmerle, Bachschmerle, Bartgrundel
Seite 141

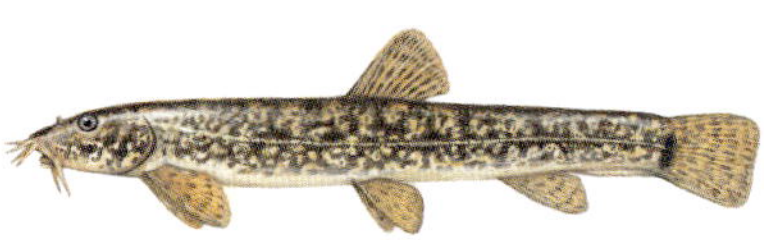

Steinbeißer, Dorngrundel Seite 142

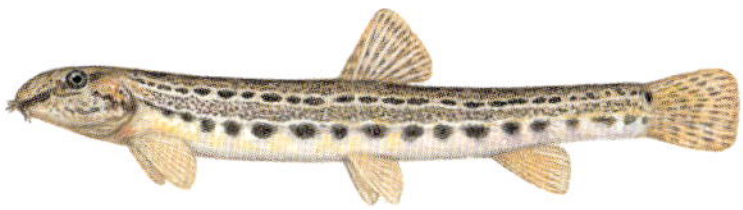

Schlammpeitzger, Wetterfisch Seite 143

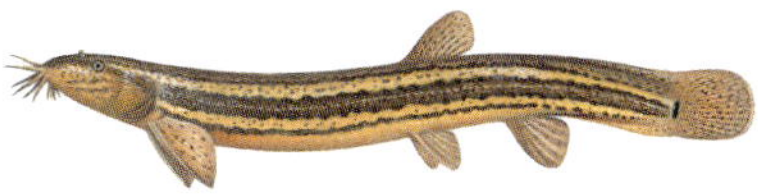

Mühlkoppe, Koppe, Groppe Seite 144

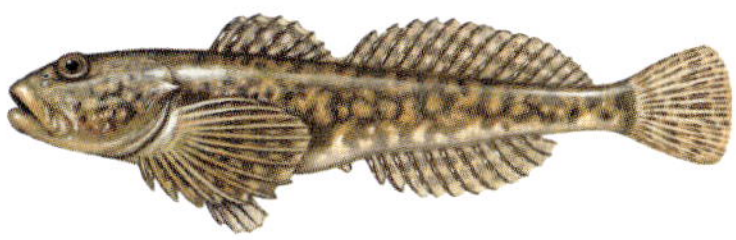

Hecht Seite 145

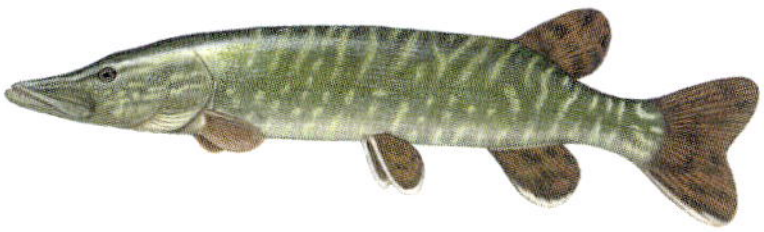

Wels, Waller Seite 146

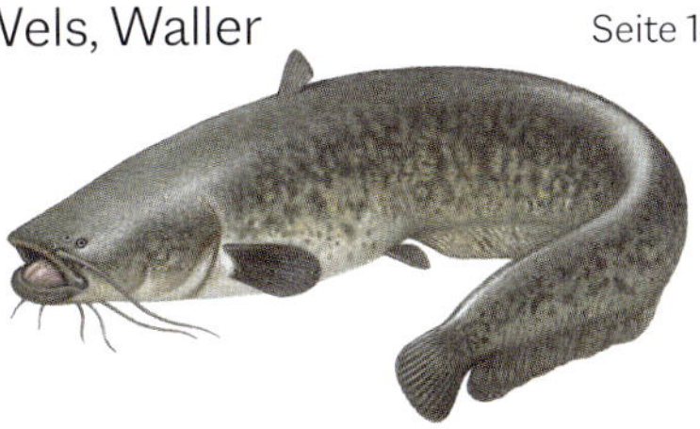

Zwergwels, Katzenwels (Amerikanischer Wels) Seite 147

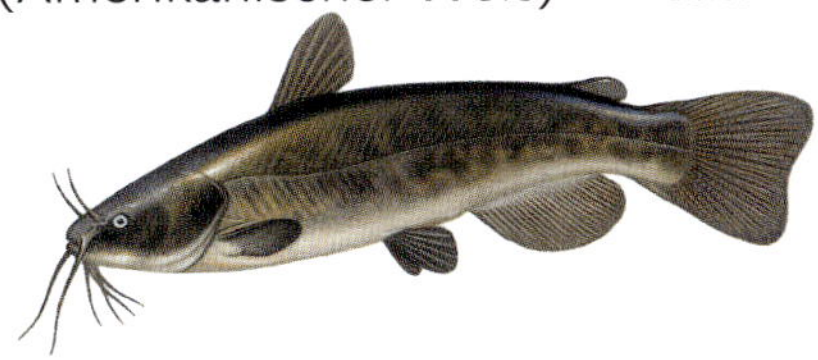

Quappe, Rutte, Trüsche Seite 148

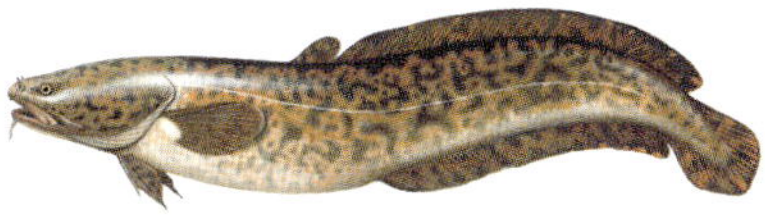

Aal Seite 149

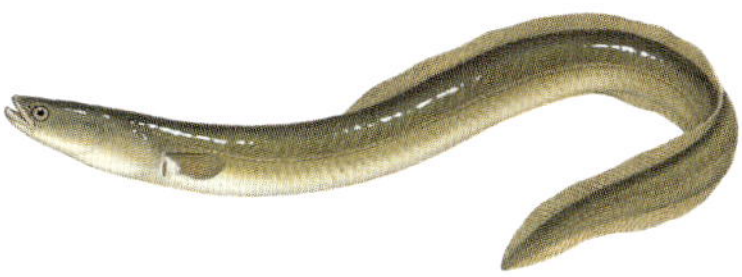

Maifisch, Alse Seite 150

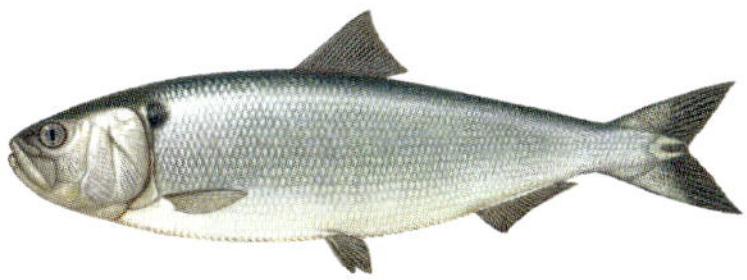

Atlantischer Stör Seite 151

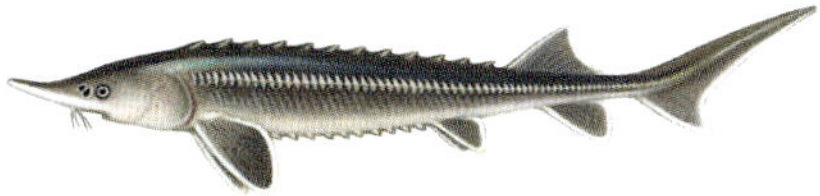

Bachneunauge Seite 152

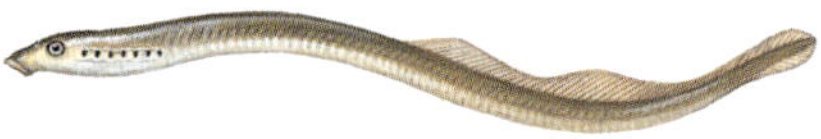

Flussneunauge Seite 153

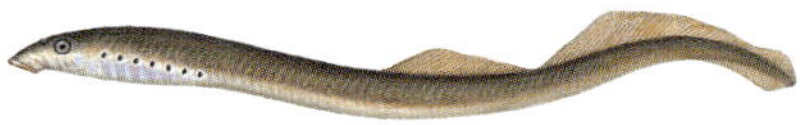

Edelkrebs Seite 154

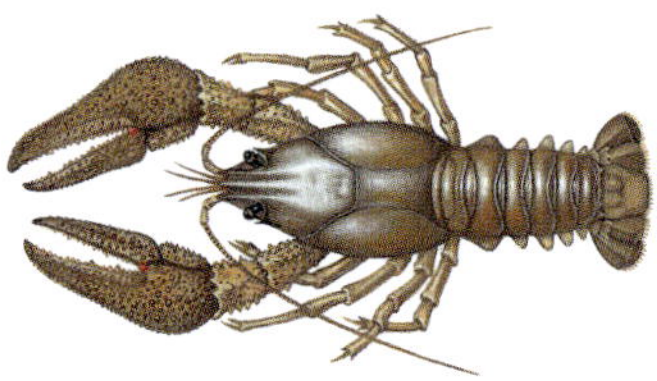

Flussperlmuschel u.a. Seite 158

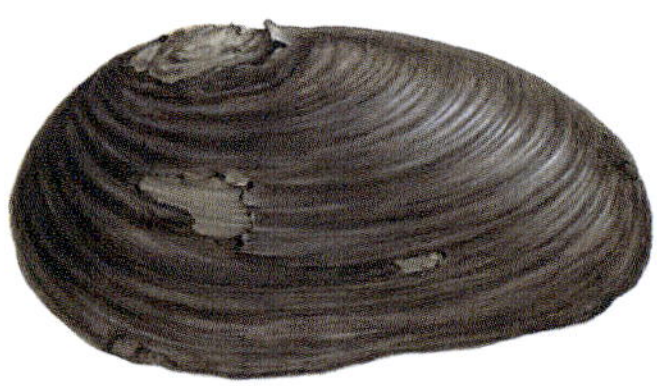

Dornhai Seite 161

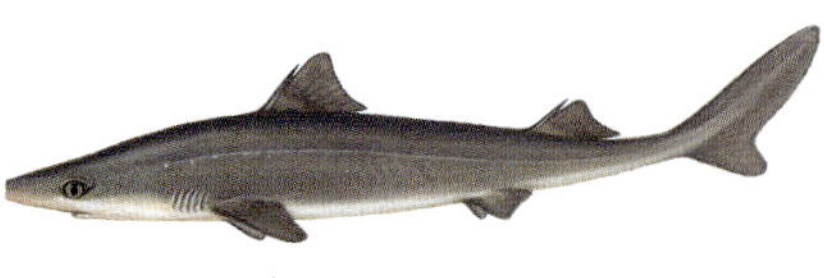

Dorsch, Kabeljau Seite 162

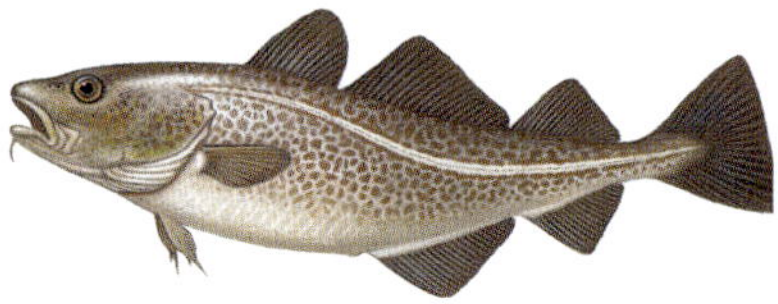

Köhler, Seelachs Seite 163

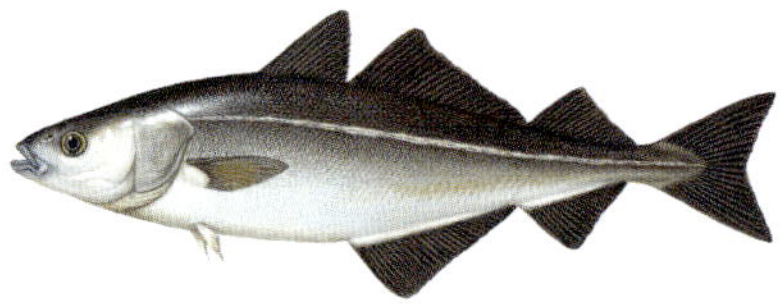

Pollack Seite 164

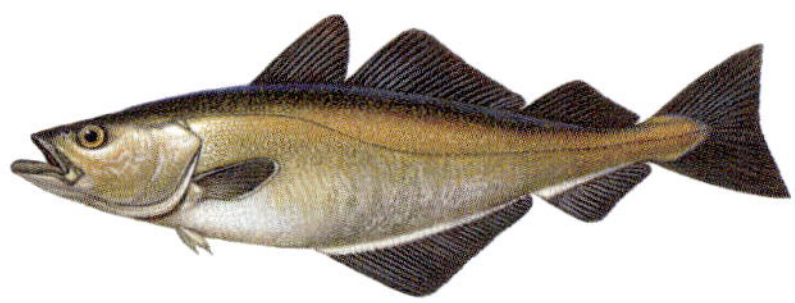

Wittling, Merlan Seite 165

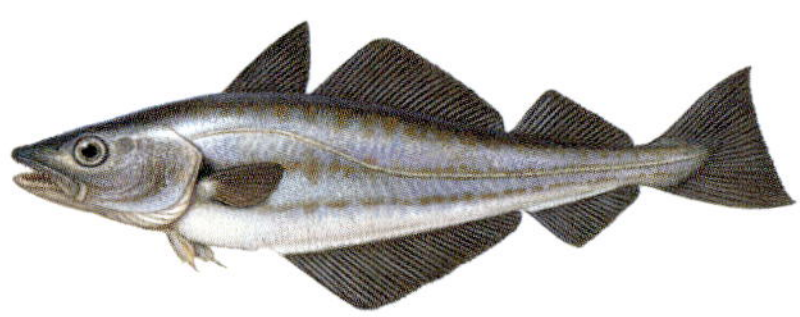

Hornhecht, Hornfisch, Grünknochen Seite 166

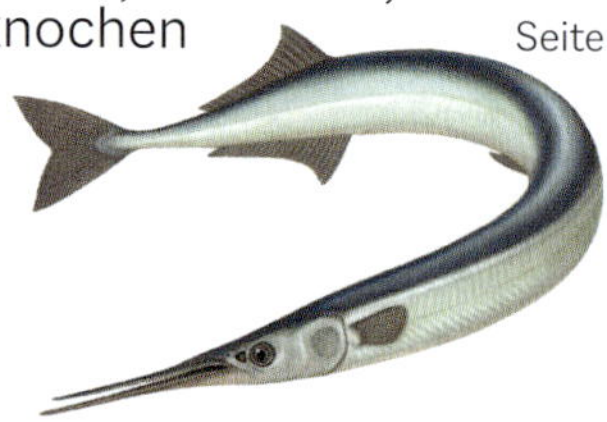

Makrele

Seite 167

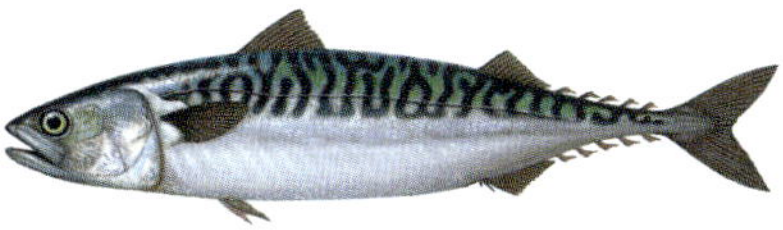

Hering

Seite 168

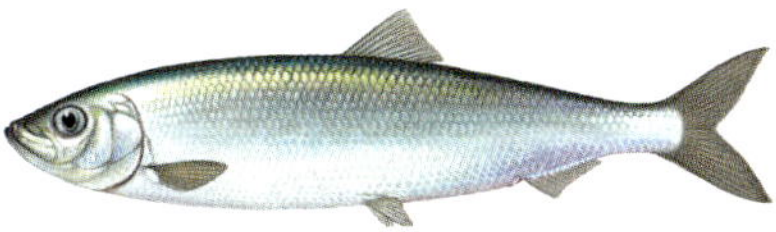

Meeräsche, dicklippige

Seite 169

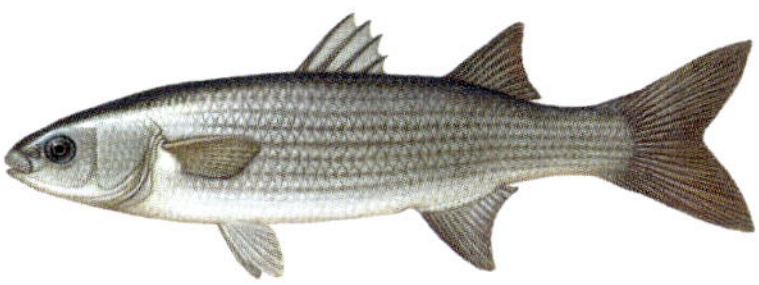

Aalmutter

Seite 170

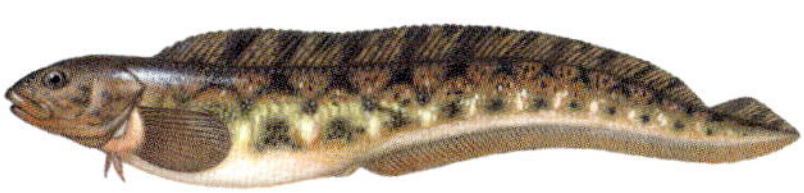

Scholle

Seite 171

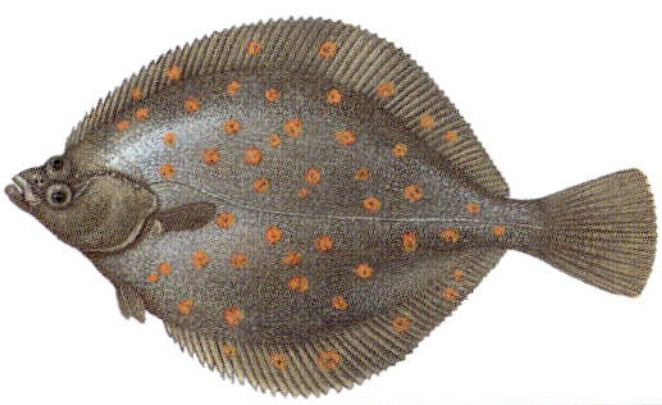

Flunder

Seite 172

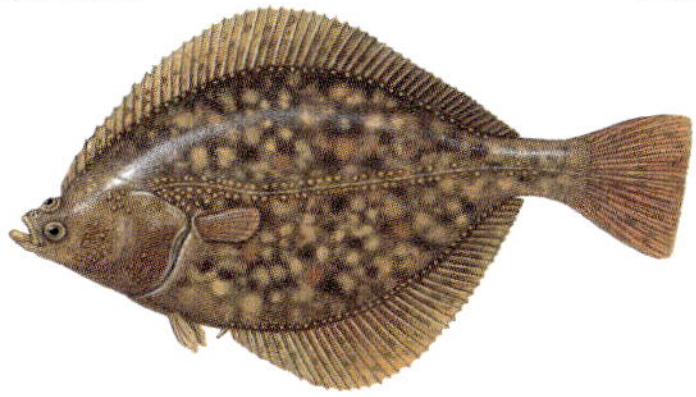

Petermännchen, Großes Petermännchen

Seite 173

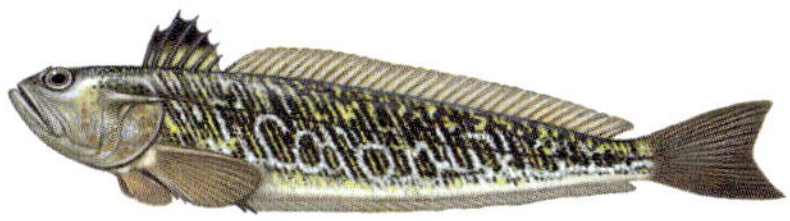

Lachsartige (Salmoniden)

Die beliebtesten Angelfische in dieser Gruppe sind vermutlich Bach- und Regenbogenforelle, Bachsaibling, Äsche, regional auch Renken.

Bevorzugter Lebensraum der Salmoniden sind sommerkühle, sauerstoffreiche Gewässer, in Mitteleuropa vor allem die Oberläufe der Flüsse und Bäche sowie, meist in Gebirgsgegenden, geeignete Seen. Lachs und Meerforelle leben im Meer und ziehen zum Laichen in die klaren, kiesigen Oberläufe der Flüsse, was ihnen oft durch künstliche Querverbauungen, z.B. Kraftwerke, erschwert wird. Die bei Feinschmeckern beliebten Renken (Felchen, Maränen) bilden als »Coregonen« eine Untergruppe, zählen aber zu den Lachsartigen. Der nur entfernt mit den Salmoniden verwandte kleinwüchsige Stint wird auch in dieser Gruppe geführt.

Alle Salmoniden besitzen einen langgestreckten, spindelförmigen, im Querschnitt ovalen Körper. Ein besonderes Körpermerkmal ist die strahlenlose Fettflosse.

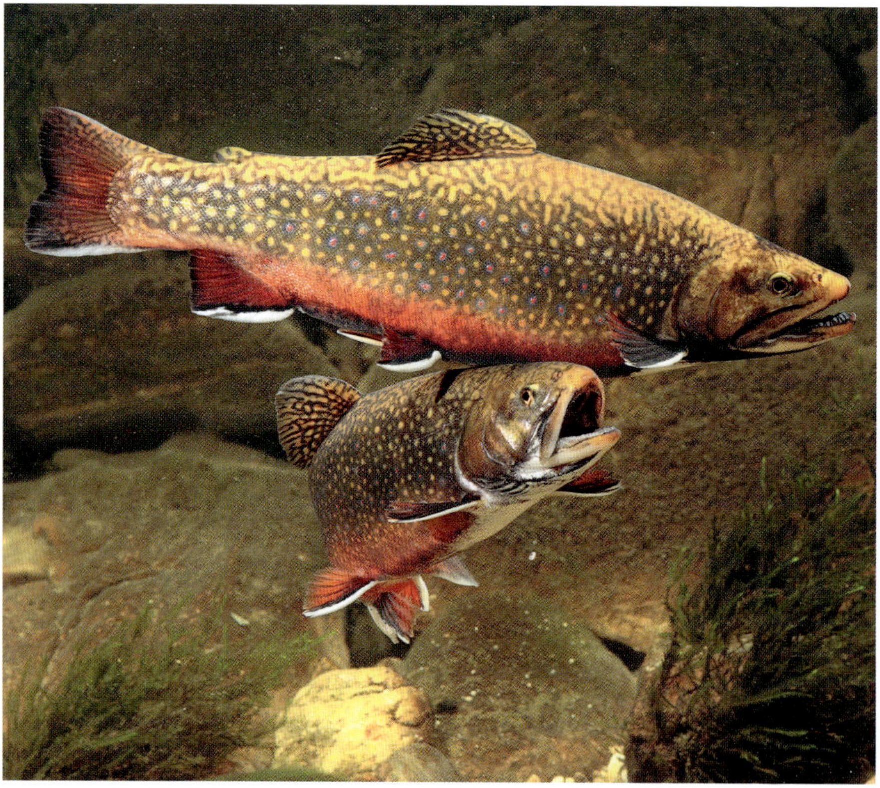

Erkennungszeichen des aus Nordamerika stammenden Bachsaiblings ist der zusätzliche schwarze Streifen an den Flossenrändern. Dieser Streifen fehlt beim ähnlich aussehenden heimischen Seesaibling.

Atlantischer Lachs *(Salmo salar)*

Salmoniden

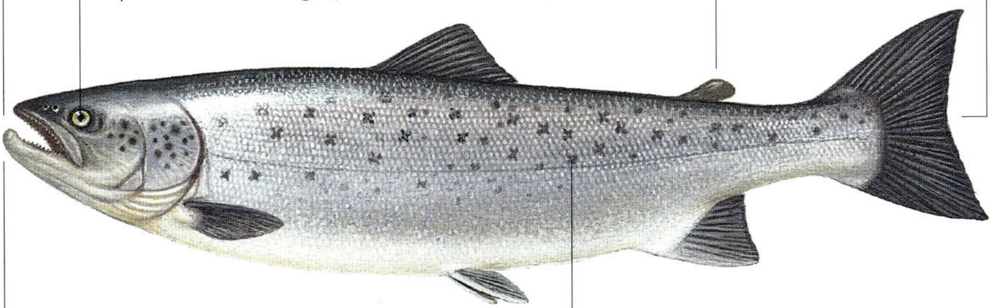

Kennzeichen: Spindelförmiger, lang gestreckter Körper. Aus dem Meer zurückkehrend mit silberhell glänzender Körperfarbe. Mittlere Länge 50–120 cm (max. 150 cm). Max. Gewicht 35 kg.

Lebensraum: Jungfische (»Parr« genannt) in Forellenregion (Meernähe). Erwachsene Fische im Meer.

Lebensweise: Wandern im Alter von 2–3 Jahren als sogenannte »Smolts« ins Meer ab. Anadrome Wanderfische. Laichzug zurück in den Heimatfluss. Siehe Lebenszyklus S. 60.

Ernährung: Jungfische im Süßwasser: Flohkrebse, Kleinfische. Im Salzwasser: Garnelen, Sprotten, Heringe. Nach der Rückkehr ins Süßwasser keine Nahrungsaufnahme mehr.

Fortpflanzung: Vor allem der Milchner nimmt in der Laichzeit (Okt./Jan.) eine dunklere, rötliche Färbung an und bildet einen Laichhaken aus. Abgabe der Eier in den Oberläufen der Flüsse und Bäche in selbst geschlagenen Laichgruben über Kiesboden.

Angelmethoden: Spinn- und Fliegenfischen. Im Meer auch Schleppfischen.

Verwertung: Hochgeschätzter Speisefisch. Wird kommerziell auch in Käfigen in Meeresbuchten herangezogen, was ökologisch als bedenklich angesehen wird (Wasserverunreinigung durch Medikamente und Futterreste; Probleme mit Parasiten).

Meerforelle *(Salmo trutta* f. *trutta)*

Salmoniden

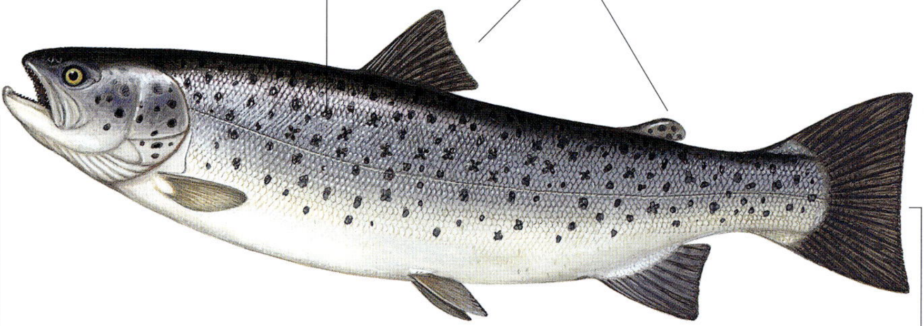

Kennzeichen: Spindelförmiger Körper. Mittlere Länge 40–70 cm (max. 120 cm). Max. Gewicht 20 kg.

Lebensraum: Küstengewässer des Nordatlantiks, wurde auch erfolgreich auf der Südhalbkugel eingebürgert (Chile, Argentinien).

Lebensweise: Anadromer Wanderfisch. Junge Fische leben 2–4 Jahre im Süßwasser in der unteren Forellen- und Äschenregion, wandern dann ins Meer, bleiben aber in Küstennähe. Gerne in Flussmündungen wegen des hohen Nahrungsangebots.

Ernährung: Jungfische im Süßwasser: Insektenlarven, kleine Fische. Salzwasser: Fische (Sandaale, Heringe), Krebse, Garnelen, Borstenwürmer.

Fortpflanzung: Kieslaicher über Laichgruben (siehe Bachforelle). Bei laichbereiten Tieren treten rötlichbraune Flecken auf. Winterlaicher Dez./März.

Angelmethoden: Spinn- und Fliegenfischen. Auch an der Küste (z.B. Ostsee).

Verwertung: Hervorragender Speisefisch.

*) Bei der Beschreibung der Zeichnung der Salmoniden kommt es gelegentlich zu Irritationen. Punkte, Tupfen und Flecken werden in Bestimmungsbüchern willkürlich verwendet. Nach unserem Verständnis haben die Bachforelle, der Bachsaibling und gelegentlich auch Exemplare der Meerforelle (runde) Punkte.

Bachforelle *(Salmo trutta* f. *fario)*

Salmoniden

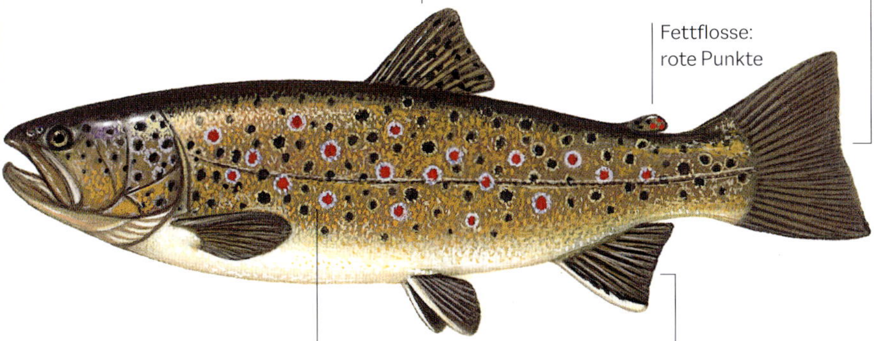

Kennzeichen: Spindelförmiger Körper. Mittlere Länge 25–40 cm (max. 80 cm). Max. Gewicht 15 kg.

Lebensraum: Leitfisch der Forellenregion. Kühle, sauerstoffreiche Bäche und Flüsse. Auch Seen, vor allem in Gebirgsregionen. Hoher Anspruch an Gewässerreinheit. Wassertemperatur sollte 20 °C nicht überschreiten.

Lebensweise: Standorttreu. Braucht Unterstände. Verteidigt ihr Revier gegen Eindringlinge.

Ernährung: Vor allem Insektenlarven, Bachflohkrebse und Fluginsekten. Ältere Fische fressen auch Kleinfische wie Koppen, Elritzen u. a.

Fortpflanzung: Laicht im Fließwasser zwischen Oktober und Januar (Herbst- und Winterlaicher) über Kiesboden (Kieslaicher). Dazu unternehmen die Fische kurze, meist stromaufwärts gerichtete Laichwanderungen bis sie einen geeigneten Untergrund finden. Das Weibchen schlägt mit dem Schwanz eine Laichgrube und legt ihre Eier ab, das Männchen gibt darüber seinen Samen (Milch) ab. Die Eier reifen zwischen den Kieselsteinen.

Angelmethoden: Vor allem Fliegen- und Spinnfischen. Möglichst keine natürlichen Köder wie z.B. Würmer, wegen der Gefahr des Verangelns kleiner Bachforellen.

Verwertung: Sehr geschätzter Speisefisch. Fettarmes Fleisch als Diätnahrung geeignet.

Seeforelle *(Salmo trutta* f. *lacustris)*

Salmoniden

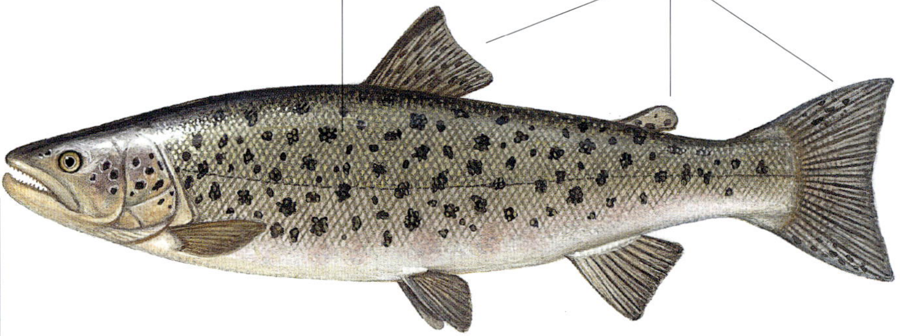

Kennzeichen: Spindelförmiger Körper. Mittlere Länge 50–80 cm (max. 120 cm). Max. Gewicht 30 kg.

Lebensraum: Sauerstoffreiche, tiefe Gebirgs- und Voralpenseen.

Lebensweise: Vor allem die älteren Exemplare halten sich vorwiegend in größerer Tiefe auf.

Ernährung: Jungforellen: Insektenlarven, Flohkrebse, Kleinfische. Erwachsene Fische leben hauptsächlich räuberisch.

Fortpflanzung: Steigt im Herbst / Winter zum Laichen in die Zuflüsse der Seen auf. Laichablage über Kies in selbst geschlagenen Laichgruben.

Angelmethoden: Spinn- und Schleppfischen. Große Fische meist nur mit Tiefschleppmethoden zu fangen (Down Rigger).

Verwertung: Hochwertiger Speisefisch.

*) Die Schwanzflosse reinrassiger Seeforellen (z.B. im Walchensee/Obb.) ist fleckenlos. Es gibt jedoch Stämme, die eine leichte Zeichnung auch der Schwanzflosse aufweisen.

Regenbogenforelle *(Oncorhynchus mykiss)*
Salmoniden

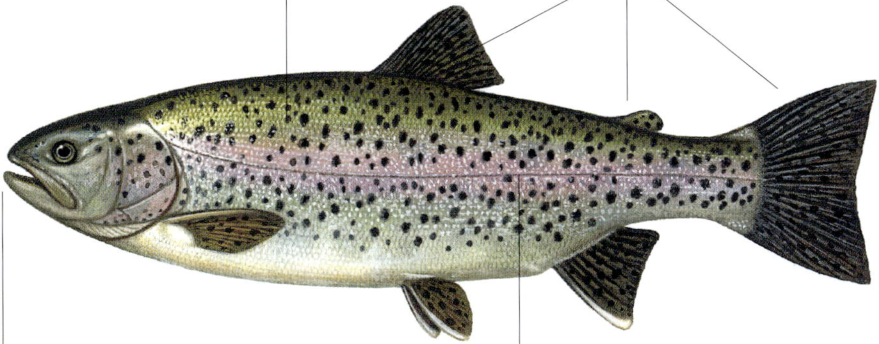

Kennzeichen: Spindelförmiger Körper. Mittlere Länge 25–50 cm (max. 70 cm). Max. Gewicht 15 kg.

Lebensraum: Heimat: westliches Nordamerika. Verwandt mit pazifischen Lachsen. 1881 in Europa eingeführt. Ansprüche etwas geringer als Bachforelle. Wassertemperatur bis 25 °C bei guter Sauerstoffsättigung. Forellen- und Äschenregion, kühle Seen. Hält sich gut in Forellenteichen.

Lebensweise: Nicht reviertreu. In seinem Heimatland Amerika auch ein anadromer Wanderfisch (Steelhead).

Ernährung: Insektenlarven, Kleinfische.

Fortpflanzung: Laicht in Europa in einigen Flüssen im Zeitraum von Dezember bis Mai (Winter- und Frühjahrslaicher) über Kiesboden (Kieslaicher) in selbst geschlagenen Laichgruben.

Angelmethoden: Spinn- und Fliegenfischen.

Verwertung: Viel produzierter, beliebter Speisefisch mit großer Bedeutung für die Teichwirtschaft.

*) Dieses Exemplar hat Tupfen auch an Brust- und Bauchflossen sowie der Afterflosse. Die Mehrzahl der Regenbogenforellen jedoch zeigt auf diesen Flossen keine Zeichnung.

Huchen, Donaulachs *(Hucho hucho)*

Salmoniden

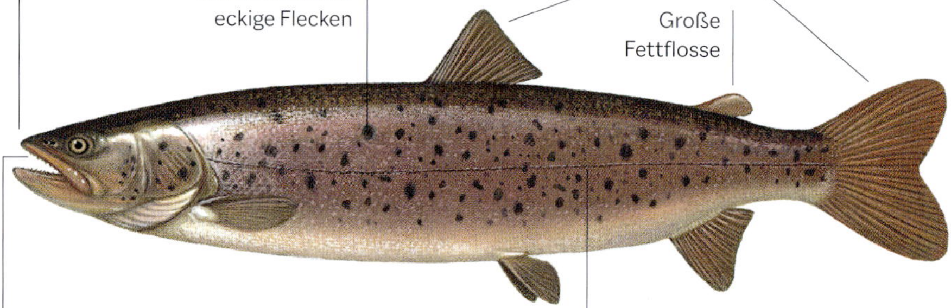

Kennzeichen: Spindelförmiger Körper, fast drehrunder Querschnitt. Mittlere Länge 70 – 120 cm (max. 160 cm). Gewicht bis 40 kg.

Lebensraum: Nur im Donaueinzugsgebiet, vor allem in Zuflüssen aus den Alpen. Bestände werden durch Besatz aus Brutanstalten unterstützt. Im Atlasgebirge (Marokko) eingebürgert.
Im nördlichen Asien (Sibirien, Mongolei) lebt ein Verwandter des Huchens, der Taimen.

Lebensweise: Bevorzugt feste Standplätze in Flüssen. Tiefe Stellen bei Brücken, Baumwurzeln, Wehrgumpen, unterspülte Ufer etc.

Ernährung: Typischer Raubfisch: Elritzen, Koppen, Nasen, Äschen, Barben. Außerdem Frösche und Neunaugen.

Fortpflanzung: Frühjahrslaicher (März/April)*) über kiesigem Boden (Kieslaicher).

Angelmethoden: Spinnfischen. Angeln mit Neunaugenzopf. Auch Fliegenfischen mit großen Streamern.

Verwertung: Als Speisefisch beliebt.

*) März/April gibt den Zeitraum an, innerhalb dessen das nur wenige Tage dauernde Laichgeschehen stattfindet.

Seesaibling, Wandersaibling *(Salvelinus alpinus)*

Salmoniden

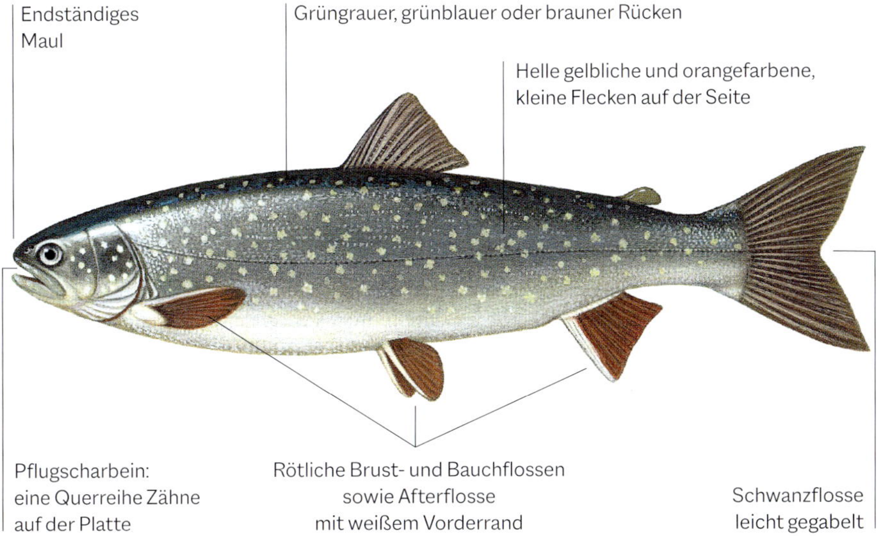

Kennzeichen: Spindelförmiger Körper. Mittlere Länge 25–40 cm, max. 2 kg. Wandersaiblinge meist bis um die 5 kg.

Lebensraum: In sauerstoffreichen, tiefen Gebirgs- und Vorgebirgsseen. Im Meer lebende Wanderformen (Wandersaiblinge) gibt es in Island, Nordnorwegen, Grönland und im arktischen Teil Russlands.

Lebensweise: Hält sich in Seen in größeren Tiefen auf, kommt selten zur Oberfläche.

Ernährung: Zooplankton, Flohkrebse, Insektenlarven, Kleinfische.

Fortpflanzung: Meist Winterlaicher (Nov./Dez.), Laichzeit kann sich je nach Höhenlage verschieben. Laichvorgang über Kies- und Geröll.

Angelmethoden: Spinn- und Fliegenfischen, Hegenesysteme.

Verwertung: Sehr guter Speisefisch.

Bachsaibling *(Salvelinus fontinalis)*

Salmoniden

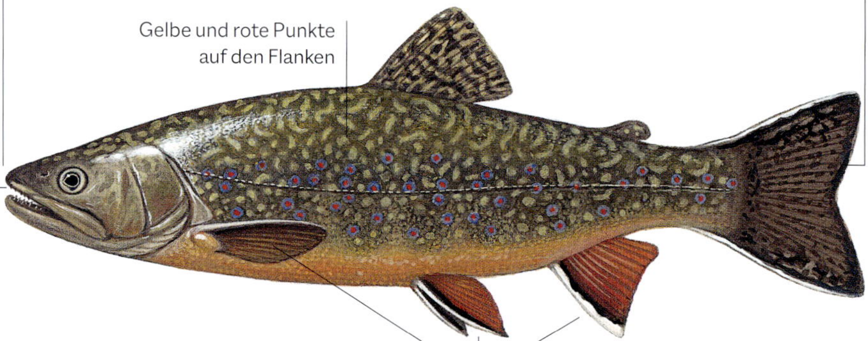

Kennzeichen: Spindelförmiger Körper. Mittlere Länge 20–30 cm (max. 40 cm). Max. Gewicht 5 kg.

Lebensraum: Heimat ist das östliche Nordamerika. 1884 nach Europa eingeführt. Forellenregion. Etwas weniger sauerstoffbedürftig als Bachforelle. Bevorzugt kalte, strömungsreiche, kalkarme Bäche. Heute einige Wildpopulationen in Westfrankreich und den Alpen, sonst Besatz aus Fischzuchten.

Lebensweise: Nicht standorttreu.

Ernährung: Flohkrebse, Insektenlarven, Anfluginsekten, Weichtiere und kleine Fische.

Fortpflanzung: Winterlaicher (Okt./Jan.) Kieslaicher über selbstgeschlagenen Laichgruben. Deckt die Eier mit Kies ab.

Angelmethoden: Spinn- und Fliegenfischen.

Verwertung: Beliebter Speisefisch. Wird in Teichwirtschaften produziert.

Äsche *(Thymallus thymallus)*

Salmoniden

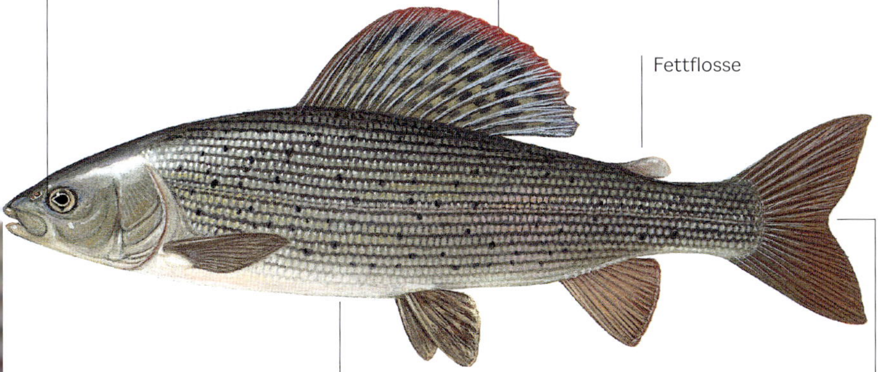

Kennzeichen: Spindelförmiger Körper. Mittlere Länge 30 - 50 cm (max. 60 cm). Gewicht bis 3 kg.

Lebensraum: Äschenregion (Leitfisch), überlappend in Forellen- und Barbenregion. Rasche Strömung mit Kies- teilweise auch grobem Sandgrund. Kommt auch in Seen vor allem im Norden ihres Verbreitungsgebietes vor (z.B.: Schwedisch-Lappland).

Lebensweise: Lebt gesellig in Kleinschwärmen. Ältere Tiere auch Einzelgänger. Reagiert empfindlich auf Verunreinigungen.

Ernährung: Insektenlarven, Fischlaich. Ältere Äschen fressen sporadisch auch kleine Fische (eigene Brut).

Fortpflanzung: Frühjahrslaicher (März/Mai), Kieslaicher über selbst geschlagener Laichgrube.

Angelmethoden: Bei Fliegenfischern ein sehr beliebter Angelfisch. Steigt im Herbst nach winzigen Trockenfliegen (Hakengröße 18 bis 20). Große Äschen nehmen vor allem Nymphen in Grundnähe.

Verwertung: Geschätzter Speisefisch, riecht leicht nach Thymian.

Renken, Felchen, Maränen (*Coregonus*-Arten)

Salmoniden

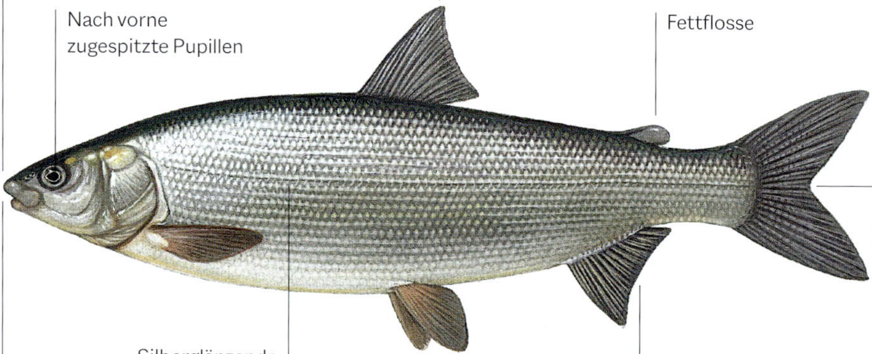

Kennzeichen: Spindelförmiger Körper. Mittlere Längen (artabhängig) 20–70 cm. Gewicht etwa 0,3 bis 1 kg (max. 7 kg).

Lebensraum: Mehrere Arten in Europa. Auch verschiedene Wanderformen (z.B. der stark gefährdete Nordseeschnäpel). Stationäre Arten und Formen in tiefen, klaren, kühlen sauerstoffreichen Seen der Gebirge und Vorgebirge.

Lebensweise: In Seen lebende Arten ziehen in Schwärmen im Freiwasser umher.
Ernährung: Filtern tierisches Plankton mithilfe ihrer Kiemenreusendornen aus dem Atemwasser.

Fortpflanzung: Winterlaicher im Freiwasser (pelagisch) über größeren Tiefen, teilweise über Kies in der Uferregion.

Angelmethoden: Meist mit der Hegene (Paternostersystem mit mehreren kleinen Nymphenhaken, Imitationen von Zuckmückenlarven). Manchmal auch beim Fliegenfischen an der Wasseroberfläche. Beste Zeit ist Frühjahr und Sommer.

Verwertung: Renken gelten als ausgesprochene Delikatesse. Überregional bekannt sind die Bodensee-Blaufelchen.

Stint *(Osmerus eperlanus)*
Salmoniden (entfernt verwandt)

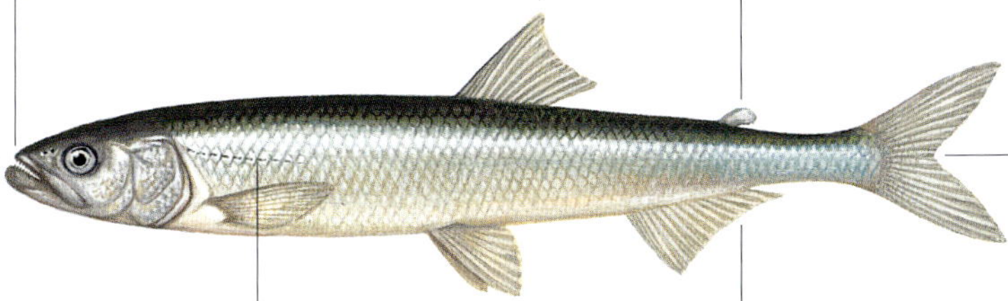

Kennzeichen: Spindelförmiger Körper. Mittlere Länge 20–25 cm (max. 30 cm). Gewicht etwa 0,15 kg.

Lebensraum: Eigentlich ein Meeresfisch, bei uns rund um die Ostsee zu Hause, der in den Flussmündungen mit angrenzenden Küstengebieten (Wanderstint) lebt und zum Laichen in die Flussunterläufe einschwimmt. Stationär kommen in Seen auch die noch kleineren »Binnenstinte« vor (bis 10 cm).

Lebensweise: Lebt in Schwärmen.

Ernährung: Tierisches Plankton (Zooplankton). Größere Stinte fressen auch Fischbrut.

Fortpflanzung: Wanderstinte leben anadrom und ziehen im Frühjahr (März/April) zum Laichen vom Meer ins Süßwasser. Laich haftet auf Sand, an Steinen und anderen harten Strukturen.

Besonderheit: Leichter Geruch nach frischen Gurken.

Angelmethoden: Leichtes Posenangeln.

Verwertung: Trotz des geringen Gewichts von rund 150 g sind Stinte von wirtschaftlicher Bedeutung.

Karpfenartige, Weißfische (Cypriniden)

Bei uns die Fischgruppe mit den meisten Arten, die in ganz unterschiedlichen Biotopen leben können. Karpfen, Schleie oder der Blei (Brachsen) bevorzugen beispielsweise ruhige Gewässer, Barbe oder Nase lieben die Strömung. Den Döbel oder Aitel hingegen findet man fast überall.

Viele kleinere Arten, wie Rotfeder, Gründling, Schneider oder Hasel gehören in diese Gruppe. Als Weißfische werden landläufig die Arten mit einem silbrigen Schuppenkleid bezeichnet.

Cypriniden sind Friedfische. Sie sind Kleintier- und teilweise auch Pflanzenfresser. Eine Ausnahme sind Döbel und Rapfen, die sich im Erwachsenenstadium auch räuberisch ernähren. Cypriniden haben keine Zähne, sondern Schlundknochen und eine Kauplatte, mit denen sie zu feste Nahrung vor dem Schlucken zerdrücken können. Sie besitzen auch keinen Magen, aber einen langen Darm.

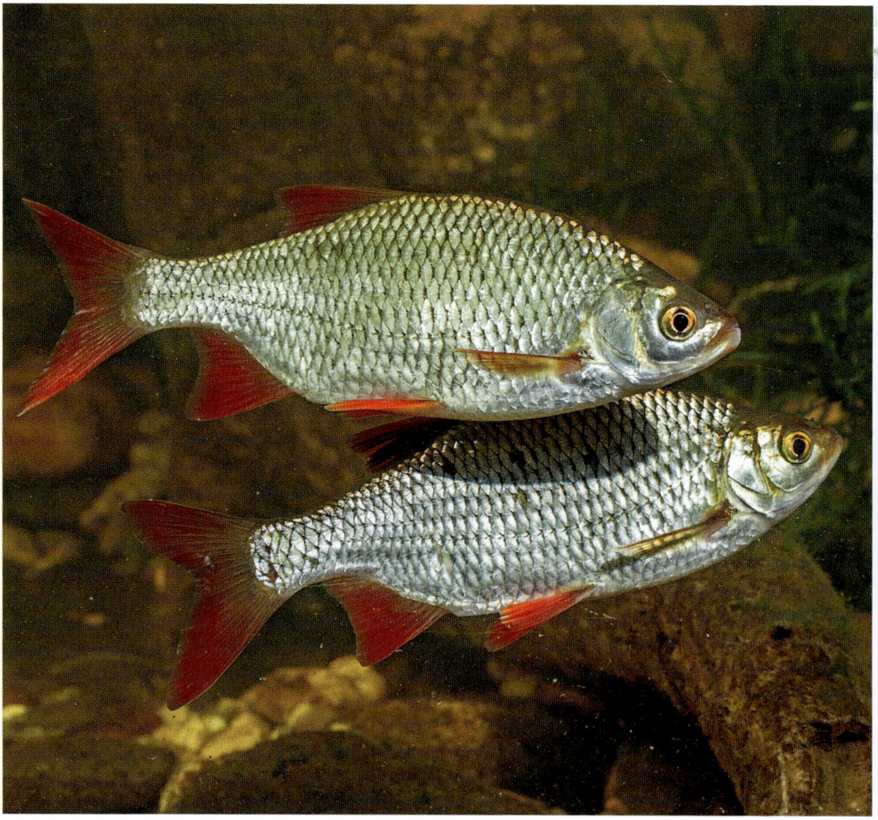

Die eher kleinwüchsige Rotfeder ist mit ihren leuchtendroten Flossen ein besonders hübscher Fisch innerhalb der großen Gruppe der Cypriniden. Sie schwimmt oft sehr dicht unter der Wasseroberfläche.

Schuppenkarpfen *(Cyprinus carpio)*

Cypriniden

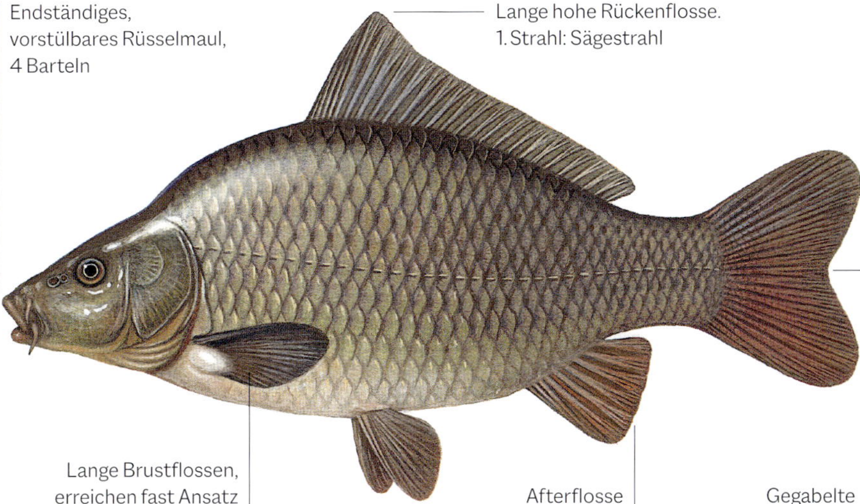

Kennzeichen: Hochrückiger Körper. Mittlere Länge 30 - 50 cm (max. 80 cm). Gewicht bis 30 kg.

Stammform: Wildkarpfen (langgestreckter, spindelförmiger Körper). Ursprünglich heimisch im Einzugsgebiet des Schwarzen und Kaspischen Meeres, sowie des Aralsees.

Lebensraum: Stehende und langsam fließende, sommerwarme Gewässer mit weichem Grund und viel Wasserpflanzen.

Lebensweise: Steht gern in Gruppen oder kleinen bis mittelgroßen Schwärmen zusammen. Oft in Ufernähe anzutreffen.

Ernährung: Junge Karpfen fressen tierisches Plankton. Später wühlen (gründeln) sie im Gewässerboden nach Insektenlarven, Würmern und anderen Kleintieren.

Fortpflanzung: Laicht im Sommer (Mai/Juli) an flachen Stellen mit Pflanzenbewuchs. Lebhaftes Laichspiel. Milchner mit Ansätzen eines Laichausschlags.

Angelmethoden: Grundangeln (Pose- und Bleimontage). Köder: Gekochte Kartoffeln, Boilies, Würmer (Tauwurm, Rotwurmbündel), Teig. Anfüttern für nachhaltige Fangergebnisse notwendig.

Verwertung: Geschätzter Speisefisch.

Spiegelkarpfen *(Cyprinus carpio)*

Cypriniden

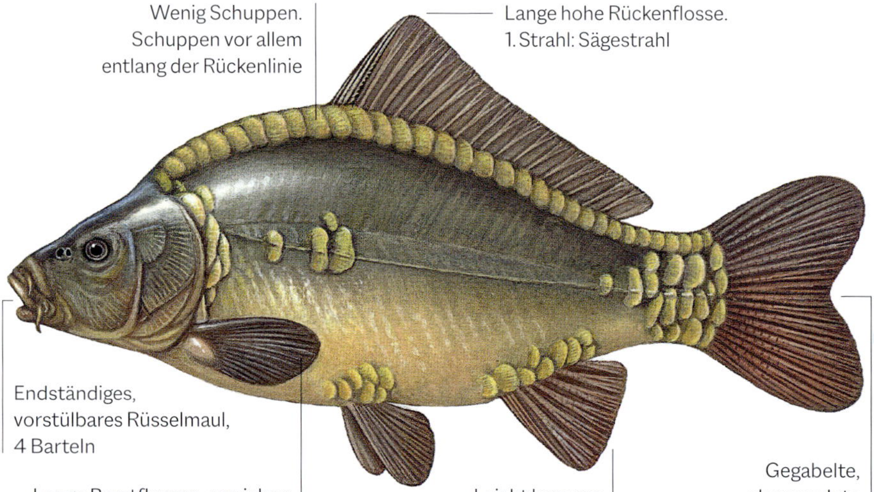

Kennzeichen: Hochrückiger Körper. Mittlere Länge 30–50 cm (max. 80 cm). Gewicht bis 30 kg.

Stammform: Wildkarpfen (siehe Schuppenkarpfen S. 101).

Lebensraum: Stehende und langsam fließende, sommerwarme Gewässer mit viel Wasserpflanzen.

Lebensweise: Oft in Gruppen oder kleinen Schwärmen in Ufernähe.

Ernährung: Junge Karpfen fressen tierisches Plankton. Später wühlen (gründeln) sie im Gewässerboden nach Insektenlarven, Würmern etc.

Fortpflanzung: Laicht im Sommer (Mai/Juli) an flachen Stellen mit Pflanzenbewuchs. Lebhaftes Laichspiel. Milchner mit Ansätzen eines Laichausschlags.

Angelmethoden: Grundangeln (Pose- und Bleimontage). Köder: Gekochte Kartoffeln, Boilies, Würmer (Tauwurm, Rotwurmbündel), Teig. Anfüttern fördert die Fangergebnisse.

Verwertung: Beliebter Speisefisch. Wird in großen Mengen in der Teichwirtschaft produziert (in Bayern: Mittelfranken, Oberpfalz; in Sachsen: Lausitz).

Weitere Zuchtformen: Zeilkarpfen (nur eine Schuppenreihe entlang der Seitenlinie), Leder- oder Nacktkarpfen (weitgehend ohne Schuppen).

Karausche, Schusterkarpfen *(Carrassius carassius)*

Cypriniden

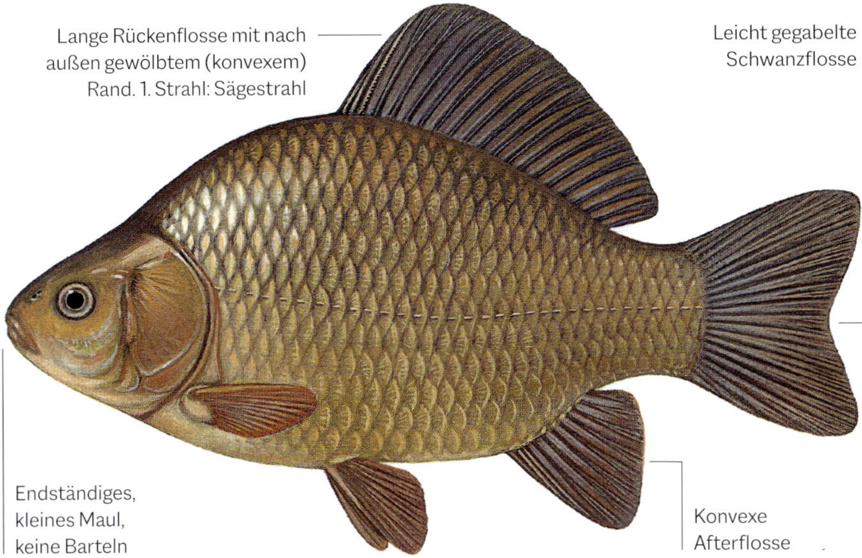

Kennzeichen: Hochrückiger, seitlich zusammengedrückter Körper. Mittlere Länge 15–25 cm (max. 40 cm). Gewicht bis 2 kg.

Lebensraum: Brachsenregion der Flüsse, Altwässer, pflanzenreiche Seen. Allgemein weit verbreitet in nicht zu kalten Gewässern, gedeiht gut in sauren Moorseen.

Lebensweise: Lebt in Schwärmen am Grund, kommt mit gelegentlichem Sauerstoffmangel und Wasserverschmutzung zurecht.

Ernährung: Kleintiere am Gewässergrund: Insektenlarven, Schnecken, Würmer.

Fortpflanzung: Laicht im Frühjahr (Mai/Juni) zwischen Wasserpflanzen (Krautlaicher).

Besonderheiten: Goldfarbene Exemplare (Goldkarauschen).

Angelmethoden: Leichtes Posenangeln. Köder: Made, Rotwurm, Teig u. ä. dicht am Grund anbieten.

Verwertung: Regional als Räucherfisch beliebt. Sehr grätenreich.

Giebel, Silberkarausche *(Carassius auratus gibelio)*

Cypriniden

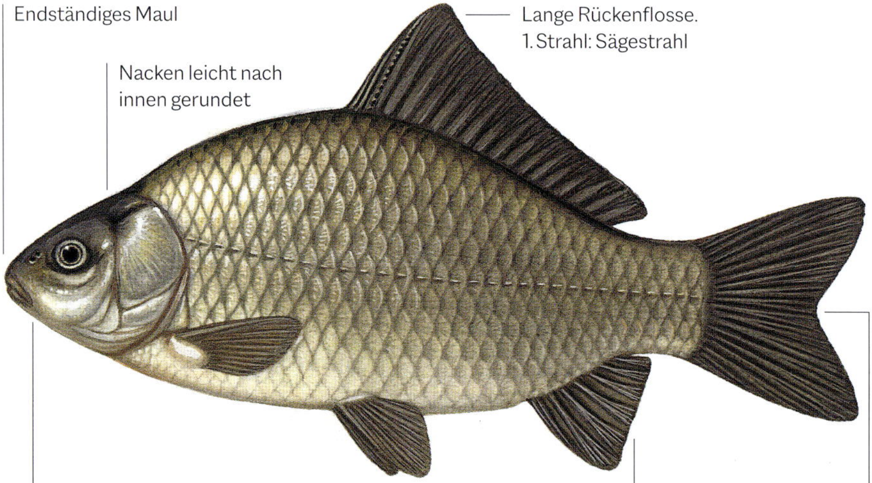

Kennzeichen: Hochrückiger, seitlich abgeflachter Körper. Mittlere Länge 15–25 cm (max. 45 cm). Gewicht bis 3 kg.

Lebensraum: Sommerwarme, stehende und langsam fließende Gewässer mit reichen Pflanzenbeständen und weichem Grund.

Lebensweise: Schwarmfisch.

Ernährung: Zooplankton, Schnecken, Würmer.

Fortpflanzung: Laicht im Frühjahr (April/Mai) in pflanzenreichen Bereichen.
In Mitteleuropa bestehen die meisten Giebelvorkommen aus Weibchen. Durch Teilnahme am Laichgeschäft anderer Fischarten werden die Eier nicht befruchtet, bekommen aber einen Entwicklungsanstoß. Bei dieser sogenannten »Gynogenese« entstehen nur Weibchen.

Besonderheiten: Verwechslung mit Karausche möglich, aber schwarzes Bauchfell beim Giebel. Stammform des Goldfisches.

Verwertung: Als Speisefisch unbedeutend.

Schleie *(Tinca tinca)*

Cypriniden

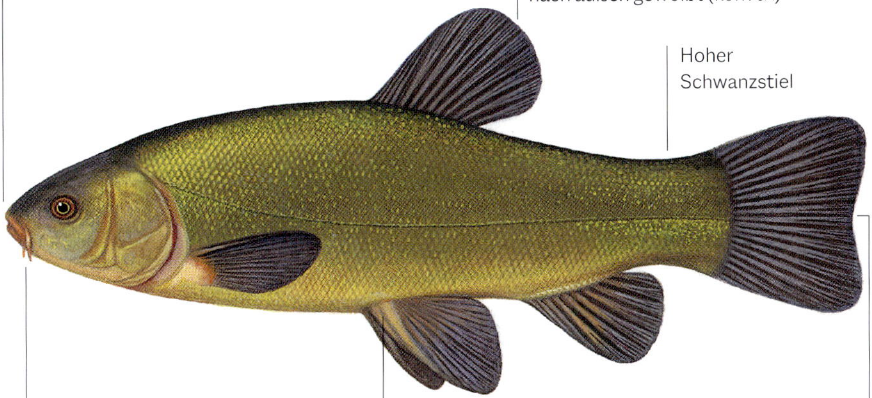

Kennzeichen: Leicht hochrückiger, kräftiger Körper. Mittlere Länge 20–30 cm (max. 70 cm). Gewicht bis 6 kg.

Lebensraum: Träge fließende (Brachsenregion) oder stehende Gewässer mit schlammigem Grund und dichtem Pflanzenbewuchs. Weniger Anspruch an Wasserqualität als Karpfen.

Lebensweise: Lichtscheu, tagsüber versteckt. In der Dämmerung geht die Schleie in der Nähe des Ufers auf Nahrungssuche. Bei zu hohen Temperaturen kann es zur Wärmestarre (Unbeweglichkeit, keine Nahrungsaufnahme) kommen. »Winterschlaf« eingewühlt im Schlamm.

Ernährung: Insektenlarven, Schnecken, kleine Muscheln, Pflanzen und Pflanzenreste.

Fortpflanzung: Frühjahr-/Sommerlaicher (Mai/Juli). Abhängig von Wassertemperatur (19–20 °C). Abgabe des Laiches schubweise über 1,5 bis 2 Monate verteilt an Wasserpflanzen.

Angelmethoden: Posenangeln in Grundnähe mit Rotwürmern, Maden, Maiskorn, Teig. Vorsichtiges Verhalten in Ufernähe ist notwendig. Schleien sind sehr misstrauisch. Beste Zeit kurz nach Sonnenaufgang und kurz vor Sonnenuntergang.

Verwertung: Sehr wohlschmeckend, aber grätenreich.

Rotfeder *(Scardinius erythrophthalmus)*

Cypriniden

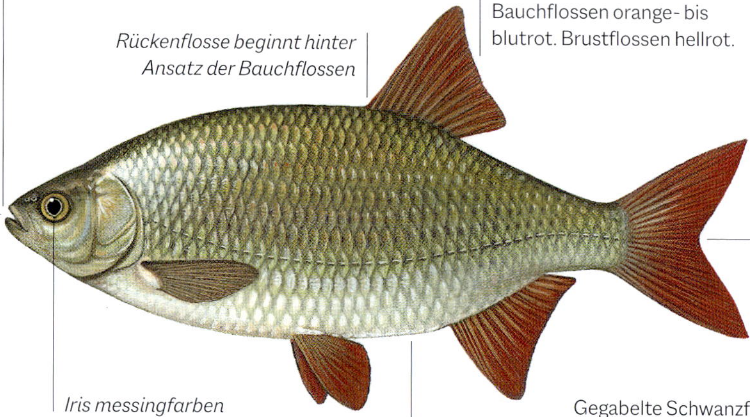

Kennzeichen: Körper hochrückig, seitlich zusammengedrückt. Mittlere Länge 20–30 cm (max. 45 cm). Gewicht meist bis 0,6 kg, in Ausnahmen bis 3 kg. Verwechslungsmöglichkeit mit Rotauge. *Die wichtigsten Unterschiede sind kursiv hervorgehoben.*

Lebensraum: Langsam fließende und stehende Gewässer mit Pflanzenaufkommen.

Lebensweise: Meist in kleinen Schwärmen nahe der Wasseroberfläche und im Uferbereich.

Ernährung: Vorwiegend Wasserpflanzen und Algen. Auch Insektenlarven, Kleinkrebse und Schnecken.

Fortpflanzung: Frühjahrslaicher (April/Mai) an ufernahen Wasserpflanzen (Krautlaicher). Eier: 100 000–200 000/kg KöGew. Milchner mit Laichausschlag.

Angelmethoden: Leichtes Posenangeln. Köder: Made, Rotwurm, Teig, Brot. Fliegenfischen: Kleine Trockenfliegen, Nymphen.

Kreuzungen: Möglich mit Rotauge, Brachse, Güster, Laube.

Verwertung: Vor allem als Futterfisch für Raubfische (Köderfisch). Als Speisefisch unbedeutend. Bei Besatzmaßnahmen mit Futterfischen muss auf Qualität geachtet werden.

Rotauge, Plötze *(Rutilus rutilus)*
Cypriniden

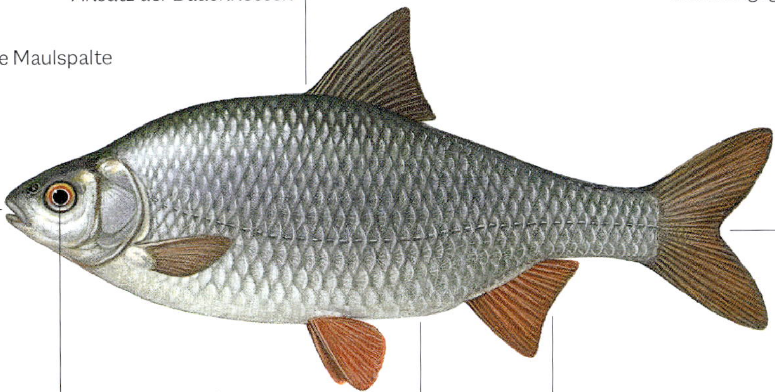

Kennzeichen: Körper leicht hochrückig, seitlich zusammengedrückt. Mittlere Länge 15–30 cm (max. 40 cm). Gewicht bis 1 kg.

Lebensraum: Langsam fließende und stehende Gewässer. Kommt mit schlechterer Wasserqualität zurecht, lebt aber auch in völlig unbelasteten Seen und Bächen.

Lebensweise: Schwarmfisch.

Ernährung: Plankton in der Jugend und im Freiwasser. Ansonsten verschiedene wirbellose Kleintiere, sucht am Grund nach Insektenlarven, Würmern und Schnecken.

Fortpflanzung: Laichzeit im Frühjahr (April/Mai). Laichablage an Wasserpflanzen (Krautlaicher). 50000–300000 Eier/kg KöGew. Laichausschlag bei Milchnern.

Angelmethoden: Leichtes Posenangeln (z.B. Stippangel). Köder: Made, Rotwurm, Teig. Anfüttern mit Grundfutter lockt die Fische zum Angelplatz und hält sie dort.

Verwechslungsmöglichkeiten: siehe Rotfeder.

Verwertung: In manchen Gebieten Deutschlands, Frankreichs und der Benelux-Länder geschätzter Speisefisch. Sehr grätenreich. Beliebter Köderfisch (tot) bei Hechtanglern.

Brachse, Blei, Brassen *(Abramis brama)*

Cypriniden

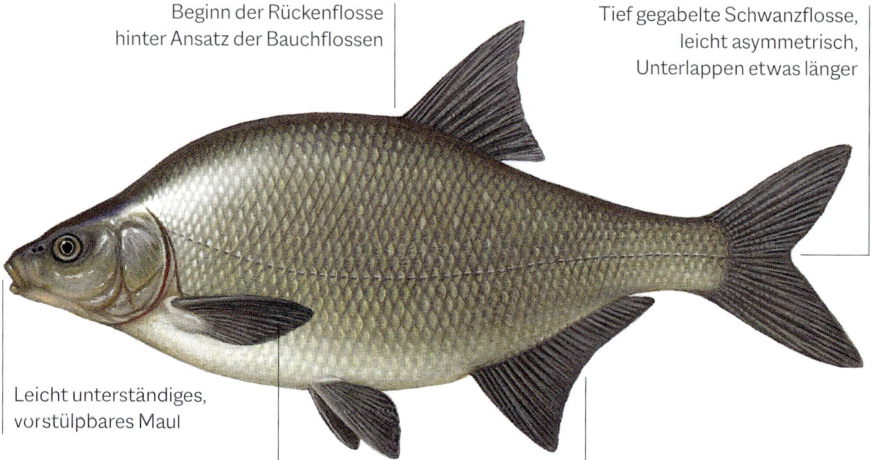

Kennzeichen: Seitlich abgeflachter, hochrückiger Körper. Mittlere Länge 30–50 cm (max. 90 cm). Gewicht bis 8 kg.

Lebensraum: In der Bodenregion stehender und fließender Gewässer. In großen nährstoffreichen Seen (z.B. Bodensee, Havelgebiet).

Lebensweise: Gesellig.

Ernährung: In der Jugend vor allem Zooplankton. Erwachsene Fische: Zuckmückenlarven, Würmer, Kleinkrebse, welche sie mithilfe ihres vorstülpbaren Mauls aus dem Boden herausholen. Dabei dringen sie bis zu 10 cm in den Bodenschlamm ein.

Fortpflanzung: Sommerlaicher (Mai/Juli) an Wasserpflanzen (Krautlaicher). Laichablage an seichten, krautreichen Stellen. Lebhaftes Laichspiel. Milchner mit deutlichem Laichausschlag. Eizahl: 90000–300000/kg KöGew.

Angelmethoden: Grundangeln mit Bodenblei oder Pose. Köder: Maden, Rotwürmer, Boilies, Teig.

Verwertung: Sehr wohlschmeckendes, aber grätenreiches Fleisch. Als Räucherfisch beliebt.

Güster, Blicke, Pliete *(Blicca bjoerkna)*

Cypriniden

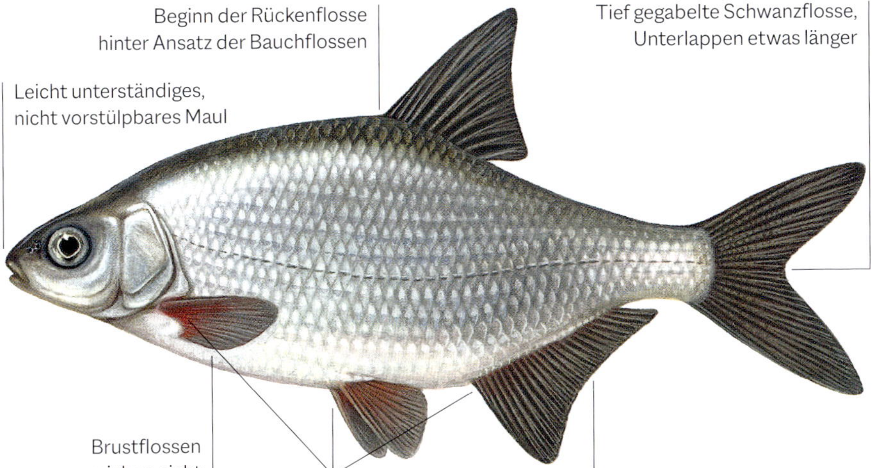

Kennzeichen: Seitlich abgeflachter, hochrückiger Körper. Mittlere Länge 20–25 cm (max. 30 cm). Gewicht bis 0,5 kg.

Lebensraum: Bodenregion stehender und fließender Gewässer mit schlammigem Grund.

Lebensweise: In Schwärmen, vorwiegend in Ufernähe mit Pflanzenwuchs. Oft zusammen mit Brachsen. Hohe Vermehrungsraten führen mancherorts zur Verbuttung der Bestände. Winterruhe an tieferen Stellen.

Ernährung: Pflanzen, Zuckmückenlarven, Würmer, Schnecken, Krebstierchen. Im freien Wasser auch Zooplankton.

Fortpflanzung: Frühjahrslaicher (Mai/Juni) an Wasserpflanzen (Krautlaicher). Laichablage an seichten, pflanzenreichen Stellen. Lebhaftes, nächtliches Laichspiel. Milchner mit feinkörnigem Laichausschlag. Eizahl: 17 000–100 000/kg KöGew.

Angelmethoden: Grundangeln mit Bodenblei oder Pose. Köder: Maden, Rotwürmer, Teig etc. Bei den Anglern wenig geschätzt. Beifang beim Brachsenangeln.

Verwertung: Grätenreiches Fleisch. Als Speisefisch wenig Bedeutung.

Zobel *(Abramis sapa)*
Cypriniden

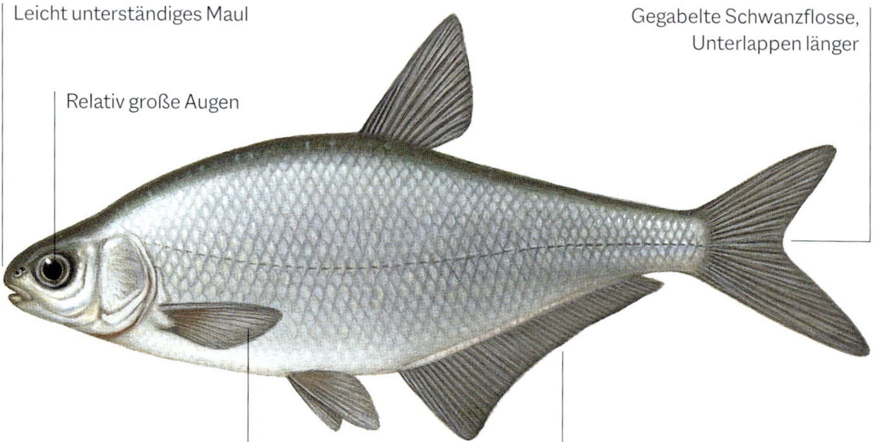

Kennzeichen: Leicht hochrückig, seitlich abgeflachter Körper. Mittlere Länge 15–20 cm (max. 30 cm). Gewicht bis 0,5 kg.

Lebensraum: Schnell strömende Gewässerbereiche großer Flüsse. Nur im Einzugsgebiet der Donau und weiter östlich bis zum Ural, südlich bis zum Schwarzen- und Kaspischen Meer.

Lebensweise: Gesellig am Grund.

Ernährung: Tierisches Plankton (Zooplankton), z.B. Wasserflöhe, Hüpferlinge, gelegentlich auch Pflanzen.

Fortpflanzung: Frühjahrslaicher (April/Mai). Zieht zur Eiablage flussaufwärts. Laicht über flachen, pflanzenreichen Uferstellen im fließenden Wasser. Eier haften an Pflanzen (Krautlaicher). Eizahl: ca. 100 000/kg KöGew beim Donau-Zobel.

Angelmethoden: Grundangeln.

Verwertung: Minderwertiger Speisefisch, trockenes Fleisch, sehr grätenreich.

Zope, Pleinzen *(Abramis ballerus)*

Cypriniden

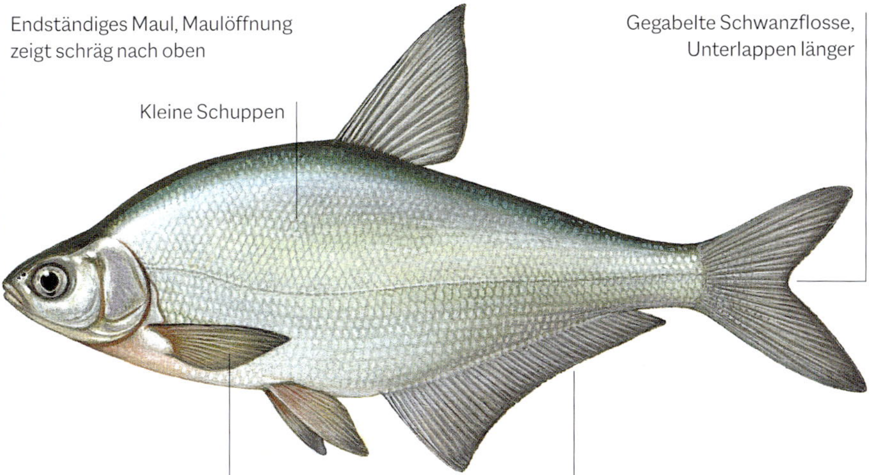

Kennzeichen: Leicht hochrückig, seitlich abgeflachter Körper. Mittlere Länge 20-30 cm (max. 35 cm). Gewicht bis 0,5 kg.

Lebensraum: Flussunterläufe (Weser, Elbe, Oder), einige Seen im Nord-, Ostseegebiet. Selten im Brackwasser. Auch im Einzugsgebiet des Schwarzen und Kaspischen Meeres.

Lebensweise: Hält sich vor allem im freien Wasser auf, lebt gesellig. Winterruhe ohne Nahrungsaufnahme an tiefer gelegenen Stellen.

Ernährung: Tierisches Plankton (Zooplankton), z.B. Wasserflöhe, Hüpferlinge.

Fortpflanzung: Frühjahrslaicher (April/Mai). Laichzug aus den Mündungsgebieten stromaufwärts. Eiablage an flachen, strömenden und pflanzenreichen Stellen. Eier haften an Pflanzen (Krautlaicher). Eizahl: 4000-25 000/kg KöGew.

Angelmethoden: Grundangeln.

Verwertung: Minderwertiger Speisefisch, sehr grätenreich.

Zährte, Rußnase, Blaunase *(Vimba vimba)*

Cypriniden

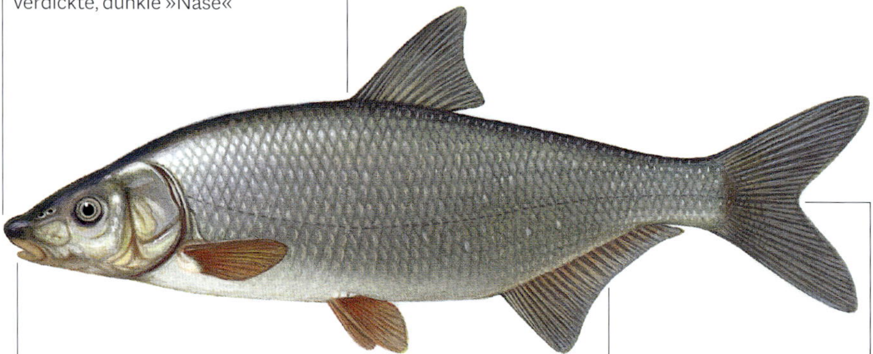

Kennzeichen: Spindelförmiger Körper, seitlich zusammengedrückt. Mittlere Länge 25–35 cm (max. 45 cm). Gewicht bis 1 kg.

Lebensraum: Unter- bis Mittellauf der Flüsse (Barben- und Brachsenregion), vor allem östlich der Oder. Größere Bestände in Bayern in der Donau und deren Einzugsgebiet bis etwa Höhe Regensburg.

Lebensweise: Geselliger Grundfisch.

Ernährung: Insektenlarven, Würmer, Weichtiere, Kleinkrebse.

Fortpflanzung: Frühjahrs-/Sommerlaicher (Mai/Juli). Eiablage über kiesigen, steinigen, flachen Stellen. Vor allem der Milchner weist eine intensive Laichfärbung auf. Der Rücken wird tiefschwarz, während die Körperunterseite und die dort vorhandenen Flossen einen orangeroten Ton annehmen.
Eizahl: 80 000–300 000/kg KöGew.

Angelmethoden: Leichtes Grundangeln mit oder ohne Pose. Köder: Rotwurm, Maden, Teig, Brot.

Verwertung: Wohlschmeckendes, aber grätenreiches Fleisch. Beliebt als gegrillter »Steckerlfisch« auf Volksfesten.

Nase *(Chondrostoma nasus)*
Cypriniden

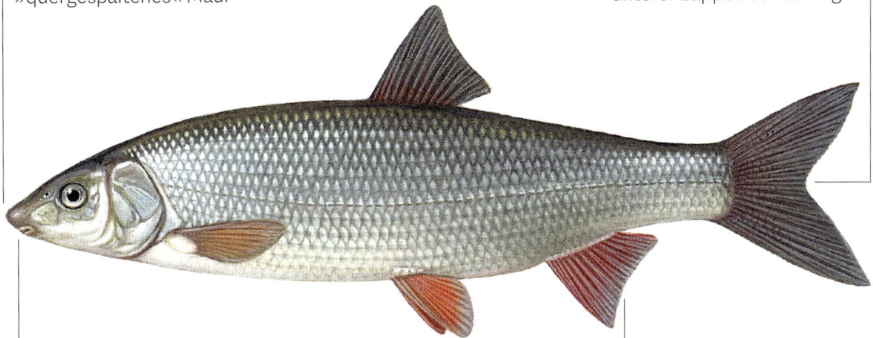

Kennzeichen: Spindelförmig lang gestreckter Körper. Mittlere Länge 30 - 35 cm (max. 60 cm). Gewicht bis 2,5 kg.

Lebensraum: Schwarmfisch der Äschen- und Barbenregion. Vor allem in schnell fließendem Wasser über Flachwasserbereichen mit Kiesuntergrund.

Lebensweise: Meist in Bodennähe. Geht vor allem nachts auf Beutesuche.

Ernährung: Hauptnahrung ist Aufwuchs, den sie mit den hornigen Lippen von Steinen abweidet. Auch Insektenlarven etc.

Fortpflanzung: Frühjahrslaicher (März/April). Teilweise ausgedehnte Laichzüge flussaufwärts in flache, sauerstoffreiche Seitengewässer mit geeignetem Kiesgrund. Lebhaftes Laichspiel. Laichausschlag bei beiden Geschlechtern. Eizahl: 60 000 - 100 000/kg KöGew.

Besonderheiten: Die Haut (Bauchfell) in der Bauchhöhle ist schwarz.

Angelmethoden: Feines Grundangeln, vor allem mit der Pose. Köder: Maden, kleine Würmer. Auch um den Haken gewickelte Fadenalgen. Der Köder soll am besten über den Grund schleifen.

Verwertung: Fettes, eiweißreiches Fleisch mit vielen Gräten.

Aland, Nerfling, Orfe *(Leuciscus idus)*
Cypriniden

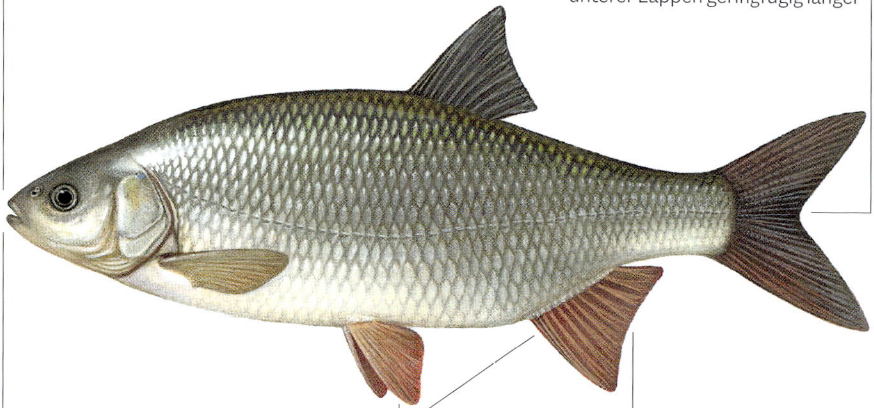

Kennzeichen: Leicht hochrückiger Körper, seitlich zusammengedrückt. Mittlere Länge 30–40 cm (max. ca. 60 cm). Gewicht bis 4 kg.

Lebensraum: Größere Fließgewässer (Barben- bis Brachsenregion), Seen und Haffe der Ostsee.

Lebensweise: Im Sommer gesellig in der Nähe der Wasseroberfläche. In der kälteren Jahreszeit Rückzug in tieferes, ruhigeres Wasser.

Ernährung: In der Jugend lebt er von Plankton, später frisst er Kleinkrebse, Würmer, Insektenlarven, kleine Schnecken und Muscheln.

Fortpflanzung: Frühjahrslaicher (März/Juni). Zieht flussaufwärts zu sandigen oder kiesigen Stellen. Laichspiel mit starkem Geplätscher nahe am Ufer. Eizahl: 40 000–150 000/kg KöGew.

Besonderheit: Eine Abart des Alands ist die auffällig rotgefärbte Goldorfe.

Angelmethoden: Relativ flach gestellte Posenangel für die nahe der Wasseroberfläche stehenden Fische: Fliegenfischen mit Trockenfliegen und kleinen Nymphen.

Verwertung: Wenig geschätzt als Speisefisch. Fleisch ist weich, gelblich und grätenreich.

Frauennerfling, Frauenfisch *(Rutilus pigus virgo)*

Cypriniden

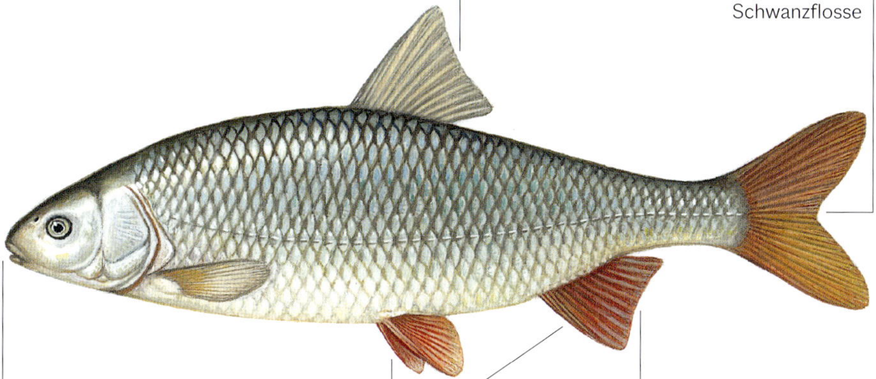

Kennzeichen: Spindelförmiger Körper, seitlich etwas abgeflacht. Dem Döbel ähnlich, aber durch die leicht konkave Afterflosse und das kleine Maul von diesem gut zu unterscheiden. Mittlere Länge 20–30 cm (max. 50 cm). Gewicht bis 2 kg.

Lebensraum: Ober- und Mittellauf (Barbenregion) der Donau und deren Nebenflüsse. Bestände waren seit 1950 rückläufig wegen Verschlechterung des Lebensraumes, wie etwa den Begradigungen der Flussläufe.

Lebensweise: Hält sich in Schwärmen vor allem über Grund auf.

Ernährung: Kleine Bodentiere, z.B. Kleinkrebse, Würmer, Weichtiere.

Fortpflanzung: Frühjahrslaicher (April/Mai). Beide Geschlechter mit intensiver Laichfärbung. Rot, Grün und Braun sind Basisfarben. Milchner mit kräftigem Laichausschlag. Laichablage an Wasserpflanzen:
Eizahl: 40 000–60 000/kg KöGew.

Angelmethoden: Keine Bedeutung für die Angelfischerei.

Perlfisch *(Rutilus frisii meidingeri)*

Cypriniden

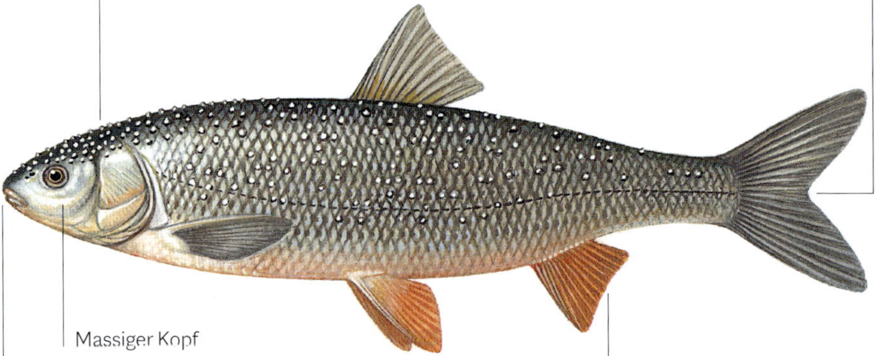

Kennzeichen: Spindelförmiger, im Querschnitt fast drehrunder Körper. Mittlere Länge 40–60 cm (max. 80 cm). Gewicht bis 5 kg.

Lebensraum: In einigen Seen des Alpengebietes. In Bayern nur im Chiemsee, hier heißen sie Frauenfische. Auch im österreichischen Mond-, Atter- und Traunsee.

Lebensweise: Darüber ist wenig bekannt. Perlfische halten sich vorwiegend im tiefen Wasser fernab vom Ufer auf. Nur zur Laichzeit kommen sie in flacheres Wasser, wo sie hin und wieder in die Netze der Berufsfischer gelangen.

Ernährung: Vor allem Insektenlarven und Krebstierchen. Kleine Fische werden nicht verschmäht.

Fortpflanzung: Frühjahrslaicher (April/Mai) über flachen kiesigen Stellen in den Zu- und Abläufen der Seen. Milchner mit starkem »perlartigem« Laichausschlag in Reiskorngröße.

Besonderheiten: Perlfische sind sehr selten und stehen auf der Roten Liste. In Bayern besteht ganzjährig ein Fangverbot.

Mairenke, Schiedling, Seelaube *(Chalcalburnus chal. mento)*

Cypriniden

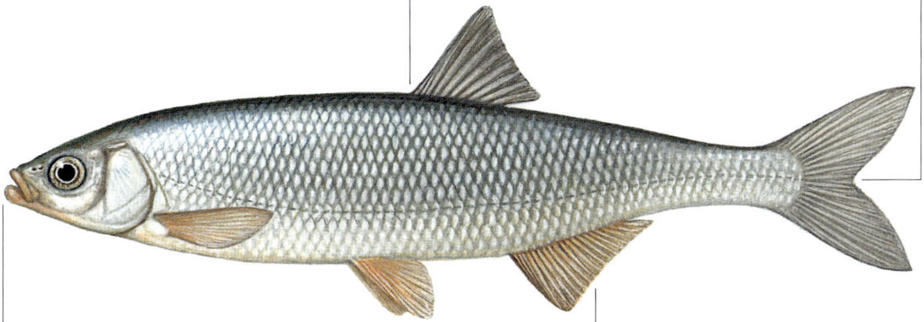

Kennzeichen: Spindelförmiger Körper. Mittlere Länge 15–35 cm (max. 50 cm). Gewicht bis 1,5 kg. Die verdickte Unterlippe ist ein gutes Unterscheidungsmerkmal zur Laube.

Lebensraum: Einzugsgebiet der Donau.

Lebensweise: Lebt im Schwarm, meist dicht unter der Oberfläche.

Ernährung: Plankton, Insektenlarven, Anflug, seltener kleine Bodentiere.

Fortpflanzung: Laicht im Frühjahr (Mai/Juni) an flachen Stellen mit Kies- und Sandgrund. Milchner mit Laichausschlag. Eizahl: 15 000–23 000/kg KöGew.

Angelmethoden: Posenangeln und Fliegenfischen. Der Biss erfolgt blitzschnell und ist mit einer auffälligen Körperwendung verbunden. Der Haken muss sofort gesetzt werden, sonst spuckt der Fisch den Köder aus.

Verwertung: Der Name ist ein wenig irreführend. Die Mairenke hat nichts mit den Renken zu tun und ihr Fleisch besitzt nicht deren Qualität. Sehr grätenreich.

Rapfen, Schied *(Aspius aspius)*
Cypriniden

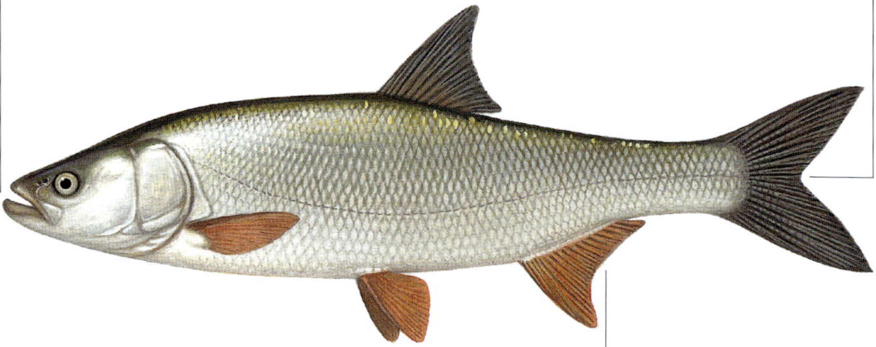

Kennzeichen: Spindelförmiger, seitlich leicht abgeflachter Körper. Mittlere Länge 50–70 cm (max. ca. 100 cm). Gewicht bis 10 kg.

Lebensraum: Vorwiegend Fließgewässer im Bereich der Barben-/Brachsenregion. Auch in Seen und im Brackwasser der Ostsee.

Lebensweise: Gesellig im Schwarm in der Jugend. Mit zunehmendem Alter als räuberischer Einzelgänger. Im Sommer nahe der Oberfläche. Winterruhe an tiefen Stellen.

Ernährung: In der Jugend Kleintiere aller Art, ausgewachsen vor allem Fische, aber auch Frösche, schwimmende Mäuse und kleine Wasservögel.

Fortpflanzung: Laicht im Frühjahr (April/Juni) in rascher Strömung über Kiesboden (Kieslaicher). Milchner mit Laichausschlag.
Eizahl: 80 000–100 000/kg KöGew.

Angelmethoden: Harter Kämpfer, deswegen beliebter Angelfisch. Spinnfischen mit Kunstködern oder Kleinfischen am System. Fliegenfischen mit buschigen Trockenfliegen, Heuschrecken und kleinen bis mittelgroßen Streamern.

Verwertung: Wohlschmeckendes, aber grätenreiches Fleisch.

Barbe *(Barbus barbus)*

Cypriniden

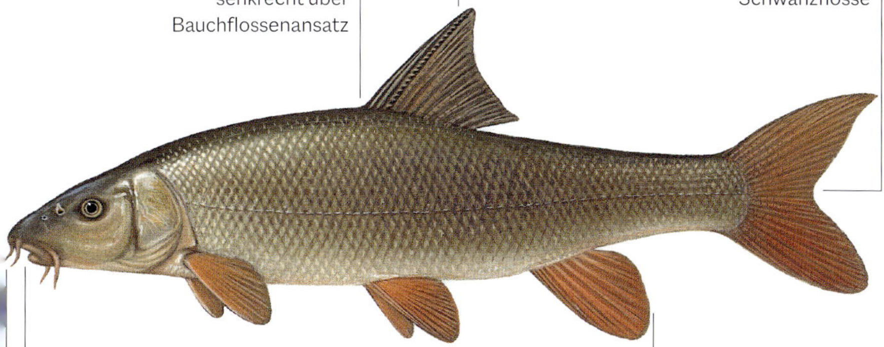

Kennzeichen: Spindelförmiger, langgestreckter Körper. Mittlere Länge 30–50 cm (max. 90 cm). Gewicht bis 8 kg.

Lebensraum: Rasch strömende Fließgewässer mit Sand- oder Kiesboden.

Lebensweise: Gesellig in Schwärmen am Grund. Gerne an tiefen Stellen, z.B. in Mühlschüssen, Wehrgumpen, Turbinengräben. Winterruhe in sog. »Winterlagern« an geschützten Stellen.

Ernährung: Insektenlarven, Schnecken, Muscheln, Fischlaich, teilweise auch Pflanzen. Größere Barben fressen mitunter kleine Fische.

Fortpflanzung: Frühjahr – Sommer (Mai/Juli). Milchner mit Laichausschlag (perlartige Hautknötchen in Längsreihen auf Kopf und Rücken). Laichwanderung stromaufwärts zu flachen, kiesigen Stellen in rascher Strömung.
Eizahl: 15 000–32 000/kg KöGew.

Angelmethoden: Beliebter Angelfisch. Grundangeln mit Bodenblei oder Pose. Anfüttern hilfreich. Köder: Tauwurm, Käse, Teig.

Verwertung: Wohlschmeckendes Fleisch, aber grätenreich.
Achtung! Laich und vermutlich auch Bauchfleisch der Barbe ist zur Laichzeit giftig; verursacht Brechdurchfall.

Döbel, Aitel, Dickkopf *(Leuciscus cephalus)*

Cypriniden

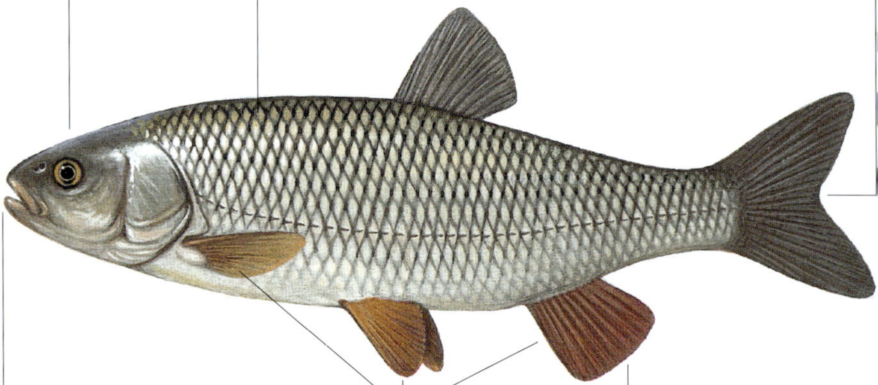

Kennzeichen: Spindelförmiger Körper, fast drehrunder Querschnitt. Mittlere Länge 30–40 cm (max. 60 cm). Gewicht bis etwa 4 kg.

Lebensraum: In schnell fließenden Bächen und Flüssen der Forellen- bis Barbenregion, aber auch im Bereich der langsam fließenden Brachsenregion. Vorkommen in Seen nicht so häufig.

Lebensweise: Gesellig vor allem in der Jugend nahe der Oberfläche. Ältere Tiere eher Einzelgänger.

Ernährung: Jungfische fressen vor allem Insektenlarven, Anfluginsekten, Krebstierchen. Erwachsene Exemplare jagen kleine Fische, Frösche, Butterkrebse.

Fortpflanzung: Frühjahrslaicher (Mai/Juni). Milchner mit feinkörnigem Laichausschlag. Eier haften an Steinen oder Wasserpflanzen.
Eizahl: 45 000/kg KöGew.

Angelmethoden: Posenangeln mit Wurm, Käse, Brotteig, Kirsche, Leberkäse. Spinnfischen mit kleinen Spinnern. Fliegenfischen mit buschigen Trocken- und Nassfliegen, sowie diversen Nymphen. Beste Zeit: Sommer bis Frühherbst. Grundangeln auf Döbel auch im Winter erfolgreich.

Verwertung: Wohlschmeckendes Fleisch, aber grätenreich. Zubereitung als »Brathering« empfehlenswert.

Hasel *(Leuciscus leuciscus)*
Cypriniden

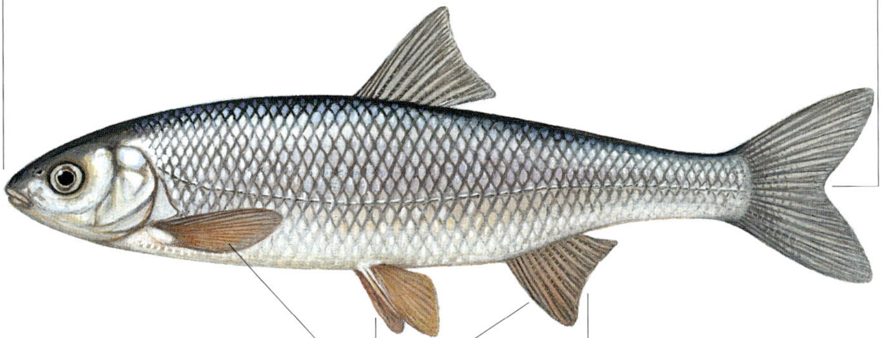

Kennzeichen: Spindelförmiger, langgestreckter, fast drehrunder Körper. Mittlere Länge 20–25 cm (max. 30 cm). Gewicht bis 0,3 kg.

Lebensraum: Kühle, schnell strömende Gewässer mit festem Grund, sowie Zu- und Abflüsse von klaren Seen. Auch in Haffen der Ostsee.

Lebensweise: Gesellig und oberflächennah.

Ernährung: Kleine Wasser- und Luftinsekten, Würmer, kleine Schnecken, seltener Pflanzenteile.

Fortpflanzung: Laicht im Frühjahr (März/Mai). Milchner am ganzen Körper mit feinkörnigem Laichausschlag. Eiablage über Sand, Kies und Steinen mit Wasserpflanzen im Umfeld.

Angelmethoden: Vor allem im Sommer Fliegenfischen mit kleinen Trocken- und Nassfliegen. Blitzschnelle Reaktion des Anglers bei einem Biss ist erforderlich. Leichtes Posenangeln: Als Köder z.B. eine Made auf kleinem Haken.

Verwertung: Grätenreiches Fleisch. Als Speisefisch keine Bedeutung.

Laube, Ukelei *(Alburnus alburnus)*
Cypriniden

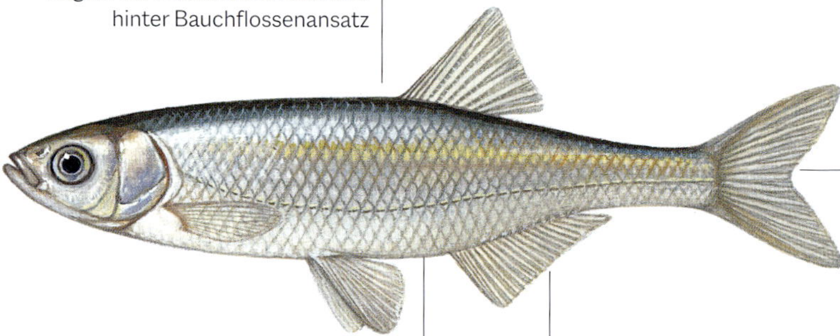

Kennzeichen: Spindelförmiger, lang gestreckter Körper. Mittlere Länge 10–15 cm (max. 20 cm). Gewicht bis 40 g.

Lebensraum: Weit verbreitet über ganz Europa, bewohnt stehende oder langsam fließende Gewässer von der Uferzone bis ins Freiwasser. Mag keine trüben Gewässer oder starken Pflanzenwuchs.

Lebensweise: Oberflächenfisch, meidet starke Strömungen.

Ernährung: Feines Plankton und Anflug auf der Wasseroberfläche.

Fortpflanzung: Frühjahrslaicher (April/Juni) an flachen, kiesig-sandigen Uferstellen.

Angelmethoden: Beste Zeit im Sommer und Herbst. Fliegenfischen mit kleinen Trockenfliegen, Nymphen. Superfeines Posenangeln mit kleinen Ködern (z.B. eine kleine Made oder Teigkügelchen).

Verwertung: Regional als Speisefisch. Fleisch aber trocken und grätenreich. Wichtiger Futterfisch für Zander, Barsch und Rapfen, deswegen bei den Anglern auch als Köderfisch (tot) sehr beliebt.

Schneider *(Alburnoides bipunctatus)*

Cypriniden

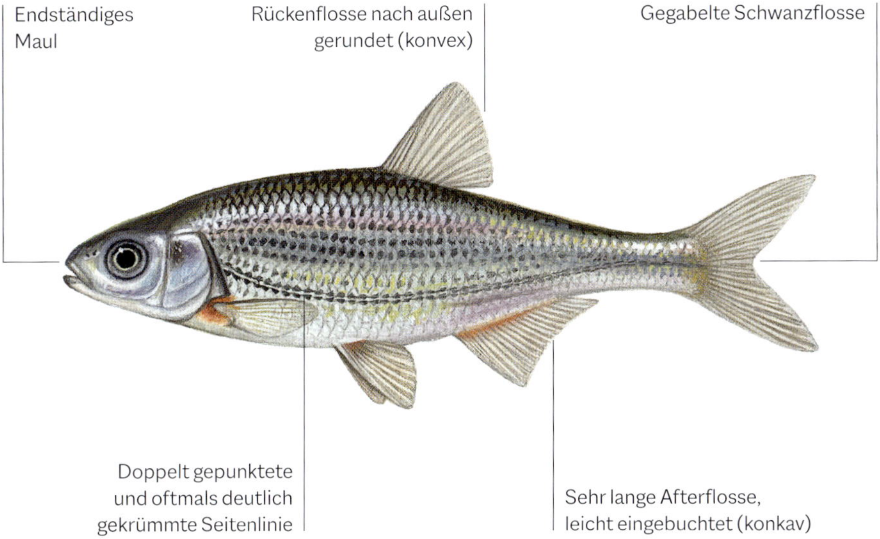

Kennzeichen: Spindelförmig, leicht hochrückig. Mittlere Länge 8–14 cm (max. 15 cm).

Lebensraum: Schnell fließende, klare Gewässer im Rhein- und Donaugebiet. In Osteuropa größere Verbreitung. Empfindlich gegen Wasserverschmutzung.

Lebensweise: Gesellig lebend, meist in Bodennähe.

Ernährung: Kleine Bodentiere, Plankton und Anflug.

Fortpflanzung: Laichzeit im Frühsommer (Mai/Juni) über Sand- oder Kiesgrund im strömenden Wasser. Milchner entwickeln einen Laichausschlag.

Verwertung: Keine Bedeutung, außer als Köderfisch.

Bitterling, Bitterfisch, Blaukärpfl *(Rhodeus sericeus amarus)*

Cypriniden

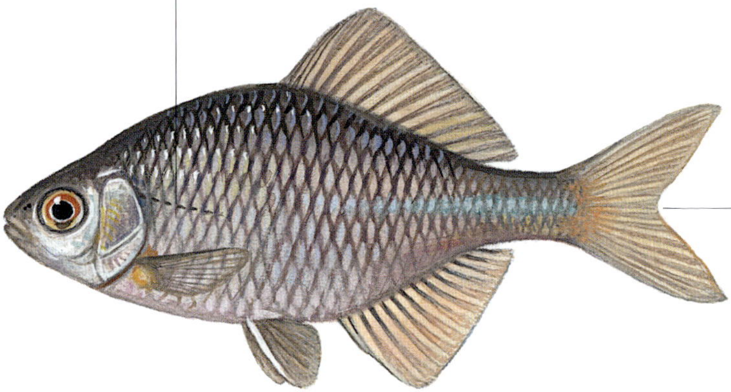

Kennzeichen: Hochrückiger Körper, seitlich zusammengedrückt. Mittlere Länge 5–6 cm (max. 10 cm).

Lebensraum: Stehende und langsam fließende Gewässer mit Sand- und Schlammgrund. Nahe der Uferzone mit viel Pflanzenbewuchs.

Lebensweise: Gesellig.

Ernährung: Vorwiegend pflanzlich, aber auch Würmer, Kleinkrebse, Insektenlarven.

Fortpflanzung: Frühjahrslaicher (April/Juni). Das Männchen lockt das Weibchen zu einer von ihm ausgesuchten Maler- oder Teichmuschel, in die das Weibchen mithilfe einer aus ihrer Geschlechtspapille gewachsenen Legeröhre 1–2 Eier in die Atemöffnung der Muschel einführt. Das Männchen spritzt seine Milch darüber. Die Eiablage wird mehrmals wiederholt. Das Männchen wechselt dabei auch die Partnerin, verteidigt aber »seine« Muschel. Eizahl: 40–100 Eier/Weibchen. Die Brut kann sich geschützt in der Muschel entwickeln und gelangt über deren Atemöffnung später ins Freie.

Verwertung: Als Aquarienfisch beliebt. Im Zoohandel sind nicht einheimische (asiatische) Bitterlingsarten zu haben, die nicht in die freie Natur gelangen dürfen.

Elritze, Pfrille *(Phoxinus phoxinus)*

Cypriniden

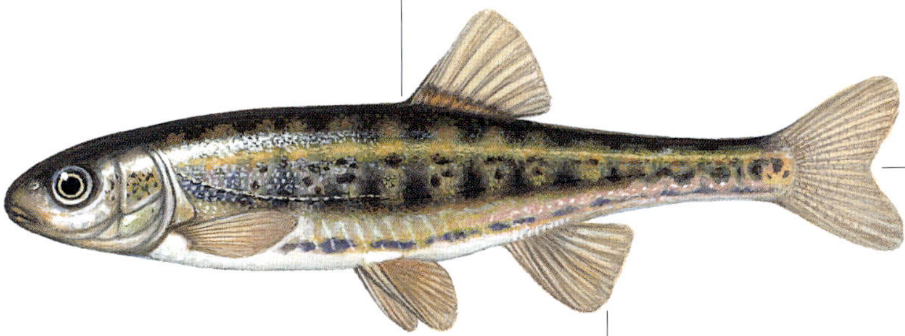

Kennzeichen: Spindelförmiger Körper, fast drehrund. Mittlere Länge 8–10 cm (max. ca. 15 cm).

Lebensraum: Saubere, klare, sauerstoffreiche Bäche (Forellenregion) und hochgelegene Seen (bis über 2000 m). Sehr anpassungsfähig. Zunehmend auch in kühlen Baggerseen, sowie im Schärengürtel der Ostsee.

Lebensweise: Gesellig und meist nahe der Oberfläche.

Ernährung: Kleine Bodentiere und Anflug.

Fortpflanzung: Laichzeit Frühjahr bis Sommer (April/Juli). Beide Geschlechter mit auffälligem Laichausschlag. Männchen mit rötlicher Unterseite und einem hellen Fleck auf den Kiemendeckeln. Eiablage an kiesigen, überströmten Stellen.
Eizahl: 200–1000/Fisch je nach Größe des Weibchens.

Verwertung: Beliebt als toter Köderfisch (Pfrillensystem).

Gründling *(Gobio gobio)*
Cypriniden

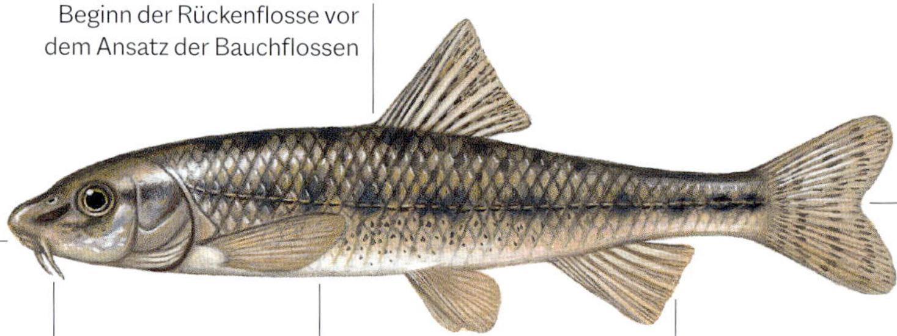

Kennzeichen: Kleinfisch mit spindelförmigem Körper, fast drehrund. Mittlere Länge 8–15 cm (max. 20 cm).

Lebensraum: Vor allem schnell fließende Gewässer mit Sand- und Kiesgrund der Forellen- und Äschenregion. Auch ufernah in stehenden Gewässern und im Brackwasser.

Lebensweise: Ausgeprägter Grundfisch.

Ernährung: Kleinkrebse, Insektenlarven, Würmer, auch Laich anderer Fische.

Fortpflanzung: Laicht im Frühsommer (Mai/Juni). Männchen mit Laichausschlag auf Kopf und Vorderkörper.
Eizahl: 1000–3000.
Eiablage im seichten aber strömenden Wasser auf Steinen oder Pflanzen, wo die Eier haften bleiben.

Verwertung: Bei uns als Köderfisch beliebt. Mitunter auch in Aquarien gehalten.
In manchen Regionen Frankreichs als Speisefisch geschätzt.

Graskarpfen, Grasfisch, Weißer Amur *(Ctenopharyngodon idella)*

Cypriniden

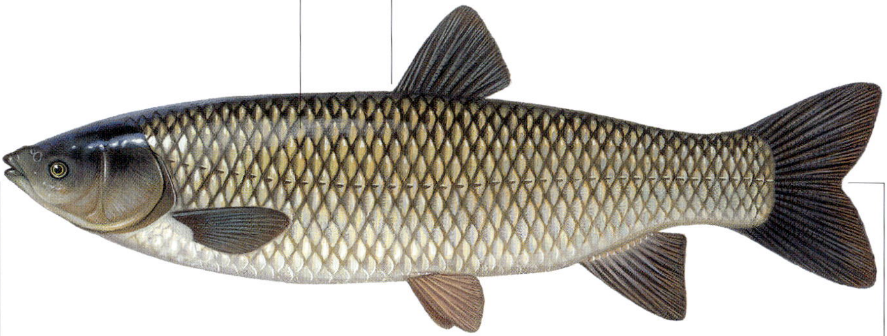

Kennzeichen: Spindelförmiger, lang gestreckter Körper, fast drehrund mit flachem Bauch. Mittlere Länge 50–60 cm (max. 120 cm). Gewicht bis 50 kg.

Lebensraum: Stammt aus China. Stehende bis langsam fließende Gewässer mit gutem Pflanzenwuchs.

Lebensweise: Gesellig.

Ernährung: Als Jungfisch Kleintiere, später stellt er sich vorwiegend auf pflanzliche Nahrung um. Wurde bei uns eingeführt, um übermäßigen Pflanzenbewuchs zu regulieren. In der Karpfenteichwirtschaft wird er dazu eingesetzt. Aufgrund nicht optimaler Wassertemperaturen (über 25 °C) in unseren Breiten, kommt der erwartete Effekt aber nur unzureichend zustande.

Fortpflanzung: Wassertemperatur in Mitteleuropa zu gering, keine natürliche Vermehrung.

Angelmethoden: Interessanter großwüchsiger Angelfisch. Grundangeln mit Naturködern (z.B. Mais).

Verwertung: Wohlschmeckendes Fleisch. Guter Speisefisch.

Silberkarpfen, Tolstolob *(Hypophthalmichthys molitrix)*

Cypriniden

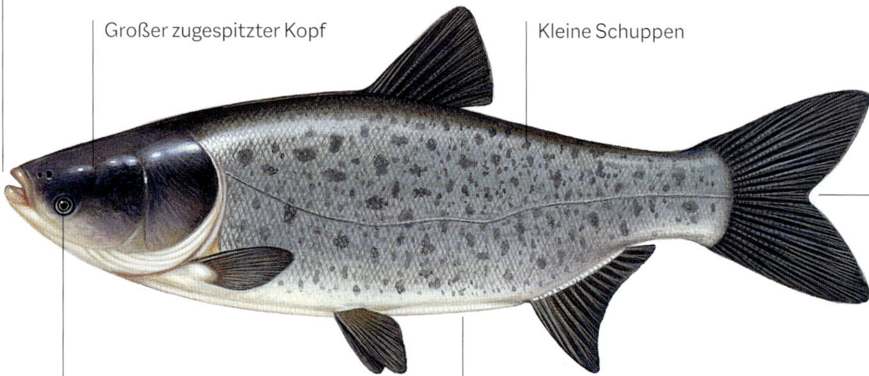

Kennzeichen: Dunkler Rücken, Seiten und Bauch silberfarben in der Jugend, später bleigrau. Mittlere Länge 60–90 cm (max. ca. 100 cm). Gewicht bis 35 kg.

Lebensraum: In seiner Heimat Ostasien lebt er in großen Strömen und Seen. In Mittel- und Osteuropa eingeführt. In warmen, langsam fließenden und stehenden Gewässern.

Lebensweise: In Fließgewässern bevorzugt an Kraft sparenden Standplätzen (Altarme, Buhnenfelder).

Ernährung: Jungfische leben anfänglich von Zooplankton, dann Umstellung auf pflanzliches Plankton. Die Algen werden mit dem Kiemenreusenapparat aus dem Wasser gefiltert. Auch Wasserpflanzen, dabei vor allem Jungpflanzen.

Fortpflanzung: In seiner ostasiatischen Heimat Freiwasserlaicher. Die Eier treiben bis zum Schlüpfen der Brut frei im Wasser. Laichtemperatur 23–24 °C, deswegen in Mitteleuropa kein Ablaichen in freier Natur.

Angelmethoden: Zufällig beim Grundangeln mit Mais, Brotflocke oder ähnlichen Ködern. Gezieltes Befischen meist nicht von Erfolg gekrönt.

Verwertung: Wohlschmeckendes, fettarmes Fleisch.

Marmorkarpfen *(Hypophthalmichthys nobilis)*
Cypriniden

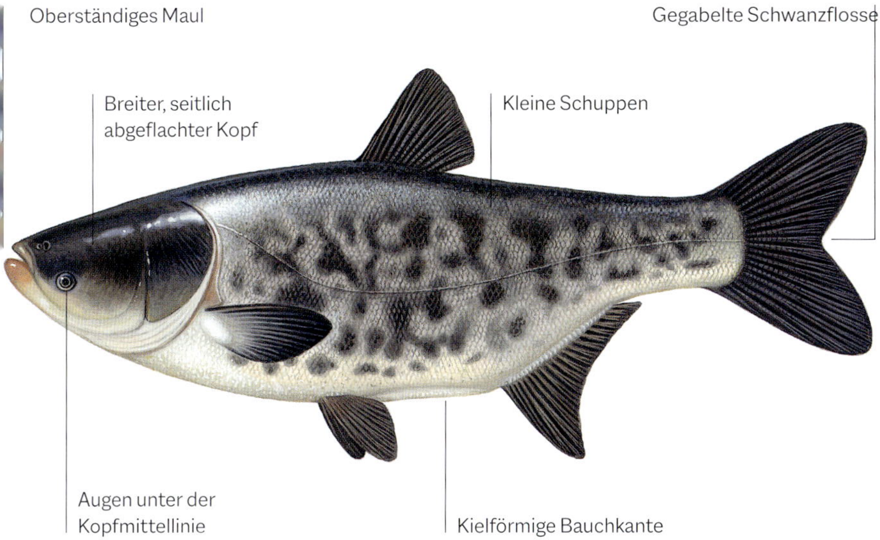

Kennzeichen: Braungrüner Rücken, Seiten und Bauch silberfarben mit dunklerer Marmorierung. Länge max. 120 cm (in Ostasien angeblich bis zu 200 cm). Gewicht bis zu 45 kg.

Lebensraum: Heimat ist Ostasien. Langsam fließende, tiefe Gewässer und Seen. In Mittel- und Osteuropa eingeführt.

Lebensweise: In Fließgewässern werden strömungsarme Standplätze (Altarme, Buhnenfelder) bevorzugt.

Ernährung: Bei Temperaturen unter 19 °C vor allem Würmer, Insektenlarven und Schnecken, auch kleine Fische. Klettern die Temperaturen höher Umstellung auf pflanzliches Plankton (Phytoplankton). Unter 13 °C sinkt die Nahrungsaufnahme gegen Null.

Fortpflanzung: Ablaichen erst ab einer Wassertemperatur über 25 °C möglich. Kreuzungen zwischen Marmorkarpfen und Silberkarpfen sind aus dem Gebiet der ehemaligen Sowjetunion bekannt.

Angelmethoden: Gelegenheitsfang beim Grundangeln. Vor allem mit Brotflocke, oder Teigkügelchen. Gute Fangaussichten bestehen eigentlich nur im Hochsommer bei Wassertemperaturen ab 22 °C.

Verwertung: Als Speisefisch wenig geschätzt. Fettes, schwer verdauliches Fleisch.

Barschartige (Perciden)

Die wichtigsten Angelfische sind in dieser Gruppe Barsch (Flussbarsch) und Zander. Sie gelten als besonders wohlschmeckend.

Weitere Vertreter sind der kleine Kaulbarsch und im Donaugebiet Zingel, Schrätzer, Streber. Auch die Einwanderer aus Nordamerika wie Forellenbarsch, Schwarzbarsch und Sonnenbarsch werden dazu gezählt. Diese Fische kommen bei uns, wenn überhaupt, in wärmeren Regionen vor.

Alle Barschartigen sind Raubfische und werden wegen ihrer rauen, kammartigen Schuppen auch Kammschupper genannt. Sie zeichnen sich durch brustständige Bauchflossen und zwei Rückenflossen aus.

Die vordere Rückenflosse besitzt immer harte Stachelstrahlen, die aufgestellt zur Drohung und Abwehr dienen.

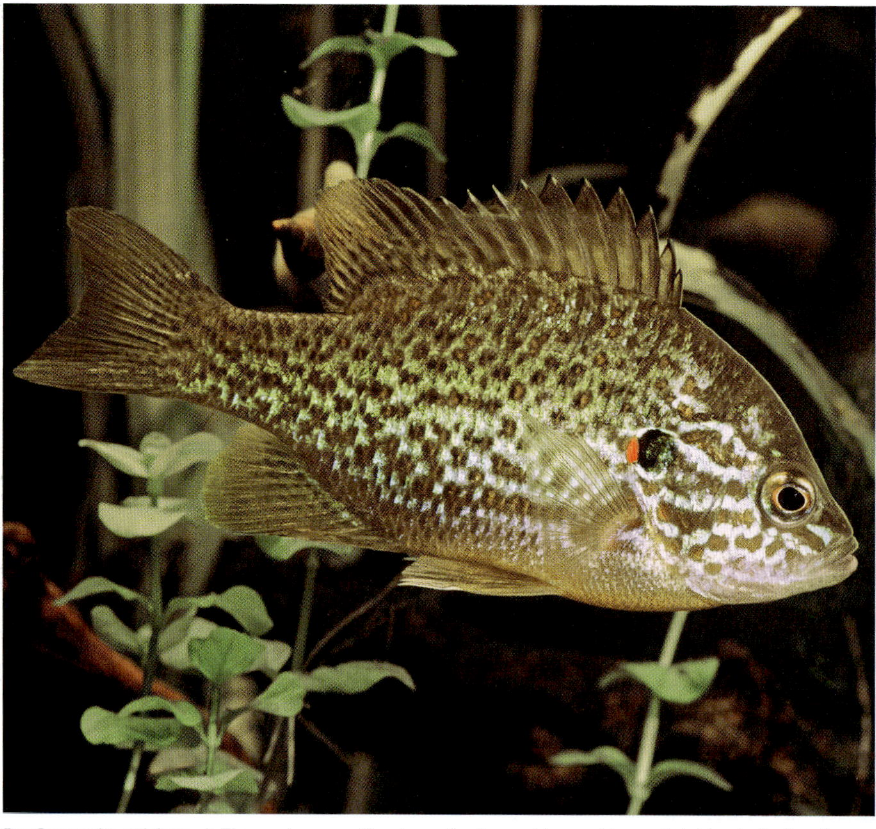

Der Sonnenbarsch kam als Einwanderer aus Nordamerika. Er mag klare, ruhige und nicht zu kalte Gewässer mit viel Pflanzenbewuchs und höherem pH-Wert. In Deutschland ist er aber nur punktuell vorhanden.

Flussbarsch, Barsch *(Perca fluviatilis)*

Perciden

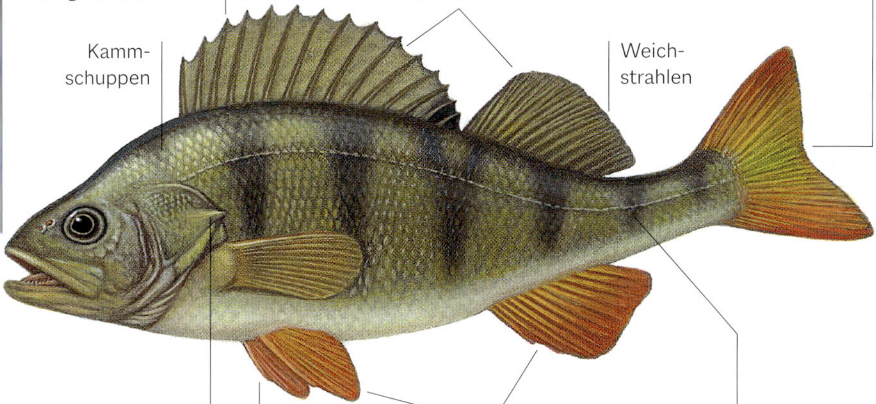

Kennzeichen: Hochrückiger Körper. Mittlere Länge 15–30 cm (max. 50 cm). Gewicht bis 4 kg.

Lebensraum: Fließgewässer und stehende Gewässer. Auch im Brackwasser.

Lebensweise: Schwarmfisch. Ältere Exemplare werden zu Einzelgängern.

Ernährung: Junge Barsche fressen Kleintiere aller Art und den Laich anderer Fische. Mit zunehmendem Alter jagen sie vor allem kleine Fische, darunter auch die eigene Brut. Jungbarsche stellen selbst eine wichtige Nahrungsquelle für andere Raubfische wie Hecht und Zander dar.

Fortpflanzung: Laicht im Frühjahr (April/Mai). Ablage der Eier in Laichschnüren auf Wasserpflanzen, Ästen, Steinen und anderen Unterwasserstrukturen.
Eizahl: 12 000–300 000/kg KöGew.

Angelmethoden: Kleine Spinner und Blinker, Gummifischchen. Grundangeln mit Würmern und kleinen, toten Köderfischen.

Verwertung: Sehr guter Speisefisch. Das Schuppen ist mühsam. Empfehlung: Entweder filetieren oder die Haut im Ganzen abziehen.

Zander, Schill *(Stizostedion lucioperca)*

Perciden

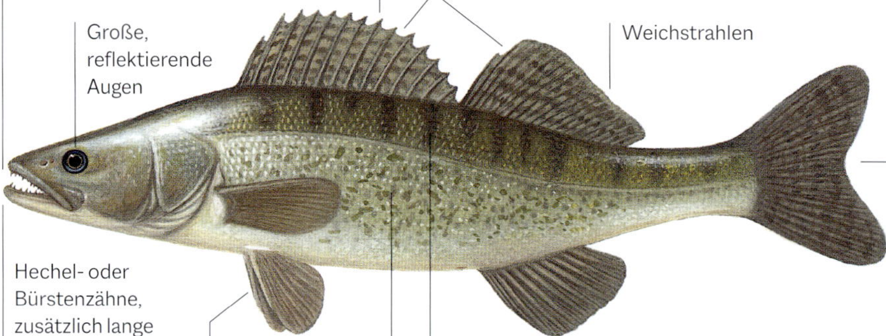

Kennzeichen: Spindelförmiger Körper. Mittlere Länge 40-60 cm (max. 100 cm). Gewicht bis 20 kg.

Lebensraum: Ursprünglich große sommertrübe Seen, Unterläufe der Flüsse, auch Brackwasser und Haffe. Heute sehr verbreitet. Hartgründiger Gewässerboden (Sand, Kies Stein) ist günstig. Verträgt auch belastetes Wasser.

Lebensweise: Meist grundnah und an Unterwasserbergen.

Ernährung: In der Jugend Kleintiere, auch andere Brutfische. Erwachsene Zander: Lauben, Stinte, kleine Barsche und Rotaugen.

Fortpflanzung: Frühjahrslaicher (März/April). Der Milchner bereitet dazu das sog. Zandernest. Dafür reinigt er durch Fächeln mit den Brustflossen geeignete Strukturen (Wurzelwerk) in Ufernähe. Die vom Weibchen abgelegten Eier (150 000-200 000/kg KöGew) kleben an den Wurzeln. Der Milchner bewacht das Nest ohne Unterlass bis zum Schlüpfen der Brut.

Angelmethoden: Spinnfischen und Grundangeln mit kleinen Köderfischen.

Verwertung: Einer der wohlschmeckendsten Süßwasserfische.

Kaulbarsch, Pfaffenlaus *(Gymnocephalus cernuus)*
Perciden

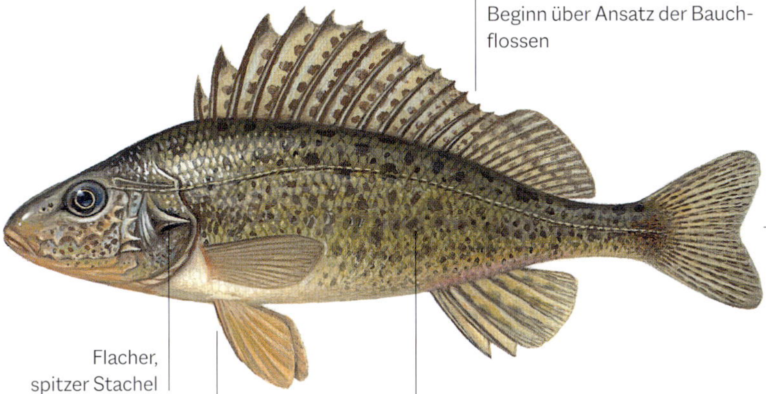

Kennzeichen: Leicht hochrückiger Körper, dicker, stumpfschnäuziger Kopf. Mittlere Länge 10–15 cm (max. ca. 25 cm). Gewicht bis 0,4 kg.

Lebensraum: Stehende und fließende Gewässer.

Lebensweise: Schwarmfisch, tagsüber vielfach in Ufernähe.

Ernährung: Kleintiere (Insektenlarven, Kleinkrebse, Schnecken, Schlammröhrenwürmer).

Fortpflanzung: Laicht im Frühjahr (April/Mai). Eizahl: 50 000–100 000/Rogner. Hohe Vermehrungsraten. Verbuttungsgefahr.

Verwertung: Im 19. Jahrhundert wirtschaftliche Bedeutung an der Niederelbe und den Ostseehaffen. Damals beliebt als Bratfisch und Kaulbarschsuppe.

Schrätzer, Schratz *(Gymnocephalus schraetzer)*
Perciden

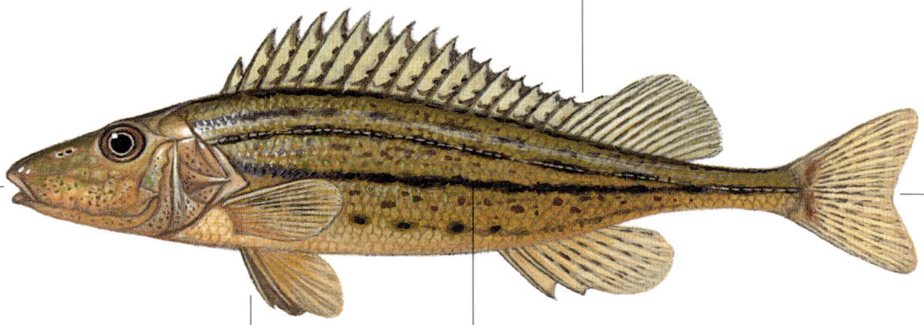

Kennzeichen: Spindelförmiger, gelb gefärbter Körper mit auffallend länglichem, spitz zulaufendem Kopf. Mittlere Länge 15–25 cm (max. 30 cm). Gewicht bis 250 g.

Lebensraum: Nur im Donaueinzugsgebiet heimisch. Tiefe Flussstellen mit Kies- oder Sandboden.

Lebensweise: Grundfisch.

Ernährung: Insektenlarven, Schnecken, kleine Muscheln, Fischlaich.

Fortpflanzung: Frühjahrslaicher (April/Mai). Die Eier werden in gallertartigen Schnüren verpackt an Steinen oder Wurzeln abgelegt. Die Eizahl pro Weibchen ist unbekannt.

Angelmethoden: Seit 1987 ganzjährig geschützt. Obwohl Schrätzer nicht gezielt befischt werden, gehen sie aber dort, wo sie in größerer Menge vorkommen (z.B. im Donaudurchbruch bei Kloster Weltenburg) auch an Angelköder, die nicht für sie bestimmt sind.

Zingel *(Zingel zingel)*

Perciden

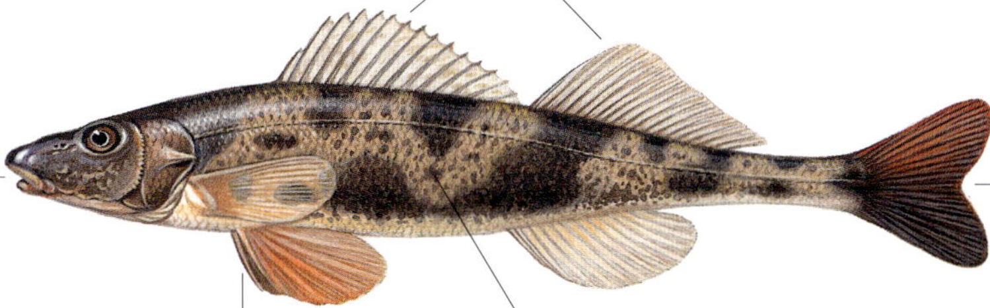

Kennzeichen: Spindelförmiger Körper. Mittlere Länge 15–25 cm (max. 50 cm). Gewicht bis 1,5 kg.

Besonderheiten: Die Augen des Zingels können unabhängig voneinander in verschiedene Richtungen schauen. Die Schwimmblase ist weitgehend zurückgebildet.

Lebensraum: Im Donaugebiet heimisch, bewohnt vor allem seichte Uferpartien über Kiesboden (Äschen- bis Barbenregion).

Lebensweise: Tagsüber zwischen Steinen und Aushöhlungen versteckt, wird nachts aktiv und geht auf Nahrungssuche. Ruckartige Bewegungen.

Ernährung: Wirbellose Kleintiere (Insektenlarven, Kleinkrebse) Fischlaich, Brutfische.

Fortpflanzung: Laicht im Frühjahr (März/Mai), Kieslaicher über steinigem Grund im strömenden Wasser. Laichfische schillern von smaragdgrün bis Bronzetönung. Eizahl: ca. 5000/Rogner. Die klebrigen Eier haften an den Steinen.

Verwertung: Früher von Liebhabern als Delikatesse geschätzt. In der Donau erreichen die größten Zingel ca. 800 g, dagegen wurden in der Altmühl früher Zingel bis 1,5 kg gefangen. Heute als vom Aussterben bedrohte Tierart ganzjährig geschützt.

Streber *(Aspro streber)*

Perciden

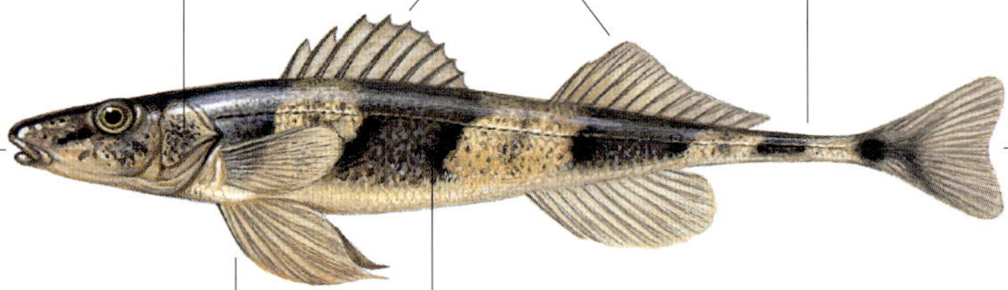

Kennzeichen: Kleinfisch mit spindelförmigem Körper und gelblich-brauner Färbung. Mittlere Länge 12-16 cm (max. 20 cm).

Besonderheiten: Die Schwimmblase ist vollständig zurückgebildet.

Lebensraum: Donau und Nebenflüsse. Schnell fließendes Wasser mit kiesigem Untergrund.

Lebensweise: Bodenfisch, tagsüber versteckt zwischen Steinen, nachts wird er aktiv und gleitet »hüpfend« über den Grund. Der Streber kann durch eine besondere Stellung der Brust- und Bauchflossen eine Art »Saugglocke« bilden, die ihn auch in sehr starker Strömung am Boden festhält.

Ernährung: Insektenlarven und andere Kleintiere, aber auch Fischbrut und Jungfische.

Fortpflanzung: Frühjahrslaicher (März/April). Laichvorgang findet in der Nacht statt. Eizahl: 600-4000/Weibchen. Wie Goldbronze schimmernde Laichfärbung, beim Männchen wird zudem der Rücken fast schwarz.
Ganzjährig geschützt.

Forellenbarsch *(Micropterus salmoides)*

Perciden

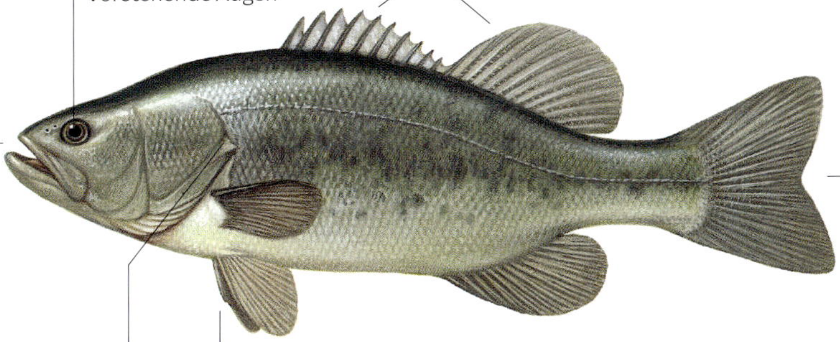

Kennzeichen: Hochrückiger, seitlich zusammengedrückter Körper. Mittlere Länge 15–30 cm (max. 65 cm). Gewicht bis 4 kg.

Lebensraum: Aus USA eingeführt. Konnte die Erwartungen in Mitteleuropa nicht erfüllen. Bevorzugt langsame Strömung und tiefere wärmere Seen, z.B. Wörthersee in Kärnten.

Lebensweise: Größere Wassertiefen, zwischen Steinen, totem Holz und Wurzeln.

Ernährung: In der Jugend Kleintiere, später fast ausschließlich Fische.

Fortpflanzung: Laicht im Frühjahr (März/Juni). Das Männchen legt große, flache Laichgruben an, in die das Weibchen 1000 bis 10 000 Eier ablegt. Gelege und Brut werden von beiden Geschlechtern bewacht (echte Brutpflege).

Angelmethoden: Vor allem Spinnfischen mit verschiedenen Kunstködern sowie Fliegenfischen. Gute Köder sind Würmer.

Verwertung: Ausgezeichneter Speisefisch.

Ähnliche Fischart: Der Schwarzbarsch *(Micropterus dolomieu)*, ebenfalls aus den USA eingeführt, besitzt ein kleineres Maul. Er erreicht aber nicht die Größe des Forellenbarsches.

Sonnenbarsch *(Lepomis gibbosus)*

Perciden

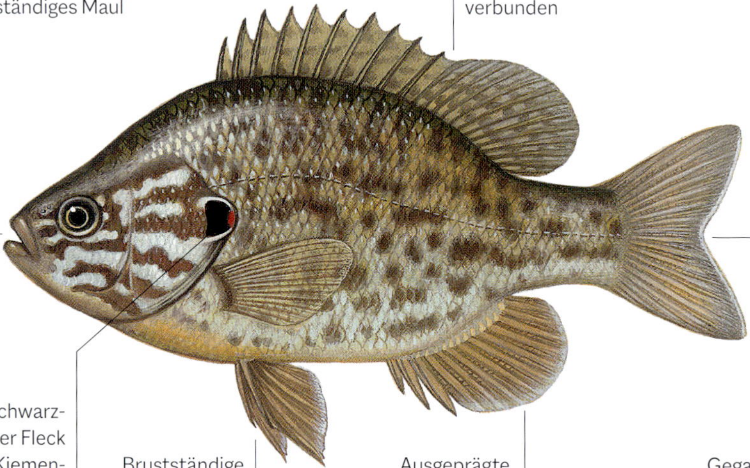

Kennzeichen: Hochrückiger, seitlich stark abgeflachter Körper. Mittlere Länge 10–15 cm (max. 30 cm).

Lebensraum: Aus Nordamerika eingeführt. Möglichst warme stehende oder mäßig fließende Gewässer mit reichem Pflanzenwachstum. Hat sich vor allem in Südeuropa ausgebreitet, kommt aber auch in einigen Gewässern Deutschlands vor.

Lebensweise: Gesellig lebende Fischart, meist in Ufernähe.

Ernährung: Kleinkrebse, Insekten, Fischlaich und Fischbrut.

Fortpflanzung: Laicht im Frühjahr (Mai/Juni) an flachen, möglichst steinigen, kiesigen Uferstellen. Eiablage in Laichgruben. Eier und Brut werden von beiden Eltern bewacht (Brutpflege).

Verwertung: Keine anglerische Bedeutung.

Alle Übrigen...

Hier finden sich bunt zusammengewürfelt, jene Süßwasserarten, die in unseren Gewässern entweder nur eine kleine Gruppe bilden, wie die Stichlinge oder die Schmerlen, oder nur als einzelne Vertreter einer eigenen Familie oder Gattung vorkommen. Neben den interessanten Angelfischen, darunter Aal, Hecht und Wels, werden hier einige für das Ökosystem Wasser wichtige Kleinfische, aber auch Krebse und Muscheln vorgestellt.

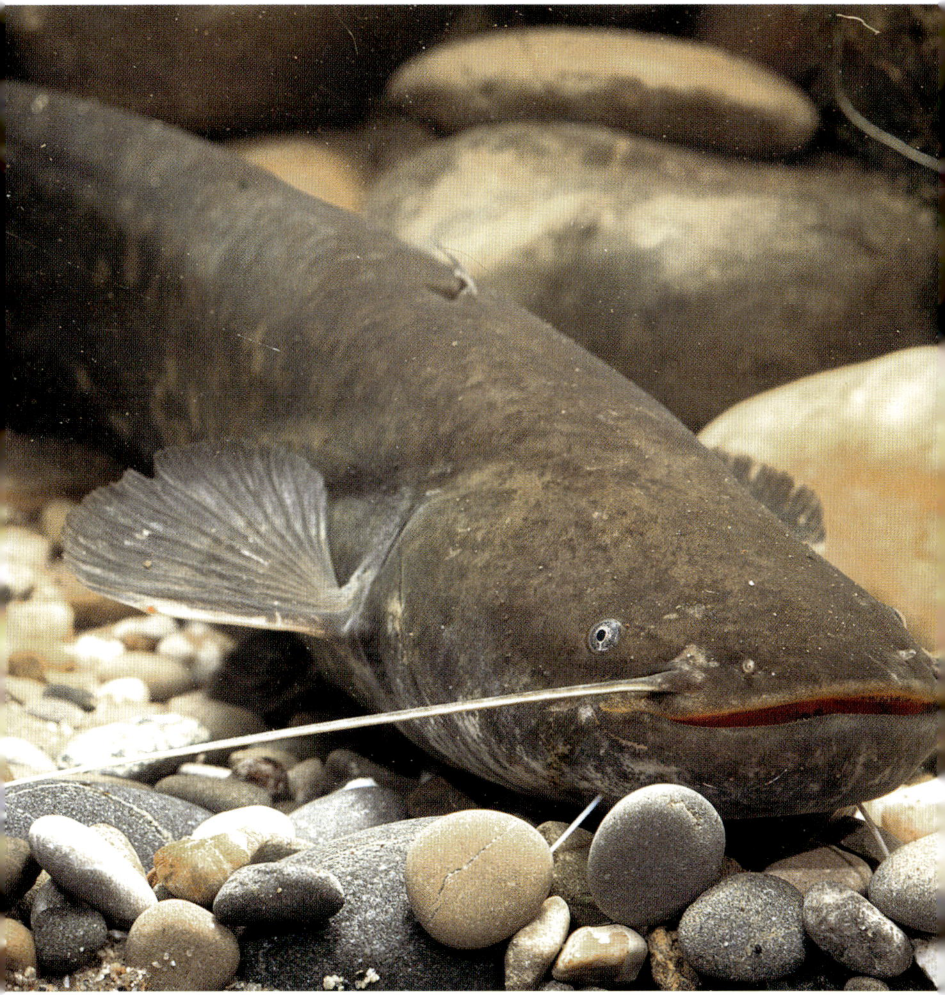

Der Wels ist in Europa der größte nur im Süßwasser vorkommende Fisch. Er kann weit über 100 kg schwer und fast 3 m lang werden und lebt vorwiegend am Gewässergrund.

Dreistacheliger Stichling
(Gasterosteus aculeatus)

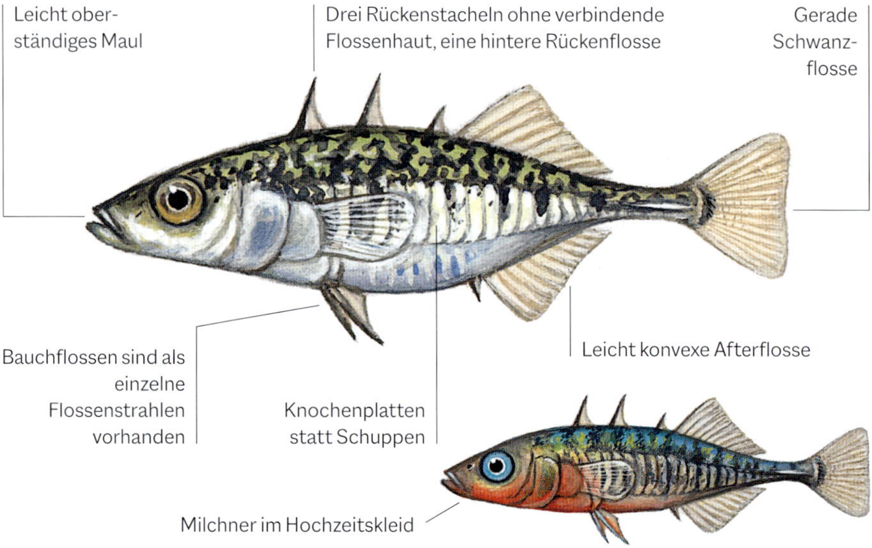

Kennzeichen: Kleinfisch, spindelförmiger Körper. Mittlere Länge 5–8 cm (max. 11 cm).

Lebensraum: Brack- und Süßwasser. Pflanzenreiche Flachwasserzonen von Seen und langsam fließenden Gewässern. Keine besonderen Anforderungen an die Wasserqualität.

Lebensweise: Lebt in Schwärmen meist in Ufernähe. Stationäre und Wanderformen, letztere ziehen von den Küstengewässern zum Laichen ins Süßwasser.

Ernährung: Kleintiere (Insektenlarven, Krebstierchen, Würmer, Weichtiere), Eier und Fischlarven.

Fortpflanzung: Laicht im Frühjahr (März/Juni). Männchen mit rotem Bauch als Laichfärbung. Stichlingsmännchen in der Laichzeit gegenüber Rivalen sehr aggressiv. Es baut aus abgerissenen Pflanzenteilen ein kugelförmiges Nest, in welches das Weibchen jeweils einen Teil ihrer 100–4000 Eier legt, die danach sofort vom Männchen besamt werden. Bis zu siebenmalige Wiederholung, meist mit unterschiedlichen Weibchen. Danach verschließt das Männchen das Nest, bewacht aufopfernd das Gelege und später die Brut.

Ähnliche Arten: Bei uns kommt noch der Neunstachelige- oder Zwergstichling vor.

Schmerle, Bachschmerle, Bartgrundel *(Noemacheilus barbatulus)*

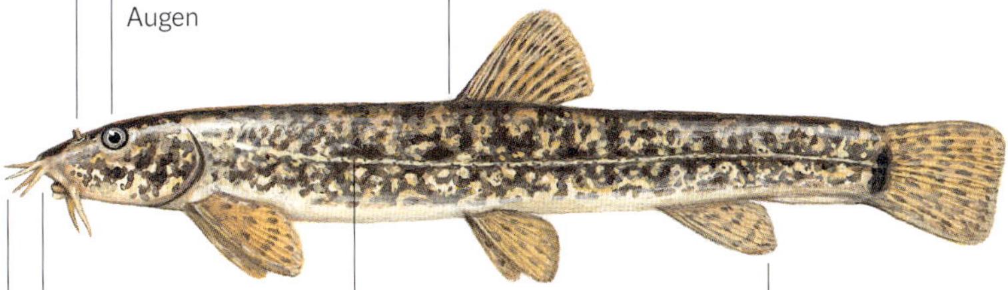

Kennzeichen: Kleinfisch mit im Verhältnis zum Körper kleinem, leicht abgeplattetem Kopf. Schwanzstiel seitlich zusammengedrückt. Mittlere Länge 8–12 cm (max. 15 cm).

Lebensraum: Schnellfließende, klare Bäche, auch in der Uferregion von Seen und im Brackwasser der Ostsee.

Lebensweise: Vorwiegend nachtaktiver Bodenfisch, tagsüber versteckt in Höhlungen unter Steinen, durch die Körperfärbung sehr gut getarnt.

Ernährung: Ab Sonnenuntergang aktiv auf Nahrungssuche. Beute sind Kleintiere (Insektenlarven, Kleinkrebse, Würmer).

Fortpflanzung: Laichzeit ist April/Mai. Feiner Laichausschlag bei beiden Geschlechtern auf der Innenseite der Bauchflossen (Knötchenreihen). Eiablage an Steinen und Pflanzen. Bewachung des Geleges bis zum Schlüpfen der Brut durch das Männchen.

Steinbeißer, Dorngrundel
(Cobitis taenia)

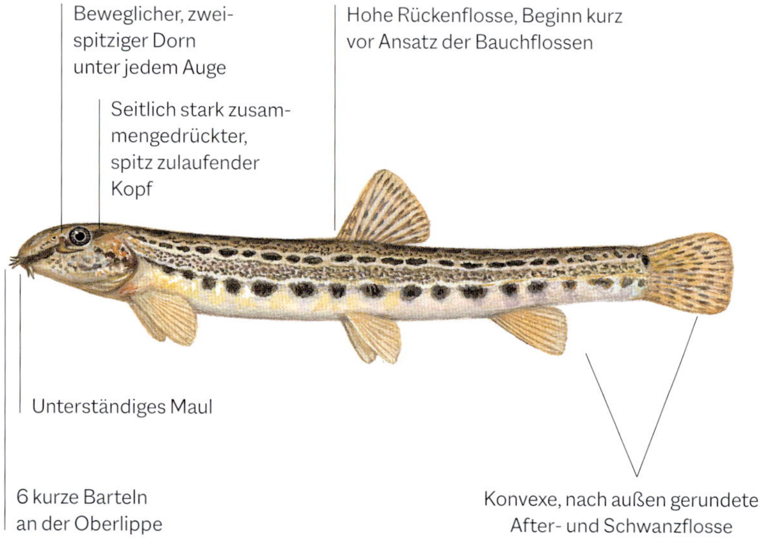

Kennzeichen: Kleinfisch mit spindelförmigem, seitlich zusammengedrücktem Körper und Kopf. Mittlere Länge 5–10 cm (max. 12 cm). Über Europa sind zahlreiche Unterarten verteilt.

Lebensraum: Klare, fließende oder stehende Gewässer mit Sandgrund.

Lebensweise: Gräbt sich tagsüber mit dem Kopf in den Sand ein. Geht nachts auf Nahrungssuche. Der zweispitzige Dorn unter den Augen kann zur Verteidigung jederzeit aufgerichtet werden.

Ernährung: Insektenlarven, Kleinkrebse, Würmer.

Fortpflanzung: Laicht im Zeitraum von April – Juni. Eiablage an Steinen und Wurzelwerk. Sehr selten und ganzjährig geschützt.

Schlammpeitzger, Wetterfisch
(Misgurnus fossilis)

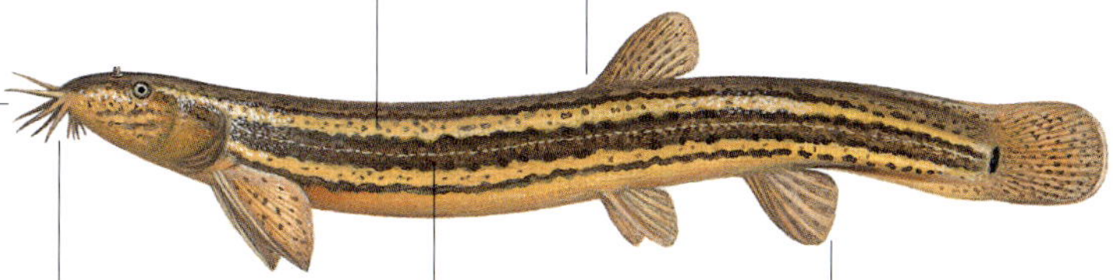

Kennzeichen: Kleinfisch, walzenförmiger, fast drehrunder Körper, im hinteren Bereich seitlich zusammengedrückt. Mittlere Länge 20–25 cm (max. 30 cm).

Lebensraum: Stehende, flache, wärmere Gewässer mit Schlammgrund.

Lebensweise: Grundfisch, vorwiegend in der Nacht aktiv.

Ernährung: Kleintiere (Insektenlarven, Würmer, Schnecken).

Fortpflanzung: Laicht im Frühjahr im Zeitraum von April – Juni. Eiablage an Wurzeln und Pflanzen.
Eizahl: 70 000 – 150 000/Weibchen.

Besonderheiten: Besitzt die Fähigkeit zur Darm- und Hautatmung. Sauerstoffaufnahme an der Wasseroberfläche bei Sauerstoffmangel im Wasser. Die Luft wird durch Zusammenpressen der Kiemendeckel in den Verdauungskanal befördert. Hier findet der Gasaustausch in der stark durchbluteten Darmschleimhaut statt. Bei der Hautatmung hingegen läuft der Gasaustausch über die gesamte Körperaußenseite ab. Beide Atmungssysteme ermöglichen es dem Schlammpeitzger, nach Austrocknung seines Wohngewässers, eine bestimmte Zeit vergraben im Schlamm zu überleben. Zeigt vor Gewittern lebhaftes Verhalten. Steigt dann öfters zur Wasseroberfläche. Daher die Bezeichnung Wetterfisch.

Mühlkoppe, Koppe, Groppe
(Cottus gobio)

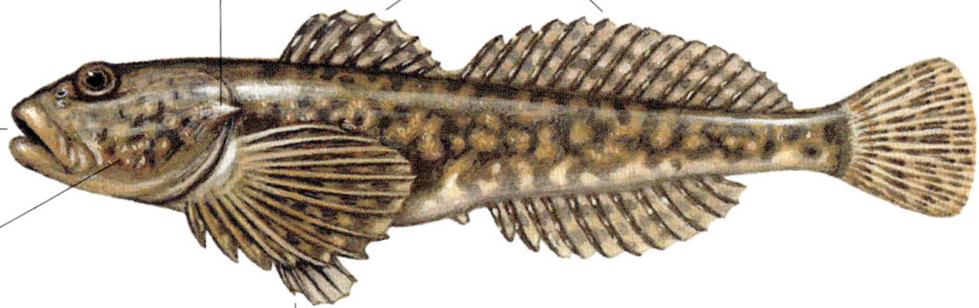

Kennzeichen: Kleinfisch mit keulenförmigem Körper. Mittlere Länge 10–15 cm (max. 20 cm).

Lebensraum: Sauberes, sauerstoffreiches Wasser mit Sand-, Stein- und Kiesgrund.

Lebensweise: Lebt tagsüber am Grund zwischen Steinen, in der Dämmerung und nachts geht die Koppe auf Beutezug und bewegt sich »hüpfend« über den Boden. Koppen haben keine Schwimmblase.

Ernährung: Kleintiere (Kleinkrebse und Insektenlarven), Fischbrut und Jungfische. Neuere Untersuchungen zeigen, dass die Koppe kein so gefährlicher Laichräuber ist, wie vielfach angenommen.

Fortpflanzung: Frühjahrslaicher (Februar/Mai). Männchen locken die Weibchen in eine Aushöhlung unter einem Stein. Dort legt das Weibchen etwa 100–200 Eier ab. Das Gelege wird vom Männchen bewacht und von Schwebstoffen frei gefächelt. Zu dieser Zeit sind die Fische nicht sehr vorsichtig und fallen vermehrt großen Bachforellen zum Opfer.

Verwertung: Früher galten Koppen als Delikatesse. Bei Anglern als tote Köder für Huchen, Hechte und große Forellen beliebt.

Hecht
(Esox lucius)

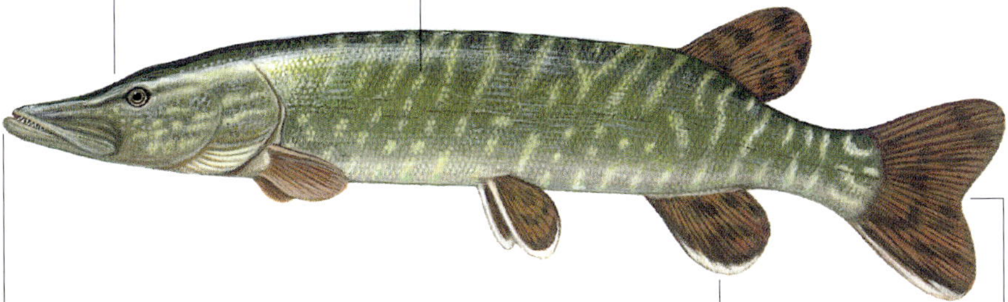

Kennzeichen: Pfeilförmiger, langgestreckter Körper. Mittlere Länge 40–100 cm (max. 150 cm). Gewicht bis 30 kg.

Lebensraum: Pflanzenreiches, stehendes bis langsam fließendes Wasser, vor allem im Uferbereich in Einständen.

Lebensweise: Einzelgängerischer Standfisch (Lauerräuber).

Ernährung: Fische in passender Größe, auch Frösche, manchmal auch junge Enten oder kleine schwimmende Säugetiere (Mäuse).

Fortpflanzung: Laicht im Frühjahr (Februar/April). Laich haftet an Wasserpflanzen (Krautlaicher). Ca. 20 000–50 000 Eier/kg KöGew.

Angelmethoden: Spinn- und Schleppfischen. Grundangeln mit toten Köderfischen. Fliegenfischen mit großen Streamern, die einen Beutefisch imitieren.

Verwertung: Beliebter Speisefisch, Fleisch fest und etwas trocken.

Wels, Waller
(Silurus glanis)

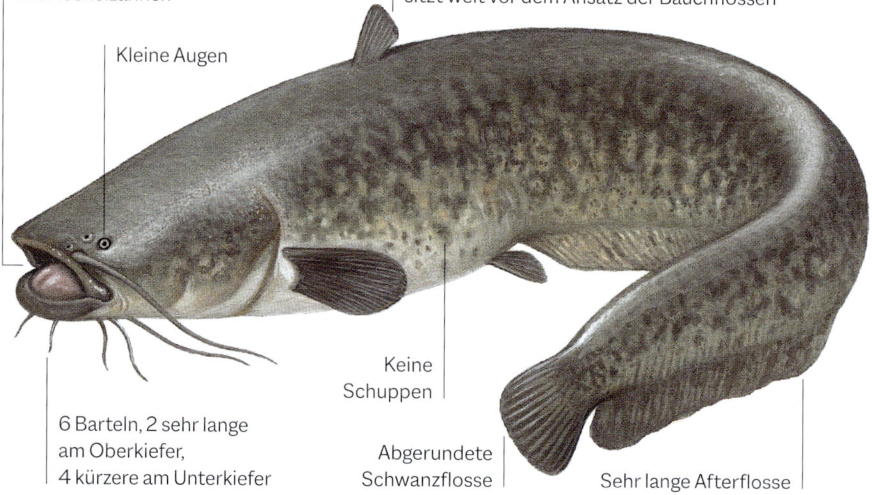

Kennzeichen: Nach vorne abgeflachter, breiter Kopf, abgeplatteter Bauch, Schwanz seitlich zusammengedrückt. Mittlere Länge 100–150 cm (max. 300 cm). Gewicht bis 200 kg.

Lebensraum: Seen und größere, tiefe Flüsse mit weichem Untergrund. Wassertemperaturen über 20 °C sollten erreicht werden.

Lebensweise: Typischer Bodenfisch, tagsüber in Verstecken am Grund. Standorttreu. Nachts auf Nahrungssuche, auch im flachen Wasser.

Ernährung: Überwiegend Fische, greift aber auch Wasservögel und im Wasser schwimmende Kleinsäuger an.

Fortpflanzung: Laichzeit normalerweise im Zeitraum von Mai – Juni. Wassertemperatur mindestens 18 °C. Eiablage an seichten Uferstellen mit dichten Pflanzenbeständen in einfache, gesäuberte »Nester« mit einem Wall aus Pflanzenteilen. Eizahl: ca. 30 000/kg KöGew. Das Männchen bewacht das Gelege bis zum Schlupf der Brut.

Angelmethoden: Grundangeln mit toten Köderfischen oder auch Tauwurmbündeln. Spinnfischen mit geeigneten Kunstködern. Starkes Gerät notwendig. Vorsicht: Welsblut kann zu Entzündungen im menschlichen Auge führen.

Verwertung: Regional geschätzter Speisefisch.

Zwergwels, Katzenwels (Amerikanischer Wels)
(Ictalurus nebulosus)

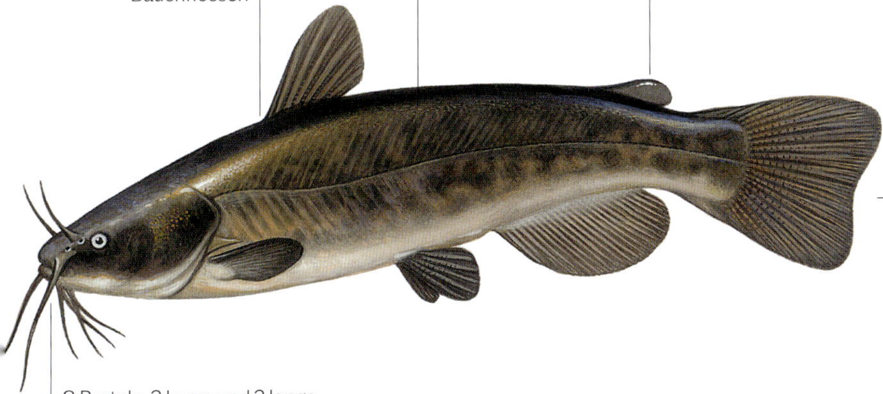

Kennzeichen: Abgeflachter Bauch, der Hinterkörper ist seitlich zusammengedrückt. Mittlere Länge 25–35 cm (max. 45 cm). Gewicht bis 2 kg.

Lebensraum: Aus USA eingeführt. Warme, stehende bis langsam fließende Gewässer. Keine besonderen Ansprüche an die Wasserqualität.

Lebensweise: Nachtaktiver Bodenfisch.

Ernährung: In der Jugend Kleintiere, später auch Kleinfische, sowie Laich und Brut, Krebse und Frösche.

Fortpflanzung: Laicht im Frühsommer (Mai/Juni). Wassertemperatur 18–20 °C. Anlage von Laichnestern an seichten Stellen unter überhängenden Böschungen, an Wurzelwerk. Eizahl: 500–3500/Weibchen. Männchen bewacht Gelege und anfänglich auch die Brut.

Verwertung: Sehr gutes, süßlich schmeckendes, orangefarbenes Fleisch.

Quappe, Rutte, Trüsche
(Lota lota)

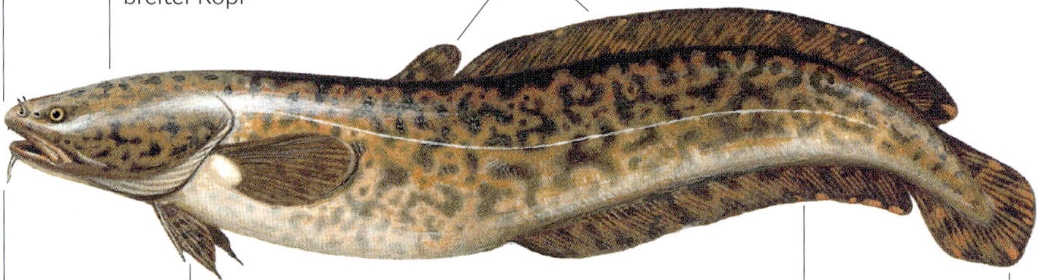

Kennzeichen: Spindelförmiger, lang gestreckter Körper. Mittlere Länge 35–60 cm. Gewicht bis 8 kg (in Sibirien bis 25 kg und über 1 m lang).

Lebensraum: Sauerstoffreiches, kühles Wasser wird bevorzugt. Bewohnt Seen, Bäche und Flüsse. Unerwünschter Gast in der Salmonidenregion (Laichräuber).

Lebensweise: Hauptsächlich dämmerungs- und nachtaktiver Bodenfisch, lebt über sandigem, steinigem auch lehmigem Grund, aber nicht über Schlamm. Hält sich tagsüber gerne versteckt bei Uferbefestigungen, Dämmen und Brückenpfeilern auf.

Ernährung: In der Jugend Kleintiere aller Art, später auch Fische, Fischlaich und Krebse.

Fortpflanzung: Laicht im Winter (November/Februar). Teilweise kurze Laichzüge flussaufwärts. In Seen laichen ältere Quappen in der Tiefe.

Angelmethoden: Grundangeln mit Würmern und kleinen, toten Fischen oder Fischfetzen.

Verwertung: Ausgezeichneter Speisefisch. Eine Delikatesse ist die Leber.

Aal
(Anguilla anguilla)

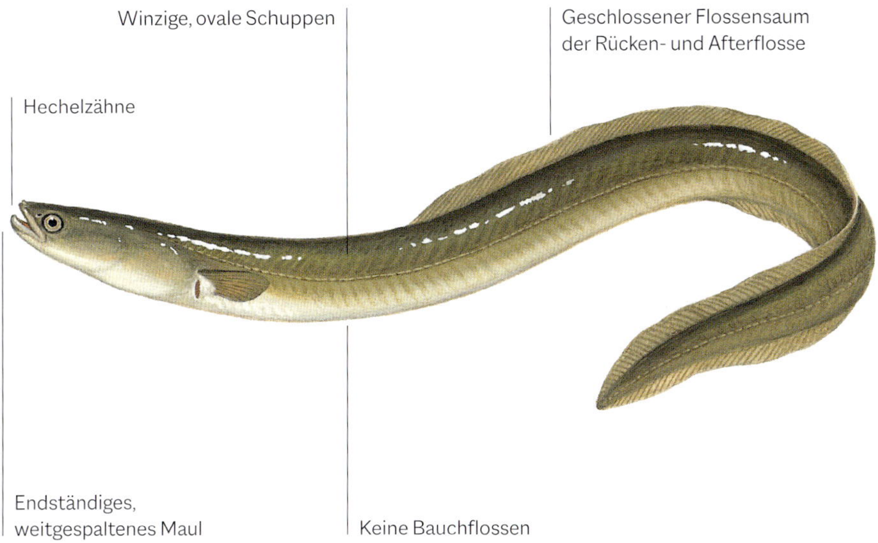

Kennzeichen: Schlangenförmiger Körper, im hinteren Teil seitlich zusammengedrückt. Mittlere Länge 50–60 cm (max. 120 cm). Gewicht bis 6 kg.

Lebensraum: Stehende und fließende Gewässer mit weichem Grund. Im Donaueinzugsgebiet kommen Aale von Natur aus nicht vor. Sie werden eingesetzt.

Lebensweise: Nachtaktiver Bodenfisch. Tagsüber in Schlupfwinkeln versteckt.

Ernährung: Es gibt zwei Formen. Der etwas kleiner bleibende Spitzkopfaal frisst in erster Linie Kleintiere, der schnellwüchsige Breitkopfaal lebt räuberisch von Fischen, Krebsen und Fröschen. Übergangsformen kommen vor.

Fortpflanzung: Laicht im Meer (katadromer Wanderfisch) im westlichen Atlantik. Siehe auch Seite 60.

Angelmethoden: Grundangeln mit Tauwürmern, kleinen Fischen, Fischfetzen. Kräftiges Gerät, vor allem eine reißfeste Schnur ist notwendig. **Achtung!** Aalblut kann zu Entzündungen im menschlichen Auge führen.

Verwertung: sehr guter Speisefisch, festes fettreiches Fleisch.

Maifisch, Alse
(Alosa alosa)

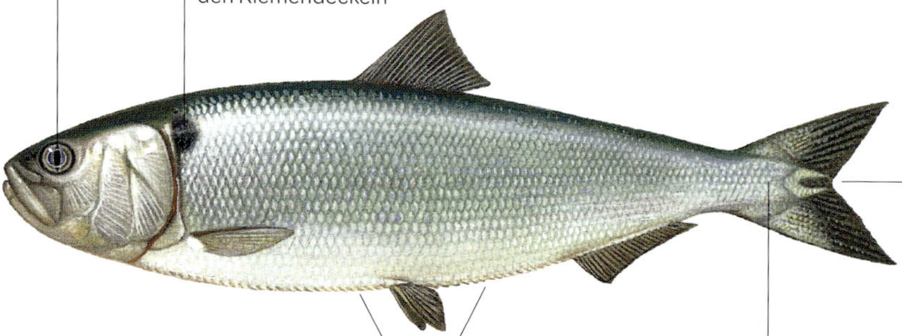

Kennzeichen: Spindelförmiger, seitlich stark abgeflachter Körper. Mittlere Länge 30 - 50 cm (max. 70 cm). Gewicht bis 3 kg.

Lebensraum: Küstengewässer des Nordatlantiks von Norwegen über die britischen Inseln bis ins westliche Mittelmeer. In Deutschland (Nordsee) aufgrund verbauter Flüsse und anderer fischfeindlicher Entwicklungen sehr selten geworden.

Lebensweise: Anadromer Wanderfisch, gehört zu den Heringsfischen. In küstennahen Lebensräumen bis in rund 100 m Tiefe.

Ernährung: Der Maifisch filtert tierisches Plankton mithilfe seiner langen Kiemenreusendornen aus dem Wasser. Jungfische fressen Wirbellose.

Fortpflanzung: Laichaufstieg bis zu 800 km in größere, unverbaute Flüsse im Frühjahr von Mai - Juni. Eizahl pro Weibchen ca. 80 000 - 200 000. Eiablage ins freie Wasser. Die meisten Maifische laichen nur ein Mal und sterben nach ihrer Rückkehr ins Meer.

Angelmethoden: Obwohl Maifische beim Laichaufstieg keine Nahrung mehr zu sich nehmen, können sie mitunter mit Spinn- und Fliegengerät gefangen werden (Frankreich, Italien).

Verwertung: Früher ein geschätzter Speisefisch, obwohl das Fleisch sehr grätenreich ist.

Atlantischer Stör
(Acipenser sturio)

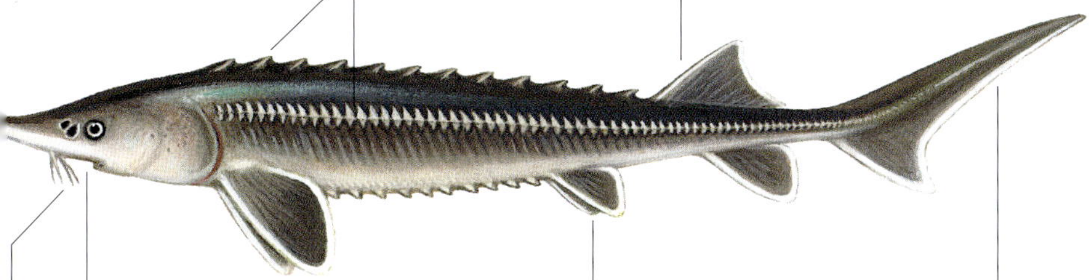

Kennzeichen: Spindelförmiger, haiähnlicher Körper. Mittlere Länge 100–200 cm (max. ca. 600 cm). Gewicht bis 400 kg.

Lebensraum: Atlantik und die nördlichen Nebenmeere, auch Schwarzes und Kaspisches Meer.

Lebensweise: Lebt als erwachsenes Tier im Meer, wandert zum Laichen ins Süßwasser. Winterschlaf mit in den Boden eingewühltem Kopf.

Ernährung: Der Stör durchwühlt mit seiner vorstehenden Schnauze und dem Rüsselmaul den Boden nach Würmern, Insektenlarven und Weichtieren.

Fortpflanzung: Im Frühjahr bis in den Sommer hinein (Mai – Juli) Laichzug in die Flüsse. Ablage der Eier über Kiesboden. Eizahl: 800 000–2 400 000.

Besonderheiten: Zur Störfamilie gehören noch weitere 25 Arten, die meisten davon leben in Asien. In Deutschland gilt der Stör als ausgestorben. Früher kamen bei uns Sterlet, Hausen, Sternhausen und Waxdick vor. Auch wenn sich die Wasserqualität in vielen Flüssen sehr verbessert hat, Querverbauungen halten die Fische immer noch von ihren ehemals angestammten Laichplätzen fern.

Bachneunauge
(Lampetra planeri)

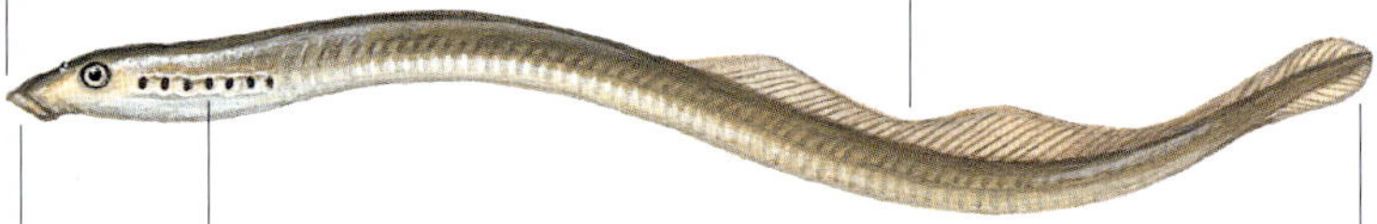

Kennzeichen: Bleistiftstarker, schlangenförmiger Körper. Mittlere Länge 12–16 cm (max. 20 cm).

Lebensraum: Vor allem in Forellenbächen. Voraussetzung ist sauberes Wasser.

Lebensweise: In der Jugend als Larve (Querder) etwa 3–5 Jahre im Sand eingegraben.

Ernährung: Die Querder (Larven) filtern Kleintiere aller Art aus dem Sandboden. Erwachsene Tiere nehmen keine Nahrung mehr zu sich. Bachneunaugen sind keine Fischparasiten.

Fortpflanzung: Laichzeit (Mai/Juni). Ablage der Eier an sandigen, kiesigen flachen Stellen in Laichgruben. Elterntiere sterben nach dem Ablaichen. Aus den Eiern entwickeln sich die Querder.

Nach BArtSchV geschützt.

Flussneunauge
(Lampetra fluvialis)

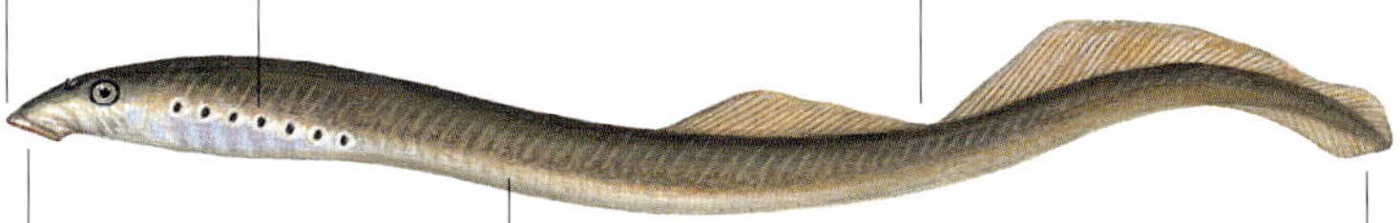

Kennzeichen: Etwa daumendicker, schlangenförmiger Körper. Mittlere Länge 25–35 cm (max. 50 cm).

Lebensraum: Hält sich in Küstengewässern und in Flüssen auf.

Lebensweise: Wandert zum Laichen flussaufwärts (anadromer Wanderfisch).

Ernährung: Schmarotzt an Süßwasser- und Meeresfischen. Mit seinem Saugmaul entnimmt er Körpersäfte und Gewebe. Die Querder (Larven) leben ca. 3–4 Jahre im sandigen Gewässergrund und ernähren sich von Kleintieren.

Fortpflanzung: Laicht im Frühjahr (März/Mai) an seichten Stellen (Kieslaicher) über Kies- und Sandgrund. Elterntiere sterben nach dem Ablaichen. Wenn die Querder etwa 15 cm Länge erreicht haben, wandeln sie sich in das erwachsene Neunauge um und wandern in Richtung Meer.

Nach BArtSchV geschützt.

Edelkrebs
(Astacus astacus)

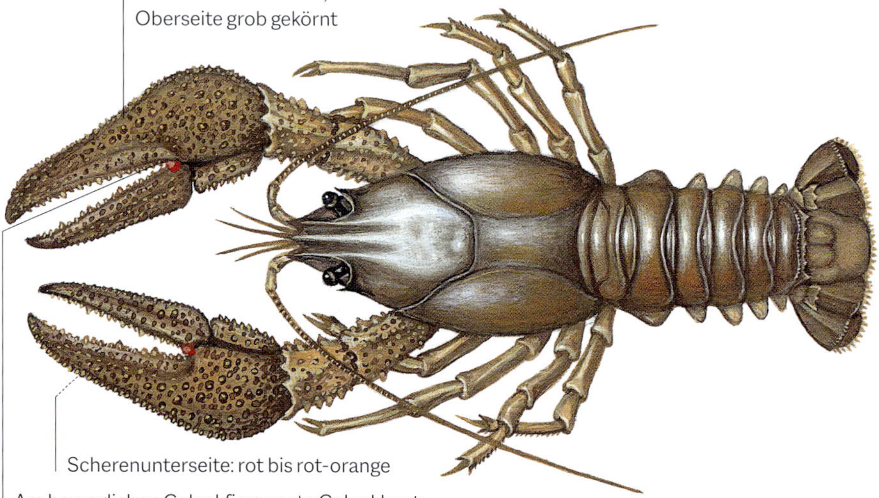

Kennzeichen: Brustteil erheblich breiter als Hinterleib. Mittlere Länge 10–13 cm (max. 15–20 cm). Gewicht bis 300 g.

Lebensraum: Uferzone nicht zu kalter stehender und fließender, sauerstoffreicher Gewässer (Sauerstoff nicht unter 5 mg/l). Im Sommer sollten die Temperaturen nicht unter 14 °C sinken. Optimal sind Wassertemperaturen um die 20 °C. Gute Krebsgewässer sind durch viele Schlupfwinkel charakterisiert. Etwa Wohnhöhlen in überhängenden Ufern oder hohl aufliegenden Steinen.

Lebensweise: Dämmerungs- und nachtaktiv. Häutet sich in der Wachstumsphase regelmäßig und ist dann als »Butterkrebs« sehr verwundbar, auch gegenüber räuberischen Artgenossen. Unterliegt hohem Verfolgungsdruck (Aale, Rutten, Fischotter, Reiher u.a.). Durch die Krebspest wurde er in vielen Gewässern ausgerottet.

Ernährung: Allesfresser. Jungtiere ernähren sich von Aufwuchs, ältere Krebse von Wasserpflanzen, Fischnährtieren und mitunter toten Fischen.

Fortpflanzung: Paarung im Zeitraum von Oktober – November. Das Männchen ist erkennbar an den zu einem »Griffelbeinpaar« ausgebildeten ersten Beinpaar, das der Krebs benutzt, um das Weibchen bei der Begattung auf den Rücken zu werfen. Die etwa 50–350 Eier entwickeln sich am Hinterleib des Weibchens.

Fangmethoden: Krebsteller und Reusen. Beste Zeit von Juli – September.

Verwertung: Teichwirtschaftliche Produktion zu Satz- und Speisekrebsen. Krebse werden getötet, indem sie einzeln in stark kochendes Wasser geworfen werden.

Steinkrebs *(Austropotamobius torrentium):* Einheimische Krebsart, dem Edelkrebs ähnlich aber deutlich kleiner, Scherenunterseite weißlich-grau, 6–10 cm lang. Lebensraum: Kühle Bäche mit steinigem Grund, Wassertemperatur im Sommer nicht höher als 20 °C. Für eine wirtschaftliche Verwertung zu klein.

Dohlenkrebs *(Austropotamobius pallibes):* Einheimische Krebsart, dem Edelkrebs ähnlich aber kleiner, große gekörnte Scheren, Oberseite der Scheren braun, Unterseite hell. Optimale Wasserteperatur um 20 °C. In Deutschland Vorkommen auf den Westen Baden-Württembergs begrenzt.

Eine aus dem Osten eingebürgerte Krebsart ist der **Galizische Sumpfkrebs** (*Potamobius leptodactylus*), der ähnlich groß wird wie der Edelkrebs, aber im Gegensatz zu diesem über lange, dünne Scheren mit nur wenig Fleischanteil verfügt. Wirtschaftliche Bedeutung für den Handel.

Bedrohungen: Die Krebspest, eine gefährlich Pilzkrankheit, wurde mit amerikanischen Krebsarten nach Europa gebracht. Die einheimischen Krebse sind dafür anfällig, vor allem der Edelkrebs wurde in manchen Gewässern so gut wie ausgerottet. Zudem setzt die hohe Vermehrungsrate dieser Einwanderer den heimischen Krebsen zu.

Der amerikanische **Signalkrebs** (*Pacifastacus leniusculus*) ist dem Edelkrebs ähnlich. Auch er besitzt leuchtend rote Scherenunterseiten, die Oberseiten sind aber glatter im Gegensatz zur groben Körnung beim Edelkrebs. Der Signalkrebs bevorzugt die Uferzone stehender und langsam fließender Gewässer mit schlammigen Grund und Wassertemperaturen im Sommer um die 20–25 °C. Er gilt als resistent gegen die Krebspest, kann aber die Erreger übertragen. Gemäß § 40 Bundesnaturschutzgesetz ist es verboten, gebietsfremde Krebsarten in Gewässern auszubringen. Dazu gehören auch der Kamberkrebs, der rote amerikanische Sumpfkrebs und der Marmorkrebs.

Achtung! Die Krebspest kann auch durch schlecht gereinigte Angelausrüstung, Fischerstiefel oder Tauchgerät von einem Gewässer zum anderen übertragen werden.

Kennzeichen der Krebspest
Ein hochgehobener Krebs lässt Beine und Scheren schlaff hängen.

?

374 | Woran erkennt man den männlichen Edelkrebs?
An den Griffelbeinpaaren.

375 | Welcher Lebensraum ist für den Edelkrebs typisch?
Die Uferzone langsam fließender und strukturreicher Bäche und Flüsse mit vielen Schlupfwinkeln und Sommertemperaturen um die 15–20 °C.

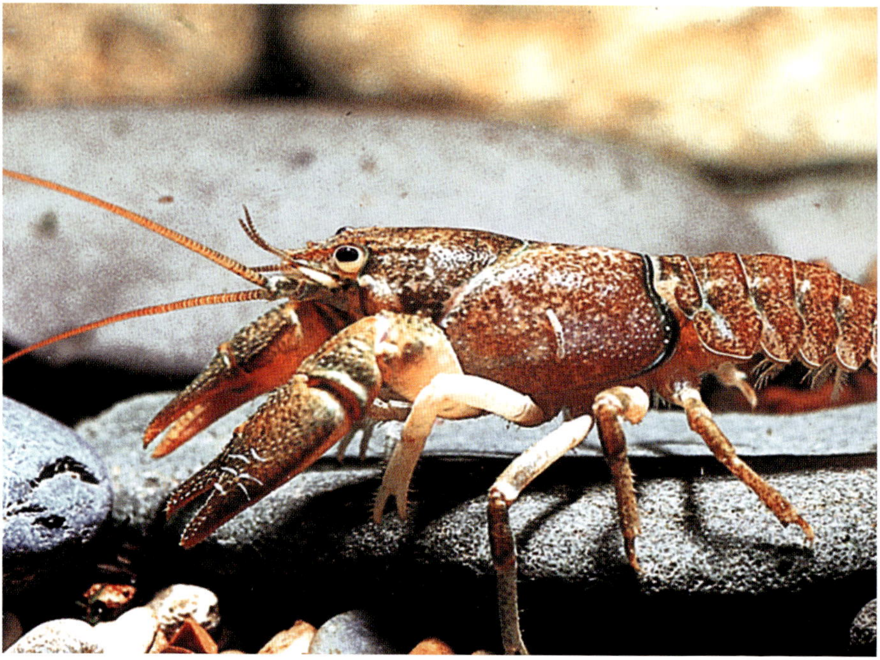

Der Edelkrebs wurde in Europa durch die Krebspest stark dezimiert.

376 | Was wird beim Krebs als Griffel (Griffelbeinpaare) bezeichnet?
Das Begattungsorgan (Begattungshilfsorgan) beim männlichen Edel- und Steinkrebs.

377 | Wo entwickeln sich die Eier von Edel- und Steinkrebs?
Unter dem Hinterleib des weiblichen Krebses.

378 | Was versteht man unter einem Butterkrebs?
Einen frisch gehäuteten Krebs.

379 | Warum häuten sich Krebse?
Der Krebspanzer wächst nicht mit und muss in Abhängigkeit vom Wachstum vergrößert werden.

380 | Was ist für den Steinkrebs kennzeichnend?
Er bleibt klein und hat einen schmutzig weißen Bauch, eine dunkle Oberseite und dunkle Scheren.

381 | Bei welchen Krebsarten sind die Unterseiten der Scheren rot gefärbt?
Beim einheimischen Edelkrebs, aber auch beim aus Amerika eingeführten Signalkrebs.

382 | Welches gute Unterscheidungsmerkmal zwischen Edelkrebs und dem Signalkrebs gibt es?
Die Scherenoberseiten sind beim Edelkrebs gekörnt, beim Signalkrebs dagegen glatt.

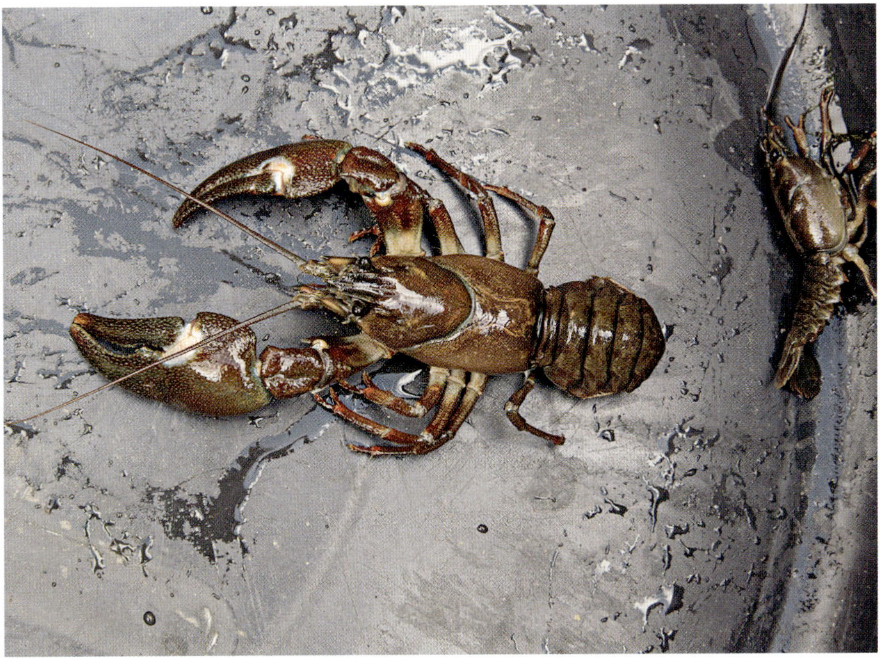

Erkennungszeichen des Signalkrebses: Der helle Fleck im Innenwinkel der Scherenoberseite.

383 | Wodurch unterscheiden sich der Galizische Sumpfkrebs und der Edelkrebs?

Der Galizische Sumpfkrebs besitzt im Gegensatz zum Edelkrebs auffallend lange, schmale Scheren ohne Rotfärbung der Scherenunterseite.

384 | Welche Krebsart soll in heimischen Gewässern gehegt werden?

Der Edel- und Steinkrebs, auf keinen Fall der amerikanische Signalkrebs.

Flussperlmuschel u.a.
(Margaritifera margaritifera)

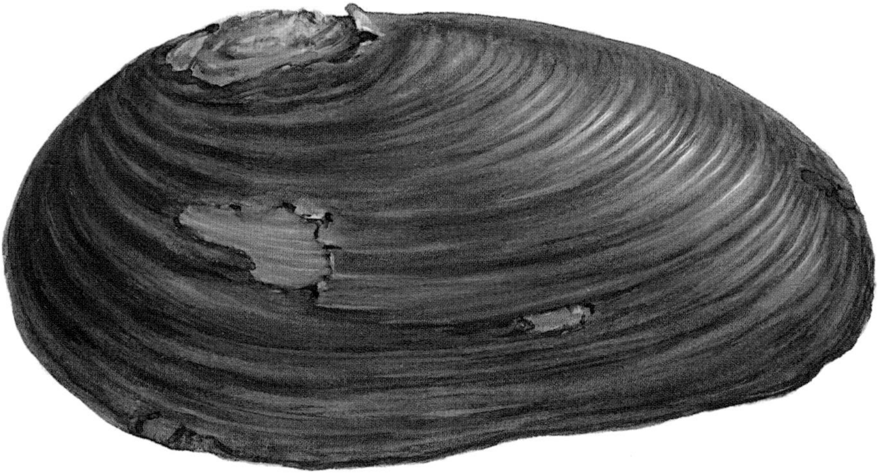

In den Gewässern Mitteleuropas gibt es rund 30 Muschelarten. Zu den wichtigsten Vertretern zählen: Flußperl- und Bachperlmuschel, Teichmuschel und Wandermuschel. Die als stark gefährdet geltende Flussperlmuschel kommt nur in kalkarmen, sauberen Gewässern vor. Z.B. gibt es noch geringe Bestände in den Bächen des ostbayrischen Grenzgebirges (Bayerischer Wald, Fichtelgebirge). Nach dem Schlupf heften sich die Larven, die sogenannten »Glochidien« für einige Zeit an die Kiemen von Bachforellen, um sich dort weiter zu entwickeln. Die Larven der anderen heimischen Muscheln machen es ähnlich und benützen z.B. Hasel, Döbel, Nerfling, Gründling, Rotauge, Rotfeder und Barsch als Wirtsfische.

Es gibt aber auch Muschelarten, die ohne Zwischenwirte auskommen, z.B. die schon gegen Ende des 19. Jahrhunderts eingeschleppte **Dreikantmuschel.**

Aber nicht nur die Muscheln sind bei ihrer Entwicklung auf Wirtsfische angewiesen. So benützt umgekehrt der Bitterling die Teich- oder Malermuschel als »Brutkasten« für seine Eier. Über eine Legeröhre injiziert das Bitterlingweibchen ihre Eier in das Innere der Muschel, wo sie sich von Fressfeinden unbehelligt entwickeln können.

Können sich Muscheln fortbewegen? Am sandigen Gewässergrund sind mitunter meterlange Furchen zu beobachten, an deren Ende eine Muschel sitzt – ein augenfälliger Beweis für die Wandertätigkeit der Tiere. Das Kriechen wird durch den sogenannten »Fuß« ermöglicht. Dieser muskulöse Körperteil wird durch Einpressen von Blut prall gefüllt und schiebt sich am Vorderende der Muschel aus den Schalen heraus. Er bohrt sich in den Schlamm oder heftet sich am Gewässerboden fest. Der Körper wird dann nachgezogen. Als Nahrung dienen meist kleine Planktontiere, die aus dem Atemwasser filtriert werden. In gewisser Weise sind Muscheln damit an der Gewässerreinhaltung beteiligt. Durch Gewässerverschmutzung sind aber andererseits bestimmte Arten vom Aussterben bedroht.

?

385 | Was ist an den Schalen der Flussperlmuschel besonders auffallend?
Dicke Schale mit zerklüfteter Außenseite.

386 | Auf welche Gewässer ist das Vorkommen der Flussperlmuschel beschränkt?
Kalkarme Gewässer.

387 | Wie werden die Larven der Bachperlmuschel bezeichnet?
Glochidien.

388 | Wo halten sich Perlmuschellarven (Glochidien) nach ihrem Schlupf vorübergehend auf?
In den Kiemen von Bachforellen.

389 | Welche Muschelarten benötigen für die Larvenentwicklung keine Wirtsfische?
Dreikantmuschel.

390 | Ist die Dreikantmuschel eine einheimische Muschelart?
Nein, sie wurde im 19. Jahrhundert eingeschleppt.

391 | Welche Fischart legt ihre Eier in Teich- oder Malermuscheln ab?
Bitterling.

392 | Welche Fischart bildet eine Legeröhre für die Eiablage aus?
Bitterling.

393 | Welche biologische Funktion erfüllen Muscheln?
Sie filtern das Wasser und sind so an der Reinhaltung der Gewässer beteiligt.

?

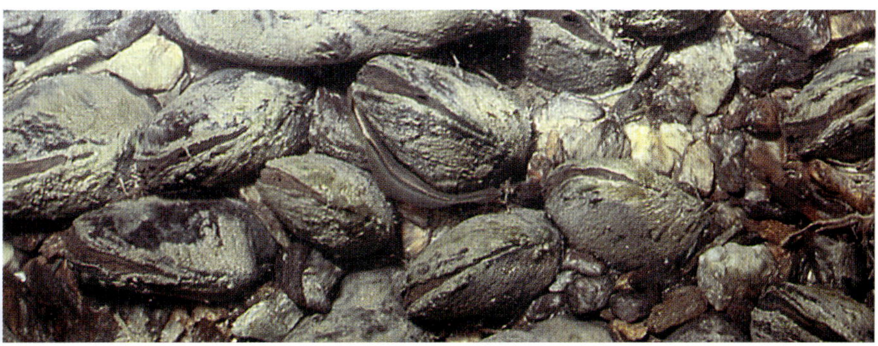

Muscheln, hier die seltenen Bachperlmuscheln, helfen Gewässer sauber zu halten.

Meeresfische (Nord- und Ostsee)

Es gibt es eine Reihe von Fischen, welche die meiste Zeit ihres Lebens im Meer zubringen und nur zum Laichen ins Süßwasser ziehen. Dazu gehören u.a. der Lachs, die Meerforelle, der Maifisch und verschiedene Störarten. Sie wurden bereits in den vorliegenden Gruppen genannt. Der folgende Abschnitt enthält zusätzlich einige der im deutschen Küstenbereich ausschließlich im Salzwasser von Nord- und Ostsee lebenden und für den Angler wichtigen Meeresfische. Je nachdem, ob sich deren spezifischer Lebensraum nahe am Land oder weiter draußen befindet, können sie entweder direkt vom Ufer oder vom Boot aus beangelt werden.

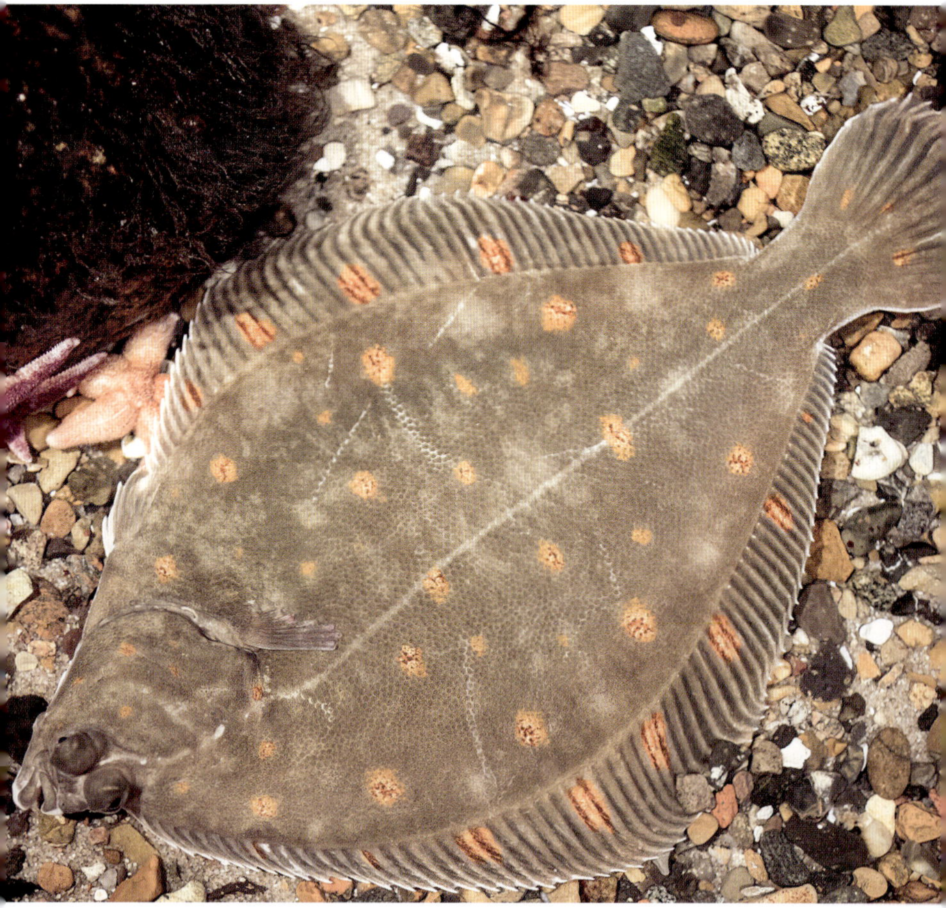

Die ausgezeichnet schmeckende Scholle wird an Nord- und Ostsee vor allem beim Brandungsangeln gefangen. Gute Naturköder sind Watt- und Seeringelwurm. Der Herbst gilt als die beste Angelzeit.

Dornhai
(Squalus acanthias)

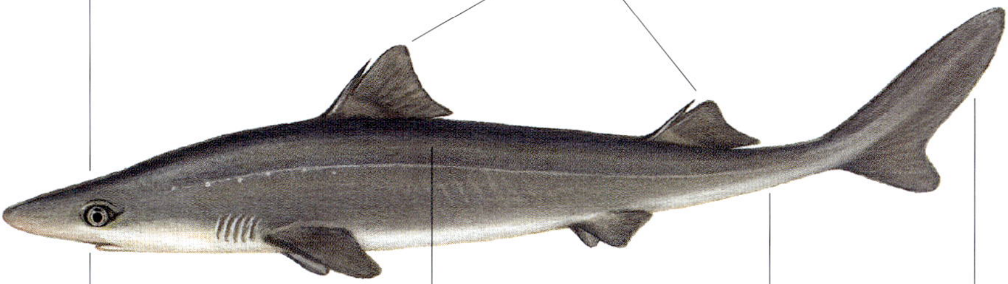

Kennzeichen: Spindelfömiger Körper. Mittlere Länge 60–90 cm (max. 120 cm). Gewicht bis 10 kg.

Lebensraum: Häufigste Haiart im Nordatlantik. Fehlt in der Ostsee.

Lebensweise: Lebt als Bodenfisch in Schwärmen von mehreren 100 bis zu 1000 Tieren. Bevorzugt schlammigen Grund und Küstennähe. Dornhaie legen lange Wanderungen zurück.

Ernährung: Fische wie z.B. Dorsche, Makrelen, Heringe, auch Krebse und andere wirbellose Tiere.

Fortpflanzung: Nach einer Tragzeit von 21–22 Monaten lebend gebärend. 5–15 Junghaie pro Weibchen. Die Jungen sind bei der Geburt schon 20–30 cm lang.

Angelmethoden: Grundangel mit Fischfetzen oder toten Köderfischen.

Verwertung: Geschätzter Speisefisch. Das in Gelee marinierte Fleisch wird als »Seeaal« angeboten, die geräucherten Bauchlappen als »Schillerlocken«.

Dorsch, Kabeljau *)

(Gadus morhua)

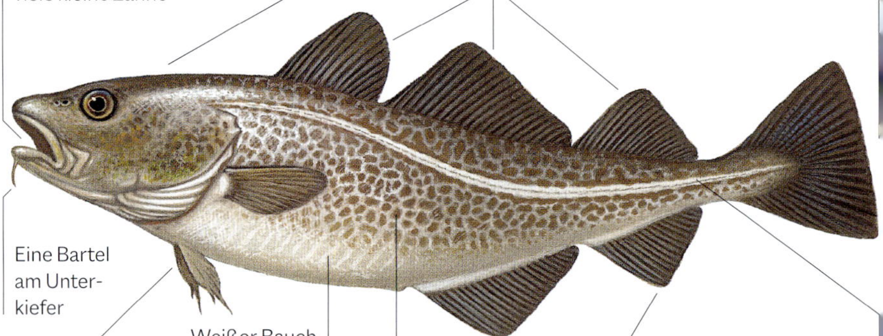

Kennzeichen: Grundfärbung je nach Aufenthaltsort. Mittlere Länge 40–70 cm (max. 150 cm). Gewicht mehr als 30 kg.

Lebensraum: Nordatlantik und Nebenmeere.

Lebensweise: Meist in Schwärmen. Bildet zahlreiche Stämme, die sich durch unterschiedliche Nahrungs- und Laichwanderungen unterscheiden.

Ernährung: Lebt räuberisch am Boden. Ernährt sich von Fischen, Krebstieren, Würmern.

Fortpflanzung: Meist Frühjahrslaicher im Freiwasser, oft in Tiefen um 60–100 m. Eier steigen zur Oberfläche. Die frei schwebenden Eier und Larven werden durch Meeresströmungen verdriftet.

Angelmethoden: Pilkangeln vom treibenden Boot mit künstlichen Beifängern (z.B. Gummiwürmer, Federhaken) am Paternostersystem. Mit natürlichen Ködern am Grund auch vom verankerten Boot. Brandungsfischen vom Ufer aus mit natürlichen Ködern.

Verwertung: Im mittleren und nördlichen Europa einer der wichtigsten Wirtschaftsfische. Ausgezeichneter Speisefisch.

*) Kabeljau ▸ Nordsee
Dorsch ▸ Ostsee

Köhler, Seelachs
(Pollachius virens)

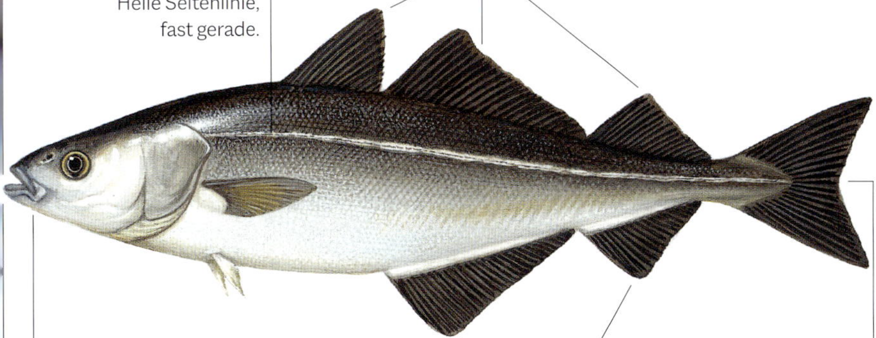

Kennzeichen: Spindelförmiger Körper. Schwarzer, blaugrüner oder dunkelgrüner Rücken. Mittlere Länge 50–70 cm (max. 130 cm). Gewicht bis 25 kg.

Lebensraum: Nordostatlantik, Nordsee und westliche Ostsee.

Lebensweise: Lebt in Schwärmen im Freiwasser von der Oberfläche bis in größere Tiefen.

Ernährung: Sehr gefräßiger Raubfisch. Beute sind vor allem Fische. Folgt den Laichzügen der Heringe.

Fortpflanzung: Laichzeit im Zeitraum von Januar – April. Eiablage in Tiefen von 100–200 m in Regionen mit hohem Salzgehalt.

Angelmethoden: Meistens Pilken und Naturköderangeln vom Boot aus. Kleinere Köhler können auch von einer Felsenküste aus mit Kunst- bzw. Naturködern gefangen werden.

Verwertung: Wichtiger Wirtschaftsfisch. In Deutschland kommen vor allem tiefgefrorene Filets auf den Markt. Beim Verbraucher ist er geräuchert und rot gefärbt als »Seelachs« in Öl beliebt.

Pollack
(Pollachius pollachius)

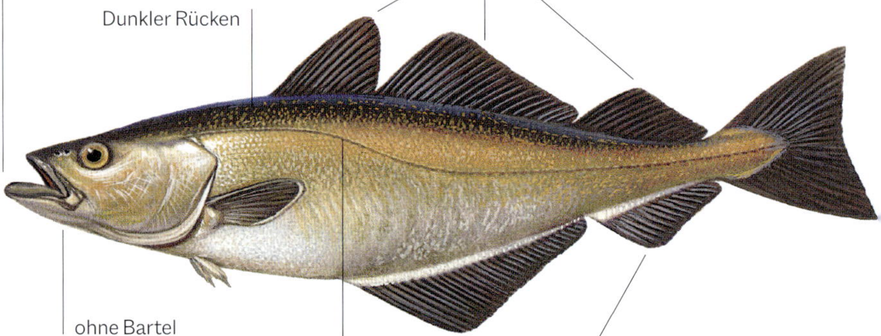

Kennzeichen: Spindelförmiger Körper, seitlich zusammengedrückt. Bräunlich-olive Grundfärbung, Flanken messingfarben. Mittlere Länge 50–60 cm (max. 120 cm). Gewicht bis 15 kg.

Lebensraum: Nordostatlantik. In der westlichen Ostsee zwischen Dänemark und Schweden. Fehlt in weiten Bereichen der Nordsee.

Lebensweise: In Schwärmen lebend, besonders in Küstennähe über felsigem Grund bis in 200 m Tiefe.

Ernährung: Kleintiere, z.B. Tiefseegarnelen, Würmer, sowie Kleinfische wie Sandaale, Heringe, Sprotten.

Fortpflanzung: Im Zeitraum von Januar – Mai in Tiefen von 100–150 m.

Angelmethoden: Pilk- und Naturköderangeln vom Boot aus. Naturköder mit der Pose von Molen und Felsenküsten. Spinn- und Fliegenfischen.

Verwertung: Steht als Speisefisch hinter dem Dorsch zurück. Wirtschaftliche Bedeutung gering.

Wittling, Merlan
(Merlangius merlangus)

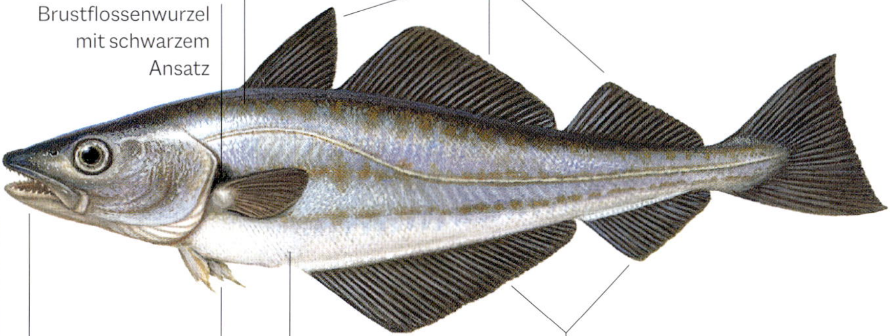

Kennzeichen: Spindelförmiger, lang gestreckter Körper. Mittlere Länge 25–35 cm (max. 50 cm). Gewicht bis 1,5 kg.

Lebensraum: Nordostatlantik, Nordsee und westliche Ostsee.

Lebensweise: Aufenthalt in Küstennähe, vor allem in pflanzenreichen Regionen bis in 200 m Tiefe. Auch im Brackwasser.

Ernährung: Garnelen, Schwimmkrabben, Würmer und kleine Fische wie Sandaale, Kleinheringe, Stintdorsche.

Fortpflanzung: Laichzeit im Zeitraum von Januar – September in 30–100 m Tiefe. Larven und Jungtiere halten sich unter den Glocken von Nesselquallen auf, wo sie Schutz finden und sich teilweise von den Eiern der Quallen ernähren. Weite Verdriftung durch Meeresströmungen. Erst ab einer Größe von 5–10 cm wandern die Jungfische zum Meeresboden hinunter, um sich dort weiterzuentwickeln.

Angelmethoden: Grundangeln mit Naturködern (Würmer, Fischfetzen) von Molen und Felsriffen aus. Manchmal als Beifang beim Dorschpilken.

Verwertung: Schmackhaftes und zartes Fleisch.

Hornhecht, Hornfisch, Grünknochen
(Belone belone)

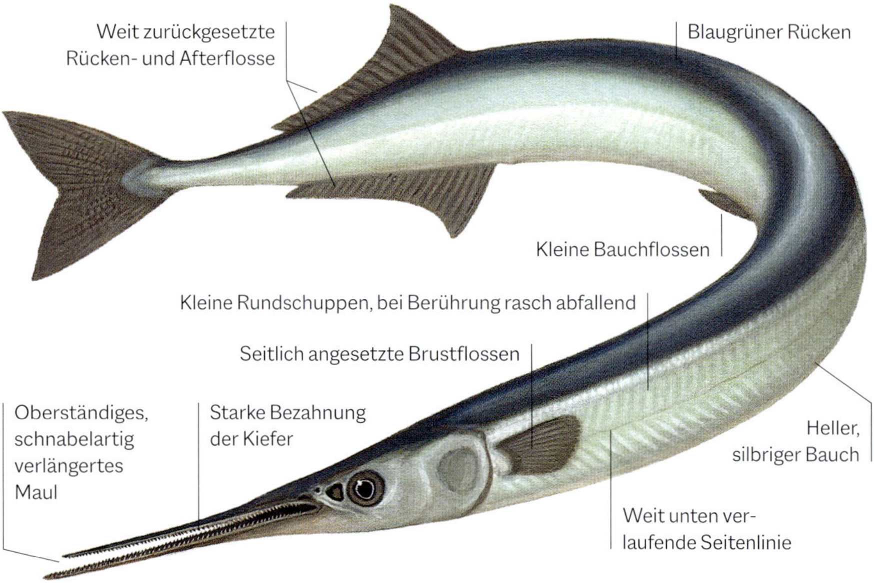

Kennzeichen: Ausgeprägt pfeilförmig, im Querschnitt fast drehrund. Mittlere Länge 50–70 cm (max. ca. 90 cm). Gewicht bis 1,0 kg.

Lebensraum: Freiwasser des Nordostatlantiks, des Mittelmeeres und des Schwarzen Meeres.

Lebensweise: Lebt meist nahe der Oberfläche. Ähnliche Wanderungen wie die Makrelen.

Ernährung: Jagt nahe der Wasseroberfläche Kleinfische wie Jungheringe, Sprotten, Sandaale, Stichlinge, aber auch Krebstiere. Hauptsächlich tagsüber auf Nahrungssuche.

Fortpflanzung: Laichzeit in der Zeit von Mai – Juni in Flachwassergebieten. Eier kleben an Steinen und Pflanzen.

Angelmethoden: Interessanter Angelfisch. Schnelles Spinnfischen mit kleinen schlanken Löffeln und Fliegenfischen mit weißen oder silberfarbenen Streamern.

Verwertung: Fleisch ist schmackhaft, fettarm, ein wenig trocken. Die grünen Gräten sind ungiftig, machen die Art aber schwer absetzbar.

Makrele
(Scomber scombrus)

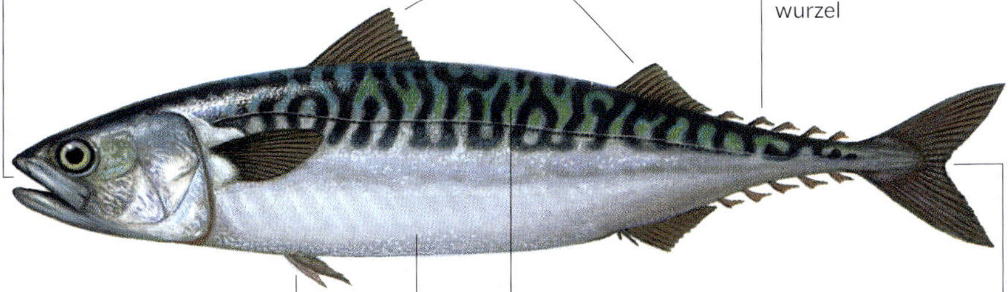

Kennzeichen: Spindelförmig. Mittlere Länge 30–40 cm (max. 50 cm). Gewicht bis 2 kg.

Lebensraum: Ostatlantik bis Nordafrika, Mittelmeer, Schwarzes Meer.

Lebensweise: Eine Schwimmblase fehlt, dadurch kann die Makrele beim Jagen sehr schnell die Wassertiefen wechseln.

Ernährung: Im Sommer sehr gefräßig. Beute sind vor allem Krebstiere und kleine Fische, die ebenfalls im Freiwasser leben.

Fortpflanzung: Laichzeit je nach Lebensraum. In der Nordsee Juni/Juli, im Mittelmeer März/April. Eiablage nahe der Oberfläche. Die Eier treiben im Freiwasser.

Angelmethoden: Ausgezeichneter Angelfisch. Spinn- und Schleppfischen mit leichtem Gerät. Verbreitet ist vor allem das Angeln mit dem Federhakensystem von Booten oder Felsklippen aus. Auch Fliegenfischen mit kleinen Streamern ist erfolgversprechend, vorausgesetzt die Fische sind in Wurfweite.

Verwertung: Hervorragender Speisefisch, mit fetthaltigem, aromatischem Fleisch. Beliebt vor allem gegrillt und geräuchert. Große wirtschaftliche Bedeutung in der Berufsfischerei.

Hering
(Clupea harengus)

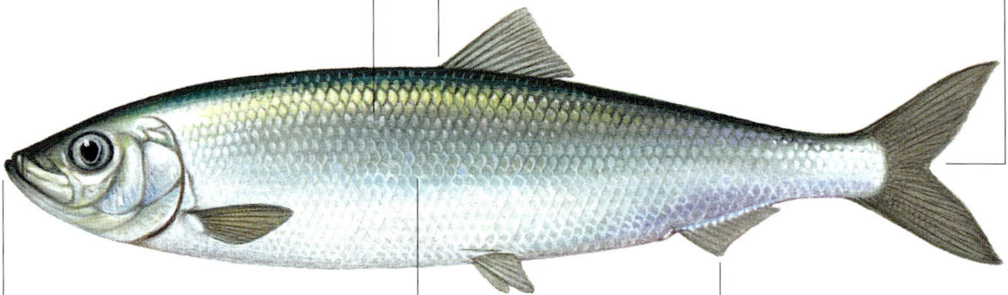

Kennzeichen: Schlanker, spindelförmiger Körper, blau-grüner Rücken, silbrigweißer Bauch. Mittlere Länge 20–25 cm (max. 40 cm).

Lebensraum: Nordatlantik, südlich bis zur Biskaya und Nebenmeere (z.B. Ostsee).

Lebensweise: Als Schwarmfisch im Freiwasser lebend (pelagisch). In großen Mengen (mehrere tausend Tonnen pro Schwarm) vor allem dort, wo kalte arktische Meeresströmungen auf aus dem Süden kommende warme Strömungen treffen.

Ernährung: Tierisches Plankton, vor allem Hüpferlinge, Leuchtgarnelen und Flügelschnecken. Sie werden mithilfe der Kiemenfilter aus dem Atemwasser gesiebt. In der Nordsee auch Larven der Sandaale.

Fortpflanzung: Ablaichen je nach Spezies an unterschiedlichen Stellen, auch nahe der Küste im Freiwasser. Die Eier sinken zum Boden und kleben an Steinen, Pflanzen etc. Die frisch geschlüpften Larven steigen zur Wasseroberfläche.

Angelmethoden: Hegene mit Goldhaken von Booten, Klippen, Molen, Brücken aus.

Verwertung: Grätenreich. Dennoch wirtschaftlich sehr wichtig. Sehr guter Speisefisch in vielen Zubereitungsformen.

Meeräsche, dicklippige
(Chelon labrosus)

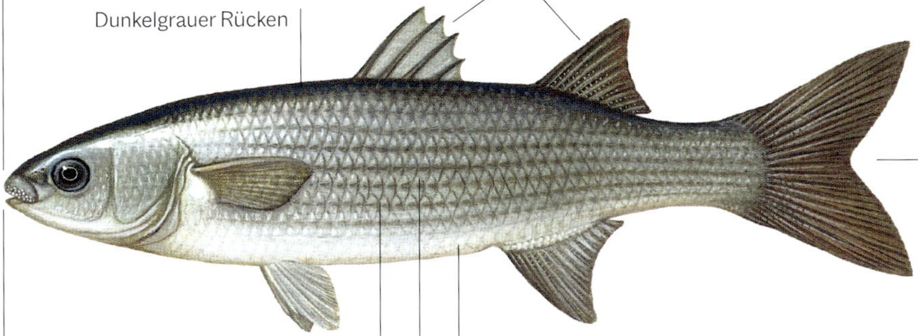

Kennzeichen: Spindelförmiger Körper. Mittlere Länge 40-50 cm (max. 60 cm). Gewicht bis 5 kg.

Besonderheiten: Außer der dicklippigen Meeräsche spielt in unseren Breiten noch die dünnlippige Meeräsche eine Rolle. Beider Lebensumstände sind ähnlich.

Lebensraum: Atlantik und Mittelmeer. Wanderungen bis Faröer Inseln, Island, Skandinavien.

Lebensweise: Lebt in Schwärmen an der Küste. Hält sich oft sehr nahe am Ufer auf, in Lagunen und Flussmündungen (Brackwasser). Bevorzugt Bereiche mit reichlich Pflanzenwuchs.

Ernährung: Abweiden von Algen auf Steinen und Felsen. Auch Planktonorganismen und Kleintiere, z.B. Schnecken. Meeräschen besitzen einen muskulösen Magen und einen langen Darm.

Fortpflanzung: Im Mittelmeer im Winter, weiter nördlich im Frühjahr. Eier schweben und verdriften mithilfe eines Öltropfens in der Strömung.

Angelmethoden: Interessanter Angelfisch, sehr stark und kämpferisch. Verschiedene kleine Naturköder. Auch Fliegenfischen kann erfolgreich sein.

Verwertung: Meeräschen sind gute Speisefische.

Aalmutter
(Zoarces viviparus)

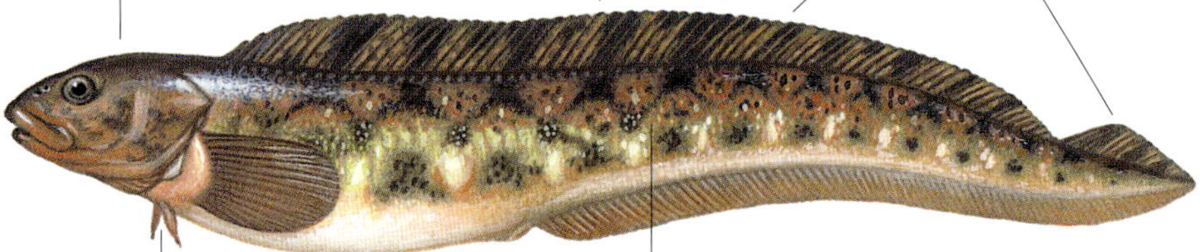

Kennzeichen: Lang gestreckte Körperform, nach hinten zulaufend. Unterschiedliche Körperfärbung: Gelb-grünlich bis braun mit verwaschenen Flecken. Grauweißer Bauch. Grüne Knochen durch ungiftigen Farbstoff »Vivianit«. Verwechslung mit Quappe (Aalrutte) im Brackwasser möglich, aber der Bartfaden fehlt der Aalmutter. Mittlere Länge 30–40 cm (max. 50 cm). Gewicht bis 0,6 kg.

Lebensraum: Küstengebiete des Nordostatlantiks. Gesamte Ostsee.

Lebensweise: Im Flachwasser an der Küste. Lebt gerne in pflanzenreichen und steinigen Bereichen. Zahlreich in der Brackwasserregion.

Ernährung: Würmer, Weichtiere, kleine Fische.

Fortpflanzung: Lebend gebärend. Paarungszeit im August/September. Innere Befruchtung mithilfe einer Analpapille des Männchens. 20–400 Junge. Die 30–35 mm langen eben geborenen Jungfische gehen sofort zum Leben am Grund über.

Angelmethoden: In der Regel als Beifang beim Grundangeln mit Naturködern.

Verwertung: Keine besondere wirtschaftliche Bedeutung. Schmackhaftes Fleisch, besonders geräuchert.

Scholle
(Pleuronectes platessa)

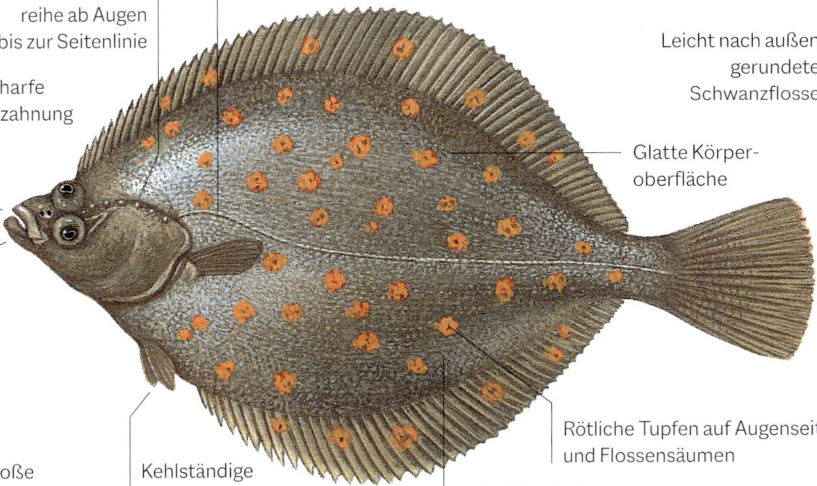

Kennzeichen: Stark abgeflachter Körper, ovale Form. Mittlere Länge 25–40 cm (max. 95 cm). Gewicht bis 7 kg.

Lebensraum: Europäische Atlantikküste, westlicher und südlicher Teil der Ostsee.

Lebensweise: Lebt in Schwärmen direkt am Grund. Nachtaktiv. Am Tag eingegraben im Sand, nur die Augen ragen heraus.

Ernährung: Würmer, Krebstiere, Borstenwürmer, dünnschalige Muscheln.

Fortpflanzung: Laichzeit je nach Breitengrad von Nov. – Juni. Eiablage oft in 160 bis 200 m Wassertiefe. Eizahl bis 500 000. Erforderlicher Salzgehalt bei 10–12 %. Deshalb kein Ablaichen in der östlichen Ostsee. Die geschlüpften Larven besitzen normale, symmetrische Form. Ab 10 mm Länge Umwandlung zum Plattfisch. Die linke Seite wird die Unterseite (Blindseite). Das linke Auge wandert auf die rechte Seite, die zur dunklen Oberseite wird.

Angelmethoden: Sehr beliebter Angelfisch an der Nordseeküste. Grundangeln (Brandungsangeln) mit Naturködern. Gemeinhin gelten Wattwürmer als die besten Köder.

Verwertung: Ausgezeichneter Speisefisch. Große wirtschaftliche Bedeutung.

Flunder
(Platichthys flesus)

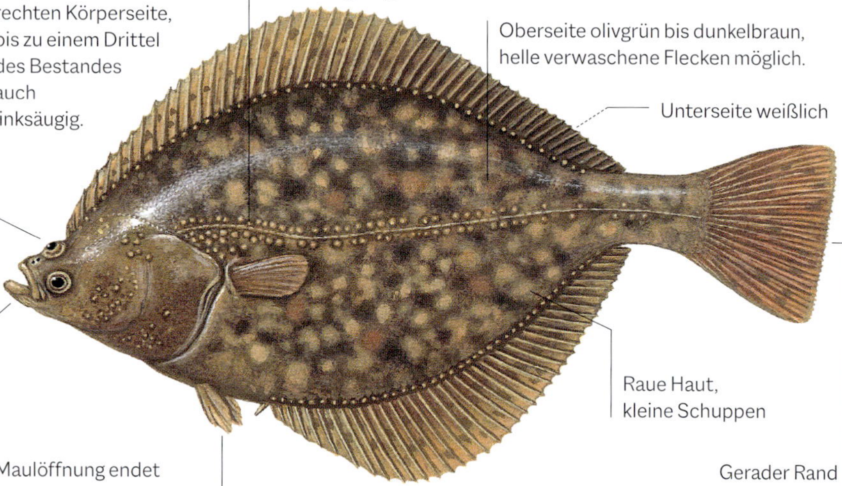

Kennzeichen: Stark abgeflachter Körper, ovale Form. Raue Haut mit dornigen Warzen (umgebildete Schuppen) am Kopf sowie entlang der Seitenlinie und den Ansätzen der Flossensäume. Mittlere Länge 25–30 cm (max. 50 cm). Gewicht bis 1,5 kg.

Lebensraum: Vor allem im Gezeitenbereich über Ton-, Schlick- und Sandgrund. Ausgeprägte Toleranz gegen wechselnden Salzgehalt des Wassers. Flundern wandern im Sommer zur Nahrungssuche oft die Flüsse hinauf.

Lebensweise: Lebt in Schwärmen am Grund. Nachtaktiv.

Ernährung: Würmer, Garnelen, Flohkrebse, Asseln, Muscheln und Kleinfische.

Fortpflanzung: Laichzeit Januar/Mai. Eiablage in etwa 20–40 m Tiefe. Eier schweben im Freiwasser. Larvenentwicklung ähnlich wie bei der Scholle.

Angelmethoden: Interessanter Angelfisch. Grundangeln (Brandungsangeln) mit Naturködern.

Verwertung: Das Fleisch ist nicht ganz so beliebt wie das der Scholle, die Flunder ist aber trotzdem ein wichtiger Wirtschaftsfisch.

Petermännchen, Großes Petermännchen
(Trachinus draco)

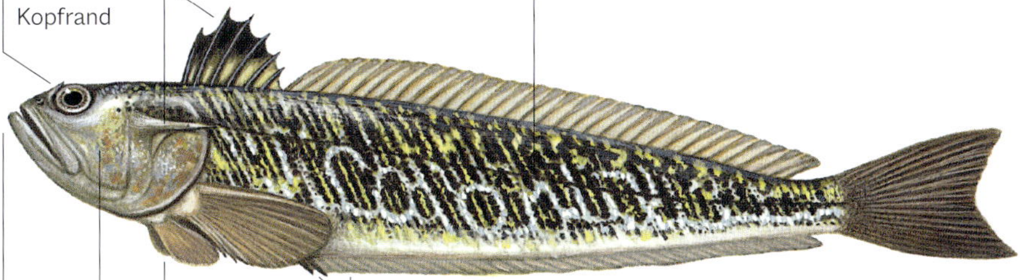

Achtung! Verletzungen durch die Giftstacheln erzeugen schlecht heilende, örtlich begrenzte Entzündungen und Nekrosen. Auch das Herz-Kreislauf-System (u.a. Hämolyse) sowie die Muskulatur werden angegriffen. Mögliche Folge: Atembeschwerden, hohes Fieber, Kopfschmerzen und Krämpfe. Bei sehr empfindlichen Menschen kann sogar der Tod eintreten. Schnellstmögliche ärztliche Behandlung erforderlich.

Kennzeichen: Färbung: Rücken gelblichbraun, Bauchseite heller, Flanken mit feiner, dunkler Querstreifung. Mittlere Länge 25 und 30 cm. Max. 45 cm Länge. Gewicht bis 0,5 kg.

Lebensraum: Nordostatlantik. In der Ostsee seltener. Stabile Vorkommen über Sand- und Schlammgrund in einer Tiefe bis 15 m (Sommer) und bis 150 m (Winter).

Lebensweise: Einzelgängerischer Bodenfisch. Nachtaktiv, dann freischwimmend. Tagsüber eingegraben im Sand, nur die Augen ragen heraus.

Ernährung: Meist Garnelen, kleine Grundfische.

Fortpflanzung: Laichzeit Juli/August.

Angelmethoden: Als Beifang beim Meeresfischen vor allem mit Naturködern.

Verwertung: Trockenes aber schmackhaftes Fleisch. Besonders in Südeuropa geschätzt.

?

394 | Welcher Meeresfisch wird hier beschrieben: Körper spindelförmig, 3 Rücken-, 2 Afterflossen. Alle Flossen abgerundet, Rücken und Seiten grün bis bräunlich- gelb marmoriert bis unter die Seitenlinie, manche Exemplare mit rötlicher Zeichnung. Am Unterkiefer ein Bartfaden, Maul unterständig.
Kabeljau (Dorsch).

395 | Um welchen Meeresfisch handelt es sich? Rücken- und Afterflosse kurz vor Schwanzende, Ober- und Unterkiefer schnabelartig verlängert.
Hornhecht.

396 | Welcher Plattfisch hat auf der glatten, beschuppten Augenseite und auf den Flossen große rötliche Tupfen?
Die Scholle.

397 | Was gilt als gutes Unterscheidungsmerkmal zwischen Flunder und Scholle?
Die Scholle ist auf der Außenseite glatt, egal in welche Richtung man mit dem Finger streicht. Die Flunder fühlt sich immer rau an.

398 | Warum können Makrelen nicht im Süßwasser leben?
Weil sie als Meeresfische an den Salzgehalt im Meer gebunden sind.

399 | Wo leben Makrelen?
Im Freiwasser.

400 | Woran kann man den Dornhai erkennen?
Vor jeder Rückenflosse befindet sich ein Dorn mit Giftdrüsen. Die Afterflosse fehlt.

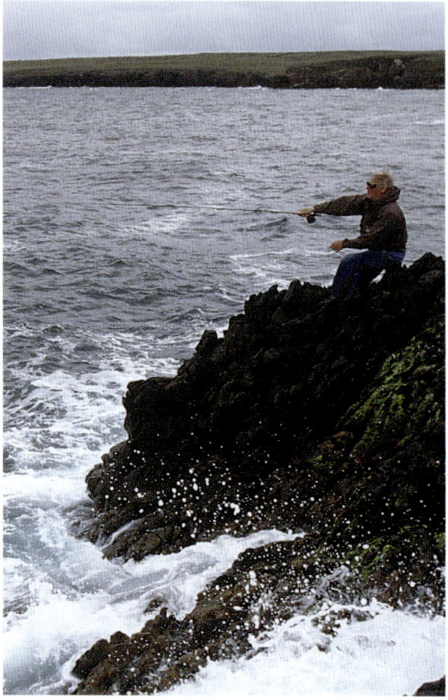

Das Angeln von Klippen aus kann sehr erfolgreich, aber auch gefährlich (z.B. glitschige Felsen) sein.

401 | Welche in Küstennähe auftretenden Fische haben keine sichtbare Seitenlinie?
Hering, Maifisch, Meeräsche und Finte.

402 | Welcher Plattfisch ist das? Raue, Augenseite mit kleinen Schuppen, zu beiden Seiten der Seitenlinie Knochenhöcker, Blindseite weißlich.
Flunder.

403 | Zu welchen Fischen gehören Köhler, Pollack und Schellfisch?
Zu den Dorschartigen.

404 | Welchem sehr lang gestreckten Meeresfisch fehlen die Bauchflossen?
Meeraal (Conger).

405 | Welcher in Schwärmen lebende Meeresfisch kann mit einem einfachen unbeköderten Goldhaken gefangen werden?
Der Hering.

406 | Welcher ständig in Küstennähe und im Brackwasser lebende Fisch weidet vor allem Algen von Steinen und Felsen?
Die Meeräsche.

407 | Welche Vorteile besitzt die Makrele durch das Fehlen einer Schwimmblase?
Sie kann beim Beutejagen schnell die Wassertiefen wechseln.

408 | Welche Eigenschaft macht den Hornhecht schwer verkäuflich?
Seine grünen Gräten.

409 | Welches Körpermerkmal hilft Köhler und Pollack auf den ersten Blick zu unterscheiden?
Der Köhler besitzt im Gegensatz zum Pollack eine fast gerade verlaufende Seitenlinie.

410 | Wie lässt sich die Verwechslung von Aalmutter und Quappe im Brackwasser ausschließen?
Die Quappe besitzt eine Bartel am Unterkiefer, die Aalmutter nicht.

411 | In welcher Fischregion der Fließgewässer ist die Aalmutter besonders verbreitet?
Im Brackwasser.

412 | Welcher im Brackwasser vorkommende Fisch bringt lebende Junge zur Welt?
Die Aalmutter.

413 | Warum können Schollen im östlichen Teil der Ostsee nicht ablaichen?
Der Salzgehalt ist dort zu gering.

414 | Wodurch kann das Große Petermännchen dem Menschen gefährlich werden?
Durch die Giftstacheln auf der ersten Rückenflosse und auf beiden Kiemendeckeln.

415 | In welcher Wassertiefe halten sich Hornhechte vor allem auf?
Nahe der Wasseroberfläche.

416 | Welcher Köder eignet sich besonders gut für Plattfische?
Der Wattwurm.

417 | Welches Ködersystem ist beim Bootsangeln auf Makrelen besonders erfolgreich?
Paternostersystem mit mehreren Federhaken.

B Gewässerkunde

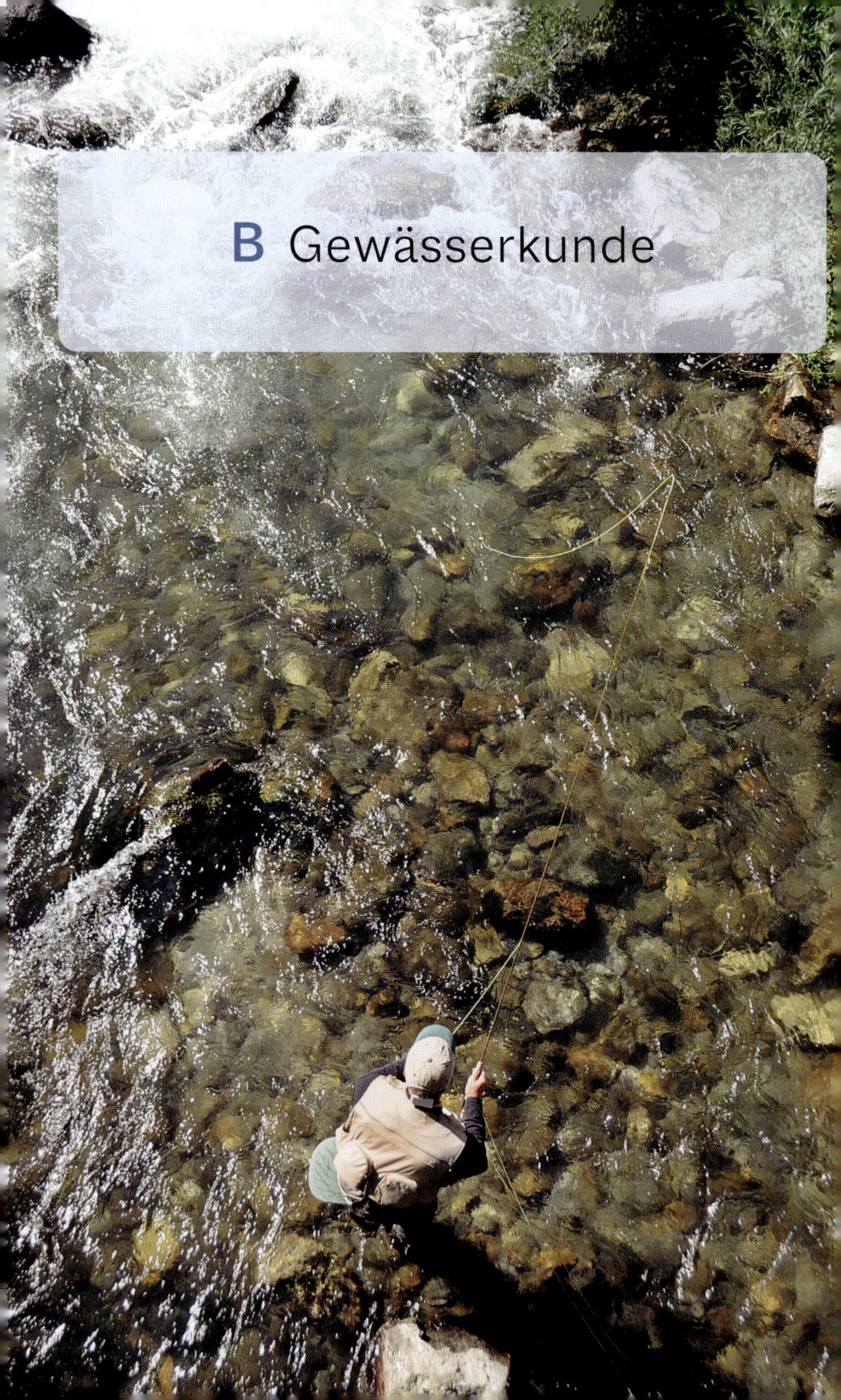

Fliegenfischer in einem schnell strömenden Abschnitt eines Mittelgebirgsflusses. Hier sind in erster Linie Salmoniden wie Forellen und Äschen heimisch. Als anpassungsfähiger Vertreter der Cypriniden gesellt sich gelegentlich der Döbel (Aitel) hinzu.

Chemische und physikalische Eigenschaften des Wassers

Die Gesundheit und Güte eines Fischbestandes ist von der Qualität des Wassers abhängig, in dem er lebt. Die Fische nehmen seine Temperatur an, atmen seinen Sauerstoff und finden in ihm ihre Nahrung. Wasserqualität und Gewässereigenschaften werden durch eine Reihe von Faktoren bestimmt.

Nährstoffe

Die Fruchtbarkeit eines Gewässers ist von Art und Menge der im Wasser gelösten Nährstoffe abhängig. Wichtig sind Phosphor, Stickstoff, Calcium und Natrium. Das pflanzliche Plankton (Phytoplankton), das am Beginn der Nahrungskette aller Wasserlebewesen steht, verwendet solche Nährstoffe zum Aufbau seiner (organischen) Substanz. Energielieferant dafür ist das Sonnenlicht. Bekannt ist diese Umwandlung von anorganischer (toter) in organische (lebende) Materie als *Photosynthese* oder *Assimilation*.

Das pflanzliche Plankton besteht in der Hauptsache aus einzelligen, im Wasser schwebenden Algen (Grün-, Blau- und Kieselalgen) und dient der Ernährung des tierischen Planktons (Zooplankton), zu welchem Rädertierchen, bestimmte Kleinkrebse, Hüpferlinge und Wasserflöhe zählen. Diese bilden wiederum die Nahrung für andere Kleintiere, die ihrerseits von Fischen gefressen werden. Die Menge der im Wasser gelösten Nährstoffe nimmt somit über die Nahrungskette Einfluss auf die Größenordnung des Fischbestandes. Man spricht von nährstoffarmen und nährstoffreichen Gewässern.

Bei *Nährstoffarmut* kann sich nur wenig pflanzliches Plankton bilden, und das auch nur, soweit das Licht in das Wasser eindringt. In tiefen Seen findet die sogenannte *Primärproduktion,* die Erzeugung von sehr kleinen organischen Substanzen, deshalb nur in den durchlichteten Uferbereichen und oberen Schichten des Freiwassers statt.

Dagegen bilden sich in nährstoffreichen, also fruchtbaren, Stillgewässern große Mengen pflanzlichen Planktons. Kommen etwa durch Einleitung landwirtschaftlicher, häuslicher sowie industrieller Abwässer zu viele Nährstoffe in einen See, können sich im Freiwasser treibende, mikroskopisch kleine, Schwebalgen übermäßig entwickeln. Die Folge ist die sogenannte *Algenblüte.* Der See färbt sich grün, gelb oder braun. Stirbt dieser Algenteppich z.B. aufgrund starker Temperaturschwankungen plötzlich ab, kann es zu einem drastischen Sauerstoffmangel im Wasser und in dessen Folge zu einem *Fischsterben* kommen.

Alle Vorgänge, die zur übermäßigen Nährstoffanreicherung führen, nennt man in der Fachsprache *Eutrophierung.* Der Zustand eines nährstoffreichen Sees wird somit als »eutroph« bezeichnet. Phosphate und Stickstoffverbindungen aus Abwässern sind auch die Ursache für übermäßigen Pflanzenwuchs, der *Verkrautung* eines Gewässers. Auch das Einbringen von Fischlockfutter in größeren Mengen ist eine Nährstoffzufuhr und fördert die Eutrophierung. Das Anfüttern von Fischen sollte deswegen nur sehr zurückhaltend durchgeführt werden.

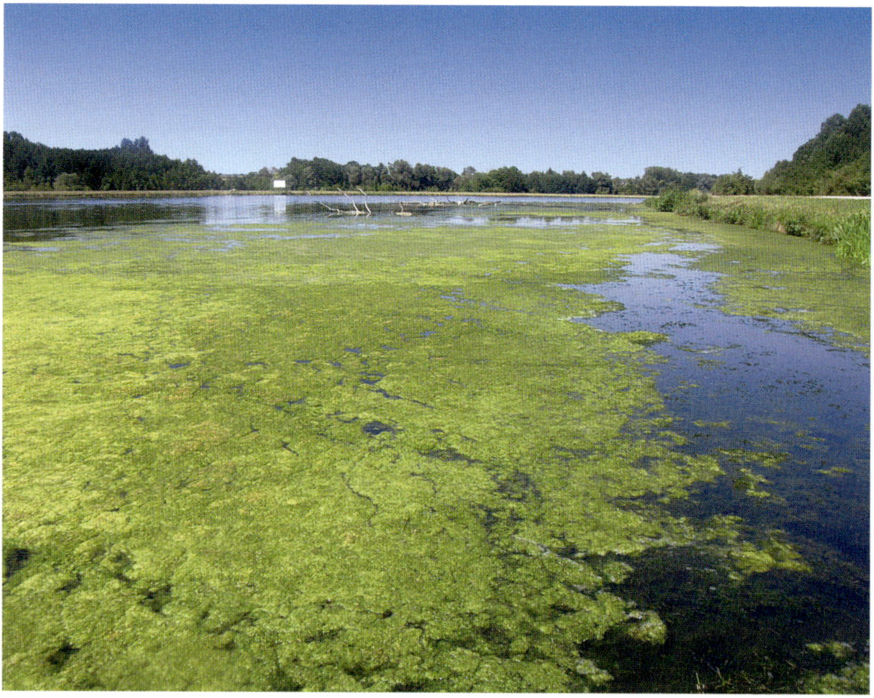

Zu viele Nährstoffe im Wasser können in einem See zur sommerlichen »Algenblüte« führen.

?

1 | Welche Organismen stehen am Anfang der Nahrungskette?
Einzellige Algen.

2 | Was gehört zum pflanzlichen Plankton, dem Phytoplankton?
Grün-, Blau-, Kieselalgen.

3 | Welche Stoffe sind wichtige Pflanzennährstoffe?
Stickstoff, Phosphor, Calcium und Natrium.

4 | Was sind anorganische Stoffe?
Elemente wie z.B. Phosphor, Kalium usw. Im Wasser sind sie die Bausteine für das Phytoplankton.

5 | Sind die Pflanzennährstoffe in Gewässern von fischereibiologischer Bedeutung?
Ja, sie sind Vorbedingung für die Nahrungskette.

6 | Was versteht man unter Phytoplankton?
Im Wasser schwebende, mikroskopisch kleine Pflanzen (Schwebalgen).

7 | Was versteht man unter dem Begriff »Assimilation«?
Pflanzen bauen mithilfe von Sonnenlicht aus anorganischen Stoffen organische Substanzen auf.

8 | Wo findet die Primärproduktion in stehenden Gewässern statt?
In den von Sonnenlicht durchdrungenen Wasserschichten.

9 | Was ist ein Kennzeichen für ein eutrophes Gewässer?
Starkes Algenwachstum.

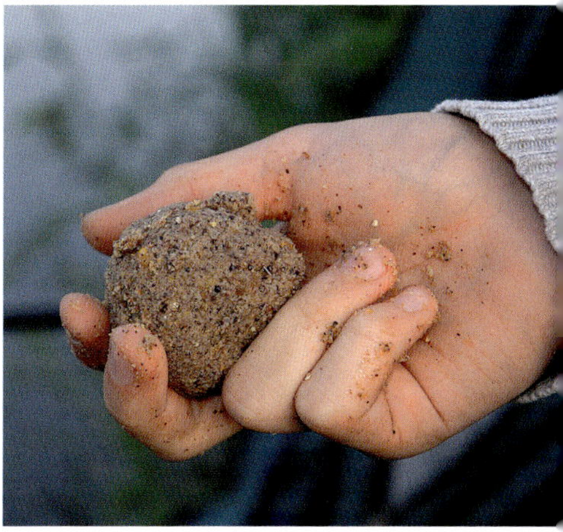

Futter zum Anlocken von Fischen kann bei übermäßigem Einsatz zur Überdüngung von Gewässern beitragen.

10 | Was ist typisch für nährstoffreiche Seen?
Phytoplankton (Schwebalgen) kann sich besonders im Frühjahr und Sommer in großen Mengen entwickeln.

11 | Wie kommen unter natürlichen Verhältnissen die meisten Pflanzennährstoffe in die Gewässer?
Sie werden durch Niederschläge aus den umliegenden Böden ausgewaschen.

12 | Wie ist das Algenaufkommen in einem eutrophen Gewässer?
Hoch.

13 | Was versteht man unter dem Begriff der Gewässer-Eutrophierung?
Hohe Nährstoffkonzentration.

14 | Wodurch wird die Entwicklung von pflanzlichem Plankton (Phytoplankton) besonders gefördert?
Durch hohe Phosphorkonzentrationen (Phosphate).

15 | Was bezeichnet man in einem See als »Wasserblüte (Algenblüte)«?
Eine übermäßige Entwicklung von pflanzlichem Plankton (Phytoplankton).

16 | Wodurch kann in einem nährstoffreichen See eine für Fische gefährliche Sauerstoffzehrung auftreten?
Wenn die für den Abbau organischer Substanzen verantwortlichen Bakterien zu viel Sauerstoff verbrauchen.

17 | Welcher Faktor fördert die Entwicklung von pflanzlichem Plankton (Phytoplankton) in einem See wesentlich?
Der Eintrag von Phosphaten.

18 | Wodurch wird die übermäßige Verkrautung eines Gewässers verursacht?
Durch erhöhten Eintrag von Stickstoff- und Phosphorverbindungen (Düngung).

19 | Was versteht man unter einer Algenblüte?
Massenentwicklung von pflanzlichem Plankton.

Säurebindungsvermögen

In der Fischerei beurteilt man die Fruchtbarkeit eines Fischwassers nach seinem *Kalkgehalt*. Kalkarme Gewässer sind erfahrungsgemäß wenig fruchtbar, kalkreiche dagegen liefern hohe Erträge. Da

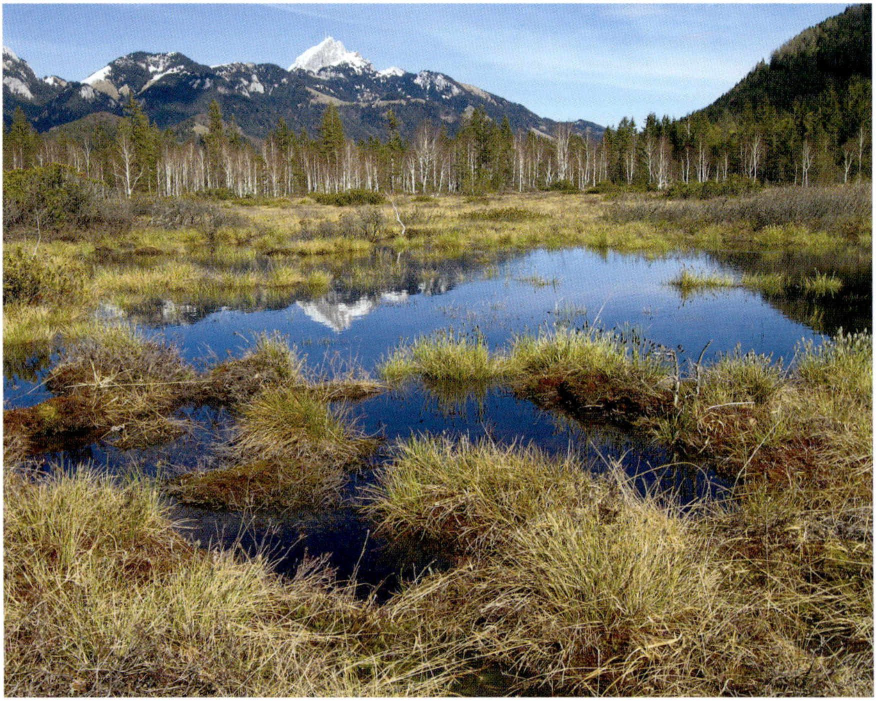

Mit Wasser aus Hochmooren gespeiste Seen haben einen niedrigen pH-Wert und werden damit als »sauer« eingestuft. Ihre fischereiliche Ertragsfähigkeit ist entsprechend gering.

Kalk in der Lage ist Säuren zu binden, bedient man sich dieser Fähigkeit, um den Kalkgehalt eines Gewässers zu messen. Dieses sogenannte *Säurebindungsvermögen (SBV)* versteht sich als ein Maß für den Kalkgehalt des Wassers. Die Fruchtbarkeit eines Gewässers teilt man anhand des SBV-Wertes wie folgt ein:

kleiner (<)	1	=	ertragsarm
	2-4	=	mittlere Erträge
größer (>)	4	=	hohe Erträge

Übernimmt zum Beispiel ein Angelverein die Bewirtschaftung eines neuen Gewässers, etwa eines Baggersees, sollte er - neben anderen Maßnahmen - das SBV feststellen und über eine gewisse Zeit kontrollieren. Restseen z.B. aus dem Bereich des Braunkohletagebaus haben meist deutlich saueres Wasser, das aber durch Kalkung verbessert werden kann. Gewässer sind durch natürlich auftretende Säuren in ihrer Ertragsfähigkeit beeinträchtigt, wenn sie durch Zuflüsse aus kalkarmen Gebieten, aus Wäldern mit hohem Fichtenanteil oder aus Hochmooren gespeist werden. Das Vorhandensein vieler Tierarten hängt davon ab, welche und wie viele Nährstoffe in einem Gewässer gelöst sind. Es gibt aber auch Tiere, die auf kalkarme Gewässer geradezu angewiesen sind, wie etwa die seltene Perlmuschel.

?

20 | Was trifft für fischereilich fruchtbare Gewässer meist zu?
Ein hoher Kalkgehalt.

21 | Was ist das Säurebindungsvermögen (SBV)?
Maß für den Kalkgehalt.

22 | Was sagt ein extrem niedriges Säurebindungsvermögen (unter 0,5) über das Fischwasser aus?
Es ist ertragsarm.

23 | Wofür ist das Säurebindungsvermögen (SBV) ein Maß?
Für den Kalkgehalt des Wassers.

24 | Welcher Fischertrag ist in einem Teich mit einem SBV-Wert von 4,0 und größer zu erwarten?
Hoher Ertrag.

25 | Ist ein Teich ertragsreich, wenn der SBV-Wert unter 1,0 liegt?
Nein, er ist ertragsarm.

26 | Welche Gewässer sind wenig fruchtbar?
Kalkarme Gewässer.

27 | Welche Gewässer sind durch natürliche Säuren in ihrer Ertragsfähigkeit beeinträchtigt?
Gewässer, die durch Zuflüsse aus kalkarmen Gebieten, aus Fichtenwäldern oder aus Mooren gespeist werden.

pH-Wert

Neben der Fruchtbarkeit hängt auch die sogenannte saure, neutrale oder alkalische Reaktion des Wassers im Wesentlichen vom Kalkgehalt ab.

- Kalkreiches Wasser reagiert: alkalisch,
- kalkarmes Wasser reagiert: sauer.

Die Reaktion wird mithilfe des sogenannten pH-Wertes ausgedrückt. Ein pH-Wert kleiner (<) als 7 bedeutet saure, größer (>) als 7 alkalische Reaktion. Die pH-Wert-Skala reicht von 1-14, wobei 1 = stark sauer

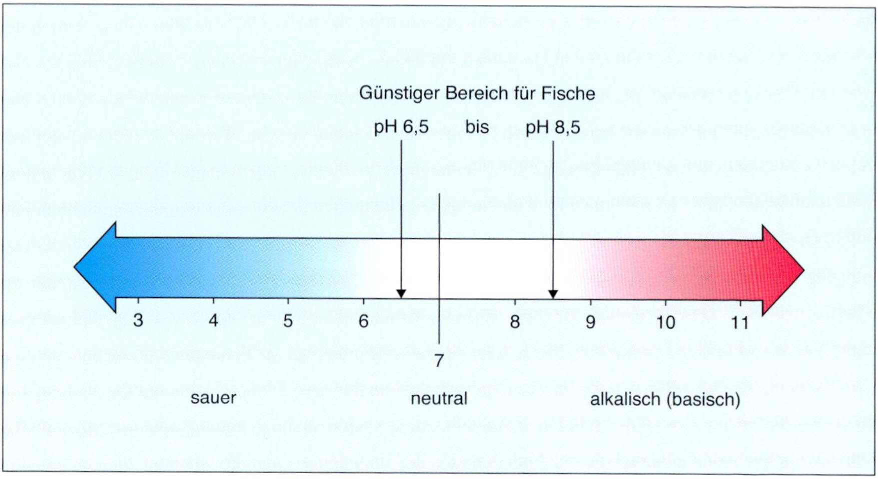

Einheimische Fische gedeihen gut im pH-Bereich von 6,5 bis 8,5.

und 14 = stark alkalisch bedeutet. Der pH-Wert 7 drückt die neutrale Reaktion aus. Für unsere heimischen Fische sind pH-Werte um 7 am günstigsten. Werte zwischen 6,5 und 8,5 sind akzeptabel.

?

28 | Was bezeichnet man mit dem pH-Wert?
Den Reaktionszustand des Wassers (sauer/neutral/alkalisch).

29 | Welcher Reaktionszustand des Wassers liegt bei einem pH-Wert von 7 vor?
Neutral.

30 | Bei welchem Reaktionszustand des Wassers ist der pH-Wert neutral?
Bei pH 7.

31 | Wie ist der Reaktionszustand des Wassers bei einem pH-Wert von 5?
Sauer.

32 | Bei einem pH-Wert von 9 bezeichnet man den Reaktionszustand des Wassers als
Alkalisch (basisch).

33 | Welche pH-Werte sind für die heimischen Fischarten am günstigsten?
pH-Werte um 7.

34 | Welche pH-Werte sind für die heimischen Fische geeignet?
pH-Werte von 6,5 bis 8,5.

35 | Wie nennt man einen pH-Wert von 7,5?
Schwach alkalisch.

36 | Wie ist der Reaktionszustand des Wassers bei einem pH-Wert von 8,5?
Alkalisch.

37 | Bei einem pH-Wert von 6,0 bezeichnet man den Reaktionszustand des Wassers als
Sauer.

Sauerstoff

Bei der Charakterisierung eines Fischwassers nimmt die Beschreibung der Sauerstoffverhältnisse stets breiten Raum ein. So gut wie alle Wasserorganismen (außer bestimmten Bakterien) benötigen Sauerstoff zum Atmen. Natürliche Sauerstoffarmut kommt z.B. bei Grund- und Quellwasser vor. Tritt dieses aus dem Boden aus, nimmt es aber über die Luft sofort Sauerstoff auf. Unterwasserpflanzen produzieren mithilfe des Sonnenlichtes *(Photosynthese)* Sauerstoff und geben ihn ans Wasser ab. Das Ausmaß der Produktion hängt von der Lichtmenge ab, welche die Pflanzen empfangen, und der Pflanzendichte. In den lichtlosen Tiefenzonen mancher Seen leben nur noch Bakterien, die nicht auf Sauerstoff angewiesen sind.

Fließende Gewässer verfügen in der Regel über einen höheren Sauerstoffgehalt als stehende Gewässer, da ständig O_2 aus der Luft aufgenommen und durch die Verwirbelung im gesamten Wasserkörper verteilt wird.

Das Sauerstoffbedürfnis von Fischen ist unterschiedlich. *Salmoniden* haben im Gegensatz zu *Cypriniden* viel höhere Ansprüche. Um in einem natürlichen Gewässer gut zu gedeihen, benötigen Salmoniden 6–7 Milligramm Sauerstoff pro Liter Wasser (mg/l).

Ein idealer Lebensraum für Forellen ist somit ein fließender, sommerkalter und sauerstoffreicher Bach, es kann auch ein nährstoffarmer, kühler See sein.

Werden bestimmte Konzentrationen an Sauerstoff unterschritten (Salmoniden: 3 mg/l, Cypriniden: 1 mg/l), hat dies meist den Tod der Fische zur Folge.

Durch schnelleres Atmen versuchen die Fische, die Sauerstoffaufnahme zu vergrö-

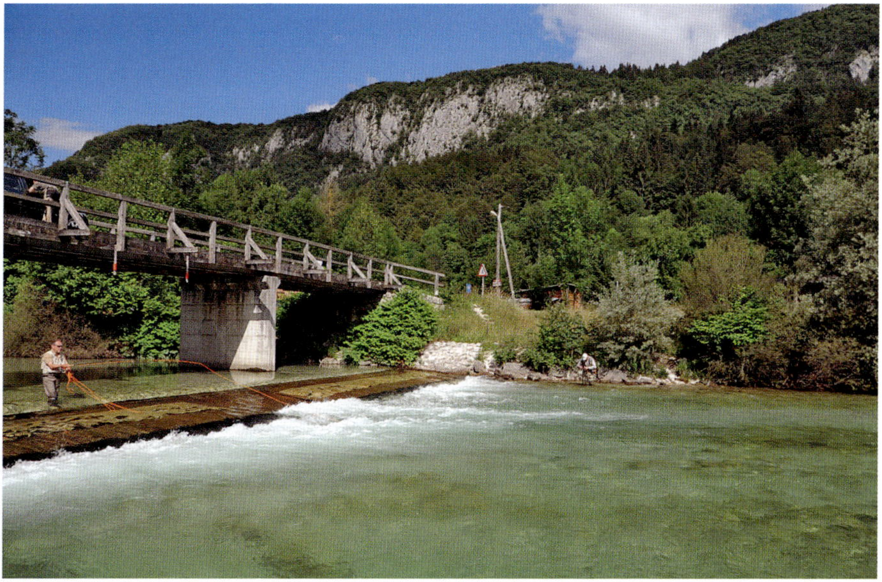

Gewässer in Kalksteingegenden, wie dieses in der Sava Bohinjka in den Julischen Alpen, führen viel gelösten Kalk mit sich. Sie weisen einen hohen pH Wert und ein gutes Säurebindungsvermögen aus.

ßern. An *Sauerstoffmangel* eingegangene Fische erkennt man an den abstehenden Kiemendeckeln.

Wasser kann, in Abhängigkeit von der Temperatur, nur eine ganz bestimmte Menge Sauerstoff binden. Ist diese Konzentration erreicht, spricht man von *Sauerstoffsättigung.* Kaltes Wasser nimmt mehr Sauerstoff auf als warmes. Am größten ist die Aufnahmefähigkeit bei 1 °Celsius. Der Sättigungswert für 10 °C warmes Wasser beträgt rund 11 mg/l. In 25 °C warmem Wasser sind dagegen nur noch etwa 8 mg/l enthalten. In eutrophen (nährstoffreichen) stehenden Gewässern schwankt der Sauerstoffgehalt mit der Tageszeit besonders stark. So ist er am *Spätnachmittag am höchsten,* denn mithilfe der Sonne konnten das Phytoplankton und die Wasserpflanzen den ganzen Tag über Sauerstoff produzieren. Dagegen ist er in den frühen *Morgenstunden am geringsten,* da in der Nacht wegen des fehlenden Lichts kein Sauerstoff gebildet, sondern von den Pflanzen nur verbraucht wurde (Sauerstoffzehrung). Im Gegensatz zur *Assimilation,* bei der Sauerstoff erzeugt wird, nennt man den Vorgang des Sauerstoffverbrauchs *Dissimilation.* Wie stark der Sauerstoffverbrauch ausfällt, hängt auch von den jeweiligen Witterungsverhältnissen ab. So kann es gerade in windstillen, warmen Nächten in pflanzenreichen Teichen und Weihern zu so starkem Sauerstoffmangel kommen, dass ein Fischsterben die Folge ist.

Auch im *Winter* kann es in flachen sowie zu- und abflusslosen zugefrorenen Gewässern mit Schnee auf der Eisdecke durch die Dunkelheit zu einem Fischsterben in-

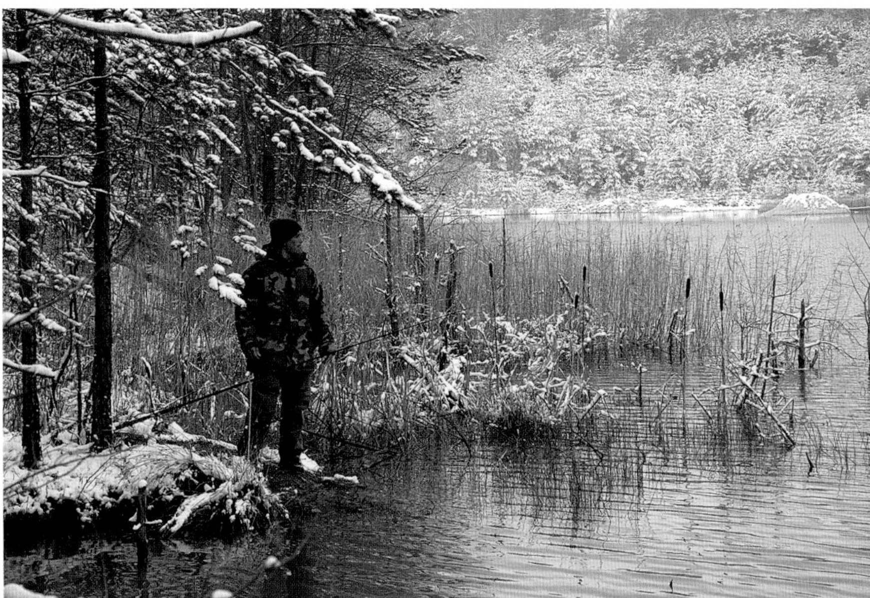

Ein abgehärteter Angler hofft auf einen Winterhecht. Bildet sich eine Eisdecke, kann es in stehenden Gewässern zu einem bedrohlichen Sauerstoffmangel kommen.

folge O_2-Mangels kommen. Das Schneeräumen von mindestens 15 m breiten Streifen lässt Licht ins Gewässer dringen, wodurch die Sauerstoffproduktion der im Winter ohnedies geringeren Pflanzenmengen (Phytoplankton, Unterwasserpflanzen), wenigstens etwas verbessert wird. Das Schlagen von Eislöchern zum Eisangeln sollte unterlassen werden, es scheucht die Fische auf, die dann zusätzlich Sauerstoff verbrauchen.

Fische reagieren unterschiedlich empfindlich, wenn der Sauerstoff weniger wird. Salmoniden sind am empfindlichsten. Schon bei Konzentration von 3 mg/l beginnen sie mit der *Notatmung*. Sie kommen dann zur Wasseroberfläche und schnappen nach Luft.

Werden mit dem *Abwasser* organische Stoffe in ein Gewässer eingeleitet, sinkt der Sauerstoffgehalt meist sehr schnell ab. Der Grund dafür sind Bakterien, die beim Abbau solcher Substanzen viel Sauerstoff verbrauchen.

Unter der natürlichen Selbstreinigungskraft eines Gewässers versteht man einen Prozess, in dem sich verschmutztes Wasser aus eigener Kraft reinigt. Verantwortlich für eine solche Reinigung sind Bakterien, die die Schmutzpartikel (= organische Substanzen) mineralisieren (abbauen). Sie verbrauchen dabei allerdings viel Sauerstoff. Sauerstoffreiche Gewässer, wie etwa schnellfließende Gebirgsbäche haben demzufolge eine größere Selbstreinigungskraft als ein langsam fließender Niederungsbach.

Zu niedrige Sauerstoffgehalte bedrohen nicht nur die Fische selbst, sondern vor allem auch deren Fortpflanzung, weil die auf dem Boden liegenden Eier bei Sauerstoffmangel absterben. Am Boden ist die Sauerstoffzehrung deshalb am größten, weil sich hier die organischen Substanzen ablagern und damit die Bakterientätigkeit am intensivsten ist.

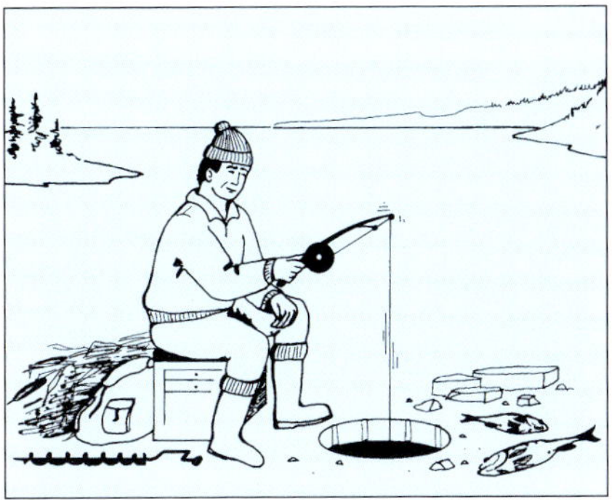

Eisangeln mit zusammenklappbarer Eisrute. Das hinter dem Angler sichtbare Schilfbündel dient zur Markierung des Eisloches zur Gefahrenabwehr.

Achtung! Bei Abwassereinleitungen und der damit verbundenen Gewässerverunreinigung sind sofort das zuständige Wasserwirtschaftsamt, die nächste Polizeidienststelle sowie die Kreisverwaltungsbehörde zu verständigen.

An dieser Stelle sei auch auf Folgendes hingewiesen: Abgespreizte Kiemendeckel sind ein deutliches Kennzeichen für den Fischtod infolge Sauerstoffmangels.

?

38 | Welche lebenswichtige Bedeutung hat Sauerstoff im Wasser?

Die im Wasser lebenden Organismen benötigen Sauerstoff zum Atmen.

39 | Zu welcher Tageszeit ist der Sauerstoffgehalt in »eutrophen« Gewässern am höchsten?
Am Spätnachmittag.

40 | Zu welcher Tageszeit ist der Sauerstoffgehalt in eutrophen Gewässern am geringsten?
In den frühen Morgenstunden.

41 | Ist der Sauerstoffgehalt in fließenden Gewässern gewöhnlich höher oder niedriger als in stehenden Gewässern?
Er ist höher.

42 | Wann wird die Sauerstoffversorgung von Fischen kritisch?
Bei hohen Wassertemperaturen.

43 | Ist bei hoher oder bei niedriger Wassertemperatur mehr Sauerstoff im Wasser?
Bei niedriger Temperatur.

44 | Wie viel Sauerstoff etwa benötigen die Forellenartigen (Salmoniden) in einem natürlichen Gewässer?
6–7 Milligramm Sauerstoff je Liter Wasser (mg/l).

45 | Welches Wasser ist für Forellen am besten geeignet?
Fließendes, sommerkaltes und sauerstoffreiches Wasser.

46 | Wann beginnen Fische mit der sogenannten Notatmung?
Wenn der Sauerstoffgehalt im Wasser lebensbedrohend niedrig ist.

47 | An welchem Verhalten der Fische erkennt man Sauerstoffmangel?
Die Fische kommen an die Oberfläche und schnappen nach Luft.

48 | Woran erkennt man aufgrund von Sauerstoffmangel verendete Fische?
An den auffallend abstehenden Kiemendeckeln.

49 | Was kann die Ursache sein, wenn die Fische beginnen, mit dem Maul über die Wasseroberfläche zu drängen?
Sauerstoffmangel.

50 | Welche Organismen reichern mithilfe des Sonnenlichts das Wasser mit Sauerstoff an?
Das pflanzliche Plankton und die Unterwasserpflanzen.

51 | Welcher Faktor ist für die Sauerstofferzeugung von grünen Unterwasserpflanzen entscheidend?
Sonnenlicht.

52 | Welche Organismen können auch in den lichtlosen Tiefenzonen von Seen dauerhaft leben?
Bakterien.

53 | Welcher chemische Stoff wird zur Selbstreinigung des Wassers benötigt?
Sauerstoff.

54 | Was versteht man unter »natürlicher« Selbstreinigungskraft eines Gewässers?
Biologische Prozesse bewirken den Abbau von organischen Stoffen (z.B. Abwässer).

55 | Welchen Einfluss hat die Wassertemperatur auf den Sauerstoffgehalt des Wassers?
Kaltes Wasser kann mehr Sauerstoff binden.

56 | Woher stammt der im Wasser gelöste Sauerstoff?

Aus der Luft und von Unterwasserpflanzen, die mithilfe von Licht Sauerstoff produzieren.

57 | In welchen Gewässern ist der Sauerstoffgehalt des Wassers gleichbleibend hoch?
In schnell fließenden.

58 | Bei welcher Temperatur kann das Wasser am meisten Sauerstoff aufnehmen?
Bei 1 °Celsius.

59 | Der Sättigungswert von Sauerstoff im Wasser ist abhängig:
von der Wassertemperatur. Je kälter umso höher.

60 | Welches Wasser ist generell sauerstoffarm und warum?
Grund- und Quellwasser da es, bevor es ans Tageslicht kommt, keine Berührung mit Sauerstoff hat.

61 | Welcher Faktor ist für die Sauerstofferzeugung der grünen Unterwasserpflanzen entscheidend?
Die Belichtung.

62 | Welche Pflanzen tragen bei Tageslicht wesentlich zur Erhöhung des Sauerstoffgehalts im Wasser bei?
Unterwasserpflanzen.

63 | Bis zu welcher Tiefe können grüne Pflanzen in Seen gedeihen?
Soweit wie Licht eindringt.

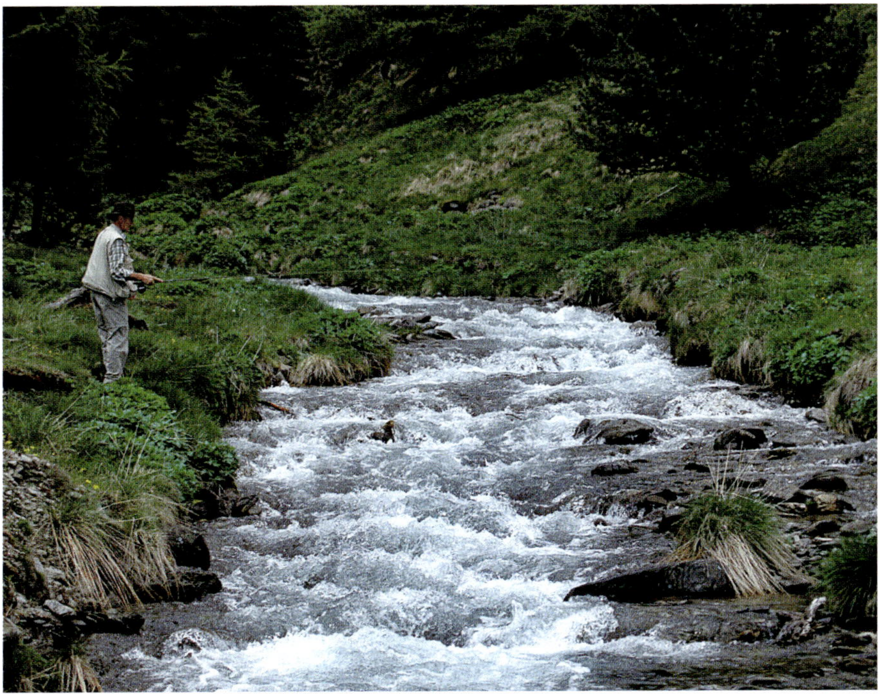

Über Steine stürzende, wirbelnde Hochgebirgsbäche sind immer sauerstoffgesättigt.

64 | Wodurch kann in einem Bach der Sauerstoffgehalt rasch abnehmen?
Durch Abwassereinleitung.

65 | Wie reagiert die Tierwelt in einem Bach auf Sauerstoffmangel?
Besonders empfindlich, da sie in Bächen an hohe Sauerstoffkonzentrationen gewöhnt ist.

66 | Wann ist der Sauerstoffgehalt in einem stehenden Gewässer gering?
Bei Dunkelheit und gleichzeitigem Massenvorkommen von Algen und Unterwasserpflanzen.

67 | In welchem Bereich eines stehenden Gewässers kommt es am ehesten zu Sauerstoffmangel?
In der Tiefe.

68 | Warum können besonders in stehenden Gewässern unter einer Eisdecke Fische ersticken?
Weil keine Sauerstoffaufnahme aus der Luft möglich ist.

69 | Wodurch kann gefährlicher Sauerstoffschwund auftreten?
Bei intensiver Bakterienaktivität nach starker organischer Belastung, z.B. durch das Einleiten sauerstoffzehrender Substanzen (Abwässer) oder nach einer Algenblüte.

70 | Welche chemischen Wasseruntersuchungen sollte ein Gewässerbewirtschafter (z.B. Fischereiverein) durchführen können?
Das Messen von pH-Wert, Sauerstoffgehalt und Temperatur.

■ Dichte

Interessanterweise hat Wasser bei *+ 4 °C seine größte Dichte* und somit das größte spezifische Gewicht. Eis hingegen hat das geringste spezifische Gewicht. Es schwimmt daher auf dem Wasser.

Die wasserspezifischen Bedingungen in einem See unterliegen wegen dieser temperaturabhängigen Veränderungen der Dichte etwas anderen Gesetzmäßigkeiten als in einem Fließwasser. Stehendes Wasser ist durch Sonneneinstrahlung im Jahresverlauf erheblichen Temperaturschwankungen ausgesetzt mit der Folge, dass es zu unterschiedlichen Schichtungen und Zirkulationen im Wasser in den verschiedenen Jahreszeiten kommt.

Sommer ▶ Das warme Oberflächenwasser ist vom kalten Tiefenwasser strikt getrennt (aufgrund der unterschiedlichen Molekulargrößen). Das hat zur Folge, dass sauerstoffreiches Oberflächenwasser auch bei stärkstem Wind nicht nach unten gelangen kann. Die warme, nur wenige Meter tiefe Oberflächenschicht heißt Epilimnion, der ausgedehnte Kaltwasserbereich Hypolimnion. Die Schicht, wo beide ineinander übergehen heißt Metalimnion, auch *Sprungschicht*, weil hier die Temperatur innerhalb kürzester Distanz dramatisch abfällt.

Herbst ▶ Im Herbst kühlt das Oberflächenwasser ab und wird damit schwerer. Sobald die Temperatur der Tiefenschicht (4 °C) erreicht wird, existiert keine unterschiedliche Schichtung mehr. Sobald Wind das Wasser in Bewegung setzt, kommt es zur *Herbst-Vollzirkulation*. Dabei wird das nährstoffreiche Tiefenwasser mit dem sauerstoffreichen Oberflächenwasser vermischt.

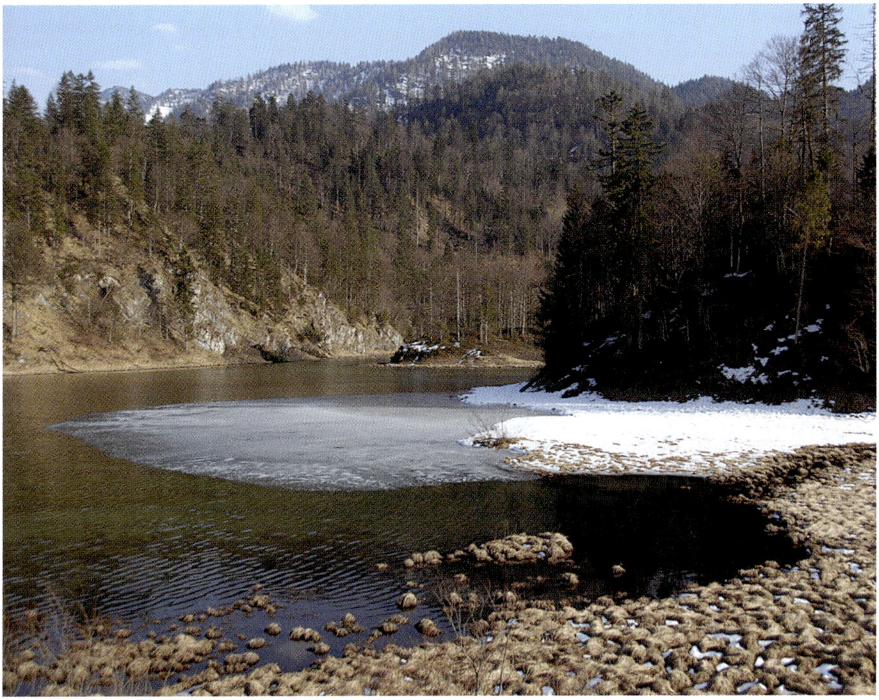

Nach dem Schmelzen der Eisdecke erwärmt sich die Oberfläche eines Sees. Mithilfe von Wind kommt es zur Vollzirkulation des Wasserkörpers.

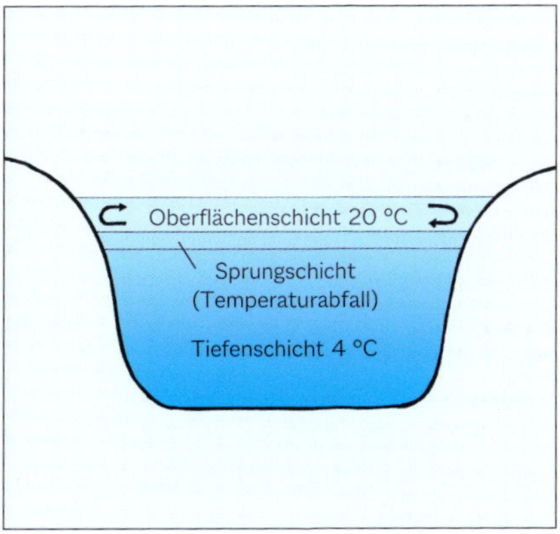

Sommerschichtung (Stagnation) eines Sees.

Winter ▶ Das Oberflächenwasser kühlt sich weiter ab, bis sich eine Eisschicht bildet. Durch die Eisdecke kann der Wind nicht einwirken und das Wasser kann nicht zirkulieren. Die Winterstagnation oder Winterschichtung ist eingetreten.

Frühjahr ▶ Das Eis schmilzt und das Oberflächenwasser erwärmt sich wieder. Bei 4 °C besitzt der gesamte Wasserkörper wieder eine einheitliche Dichte. Kommt jetzt Wind hinzu, beginnt die *Frühjahrs-Vollzirkulation*.

Durch die Umwälzung des Wassers im Frühjahr und Herbst kommen Nährstoffe nach oben und sauerstoffreiches Wasser nach unten. Das geschieht umso intensiver je flacher ein See ist.

71 | Wann ist das Wasser von stehenden Gewässern immer sauerstoffreich?
Während der Vollzirkulation.

72 | In welchen Jahreszeiten kommt es bei den meisten Seen zur Vollzirkulation?
Frühjahr und Herbst.

73 | Was ist unter der Vollzirkulation eines Sees zu verstehen?
Vermischung von Tiefen- und Oberflächenwasser.

74 | Was versteht man unter Sommerschichtung (Sommerstagnation)?
Der Wasserkörper wird vom Seegrund zur Oberfläche hin stabil nach der Temperatur geschichtet.

75 | Was ist unter der Vollzirkulation eines Sees zu verstehen?
Die vollständige Umwälzung des Wasserkörpers.

76 | Warum schwimmt Eis auf dem Wasser?
Es hat ein geringeres spezifisches Gewicht als Wasser.

77 | Bei welcher Wassertemperatur hat das Wasser die größte Dichte (höchstes spezifisches Gewicht)?
Bei 4 °C.

■ Gewässergüte

Die chemische Untersuchung eines Gewässers gibt nur Auskunft über den Zustand zum Zeitpunkt der Messung. Will man dagegen die Wasserqualität und den Zustand eines Gewässers über einen längeren Zeitraum beurteilen, eignet sich dafür die sog. *biologische Gewässeruntersuchung.* Hierbei wird bestimmt, welche Lebewesen in einem Gewässer überhaupt vorkommen und wie häufig diese vertreten sind. Der Fachmann kann von den Untersuchungsergebnissen her darauf schließen, wie gut oder schlecht, wie sauber oder belastet ein Gewässer ist. Unter den vorgefundenen Lebewesen gibt es immer sogenannte Zeigerorganismen. Wir wissen ja schon, dass Steinfliegen (Zeigerorganismen, Bioindiktoren) kühles, sauerstoffreiches und unbelastetes Wasser anzeigen. Schlammröhrenwürmer hingegen sich nur in verschmutztem Wasser wohlfühlen. Die Tabelle zeigt an, wie von bestimmten Organismen auf die Wassergüte geschlossen werden kann. Einteilung der unterschiedlichen *Güteklassen* von I bis IV mit drei Zwischenstufen. Salmoniden wachsen übrigens am besten in Gewässern der Güteklasse II, da hier genügend Sauerstoff und zudem reichlich Nahrung vorhanden sind.

78 | Was kann durch eine chemische Gewässeruntersuchung festgestellt werden?
Der Zustand des Wassers zum Zeitpunkt der Probennahme.

79 | Wie wird die Abwasserbelastung eines Gewässers über einen längeren Zeitraum festgestellt?
Durch die biologische Gewässeruntersuchung.

80 | Wonach erfolgt die biologische Beurteilung eines Gewässers?
Nach den Leitorganismen.

Güteklasse (Nur Hauptklassen)	Wasserqualität	Leitorganismen z. B.:
I Quellbäche, ohne menschlichen Einfluss	Unbelastet, sehr gering belastet, reines, fast immer mit Sauerstoff gesättigtes Wasser, mäßig dicht besiedelt.	Steinfliegenlarven, spez. Eintags- und Köcherfliegenlarven, grauer Strudelwurm, Lidmückenlarve
II Ertragreiche Fischgewässer (Salmoniden)	Mäßig belastet, noch gute Sauerstoffversorgung. Große Artenvielfalt und Besiedelung. Wasserpflanzen.	Bachflohkrebs, spez. Eintags- und Köcherfliegenlarven, Posthornschnecke, Libellenlarven, Schlammfliegenlarven
III	Stark verschmutztes Wasser, Sauerstoffzehrung, meist niedriger Sauerstoffgehalt. Faulschlammablagerungen.	Waffenfliegenlarven, Rollegel, Wasserasseln, Schmetterlingslarven, Zuckmückenlarven
IV	Übermäßig verschmutztes Wasser, starke Belastung mit fäulnisfähigen Stoffen.	Schlammröhrenwürmer, Abwasserpilz, Rattenschwanzlarven

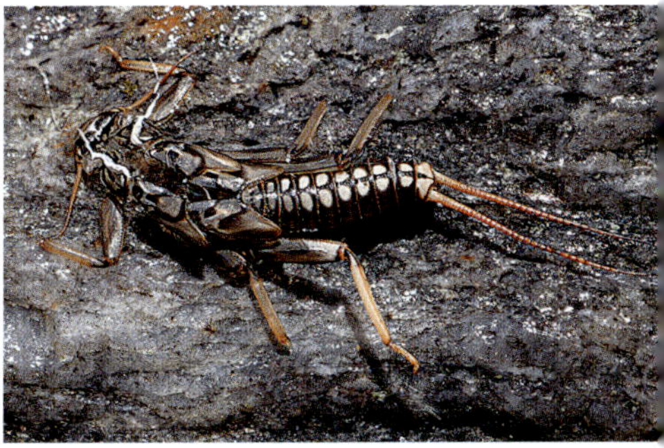

An der Hülle einer Steinfliegenlarve sind die typischen zwei Schwanzfäden zu erkennen.

81 | Bei welcher Gewässergüte werden die besten Salmonidenerträge erzielt?
Gewässergüte II.

82 | Welches Tier ist ein Leitorganismus für die Güteklasse III in Fließgewässern (stark verschmutztes Gewässer)?
Wasserassel.

83 | Das Massenvorkommen welchen Kleintieres deutet auf eine starke Belastung des Wassers mit fäulnisfähigen Stoffen hin?
Schlammröhrenwurm.

84 | Wo kommen Wasserasseln vermehrt vor?
In abwasserbelasteten Gewässern.

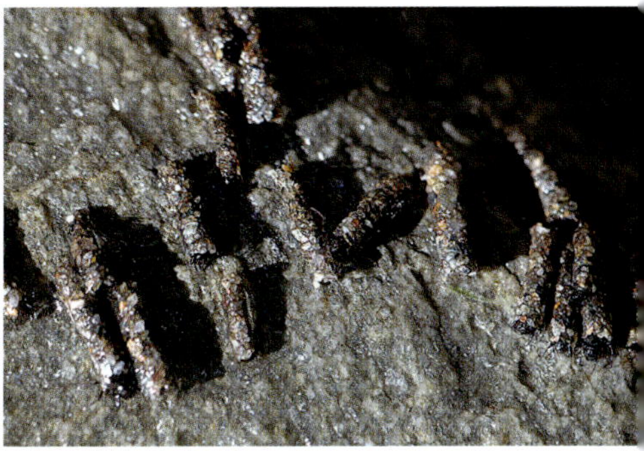

Köcherfliegenlarven in ihren Schutzköchern aus verklebten Sandpartikeln.

Natürliche Lebensräume

Die Natur hat für die Fische eine Vielzahl verschiedenartiger Lebensräume bereitgestellt. Ein eiskalter Gebirgsbach unterscheidet sich gravierend von einem sommerwarmen Moorsee. Beide Gewässer beherbergen bestimmte Fischarten, die sich den Bedingungen ihrer Umwelt besonders gut angepasst haben. Die fischereiliche Bewirtschaftung richtet sich vor allem nach dem Grundsatz: Der richtige Fisch ins passende Gewässer.

■ Fließgewässer

In der Fischereibiologie werden Fließgewässer in Strecken eingeteilt, die sich nach Fließgeschwindigkeit, Durchschnittstemperatur, Nährstoffreichtum und Beschaffenheit des Untergrundes unterscheiden, und in denen bestimmte Fischarten, sog. Leit- oder Kennfische und bestimmte Kleintiere (Leitorganismen) besonders günstige Lebensverhältnisse vorfinden. Die einzelnen Strecken bezeichnet man als Fischregionen. Unter diesem Gesichtspunkt betrachten wir nun ein Fließgewässer von der Quelle bis zu seiner Mündung ins Meer.

Die Forellenregion ▶ beginnt direkt nach der Quelle, sobald die Wasserführung ausreicht, um Fische zu beherbergen. Im Gebirge ist das schnell fließende und über Steine stürzende Wasser der Quellbäche stets sehr sauerstoffreich und bis auf die Zeit der Schneeschmelze glasklar. Nicht einmal im Sommer steigen die Wassertemperaturen über 10 °C an. Wassertiefe und Wasserführung unterliegen häufigen Schwankungen. Der Bachgrund besteht aus fein- bis grobkörnigem Kies, dazwischen können große Steine und Felsbrocken gelagert sein. Der Gewässerboden weist unterschiedlich tiefe und breite Gumpen und Kolke auf, welche den Fischen hervorragende Standplätze bieten. Höhere Wasserpflanzen gedeihen nicht. Die stete Bewegung des Untergrundes (Geschiebe) zerstört Pflanzen und deren Wurzeln. *Leitfisch* und Namensgeber für diesen Gewässerabschnitt ist die *Bachforelle,* welcher schnell fließendes, kaltes

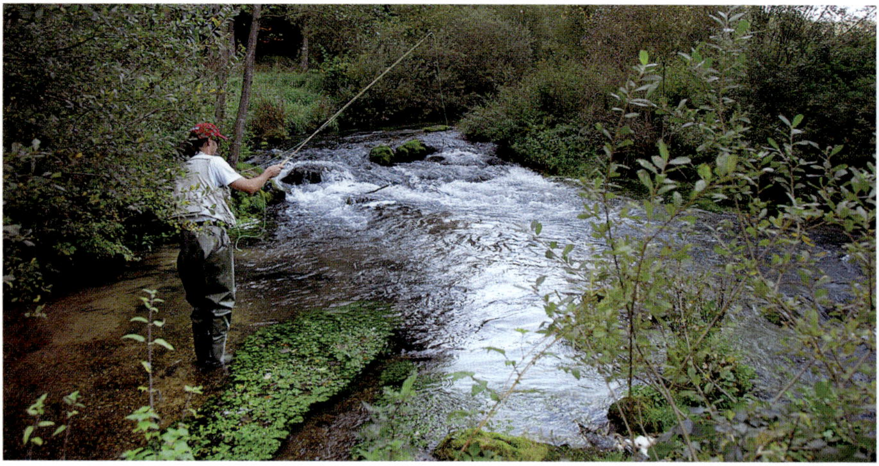

In der Forellenregion ist die Schwankung der Wassertemperatur im Jahresverlauf gering.

und sauerstoffreiches Wasser besonders zusagt. *Begleitfische* sind *Bachsaiblinge*, und als Kleinfische *Elritzen*, *Schmerlen* und vor allem *Koppen*. Gelegentlich kommen *Rutten* (Quappen) vor.

Typische *Leitorganismen* für die relativ unbelastete Forellenregion mit Wassergüte I - II sind die *Steinfliegenlarven*, auch *Bachflohkrebse* sind stark vertreten. Typische Wasserpflanzen sind *Quellmoos* und *Brunnenkresse*. Auch viele Quellbäche des Flachlandes, sogenannte Niederungs-Forellenbäche, werden der Forellenregion zugeordnet, sofern ihr Wasser klar und sauerstoffreich ist. Hier kommen wegen der geringeren Strömungsgeschwindigkeit reichlich Wasserpflanzen vor, und der Tisch für die Fische ist immer gut gedeckt. Auf Grund hohen Nährtieraufkommens zählen Niederungsbäche zu den ertragreichsten Fischwassern überhaupt.

?

85 | Welche Fließwasserregion ist am besten mit Sauerstoff versorgt?
Forellenregion.

86 | Welcher ist der Leitfisch der Forellenregion?
Bachforelle.

87 | Welche Fließwasserregion liegt der Quelle am nächsten?
Forellenregion.

88 | Welche Gewässer haben das ganze Jahr über einen hohen Sauerstoffgehalt?
Schnell fließende, sommerkalte Bäche der Gebirgsregion.

89 | Welche Tiere sind Bioindikatoren für gering belastete Gewässer (Gewässergüteklasse I)?
Steinfliegenlarven, spez. Eintags- und Köcherfliegenlarven, grauer Strudelwurm, Lidmückenlarven.

90 | Welche Fischart ist für die Forellenregion typisch?
Bachforelle, Koppe.

91 | Welche Fischart zeigt eine gute Wasserqualität an?
Koppe (Groppe).

92 | Welche Fischarten leben bevorzugt in sommerkalten Gewässern?
Mühlkoppe (Groppe, Koppe), Bachforelle.

93 | Welche Fischarten sind in der Forellenregion nicht vertreten?
Größere Karpfenartige (außer Döbel), auch Welse, Barsche und Hechte kommen nicht vor.

94 | Welche Kleinfischarten kommen auch in der Forellenregion vor?
Schmerle, Koppe, Elritze.

95 | Welche durchschnittliche Wassertemperatur ist für die Forellenregion typisch?
Um 10 °C.

96 | In welcher Fließwasserregion ist der Temperaturunterschied des Wassers im Jahresverlauf am geringsten?
Forellenregion.

97 | Welche niederen Wasserpflanzen findet man in der Forellenregion?
Quellmoos, Brunnenkresse.

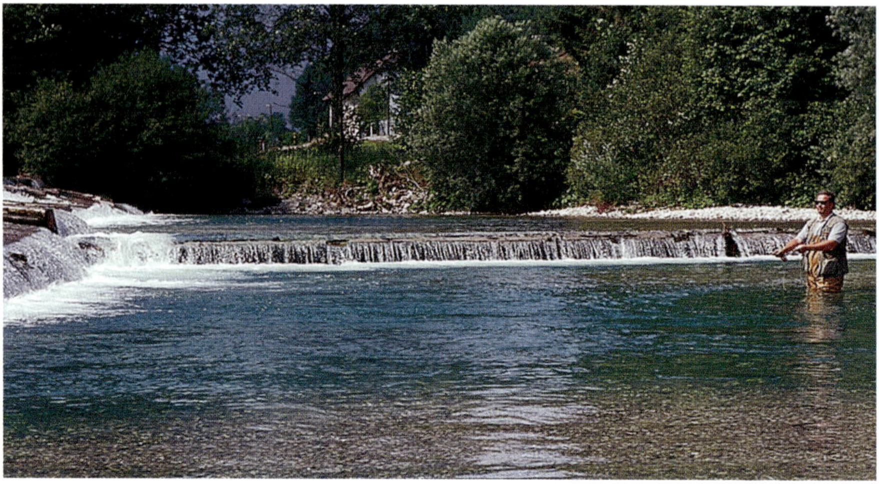

Äschenregion mit feinkiesigem Gewässerboden. Hier fühlen sich auch Huchen, Nasen, Döbel und Koppen wohl.

Die Äschenregion ▸ schließt sich direkt an die Forellenregion an. Die Wasserführung nimmt zu, Gefälle und Strömung nehmen ab. Kiesbänke und flache Bereiche wechseln mit Gumpen und Stellen weichen Untergrundes ab. Hier kann sich reicherer Pflanzenwuchs entwickeln. Das Wasser ist immer noch sauerstoffgesättigt und klar, doch können die Wassertemperaturen im Sommer bis etwa 15 °C ansteigen. Neben der *Äsche* als Leitfisch kommen häufig *Forellen, Koppen, Döbel, Huchen* und *Nasen* vor. Auch der *Strömer* bewohnt diesen strömenden Gewässerbereich. Als Fischnährtiere spielen *Köcherfliegenlarven* eine wichtige Rolle.

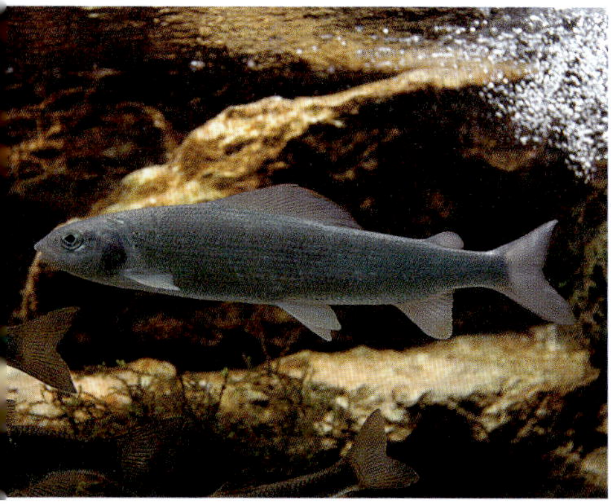

Die Äsche ist der Leitfisch der nach ihr benannten Gewässerregion.

In seinem Lauf zum Meer wird das Gewässer nun breiter und tiefer und führt uns zur Barbenregion.

Die Barbenregion ▸ Der Untergrund bleibt hier noch überwiegend kiesig und sandig. Pflanzenwuchs kann sich wegen der Geschiebewirkung nur im Uferbereich oder in Stillwasserzonen bilden. Das Wasser ist getrübt, und im Sommer sind Temperaturen bis zu 20 °C möglich. Es bleibt wegen der Fließgeschwindigkeit sauerstoffreich. Leitfisch ist die *Barbe*. Häufige Begleitfische sind *Nasen, Hasel, Alande, Döbel* und auch *Rapfen*. Im Donaueinzugsgebiet kommt auch der *Huchen* vor.

?

98 | Welche Tiere sind in der Äschenregion als Fischnahrung wichtig?
Köcherfliegen und ihre Larven.

99 | Welche Fischarten sind für die Äschen- und Barbenregion typisch?
Nase und Huchen (Donaugebiet).

100 | Welche Eigenschaften kennzeichnen u. a. die Barbenregion der Fließgewässer?
Sandiger und kiesiger Untergrund, sowie einigermaßen schnell fließendes Wasser.

101 | Welche Fischart ist für die Barbenregion neben der Barbe kennzeichnend?
Nase.

102 | Welche Fischarten leben hauptsächlich in der Äschen- und Barbenregion?
Nase und Huchen.

103 | Welchen Lebensraum bevorzugt der Strömer?
Schnell fließende Gewässer mit kiesigem Untergrund.

Im weiteren Verlauf entsteht ein langsam fließender Fluss oder Strom.

In der **Blei- oder Brachsenregion ▶** kommen Kies, Sand und Schlamm zur Ruhe, die Bodenbeschaffenheit wechselt zwischen sandig und schlammig. Das Wasser kann sich bis über 20 °C erwärmen. Es ist stets trüb und unter ungünstigen Strömungsverhältnissen sauerstoffarm. Hier gibt es die meisten Fischarten. Neben dem *Blei* als Leitfisch sind *Güstern* und weitere Weißfischarten, *Barsche, Hechte, Aale, Quappen, Zander,* und *Welse* charakteristisch. Häufig vorkommende Altwasser bieten den Fischen gute Voraussetzungen für ihr Laichgeschäft, vor allem Schutz vor der Schifffahrt und anderen störenden Faktoren.

Altwasser ▶ Ein häufig im Zuge von Regulierungen abgeschnittener Teil eines Flusses. Vielfach besteht eine Verbindung zum Hauptstrom, sodass die Fische ungehindert aus- und einziehen können. Bei einigen Altwässern ist dies allerdings nur bei Hochwasser möglich. Sie werden als »tote Arme« bezeichnet.

Kaulbarsch / Flunderregion ▶ Im Mündungsgebiet der Flüsse entsteht durch die

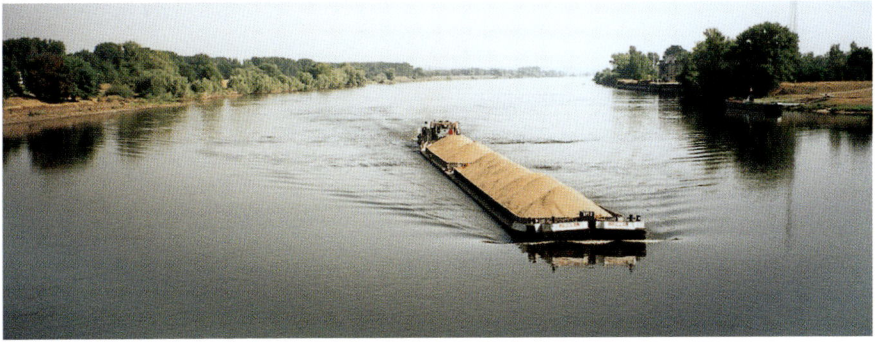

Breiter Fluss und langsame Strömung. Typische Merkmale der Brachsen-(Blei-)region.

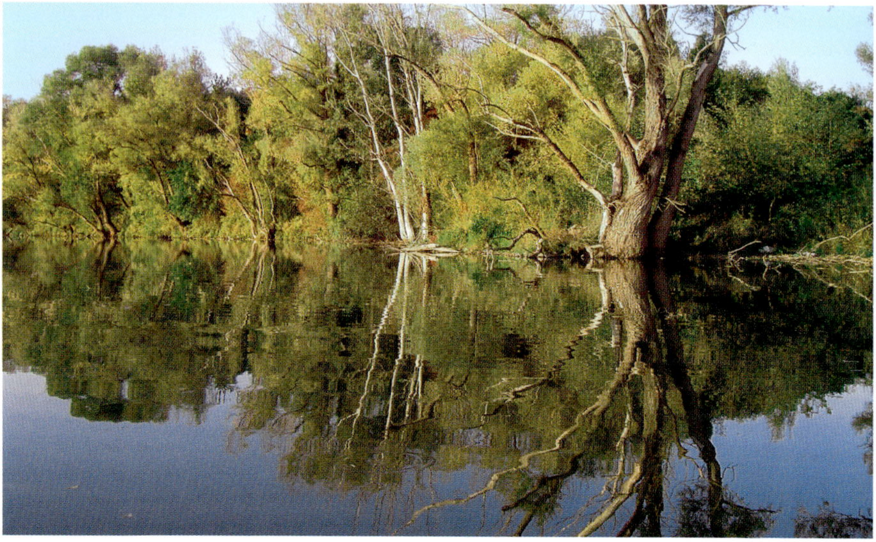

Altwasser sind ökologisch wertvoll. Fischen bieten sie Schutzbereiche, in denen sie sich verstecken und ungestört ablaichen können.

Vermischung des Süßwassers mit dem Meerwasser das *Brackwasser*. Diese Region ist außerordentlich fruchtbar. Kennfische sind der *Kaulbarsch* und die *Flunder* (Kaulbarsch-Flunderregion oder Brackwasserregion). Man trifft darüber hinaus Fischarten an, die sich hier vor ihren Laichwanderungen an veränderte Umweltbedingungen (Wechsel vom Salz- ins Süßwasser) gewöhnen müssen, z.B. *Lachs*, *Meerforelle*.

In der Natur kommen die verschiedenartigsten Übergänge zwischen den einzelnen Regionen vor. In einigen Wasserläufen können ganze Regionen fehlen. Auch die Leitfische halten sich durchaus nicht an die vorgegebenen Grenzen. Manche Fischarten wie Hecht, Rotauge und Aal werden mit sehr unterschiedlichen Umweltbedingungen fertig und kommen daher in vielen unterschiedlichen Gewässern und Gewässerregionen vor.

?

104 | Wie ist die Strömungsgeschwindigkeit in der Blei- oder Brachsenregion?
Gering.

105 | Nimmt die Strömungsgeschwindigkeit von der Forellen- bis zur Brachsenregion zu oder ab?
Sie nimmt ab.

106 | In welcher Fischregion der Fließgewässer sind in der Regel die meisten Fischarten vorhanden?
Brachsenregion.

107 | Welche Fischgruppe ist in der Brachsenregion besonders stark vertreten?
Die Cypriniden (Karpfenartige).

108 | Was ist ein Altwasser?
Ein natürlich oder künstlich abgetrennter Flussabschnitt.

109 | Was versteht man unter einem »toten Arm«?
Ein Altwasser ohne Verbindung zum Hauptstrom.

110 | Wie sind Altwässer ökologisch zu beurteilen?
Sie bieten für Fische, Amphibien und viele Vögel gute Lebensbedingungen.

111 | Wie lautet die richtige Reihenfolge der fischereilichen Regionen der Fließgewässer?
Forellenregion - Äschenregion - Barbenregion - Brachsenregion - Kaulbarsch/Flunderregion.

Stehende Gewässer

Bei den kleinen stehenden Gewässern macht man einen Unterschied zwischen Teich, Tümpel und Weiher. Ein Teich ist künstlich angelegt und über eine bauliche Einrichtung, dem »Mönch«, an der tiefsten Stelle ablassbar und gegen einen Fischwechsel absperrfähig. Für die rechtliche Einordnung von Gewässern ist dies wichtig. Ein *Tümpel* oder *Weiher* stellt eine natürliche Wasseransammlung dar und kann nicht abgelassen werden. Unter den größeren Gewässern wird zwischen *natürlichen Seen* und künstlich entstandenen *Bagger- und Stauseen* unterschieden. Für die Angelfischerei bekommen die vom Grundwasser gespeisten Baggerseen im Zuge der Fischwasserverknappung immer größere Bedeutung.

Grundwasser entsteht aus Niederschlägen, die versickern und sich über wasserun-

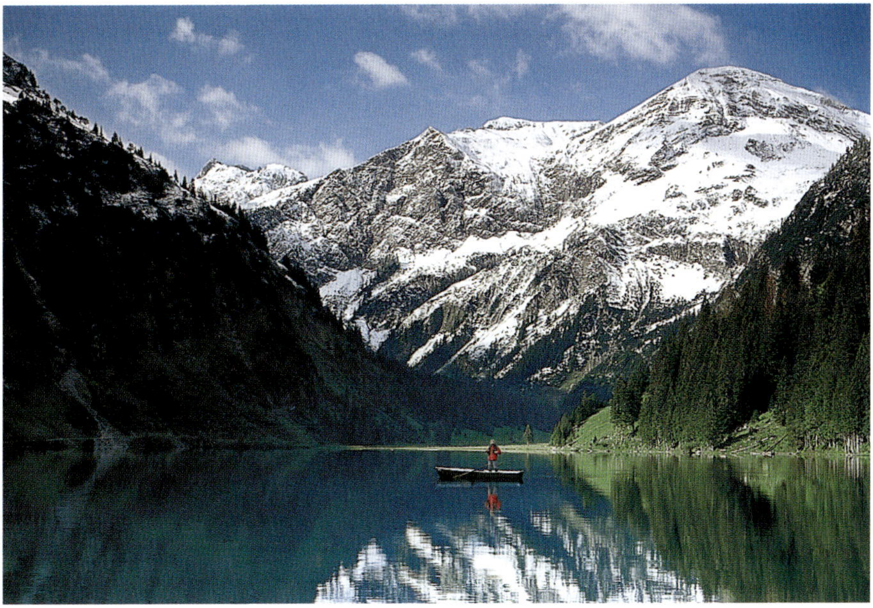

Bergseen weisen immer beste Sauerstoffverhältnisse auf.

durchlässigen Schichten ansammeln. Seine Temperatur liegt in der Regel zwischen *6 - 11 °C*. In allen stehenden Gewässern ist der Bereich in der Nähe der Ufer, die *Uferzone*, für die Fische am nahrungsreichsten. Hier dringt das Sonnenlicht bis auf den Gewässerboden und unterstützt dadurch sich entwickelndes Leben. Beim Übergang zur fischereilichen Nutzung von Baggerseen sollte daher auf das *Anlegen von Flachwasserzonen* geachtet werden, wo sich Unterwasser- und Schwimmblattpflanzen einstellen, und auch ein Schilfgürtel sich bilden kann. Hier konzentrieren sich Fischnährtiere und Jungfische, es entstehen Laichplätze für Fische und Amphibien. Vögel finden Lebensraum für Nistplätze sowie Nahrung und Schutz.

?

112 | Wie entsteht Grundwasser?
Aus Niederschlägen, die versickern und das Wasser sich über wasserundurchlässigen Bodenschichten ansammelt.

113 | Welche Temperatur hat Grundwasser überwiegend?
6 - 11 °C.

114 | Welcher Bereich eines stehenden Gewässers ist für die Fische am nahrungsreichsten?
Uferzone.

115 | Sollten Baggerseen Flachwasserzonen mit Unterwasserpflanzen, Schwimmblattpflanzen und Schilfgürtel aufweisen?
Ja, sie fördern das Aufkommen von Fischnährtieren und Fischbrut, dienen als Laichplatz für Fische, Amphibien und andere Wassertiere und bieten der Vogelwelt Nistplätze, Schutz und Nahrung.

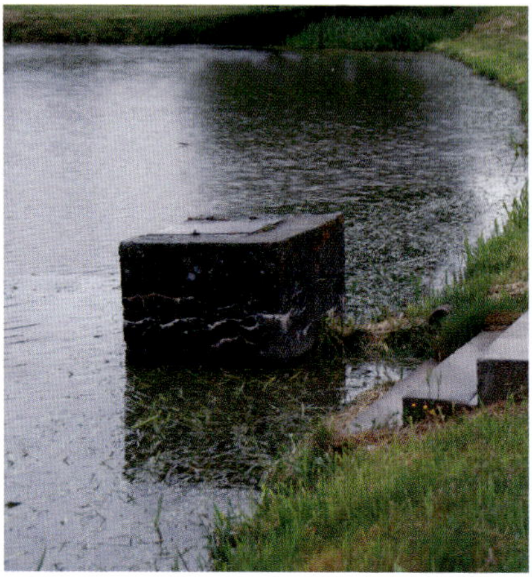

Der »Mönch« ist das typische Kennzeichen eines ablassbaren Teichs.

116 | Was ist ein Teich?
Ein ablassbares Gewässer, das gegen einen Fischwechsel abgesperrt werden kann.

117 | Wie heißt die Ablassvorrichtung bei einem Fischteich?
Mönch.

118 | Welcher Seentyp wird vorwiegend durch Grundwasser gespeist?
Der Baggersee.

119 | Warum ist die Uferzone fischereilich so bedeutsam?
Weil hier durch die Wasserpflanzenbestände Schutzräume entstehen, in denen sich Wasserlebewesen aller Art wohl fühlen und daher dichte Bestände bilden.

Stehende Gewässer werden nach dem vorherrschenden Nährstoffgehalt eingeteilt. Ist der Nährstoffgehalt sehr hoch, wird das Gewässer als *eutroph* bezeichnet. Weitere Einteilungen sind *mesotroph* (mittlerer Nährstoffgehalt) und *oligotroph* (geringer Nährstoffgehalt).

Ansonsten bietet sich für Seen eine ähnliche Einteilung wie für die Fließgewässer an. Dabei werden folgende Gesichtspunkte berücksichtigt:

- die in der Hauptsache vorkommenden Fischarten,
- Beschaffenheit des Seebodens,
- Nährstoffkonzentration,
- Sauerstoffgehalte,
- sommerliche Sichttiefen,
- Pflanzenbestände.

Forellen- oder Saiblingsseen

Der noch in Höhen über 1500 m anzutreffende Hochgebirgsee wird - wenn überhaupt - nur von *Forellen, Saiblingen,* zu den Cypriniden zählenden Elritzen und seltener von Koppen bewohnt. Solch ein Forellen- oder Saiblingssee ist nährstoffarm, meist tief, und besitzt steil abfallende, hartgründige Ufer. Wie alle nährstoffarmen Seen zeichnet er sich durch hohe Sauerstoffgehalte aus.

Renkenseen

Die manchmal bis 1000 m hoch gelegenen Seen beherbergen als Leitfische *Renken, Seeforellen* und *Seesaiblinge.* Beispiele dafür sind der Walchen- und Königssee. Auch diese Seen haben relativ klares Wasser, sind nährstoffarm und weisen das ganze Jahr über auch im Tiefenwasser hohe Sauerstoffkonzentrationen auf.

Brachsensee

Die großen, randalpinen Seen, vom Bodensee bis zum Chiemsee, verkörpern den Typus des tiefen Brachsensees. Sie sind artenreiche Gewässer, in denen meist *Renken,* ansonsten *Cypriniden, Aale* und *Hechte* in größeren Mengen vorkommen. Diese Seen sind fruchtbar infolge hoher Nährstoffkonzentrationen, weisen aber zeitweilig ungünstige Sauerstoffwerte und im Sommer geringe Sichttiefen (3 m) auf. Im Frühjahr und Sommer können sich große Mengen an Schwebalgen (Phytoplankton) entwickeln.

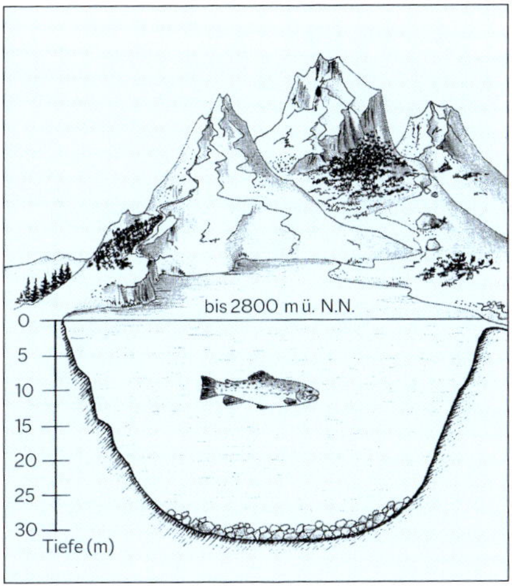

Hochgebirgssee.

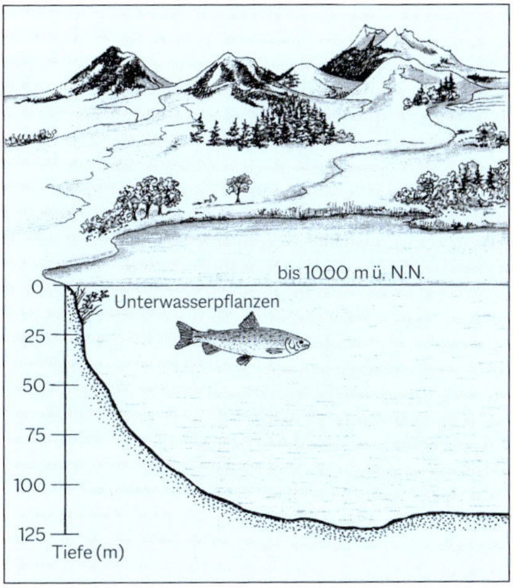

Renkensee.

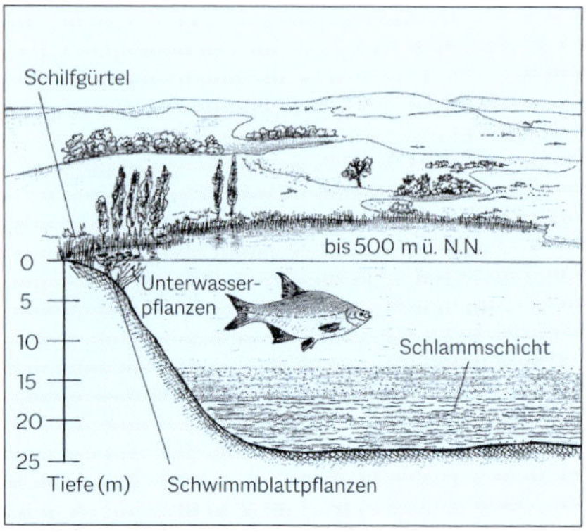

Brachsensee.

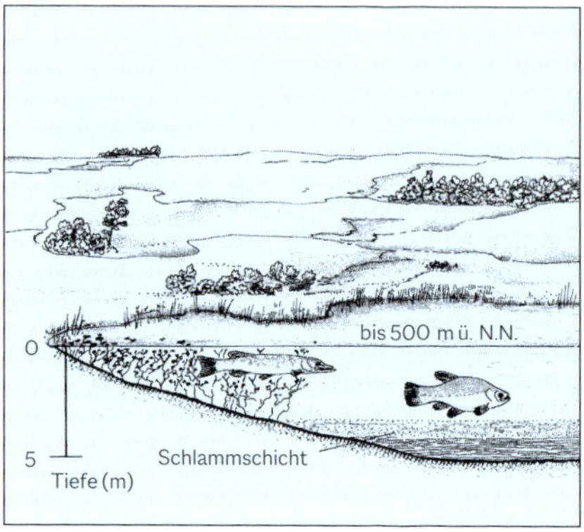

Hecht- und Zandersee.

Der Gewässerboden hat sandig-schlammigen Charakter, sodass üppige Bestände an Unter- und Überwasserpflanzen angetroffen werden. Besonders nahrungsreich ist die Uferzone.

In *flachen Brachsenseen* kommen in der Regel sehr viele Cyprinidenarten vor. Charakteristisch sind gute Hecht- und Zanderbestände. Die Renken werden seltener.

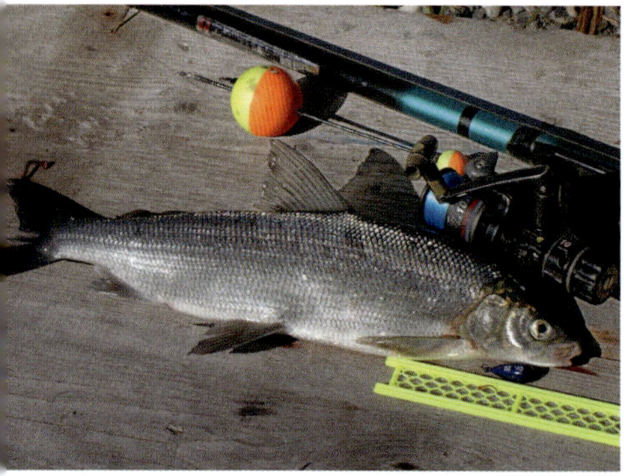

Eine Renke aus einem Alpensee. In einem typischen, nährstoffarmen und sauerstoffreichen Renkensee kommen auch Seeforellen und Seesaiblinge vor.

Hecht- und Zanderseen

Kleinere, flache Seen ohne ausgeprägte Tiefenzonen. Am Gewässerboden gibt es ausgedehnte Schlammbereiche. Man unterscheidet zwischen Seen mit guten Laichplätzen - hier gibt es harte, sandig bis kiesige Flachwasserpartien - und solche, die ausschließlich Schlammuntergrund besitzen und damit für manche Fischarten nur eingeschränkte Fortpflanzungsmöglichkeiten aufweisen. Ein für die Entwicklung des Zanders geeigneter See ist hartgründig, meist trüb und krautarm.

?

120 | Welcher karpfenartige Fisch kommt in hochgelegenen Bergseen oft massenhaft vor?
Elritze.

121 | Was ist für einen Saiblingssee typisch?
Nährstoffarm und tief mit steil abfallenden Ufern.

122 | Wodurch zeichnet sich ein nahrungsarmer See aus?
Durch hohe Sauerstoffgehalte.

123 | Welche Eigenschaften sind typisch für einen Renkensee?
Nährstoffarm, relativ klar, sauerstoffhaltig auch in größerer Tiefe.

124 | Welches Merkmal kennzeichnet ein fruchtbares, stehendes Gewässer?
Durch Plankton getrübtes Wasser, reduzierte Sichttiefe.

125 | Wie ist ein Zandersee gewöhnlich beschaffen?
Krautarm, unterschiedlich tief, hartgründig, trüb.

126 | Welche Bodenbeschaffenheit in einem See bietet besonders schlechte Bedingungen für die Entwicklung von Laich?
Schlammuntergrund.

Wasserpflanzen

Die Vegetation im Wasser spielt für viele Fische eine große Rolle. Hier finden Sie Nahrung, Schutz und Möglichkeiten zum Laichen. Zusätzlich produzieren die Unterwasserpflanzen Sauerstoff. Es werden drei Typen von Wasserpflanzen unterschieden.

Überwasserpflanzen

Sie siedeln in der Uferzone und wurzeln unter Wasser. Ihre Blattteile befinden sich über Wasser. Schilf- und Rohrarten findet man an vielen Gewässern. Weiterhin zählen Tannenwedel, Seggen und Igelkolben dazu. Bei Zerstörung dieser Gelegepflanzen fehlen den Fischen wichtige Laich-, Unterstands- (Brut- und Jungfische) und Versteckmöglichkeiten (z.B. Hecht). Auch Wasservögel und Amphiben finden hier wichtige Schutzräume.

Schwimmblattpflanzen

Wichtige Vertreter der Pflanzen, deren Blätter auf der Wasseroberfläche schwimmen, sind Wasserlinsen, See- und Teichrosen sowie Froschbiss. Bei starker Ausbrei-

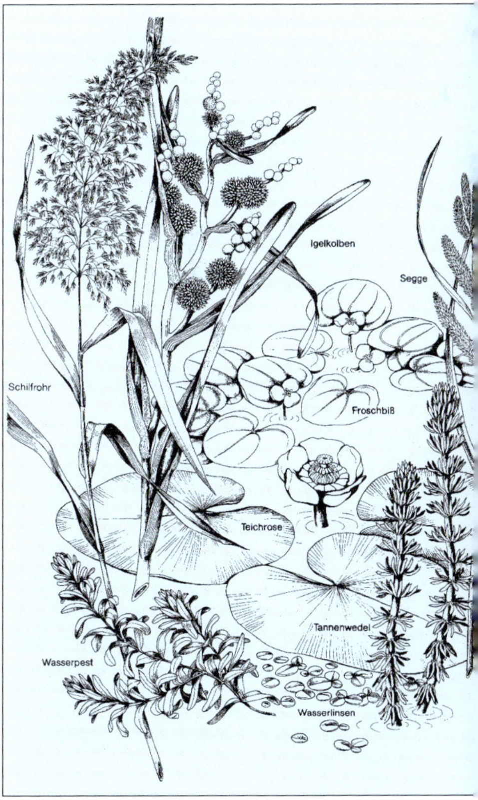

tung decken Wasserlinsen, die nicht im Boden verwurzelt sind, ganze Gewässer oder Teile davon so ab, dass das Tageslicht nicht mehr in das Wasser eindringt. Hier kann es zu Sauerstoffmangel kommen.

?

127 | Welche Raubfischarten leben bevorzugt in der flachen, pflanzenbestandenen Uferzone eines Sees?
Hecht, Barsch.

128 | Welche Pflanzen gehören zu den Überwasserpflanzen?
Segge, Simse, Schilfrohr, Rohrkolben, Rohrglanzgras, Kalmus, Teichsimse, Pfeilkraut, Igelkolben, Tannenwedel, Binsen, Seggen, Sumpfschwertlilie, Blutweiderich, Gilbweiderich, Wasserampfer, Gemeiner Froschlöffel, Blutauge, Großer Hahnenfuß, Sumpfdotterblume.

129 | Was sind typische Arten von Gelegepflanzen?
Schilfrohr, Rohrkolben, Teichsimse, Rohrglanzgras, Kalmus.

130 | Welche Schwimmblattpflanze ist nicht im Boden verankert?
Wasserlinse.

131 | Welche Pflanzen gehören zu den Schwimmblattpflanzen?
Wasserlinsen, Seerosen, Froschbiss, schwimmende Laichkräuter, Wasserknöterich, Gelbe Teichrose, Weiße Seerose, Sumpfrose, Gemeiner Wasserhahnenfuß.

132 | Welche Wasserpflanzen bilden auf der Wasseroberfläche schwimmende Blätter aus?
Wasserlinsen, Seerosen, Froschbiss.

133 | Welche Auswirkung kann eine zu starke Ausbreitung von Wasserlinsen haben?
Tageslicht dringt nicht mehr ins Wasser ein. Es kann zu Sauerstoffmangel kommen.

Unterwasserpflanzen

Sie sind als Sauerstoffproduzenten besonders wertvoll, bieten Krautlaichern gute Fortpflanzungsbedingungen und ihrem Nachwuchs Schutz. Außerdem liefern sie nach ihrer Verrottung fruchtbaren Bodenschlamm. Zudem sind sie die Wohnstätte für zahlreiche Fischnährtiere und damit »Weidegebiete« für die Fische. Vertreter sind z.B. Quellmoos, das vor allem in der sauerstoffreichen Forellenregion gedeiht, sowie Hornkraut, Tausendblatt, verschiedene untergetaucht lebende Laichkräuter und die Wasserpest, die zu den sich sehr schnell und stark ausbreitenden Wasserpflanzen gehört. Die Kanadische Wasserpest, der Name sagt es, wurde eingeführt.

In der tiefsten Zone des Pflanzenlebens bilden sog. Armleuchteralgen (Characeen) unterseeische Wiesen. Sie überziehen den Seeboden teppichartig.

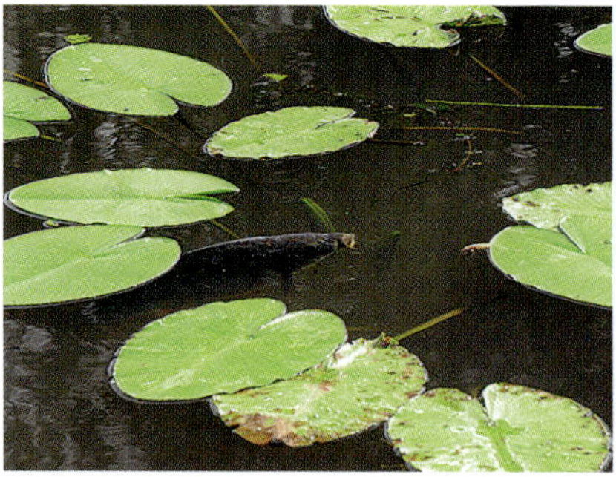

Seerosen bieten gute Versteckmöglichkeiten für Fische. Nehmen sie aber überhand, können sie ein Gewässer auch zu sehr abdunkeln.

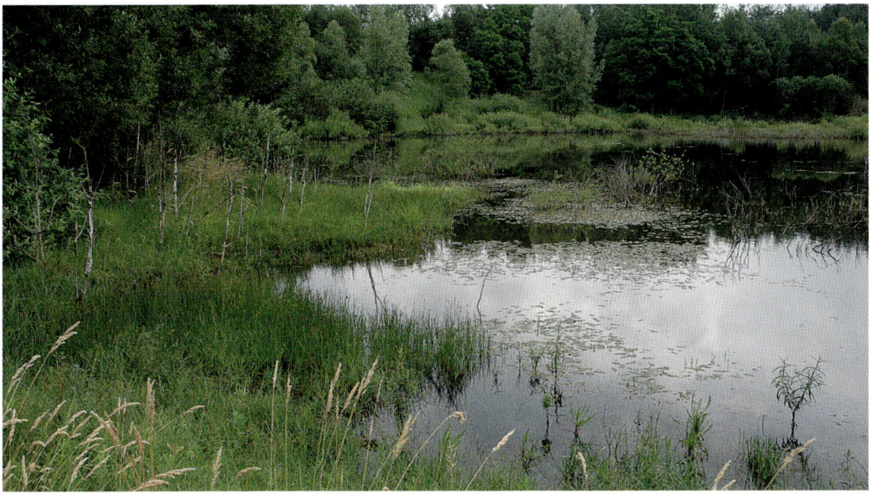

Ein natürlich entstandener Übergang von der Röhrichtzone (links) zu den Schwimmblattpflanzen (rechts).

134 | Wie heißt eine sich stark vermehrende Wasserpflanze?
Wasserpest.

135 | Welche Pflanzen gehören zu den Unterwasserpflanzen?
Hornkraut, Tausendblatt, Quellmoos, Laichkräuter, Armleuchteralgen, Wasserpest, Flutender Wasserhahnenfuß, Ähriges Tausendblatt.

136 | Welche Unterwasserpflanze findet man besonders in der Forellenregion?
Quellmoos.

137 | Welche Bedeutung haben Unterwasserpflanzen in Seen für die Fortpflanzung der Fische?
Laichplatz für Krautlaicher.

138 | Welche Wasserpflanzen reichern das Wasser mit Sauerstoff an?
Unterwasserpflanzen.

139 | Welche positiven Eigenschaften haben Unterwasserpflanzen?
Sauerstofferzeugung, Schaffung von Laichplätzen, Erzeugung von fruchtbarem Bodenschlamm.

140 | Welche Wasserpflanzen sind besonders wertvoll?
Unterwasserpflanzen, besonders Laichkräuter.

141 | Wie ist die kanadische Wasserpest hinsichtlich ihrer Herkunft einzuordnen?
Die Kanadische Wasserpest gehört ursprünglich nicht zu den heimischen Arten.

142 | In welcher Reihenfolge wachsen die verschiedenen Pflanzengruppen, beginnend vom Ufer aus?
Röhricht - Schwimmblattpflanzen - Laichkräuter - unterseeische Wiesen.

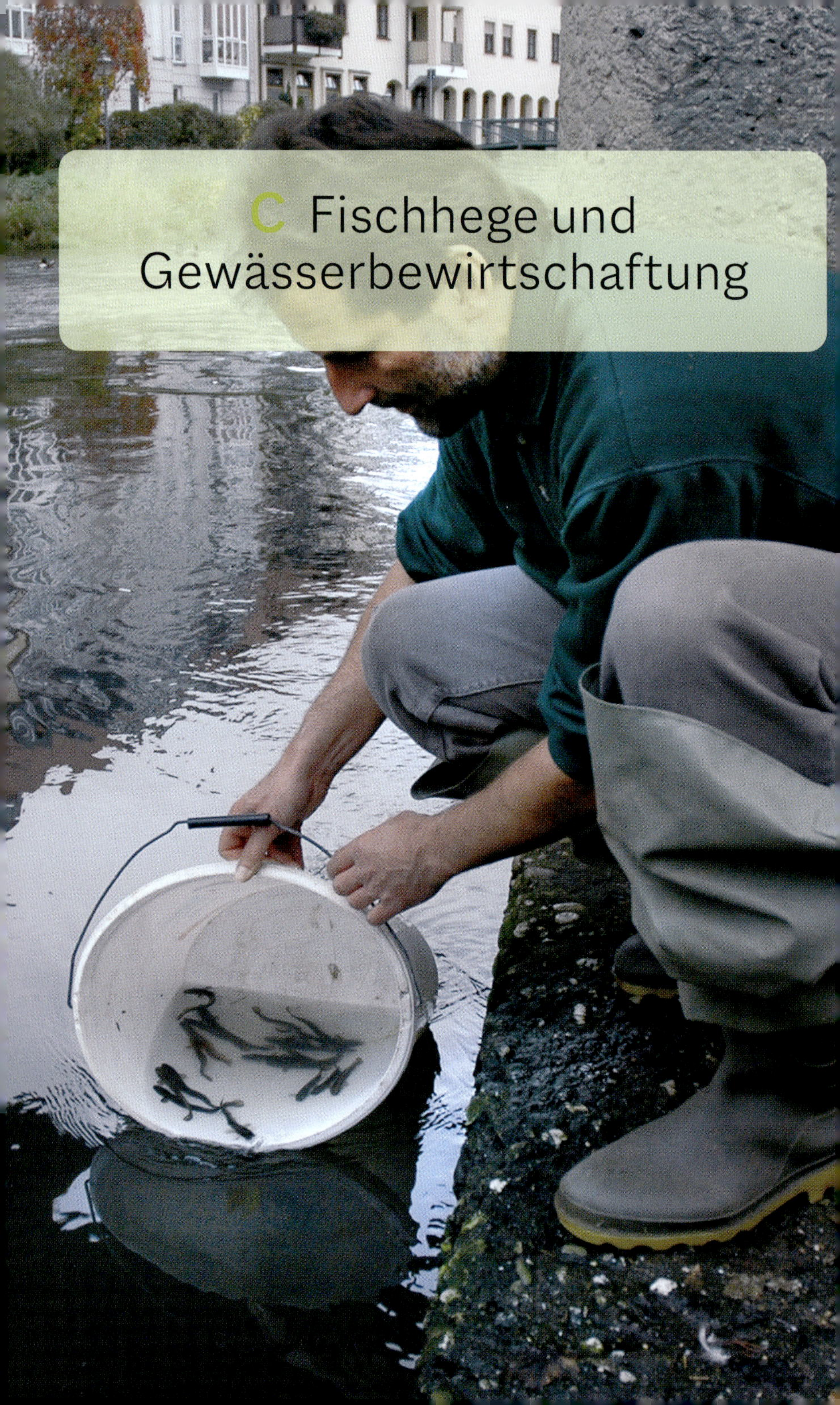

C Fischhege und Gewässerbewirtschaftung

Besatzfische sollten so klein wie möglich in ein Gewässer eingebracht werden. Zwar sind die Verluste hoch, aber die Überlebenden haben sich dafür gut an die harten Bedingungen der Natur angepasst. Hier werden gerade fingerlange Ruttensetzlinge in die Freiheit entlassen.

Lebensraummanagement

Im letzten Jahrhundert wurden durch rigorose Wasserbaumaßnahmen viele natürliche und damit fischreiche Gewässer zerstört oder zumindest in ihrer Leistungsfähigkeit und ökologischen Funktion stark beeinträchtigt. In einer hauptsächlich auf wirtschaftliches Gewinnstreben orientierten Zeit wurde alles ausgerichtet auf Schiffbarkeit, Energiegewinnung, schnellen Wasserabfluss - der sich auch zur raschen Entsorgung von Abwässern eignet - Gewinnung von landwirtschaftlichen Flächen und bebaubaren Ufergebieten. Die Fließgewässer wurden begradigt, eingeengt und ausgeräumt. Dass dabei ein funktionierendes Ökosystem auf der Strecke blieb, interessierte wenig. Die Folgen dieses achtlosen Vorgehens blieben nicht aus: gravierende Gewässerverschmutzung, sogenannte »Jahrhunderthochwässer« und diese im Abständen von nur wenigen Jahren, Versiegelung von Böden, Überdüngung, Zerstückelung der Gewässer, sowie durch den monotonen Ausbauzustand, ein dramatischer Artenrückgang bei Flora und Fauna im Gewässer selbst.

Heute hat sich der gesellschaftspolitische Blickwinkel geändert. Zwar haben Besiedelung, Land- und Forstwirtschaft, die Industrie, Städtebau, Schifffahrt und Verkehr auch weiterhin erheblichen Einfluss auf unsere Gewässer, aber es werden große Anstrengungen unternommen, um diesen Lebensraum und sein Umfeld weitgehend wiederherzustellen, ja sogar zu optimieren. Seit am Ende der 1970er Jahre die meisten Gewässer mit Kläranlagen versehen wurden, verbesserte sich die Abwassersituation entscheidend. Ein Großteil der Schadstoffe wird heute herausgefiltert. Dennoch:

Hormone, z. B. aus Arzeinmitteln, und ähnliche Stoffe aus Landwirtschaft und Industrie verbleiben immer noch im gereinigten Abwasser. Auf dem Weg zu wirklich sauberen und intakten Gewässern gibt es also noch viel zu tun. Durch die bis jetzt ergriffenen Maßnahmen sind unsere Flüsse und Seen noch lange nicht gerettet. Viele Fischarten gelten in ihrem Bestand als gefährdet. Eine Reihe ist bereits vom völligen Verschwinden bedroht. Die roten Listen geben darüber Auskunft.

In die notwendigen Verbesserungsprozesse ist auch die Angelfischerei eingebunden. Da ein öffentliches Interesse an der fischereilichen Hege besteht, wird der einzelne Angler heute und zunehmend in der Zukunft nicht vorrangig als Nutzer, sondern eher als Heger und Pfleger eines Gewässers und seiner Bewohner gesehen. Es wird vorausgesetzt, dass gerade ihm der Aufbau und Erhalt von natürlichen Lebensräumen in und am Wasser sowie die *Schaffung von artenreichen, gesunden, auf natürliche Art und Weise reproduktionsfähigen Fischbeständen* am Herzen liegt. Dazu muss er ein fundiertes Wissen über die natürliche Ertragsfähigkeit und die Güte eines Gewässers besitzen, muss über Artenvielfalt, Altersaufbau und Wachstum von Fischen Bescheid wissen.

Lebensraumbedingungen

Der Lebensraum von Fischen besteht in einem natürlichen Fließgewässer aus einem unterschiedlich ausgeformten Gewässerboden und einer abwechslungsreichen Uferlinie. Ein solches strukturreiches Gewässer bietet einen entspre-

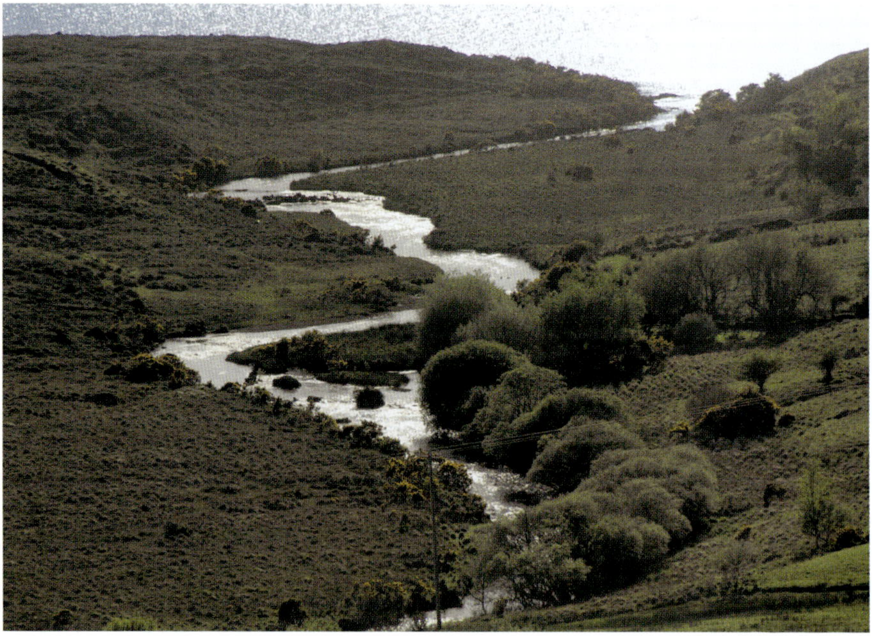

Fließgewässer mit natürlichen Mäandern (Kurven) haben heute in Mitteleuropa Seltenheitswert.

chend günstigen Lebensraum für Fische und Fischnährtiere.

So sind Kurven im Gewässerverlauf die Auslöser von unterschiedlichen Strömungsverhältnissen. Auf der Außenseite einer Kurve befindet sich das »Prallufer«. Hier ist die Strömung schnell, sie spült den Uferbereich aus, am Boden bildet sich ein Gumpen, in dessen Tiefe sich die Fische sicher fühlen und günstige Strömungsverhältnisse vorfinden. Durch die abwechslungsreiche Querschnittsgestaltung in einer Kurve ergibt sich eine ganze *Anzahl verschiedenartiger Lebensräume.* Steine und Felsbrocken im Bach- oder Flussbett bilden durch die unterschiedlichen Strömungsverhältnisse weitere *Gumpen oder Kolke.* Kiesbänke wechseln mit tieferen Stellen ab. In das Wasser gestürzte Bäume und *angeschwemmtes Totholz* ergänzen den vielfältigen Lebensraum. Gerade an Holz können sich viele Fischnährtiere ansiedeln. Die Fische finden genügend Nahrung, Schutz vor Strömung und Feinden. Geeignete Laichplätze sind vorhanden. Ein großer Artenreichtum ist die Folge.

In einem begradigten, ausgeräumten Gewässer fehlen diese Strukturen. Deshalb werden sich dort niemals so viele Fische aufhalten wie im vorgenannten Fall. In solchen begradierten Fließgewässern lässt sich aber durch Einbringen von größeren Steinen die *Gewässerstruktur verbessern.* Die Steine verändern die Strömung, die wiederum das feine Bodensubstrat, Sand und Kies umsortiert. Die entstehenden unterschiedlichen Bodenverhältnisse nähern sich jenen in natürlichen Gewässern an. Ist der Uferbereich außerhalb des Wassers strauch- und baumlos hält ein neu angelegter, mehrere Meter breiter Gehölzsaum in ein paar Jahren den Eintrag zu vieler Nährstoffe aus dem Umland zurück. Unter den später teilweise ins Wasser hängenden Ästen finden Fische *neue Standplätze* und von oben fallen Insekten (Käfer, Raupen) ins Wasser und *verbessern das Futterangebot* in den ansonsten nahrungsarmen Gewässern.

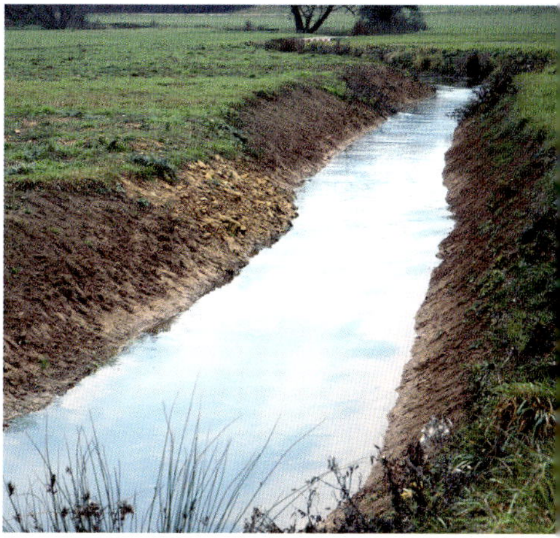

Ein ausgeräumtes, strukturloses Bachbett. Unterstände für Fische fehlen hier gänzlich.

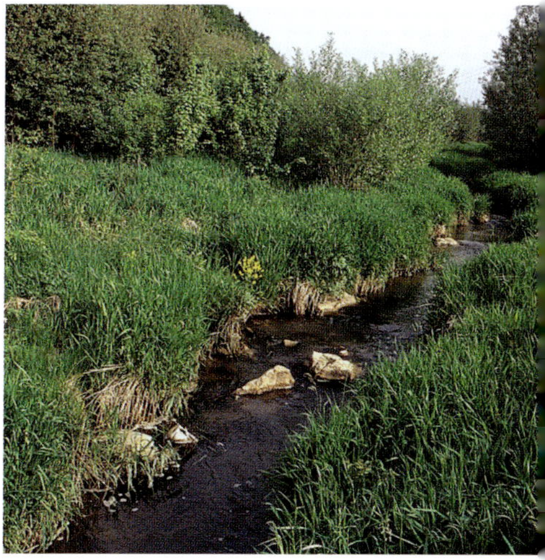

Vorbildlich renaturierter Bach mit strukturreichen Ufern und eingelegten Steinen als Strömungsbrecher.

Querverbauungen, meist Wehrbauten zur Energiegewinnung, verlegen Wanderfischen den Zugang zu ihren Laichplätzen. Geeignete *Fischwege,* z. B. fachgerecht angelegte Umgehungsgerinne helfen, den Weg freier zu machen. Manche Wehre können auch durch *Sohlrampen* ersetzt werden. Sohlrampen sorgen dafür, dass das Wasser nicht steil nach unten stürzt, sondern über eine raue, durch große Wasserbausteine gebildete Oberfläche schräg abfließt. Über diese Fläche können die Fische auf- und abschwimmen. Neben der Durchgängigkeit eines Gewässers ist aber auch die *Anbindung von Nebengewässern* wichtig.

Auch kleinere, in kurzen Abständen aufeinander folgende Querverbauungen in Bächen sind aus fischereibiologischer Sicht negativ zu beurteilen. Durch die Verlangsamung der Fließgeschwindigkeit kommt es zur *Verschlammung der Sohle.* Vormals kiesige Laichgründe werden zerstört. Auch wenn Forellen kleine, niedrige Wehre noch überwinden können, für Kleinfische wie die Koppe sind schon geringe Fallhöhen nicht zu meistern.

Zum Fischtod im großen Stil kommt es in den Turbinen der Kraftwerke. Vor allem Aale werden bei ihrer Wanderung dem Meere zu die Opfer. In wissenschaftlichen Einrichtungen wird zwar an Schutzvorrichtungen gearbeitet, die es den Fischen ermöglichen sollen, diese Todesfallen zu umschwimmen. Bisher ohne durchschlagenden Erfolg.

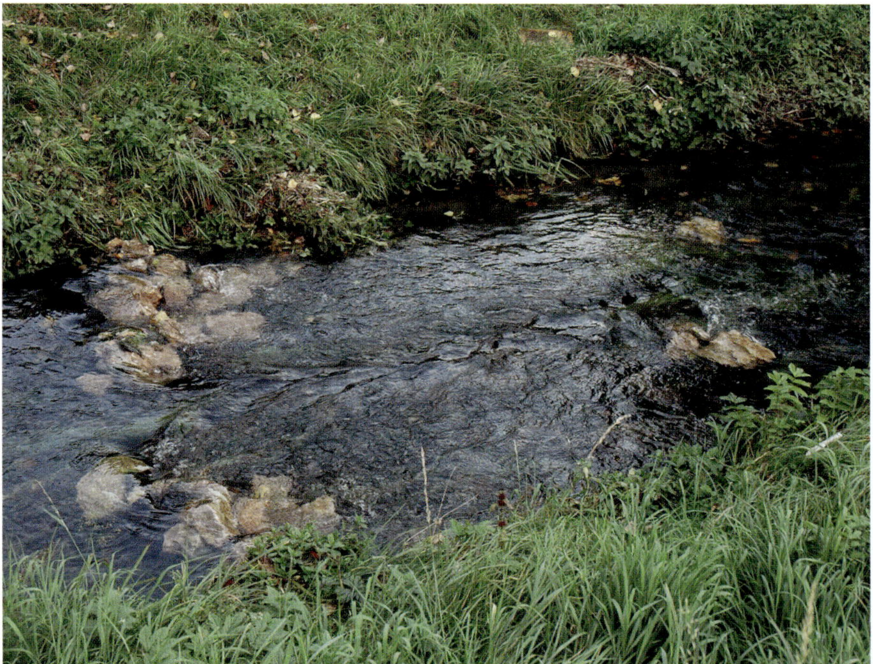

Lebensraumverbesserung durch Eigeninitiative. Das Einbringen von Kleinstrukturen muss aber vorher unbedingt mit dem Wasserwirtschaftsamt abgesprochen werden.

?

1 | Welches öffentliche Interesse besteht an der fischereilichen Hege?
Die Gewässer sollen als Ausdruck ihres ökologischen Wertes einen gesunden, arten- und ertragreichen Fischbestand beherbergen.

2 | Was bedeutet der Begriff »Hege« in und an einem Fischgewässer?
Alle Maßnahmen, die auf die Erhaltung und Förderung der Lebensgemeinschaften in den Gewässern abzielen.

3 | Worauf zielt der fischereiliche Hegegedanken ab?
Auf die Schaffung artenreicher, gesunder Fischbestände und den Aufbau und Erhalt von natürlichen Lebensräumen in und am Wasser.

4 | Welche Kenntnisse sind notwendig für die Hege eines Fischbestandes?
Wissen über Artenvielfalt, Altersaufbau und Wachstum der Fische, sowie über die natürliche Ertragsfähigkeit und die Güte des Gewässers.

5 | Warum ist die Struktur eines Gewässers von fischereibiologischer Bedeutung?
Ein strukturreiches Fließgewässer bietet Lebensraum für viele Fisch- und Kleintierarten mit hoher Individuendichte.

6 | Was wirkt sich auf den Fischbestand eines Flusses nachteilig aus?
Begradigung.

7 | Welche Reststoffe verbleiben in geklärtem Abwasser und schaden den Fischen?

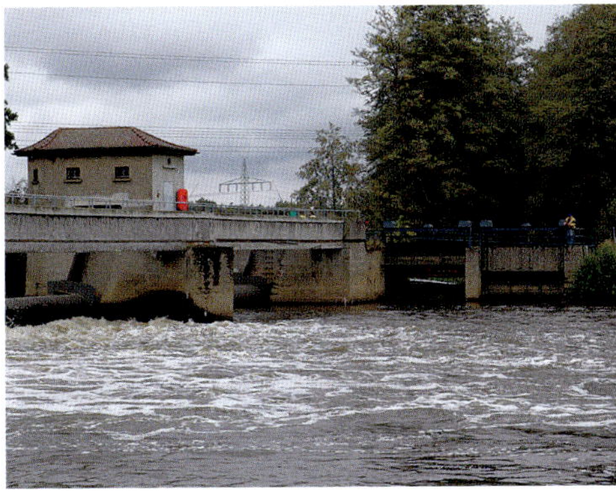

Querverbauungen, wie dieses große Wehr, ohne Fischaufstiegshilfen verhindern Laichwanderungen und isolieren Fischbestände voneinander.

Hormone aus der Humanmedizin und ähnliche Stoffe aus Landwirtschaft und Industrie.

8 | Welche fischereiliche Bedeutung haben Kolke und Gumpen in fließenden Gewässern?
Sie sind bevorzugte Standplätze der Fische.

9 | Welchen Fischarten schaden große Querverbauungen in Flüssen, die zum Meer fließen am meisten?
Lachs, Meerforelle, Nordseeschnäpel, Maifisch, Aal.

10 | Warum bieten Gumpen und Kolke so gute Fischstandplätze?
Die Fische fühlen sich in der Vertiefung sicher, zudem herrschen hier meist günstige Strömungsverhältnisse.

11 | Wie kann sich eine Uferbegradigung (Längsverbau) auf den Fischbestand eines Gewässers auswirken?
Bedingt durch einen monotonen Lebensraum kommt es zur Verringerung der Fischarten und der Fischmenge.

12 | Warum können sich Maßnahmen des Gewässerausbaus und der Gewässerunterhaltung nachteilig auf die Fischerei auswirken?
Weil die Gefahr besteht, dass natürliche Lebensräume nachhaltig zerstört werden.

13 | Wie können sich Querbauwerke (z.B. Wehre) auf die Fischbestände eines Fließgewässers auswirken?
Sie isolieren die Fischbestände und verhindern Laichwanderungen.

14 | Welchen Einfluss haben Querverbauungen (Wehre), wenn sie sich in kurzen Abständen in einem Fließgewässer befinden?
Sie verlangsamen die Fließgeschwindigkeit, der Gewässergrund verschlammt, und Laichgründe auf ehemals kiesigem Grund gehen verloren.

15 | Wasserkraftwerke sind aus fischereilicher Sicht:
Negativ, da Fische durch die Turbinen verletzt oder getötet werden.

16 | Was bezeichnet man in der Fischerei als Durchgängigkeit von Fließgewässern?
Die ungehinderte Passage.

17 | Welche wasserbaulichen Einrichtungen fördern die Durchgängigkeit von Fließgewässern?
Umgehungsbäche, Fischtreppen (sog. Aufstiegshilfen).

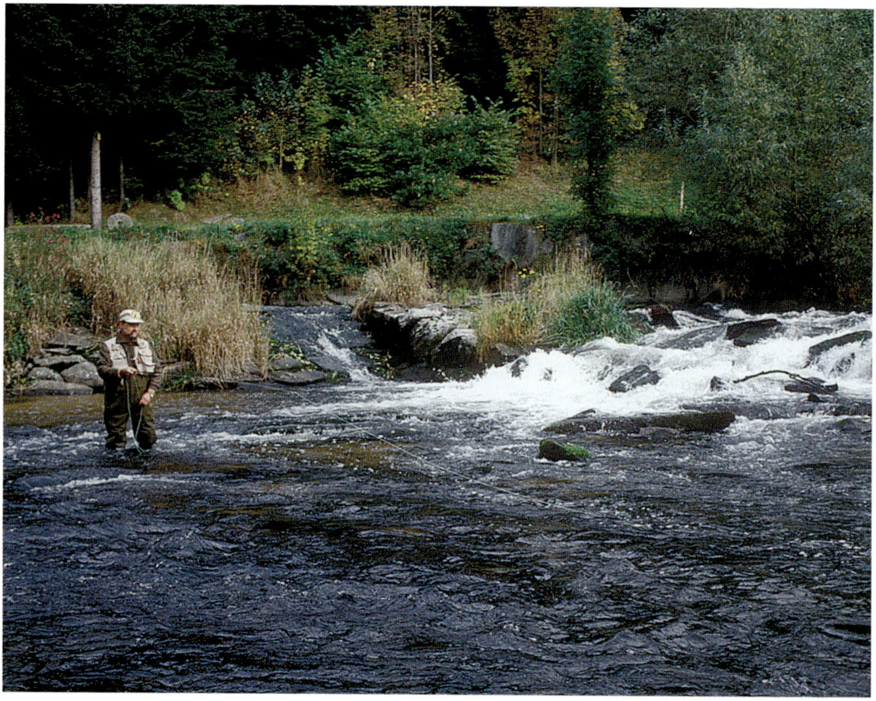

Eine solche Sohlrampe sorgt für die sogenannte Durchgängigkeit eines Gewässers.

18 | Die Wiederherstellung der Durchgängigkeit von Fließgewässern führt in der Regel:
Zur Verbesserung des Lebensraums.

19 | Was sind Fischtreppen oder Fischpässe?
Spezielle Bauten, die den Fischen die Überwindung von Wanderhindernissen, wie z.B. Stauwehren ermöglichen.

20 | Welche Funktionen haben Fischaufstiegshilfen?
Die Fische können in ihrem Lebensraum hin und her wechseln, außerdem sind Laichwanderungen möglich.

21 | Welche Maßnahmen sollten aus fischereilicher Sicht an Wasserkraftwerken getroffen werden?
Schutzvorrichtungen vor dem Turbineneinlass.

22 | Warum sollten Fließgewässer durchgängig sein?
Weil viele Fischarten flussaufwärts in ihre Laichgebiete ziehen.

23 | Die Durchgängigkeit von Fließgewässern wird gefordert, weil:
es sonst zur Verminderung der genetischen Vielfalt kommt.

24 | Wem dienen Maßnahmen zur Wiederherstellung intakter Gewässerstrukturen (Renaturierung) in erster Linie?
Dem Artenschutz und Tierwohl.

25 | Wie sind aus fischereilicher Sicht abgestorbene Bäume und Äste in einem Gewässer zu beurteilen?
Positiv, da Totholz von Fischen als Unterstand angenommen, und auch von einer Vielzahl von Fischnährtieren besiedelt wird.

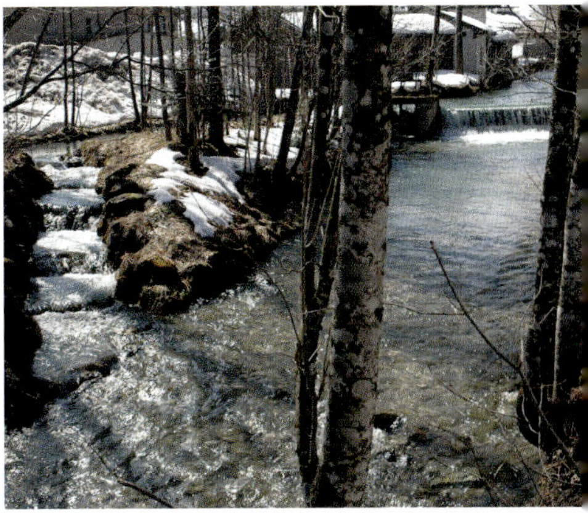

Diese Fischtreppe ermöglicht Fischen, das Wehr zu umgehen.

26 | Welchen Nutzen erfüllt ein das Ufer begleitender Gehölzsaum?
Er dient dem Rückhalt von Nährstoffen aus dem Umland (Uferschutzstreifen).

27 | Warum sollen in ein ausgebautes Fließgewässer z.B. große Steine zur Strukturverbesserung eingebracht werden?
Um den Stein herum bilden sich unterschiedliche Fließgeschwindigkeiten aus, die zu einer vielfältigen Sortierung des Bodensubstrates führen.

28 | Wie kann man den Fischbestand in einem Gewässer fördern?
Schaffung von Unterständen und Anbinden von Nebengewässern, um den Fischen Laichmöglichkeiten zu verschaffen.

29 | Wie sind seitliche Steinschüttungen zur Befestigung der Ufer von Fließgewässern zu beurteilen?
Negativ: Sie unterbinden die natürliche Ufergestaltung und engen damit den Lebensraum der Unterwassertierwelt ein.

Naturschutz in der Angelfischerei

Durch die geschilderten Verhältnisse ist der Angler heute aktiv in den allgemeinen Naturschutz eingebunden. *Uferstreifen* sind oft *Rückzugsgebiete* für seltene Pflanzen und Tiere. Denken Sie an die *Brut- und Aufzuchtzeiten* von Vögeln wie Eisvogel, Uferschwalben, Enten und Rallen. Wasservögel sind während der Mauser flugunfähig.

Sehen Sie sich die *Roten Listen* der einzelnen Bundesländer an. Sie geben Auskunft über die als gefährdet oder geschützt eingestuften Tiere und Pflanzen.

Auch bestimmten *Insekten* wie Libellen, verschiedenen *Amphibien* sowie gewissen *Reptilien*, wie der Ringelnatter werden wir immer wieder bei Angelausflügen begegnen. Sie verdienen unsere Aufmerksamkeit und die Bereitschaft zu entsprechender Rücksichtnahme.

Als Angler sollte man jedenfalls den Forderungen des Natur- und Tierschutzes positiv gegenüber stehen. Eine solche Einstellung dient neben der Erhaltung der Angelfischerei auch der Förderung des eigenen Naturerlebnisses.

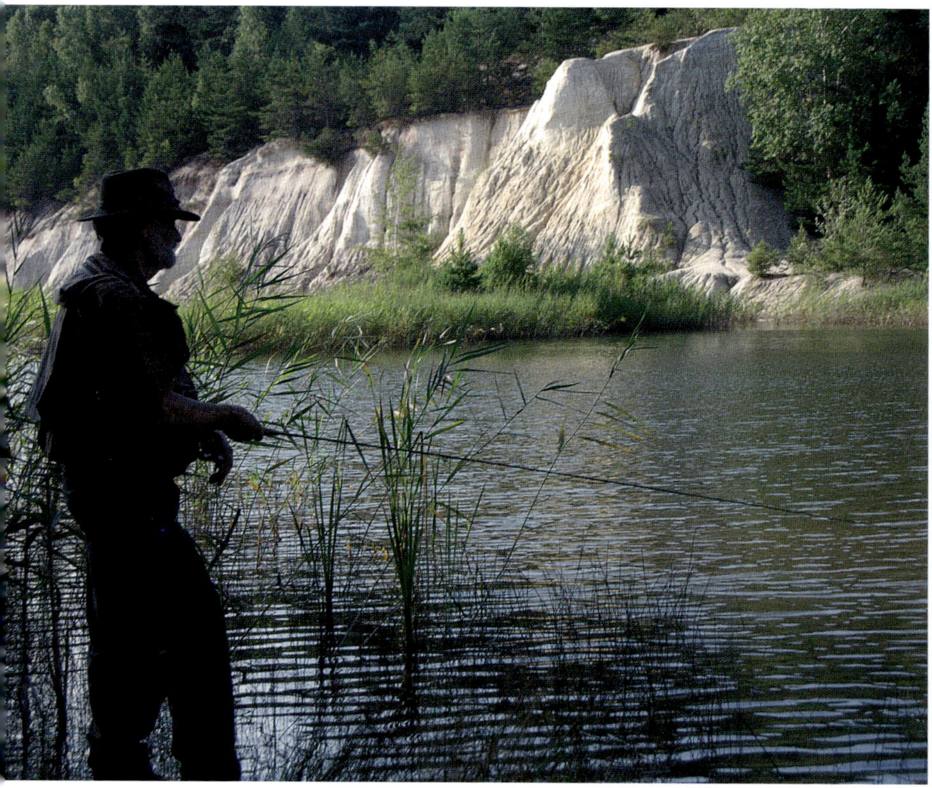

Solche Steilufer bieten Uferschwalben und Eisvögeln beste Brut- und Nistplätze.

?

30 | Wann brütet der Eisvogel?
Er brütet mehrfach im Zeitraum von März bis September.

31 | Wie kann der Eisvogel geschützt werden?
Herstellen bzw. Erhalten von Steilufern und Schutz von geeigneten Nistbereichen.

32 | An welchen Gewässern ist die Wasseramsel heimisch?
In Quellbereichen und an Gebirgs- und Mittelgebirgsbächen.

33 | Welche Wasservögel sind während der Mauser flugunfähig?
Enten, Rallen.

34 | Wann sind z. B. Enten und Rallen durch den Wechsel (Mauser) ihres Federkleides flugunfähig?
Meist von Juli bis September.

35 | Welche ans Wasser oder an Feuchtgebiete gebundene Vogelarten gelten als stark gefährdet?
Bekassine, Großer Brachvogel.

36 | Was versteht man unter dem Begriff »Fluchtdistanz«?
Die Entfernung, ab welcher ein Tier vor einem Feind flüchtet.

37 | Welche Tierarten werden zu den Amphibien gezählt?
Kröten, Frösche, Molche.

38 | Sind die Larven von Molchen und Kaulquappen eine Bedrohung für Fische?
Nein. Sie werden aber selbst von Fischen gefressen.

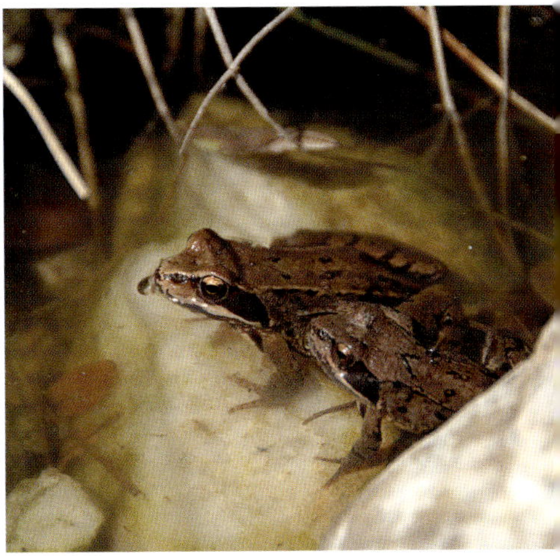

Amphibien gehören, wie die Fische zum Lebensraum an und in Gewässern.

39 | Wo laichen Molche und Kröten?
In Tümpeln und Wasser führenden Gräben.

40 | Wozu sammeln sich Kröten im Frühjahr in kleinen Gewässern?
Zum Laichen.

41 | Wie kann ein sinnvoller Beitrag zur Unterstützung der Krötenbestände aussehen?
Geeignete Laichgewässer und die Wege dorthin schützen.

42 | Wie ist das Trockenlegen und Beseitigen von Tümpeln und anderer Kleingewässern einzuordnen?
Es ist naturfeindlich, da der Lebensraum für viele Tiere und Pflanzen vernichtet wird.

43 | Wie soll sich der Angler im mit Schilf und Röhricht bestandenen Uferbereich verhalten?
Umsichtig und rücksichtsvoll: hier leben und brüten Wasservögel.

44 | Ist es unter Umständen sinnvoll, in Naturschutzgebieten das Angeln zu beschränken?
Ja, wenn der Schutzzweck nur auf diese Weise erreicht werden kann.

45 | Welche Reptilienart lebt in der Nähe von Gewässern und Feuchtgebieten?
Ringelnatter.

46 | Sollte man in der Nähe einer Eisvogelniströhre angeln?
Nein, die Brutplätze von Eisvögeln sollten weiträumig gemieden werden, damit das Brutgeschäft nicht gestört wird.

47 | In welchem Zeitraum soll allgemein auf Wasservögel besondere Rücksicht genommen werden?
In der Brut- und Aufzuchtzeit von März bis Juni.

48 | Was ist die Hauptnahrung von Libellen?
Andere Insekten.

49 | Welches im Wasser lebende Insekt steht unter gesetzlichem Schutz?
Kolbenwasserkäfer.

50 | Wo erfährt man, welche Tiere und Pflanzen als gefährdet gelten?
In der »Roten Liste« der Bundesländer.

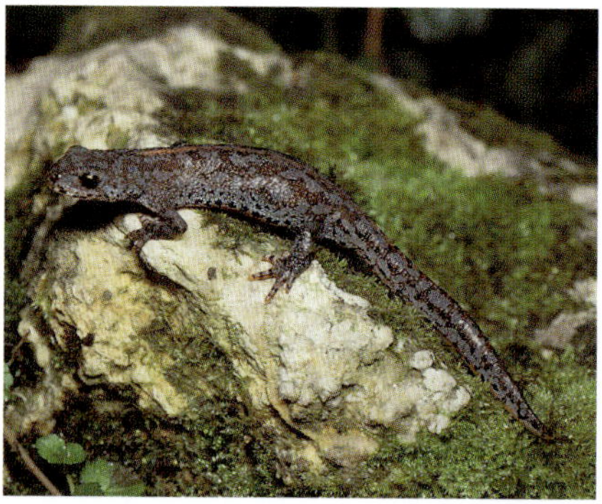

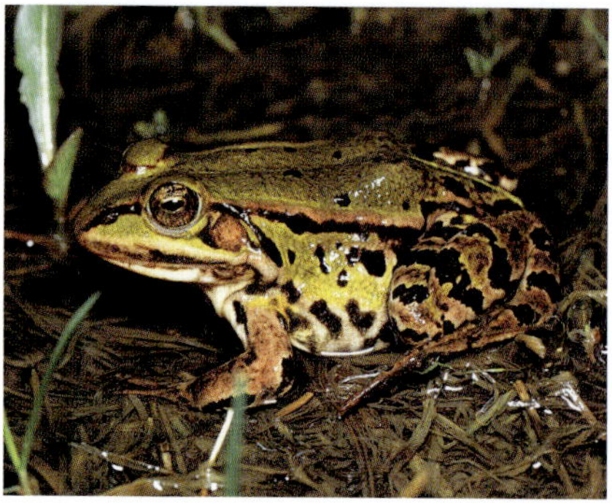

Oben: Bergmolch.
Unten: Wasserfrosch.

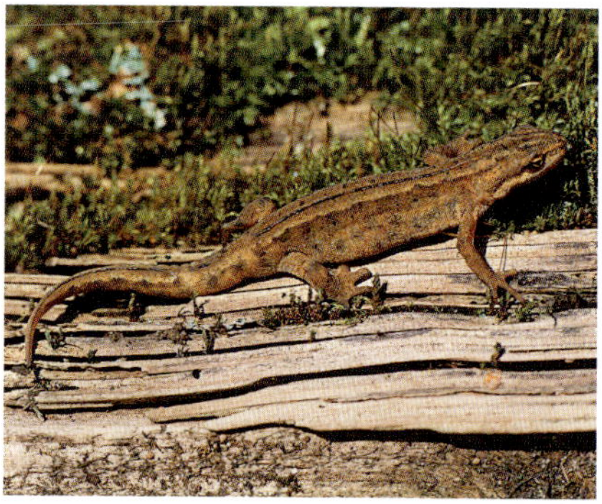

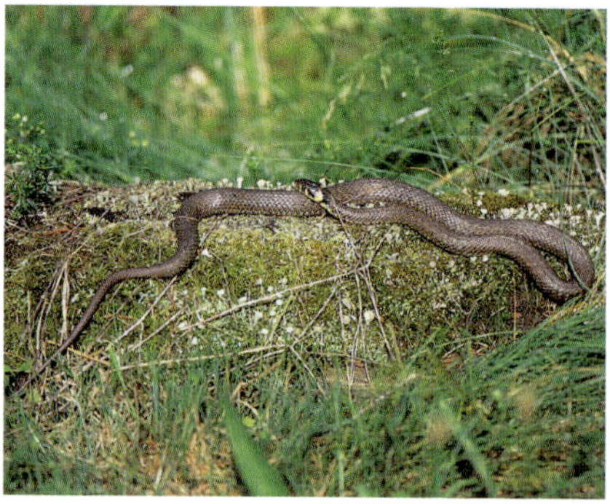

Oben: Teichmolch.
Unten: Ringelnatter.

51 | Welche Maßnahmen sind angebracht, sobald sich an einem Gewässer größere Bestände von See- und Teichrosen angesiedelt haben?
Die beiden Pflanzen stehen unter Schutz und dürfen nicht beseitigt werden.

52 | Welche nur in wenigen Seen Deutschlands und Österreichs vorkommende Fischart ist als selten einzustufen?
Perlfisch.

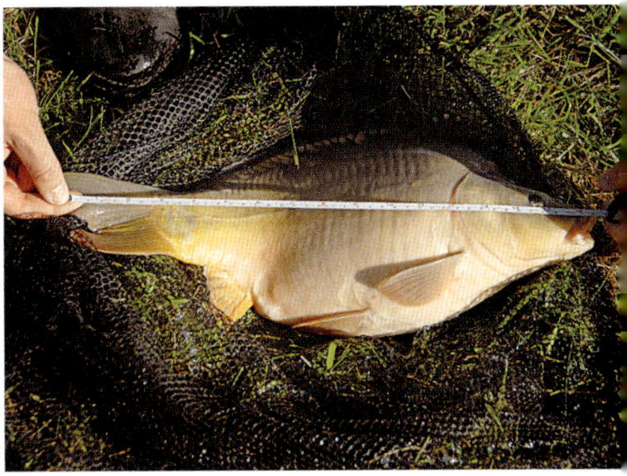

Zur Überprüfung des Mindestmaßes wird der gefangene Fisch von der Kopfspitze bis zum Ende der Schwanzflosse vermessen.

Mindestmaße

In den Fischereigesetzen der Länder werden die Schutz- und Hegebestimmungen besonders betont. Fische dürfen nicht im Jugendstadium entnommen werden. Sie sollen mindestens einmal im Leben *ablaichen* können. Deshalb wird für viele Fischarten und Krebse ein Mindest- oder Schonmaß festgelegt. Dies ist die Mindestlänge, für die *Aneignungsrecht* besteht. Dabei sind die Fische von der *Kopfspitze bis zum Ende der Schwanzflosse* zu messen. Bei Krebsen gilt das Maß von der *Kopfspitze bis zum Hinterrand des Schwanzfächers*. Tiere unter dem Schonmaß bezeichnet man als *untermaßig*. Die Mindestmaße werden durch die jeweiligen *Gesetze der Länder* bestimmt. Höhere, aber nicht geringere Mindestmaße können von *Anglerorganisationen* z.B. Landesfischereiverbänden und/oder Vereinen in einem gewissen Rahmen selbst festgelegt werden.

Schonzeiten

Während der jeweiligen, durch Ländergesetzgebung festgelegten Schonzeiten dürfen die einzelnen Fischarten nicht gefangen werden, um eine *ungestörte Laichablage* zu ermöglichen. Zu unterscheiden sind individuelle Schonzeiten für einzelne Fischarten oder ganze Gewässer. Seltene Fischarten können ganzjährig geschont sein. Wird ein Fisch versehentlich während seiner Schonzeit gefangen, ist er besonders sorgsam zu behandeln und *zurückzusetzen*. Das Laichen bedeutet vor allem für die Rogner eine erhebliche körperliche Belastung. Sie sind danach abgemagert und hungrig. Solche Tiere zu angeln, widerspricht der *anglerischen Ethik* (Weidgerechtigkeit).

Manche Fischarten haben keine Schonzeiten. Von einigen Arten gibt es so dichte Bestände, dass ihre Vermehrung sogar unerwünscht ist. Das trifft in manchen Gewässern z.B. für den *Döbel*, die *Güster* oder auch die *Brachse* zu. Vor allem in eutrophen Gewässern vermehren sich Weißfische sehr stark.

Schonmaßen und Schonzeiten werden bei der Prüfung in der Regel viel Platz eingeräumt. Von daher ist es unerlässlich, dass Sie die in den *Tabellen für Ihr Bundesland* aufgeführten Daten in- und auswendig beherrschen.

An nicht wenigen Gewässern werden die Bestimmungen enger gefasst, um den Besonderheiten des Gewässers und seiner Bewirtschaftung gerecht zu werden. Im Einzelfall werden Schonzeiten verlängert oder Schonmaße erhöht. Ein Fischereirechtinhaber darf von sich aus diese gesetzlichen Bestimmungen in seinem Gewässer nur verschärfen. Hier gilt das gleiche wie für die Mindestmaße, auch die Schonzeiten dürfen nicht eigenmächtig verkürzt, sondern nur verlängert werden. Zur Änderung oder gar Aufhebung der Schutzbestimmungen bedarf es der Zustimmung der jeweiligen Regierung oder von ihr beauftragter Behörden (z.B. Untere Fischereibehörde). Die Regierung kann auch mit befristeter Anordnung Schonmaße und Schonzeiten für Fische, Krebse und Muscheln erlassen, die bisher keinen Schutzmaßnahmen unterworfen sind.

Eine gesetzliche Ausnahme: In den als *»geschlossen«* definierten Gewässern der Forellen- und Karpfenteichwirtschaft gelten die genannten Schutzbestimmungen nicht. Hier dürfen Fische auch unter dem Mindestmaß und zu jeder Zeit aus Gründen der Hege und Zucht gefangen, erworben oder veräußert werden. Die Vorschriften der Schonmaße und Schonzeiten gelten dagegen schon für die speziell für den Fischfang angelegten künstlichen Teiche, die sogenannten Angelteiche.

Schonbezirke

Eine weitere Schutzmaßnahme ist die Ausweisung von Schonbezirken in nicht geschlossenen Gewässern. Der Gesetzgeber unterscheidet sogenannte *Fischschonbezirke,* Gewässerstrecken also, die fischereilich von besonderer Bedeutung sind und *Laichschonbezirke,* die sich durch besonders geeignete Laich- und Aufwuchsgebiete auszeichnen. Wenn sich in einem Gewässer Uferlaicher nur noch eingeschränkt vermehren, weil sie ständig z.B. durch Bade- und Bootsbetrieb von ihren Laichplätzen vertrieben werden, kann hier ein bestimmter Abschnitt als Schonbezirk ausgewiesen werden, wo Freizeitbetätigungen dann untersagt sind.

Fangbegrenzungen

Immer öfter erlassen die Anglerorganisationen oder -vereine Fangbegrenzungen. Dabei ist zu unterscheiden zwischen Tagesfangbegrenzungen (z.B. 2 Karpfen je Angeltag) und saisonalen Limitierungen (z.B. 50 Bachforellen).

?

53 | Welchen Zweck hat das Schonmaß bei den Fischen?
Die Fische sollen sich zumindest einmal fortpflanzen können.

54 | Was soll durch das Schonmaß sichergestellt werden?
Die Fische sollen bis zum Erreichen des Schonmaßes einmal abgelaicht haben.

55 | Wie wird die Länge eines Fisches festgestellt, damit das vorgeschriebene Schonmaß eingehalten wird?
Der Fisch wird von der Kopfspitze bis zum Ende der Schwanzflosse gemessen.

56 | Welchen Zweck hat die Schonzeit bei Fischen?
Ungestörtes Laichgeschäft.

?

Künstliche Schritte

Falls die ökologischen Voraussetzungen in einem Gewässer in Ordnung sind, bedarf es keiner weiteren Schritte zur Stützung eines Fischbestandes. Ist das nicht der Fall, können entsprechende Maßnahmen notwendig werden. Entweder handelt es sich dabei um Entnahme oder Besatz von Fischen.

Die gezielte *Entnahme* von Fischen kann dann erforderlich werden, wenn zur Massenvermehrung neigende Arten, wie z.B. Blei und Güster, einen Überbestand bilden. Dieser ist durch die Angelfischerei und/oder verstärkten Raubfischbesatz nicht zu regulieren. Bilden Fischarten zu dichte Bestände, neigen die Fische zur Kleinwüchsigkeit (Verbuttung) und gefährden durch ihre enorme Nahrungskonkurrenz andere Arten und damit die Artenvielfalt.

Hier ist wirksame Abhilfe z.B. durch berufsfischereiliche Fangmethoden (Netze) vonnöten. Wo Barsche massenhaft vorkommen sind die Bestände meist verbuttet. Nur eine intensive Fischentnahme wirkt diesem Zustand entgegen. Hier kommen wir zum Begriff des *Hegefischens*. Man versteht darunter gezieltes Fischen (Angeln) auf bestimmte Fischarten, zur Regulierung (Ausdünnung) der Bestandsmenge.

Das Überhandnehmen von Döbel oder Rutte (Aalrutte) stellt in einem Salmonidengewässer eine Bedrohung des Forellen- oder Äschenbestands dar. Gezielte Befischung, z.B. mithilfe der Elektrofischerei, kann hier entgegenwirken.

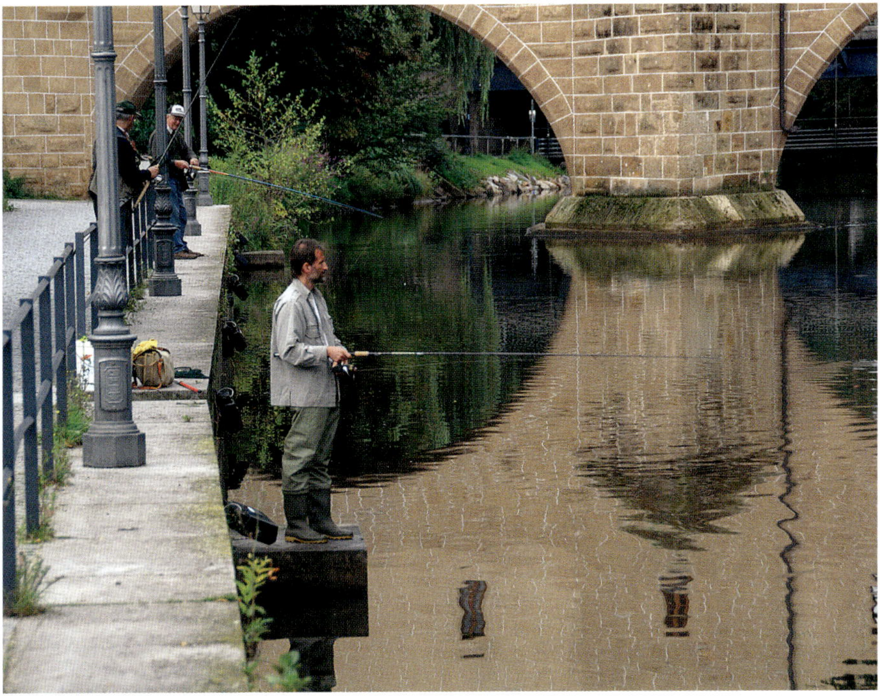

Der Angler als stets aufmerksamer Beobachter: was passiert in und am Fischwasser.

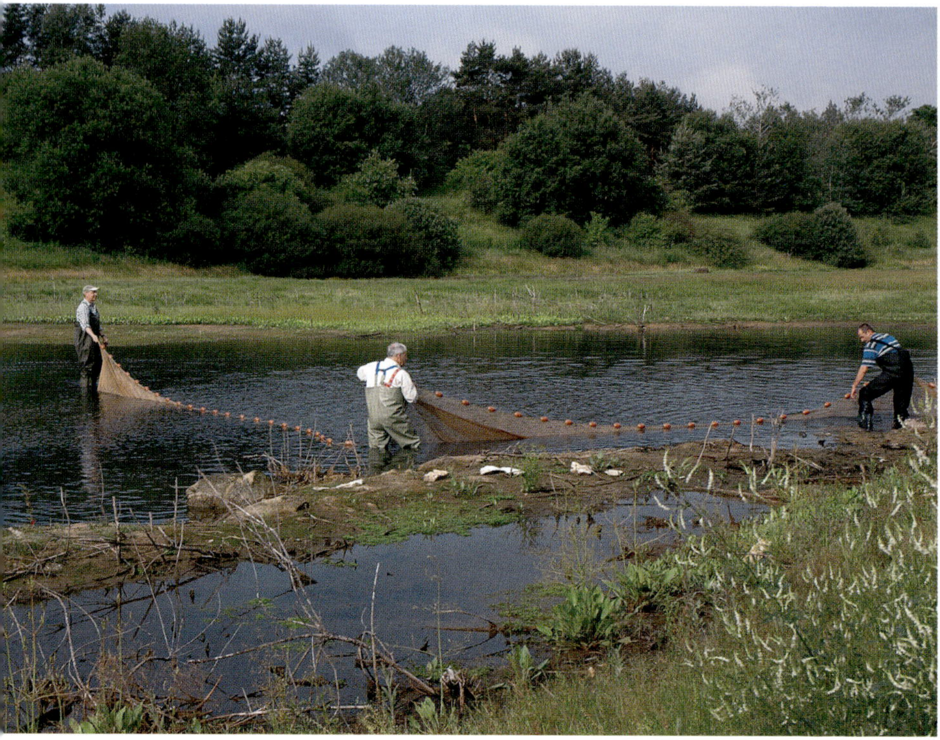

Eine umfangreiche Entnahme von unerwünschten Fischarten wird in der Regel nur mit professioneller Fangtechnik erreicht.

Besatzmaßnahmen

Bis in den Anfang der 1990er Jahre galten Besatzmaßnahmen als Allheilmittel. Dabei wurde vielfach übertrieben, was zu ökologisch negativen Auswirkungen geführt hat.

Unter heute allgemein gültigen Erkenntnissen sind Besatzmaßnahmen aus folgenden Gründen sinnvoll:

- Wiedereinbürgerung von ausgestorbenen oder verschwundenen Arten.
- Erhaltung von Fischarten = Bestandsstützung.
- Erhaltung des biologischen Gleichgewichts.

Es gibt viele Gründe für das Verschwinden von Fischarten aus einem Gewässer oder ganzen Gewässersystemen. Es kann ein *Totalsterben* zugrunde liegen (Einleitung von industriellen, landwirtschaftlichen und kommunalen Abwässern sowie durch Sauerstoffmangel im Winter). Kommen solche Sterben nur in begrenzten Fließgewässerabschnitten vor, erfolgt eine Wiederbesiedlung meist sehr schnell aus den unbelastet gebliebenen Bereichen. Besatz ist nur dann erforderlich, wenn die Zuwanderung einer Art bzw. mehrerer Arten dazu nicht ausreicht oder zu lange Zeit beansprucht. Das kommt häufiger zum Beispiel bei Bachforellen, Äschen, Barben und Welsen vor. Ein totales Fischsterben legt einen gemischten Besatz mit allen für den jeweiligen Lebensraum geeigneten Arten nahe und das in möglichst vielen Altersklassen. Das hat den Vorteil, in Zukunft eine an ökologischen Zielen orientierte Artenzusammensetzung aufzubauen. Dem Erlöschen von Arten in bestimmten Gewässerabschnitten durch Querverbauungen und dadurch nicht erreichbaren Laichplätzen kann durch die bereits besprochenen Wasserbaumaßnahmen (zum Beispiel Umgehungsgerinne, Fischpass) zumindest teilweise Einhalt geboten werden.

Besatzmaterial sollte in möglichst enger genetischer Verwandschaft zum erloschenen Stamm beschafft werden. Außerdem müssen geeignete Laichplätze zur Verfügung stehen, damit sich aus dem Neubesatz ein wieder selbst erhaltender Bestand entwickeln kann. Für Kieslaicher, wie Äsche, Barbe und Nase, können künstliche Kiesaufschüttungen in Fließgewässern solche Bemühungen unterstützen. Dazu ist gewaschener Kies zu verwenden, da die Zwischenräume im Kies, für die Entwicklung der Eier und der daraus schlüpfenden Jungfische frei von Sedimentablagerungen sein müssen. Diese Kiesbänke dürfen nicht verschlammen oder abgeschwemmt werden. Eine sorgfältige Auswahl der Plätze ist Voraussetzung für eine solche Maßnahme.

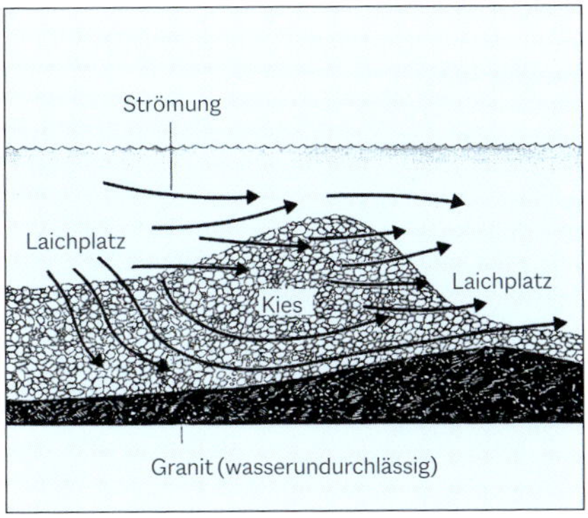

Eine als Laichplatz für Salmoniden geeignete Kiesbank ist vom Wasser durchströmt und verschlammt nicht.

Erstbesatz

Diese Maßnahme ist mit geeigneten Fischen für *neu entstandene Angelgewässer* erforderlich, wenn diese ohne Zu- und Abfluss sind und wie Baggerseen durch Grundwasser gespeist werden. Sie werden zwar auch auf natürliche Weise durch Laichverschleppung (Wasservögel) besiedelt, aber das dauert lange und ist auf einige wenige Fischarten beschränkt. Durch ausgewogenen Besatz werden die Artenvielfalt und die künftige Nutzung gesteuert. In den ersten Jahren nach der Entnahme von Sand oder Kies sind Baggerseen meist nährstoffarm, aber oft sauerstoffreich. Das erschwert zwar eine Bewirtschaftung mit verschiedenen Fischarten, dennoch sind solche Seen für einen Besatz mit Salmoniden geeignet, vorausgesetzt es kommen genügend Fischnährtiere vor. In tiefen, sauerstoffreichen Baggerseen sind auch Renken denkbar. Mit fortschreitendem Alter des Gewässers nimmt die Nährstoffkonzentration zu, und die Sauerstoffverhältnisse gestalten sich ungünstiger. Solche Baggerseen sind dann eher Cypriniden, Hechten, Barschen und anderen Arten eutropher Stillgewässer vorbehalten.

Talsperren und Stauseen werden meist von ihren Zuflüssen her besiedelt. Die Erstbesiedlung des neuen Gewässers muss in der Regel nicht durch neue Arten unterstützt werden. Allgemein lassen sich aber Talsperren wegen des sich regelmäßig verändernden Wasserstands schwierig bewirtschaften. Gezielte Besatzmaßnahmen können hier für einen Ausgleich sorgen.

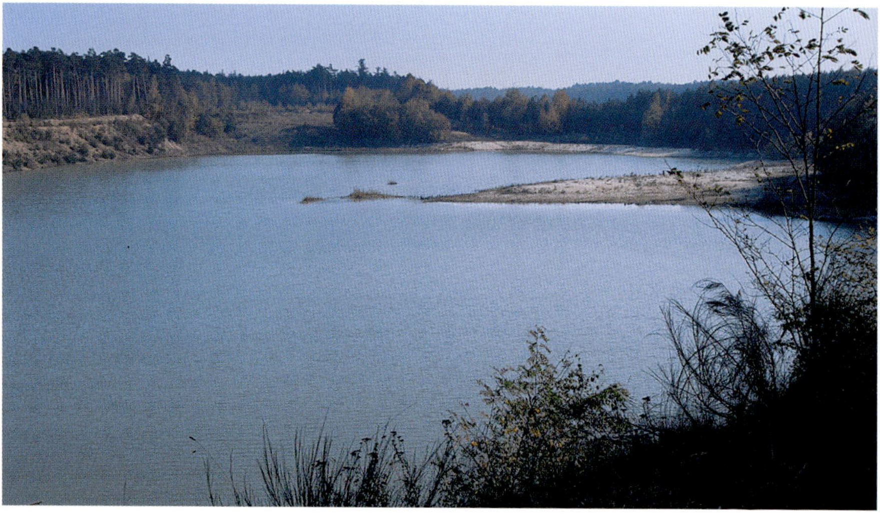

Eine ertragreiche Bewirtschaftung junger Baggerseen ist wegen ihrer anfänglichen Nährstoffarmut nicht besonders erfolgreich.

?

57 | Welche Fischart soll im Forellenbach intensiv befischt werden?
Döbel (Aitel).

58 | Was soll der Fischereiberechtigte tun, wenn das Gewässer einen Überbestand an kleinwüchsigen Flussbarschen aufweist?
Er soll die Flussbarsche intensiv befischen.

59 | Was ist für die natürliche Vermehrung von Kieslaichern wie Äsche, Nase und Barbe nötig?
Sie benötigen artgerechte Laichplätze (Kiesbetten). Dies kann durch künstliche Aufschüttungen an geeigneten Stellen in einem Fließgewässer unterstützt werden.

60 | Wie müssen die Laichbetten von Kieslaichern beschaffen sein?
Die Zwischenräume im Kies, in denen sich die Eier entwickeln, müssen von Sedimenten frei sein, sodass der Laich gut mit Sauerstoff versorgt ist.

61 | Welche Fischart eignet sich zum Besatz großer, tiefer und sauerstoffreicher Baggerseen?
Renken, Regenbogenforellen.

62 | Was ist beim Forellenbesatz in Baggerseen zu beachten?
Der Forellenbesatz darf nur dann erfolgen, wenn im Wasser ausreichend Fischnährtiere vorhanden sind.

63 | Was erschwert eine erfolgreiche Bewirtschaftung noch junger Baggerseen?
Die geringe Fruchtbarkeit.

64 | Was ist für junge Baggerseen charakteristisch?
Der geringe Nährstoffgehalt.

65 | Können Baggerseen unmittelbar nach dem Ende der Kiesausbeutung fischereilich genutzt werden?
Nein, zuerst muss sich tierisches und pflanzliches Leben entwickeln.

66 | Warum lassen sich Talsperren teilweise so schwierig bewirtschaften?
Wegen der häufigen Änderung des Wasserstands.

67 | Wie werden Talsperren in der Regel besiedelt?
Über den Zufluss.

Bestandsstützung

Eingeschränkte oder fehlende Laichplätze können eine Bestandsstützung bestimmter Arten erfordern. Es sollten zeitlich begrenzte Maßnahmen bleiben mit Schwerpunkt die Laichmöglichkeiten wiederherzustellen. Wiederbesiedlungsprogramme (z.B. Lachs, Meerforelle) sind meist längere Zeit an Bestandsstützungen gebunden, um die für den Erfolg notwendige Populationsdichte zu erreichen. Nahezu europaweit haben sich der *Kormoran*, im Alpenraum auch der *Gänsesäger*, durch einseitigen und nicht zu verantwortendem Artenschutz in solchem Umfang vermehren können, dass der Fraßdruck eine Reihe von Fischarten in bestimmten Gebieten an den Rand des Verschwindens gebracht hat. Bestandsstützungen sind in diesem Fall solange sinnlos, wie diese Vogelarten nicht auf ein verträgliches, ökologisches Maß reduziert werden. Als weitere Bedrohung kommt regional der wieder erstarkte Fischotter dazu, der in Fischzuchten und kleineren Bächen erheblichen Schaden anrichten kann.

Bei der *Bachforelle* führt Besatz zur Bestandsstützung nach neuesten nordamerikanischen und europäischen Untersuchungen nur in bestimmten Fällen zum Erfolg. Die Satzfische *aus Teichwirtschaften* sind gewöhnlich dem im Gewässer reproduzierten Bestand unterlegen. Insbesondere ältere, größere Fische aus Teichen haben nicht gelernt, erfolgreich nach Nahrung zu jagen. Sie verlieren im natürlichen Gewässer an Gewicht, da sie das vorhandene Nahrungsspektrum nicht nutzen können und mehr Energie verbrauchen als sie aufnehmen. Dies kann unter Umständen bis zum Tod führen, da sie häufig selbst von kleineren, aber unter natürlichen Bedingungen aufgewachsenen, wildenForellen verjagt werden und nicht zur Ruhe kommen. Besatz mit schwimm- und fressfähiger Forellenbrut in Nebenbächen kann hingegen das Vorkommen im Hauptgewässer stützen, falls die Laichmöglichkeiten im Gewässersystem nicht ausreichend sind.

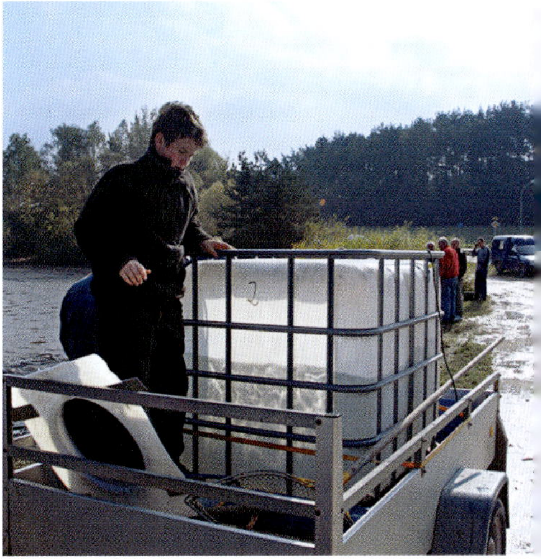

Um Verletzungen vorzubeugen, müssen Transportbehälter für Besatzfische glatte Innenwände aufweisen.

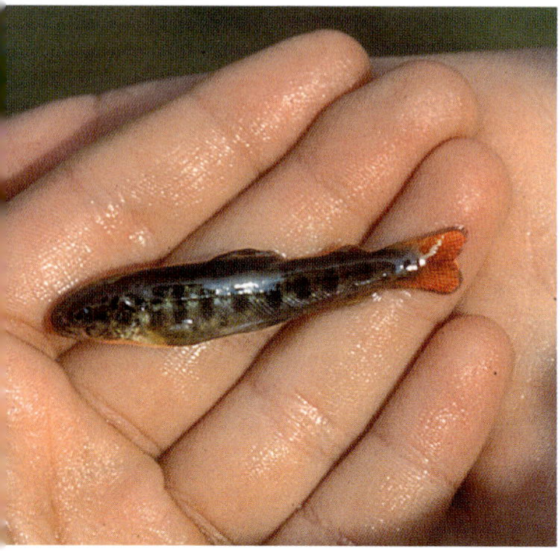

Forellensetzlinge werden am vorteilhaftesten in unbelasteten Nebenbächen ausgebracht.

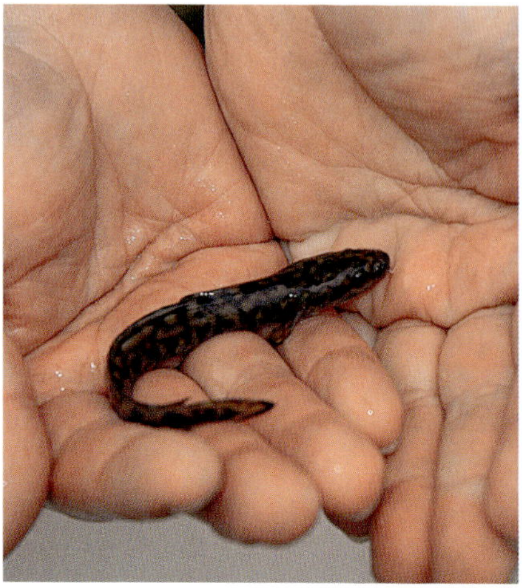

Ein Ruttensetzling. Die Rutte ist der einzige Vertreter der Dorschartigen im Süßwasser.

Der *Aalbestand ist* aufgrund des starken Rückgangs der in die deutschen Flüsse aufsteigenden Jungfische *stützungsbedürftig*. Je nach Bestandsdichte erfolgt Besatz jährlich bzw. in größeren Abständen. Die fingerlangen Glasaale (3000 Stck ≙ 1 kg) gelten als relativ seuchensicher, sind allerdings ziemlich teuer. In Forellenbäche und Krebsgewässer dürfen grundsätzlich keine Aale eingesetzt werden.

Die *Äsche* hat in intakten Gewässern und ohne Bestandsdezimierung durch Kormoran und Gänsesäger ein so hohes Reproduktionsvermögen, dass in der Regel Bestandsstützungen nicht erforderlich sind. Wer an Besatz mit Äschen denkt, sollte vorher mit Fachleuten, z.B. in den Landesfischereiverbänden, Kontakt aufnehmen. Vor allem der Landesfischereiverband Bayern e.V. verfügt über große Erfahrung bei gezielter Bestandsstützung.

Beim *Hecht* als Lauerräuber wird die Populationsdichte eher von der Anzahl der Unterstände als vom Vermehrungspotenzial bestimmt. Deshalb haben Bestandsstützungen oft keinen Erfolg, weil die Hechte sich bei überhöhter Bestandsdichte gegenseitig fressen und so ihren Bestand selbst regulieren. Sollte trotzdem besetzt werden: Vorgestreckte und einsömmrige Hechte stets einzeln und im flachen Uferbereich an möglichen Unterständen aussetzen!

Der *Karpfen* sollte vor allem geschlossenen Gewässern vorbehalten bleiben. Aufgrund seiner Konkurrenzstärke darf, außer in ausgewiesenen Angelteichen, nur schwach besetzt werden, um die anderen Friedfischarten nicht zu verdrängen.

Die *Schleie* beansprucht klare, krautreiche Gewässer (Hecht-Schleie-Seen) und kann dort gute Bestandsdichten bilden. Eine Bestandsstützung ist in solchen Gewässern nicht nötig. Schleienbesatz sollte nur bei Erst- und Wiederbesiedlung vorgenommen werden.

?

68 | Welche Fischarten leben vorzugsweise in Gewässern unter + 20 °C Wassertemperatur im Jahresmittel?
Salmoniden: Bachforelle, Bachsaibling.

69 | Bei welcher maximalen Wassertemperatur ist in einem Fließgewässer ein Besatz mit Bachforellen auf keinen Fall zu vertreten?
Höher 20 °C.

70 | Welches Wasser ist für Forellen vorteilhaft?
Fließendes, sommerkaltes und sauerstoffreiches Wasser.

71 | In welchen Gewässern soll ein Besatz mit Bachforellen einem Besatz mit Regenbogenforellen vorgezogen werden?
In naturnahen, strukturreichen Gewässern der Forellenregion.

72 | Warum sollen bei Besatzmaßnahmen in einem struktrurreichen Fließgewässer der Forellenregion ein- oder zweisömmerige Bachforellen, älteren Tieren vorgezogen werden?
Weil jüngere Bachforellen das Nahrungsspektrum besser nutzen und sich den Lebensraumbedingungen leichter anpassen können.

73 | Welche Fischart ist als Besatz für die Quellregion eines Gewässers besonders geeignet?
Bachforelle.

74 | In welche Gewässer dürfen auf keinen Fall Glasaale eingesetzt werden?
In Forellenbäche.

75 | Warum ist ein Besatz mit Glasaalen dem mit Satzaalen vorzuziehen?
Die Gefahr einer Seucheneinschleppung ist geringer.

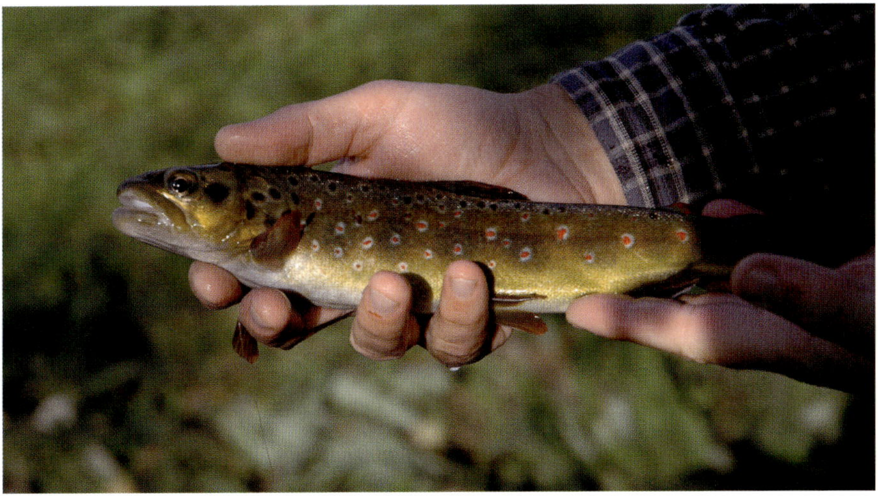

Eine wunderschöne, gesunde, aus Naturaufkommen stammende Bachforelle. Auffallend sind die deutlich sichtbaren, roten Punkte.

76 | Wie viele Glasaale wiegen ein kg?
Ca. 3000.

77 | Warum darf man in ein Krebsgewässer keine Aale einsetzen?
Weil sie Krebse kurz nach deren Häutung (Butterkrebse) fressen.

78 | Was ist beim Besatz mit einsömmerigen Hechten zu beachten?
Die Hechte sollen möglichst einzeln und verteilt in das Gewässer ausgesetzt werden, um Verlusten durch Kannibalismus vorzubeugen.

79 | Was ist beim Hechtbesatz zu berücksichtigen?
Vorhandene Unterstände.

80 | Sollen große Hechte in einem Gewässer geschont werden?
Nein, große Fische sind schlechte Futterverwerter.

81 | Welche Besatzkombination ist in flachen Weihern mit weichem Grund und dichtem Wasserpflanzenbeständen sinnvoll?
Schleie, Karpfen, Hecht.

82 | Unter welchen Umständen ist der Besatz im Rahmen einer Wiederbesiedelung mit Bitterlingen sinnvoll?
Wenn vitale Teichmuschelbestände vorhanden sind.

83 | Warum sind Fische für die Ausbreitung bestimmter heimischer Muschelarten wichtig?
Weil die Muschellarven einen Teil ihrer Entwicklung auf den Kiemen durchmachen.

Fischbestandanalyse und Leitbild

Unabhängig von den Gründen für Besatzmaßnahmen sollte vor deren Durchführung immer eine Analyse des vorhandenen Fischbestandes und ein Abgleich mit dem Gewässertyp durchgeführt werden: auch wird der Lebensraum in Bezug auf Wasserqualität und Nahrungsaufkommen bewertet und auf mögliche Gefahren hin untersucht. Dies umfasst in stehenden Gewässern, neben *chemischen Analysen*, die Erhebung des *Nahrungsspektrums*, den Temperaturgang während eines Jahres und die damit verbundenen *Sauerstoffgehalte*. Zur abschließenden Bewertung sollte man sich den Rat von Fachleuten der *Landesfischereiverbände* einholen. Bei Fließgewässern ist eine biologische Gewässeruntersuchung zur Ermittlung der Verfügbarkeit von Fischnährtieren angebracht. Eine relativ einfache Angelegenheit, denn dafür gibt es sehr gute Anleitungen. Abschließend müssen noch die rechtlichen Voraussetzungen überprüft werden.

Sprechen alle Punkte für einen Besatz, sollten aus Gründen der Nachhaltigkeit und des Artenschutzes die nachfolgenden Gesichtspunkte beachtet werden:

- In den Ausführungsbestimmungen zu den Fischereigesetzen der einzelnen Bundesländer wird bestimmt, dass Satzfische aus Beständen oder Nachzuchten stammen müssen, die dem zu besetzenden Gewässer ökologisch möglichst nahe zugeordnet (gebietseigen) werden können. Regenbogenforellen, Bachsaiblinge, Schleien, Karpfen und Aal sind hiervon ausgenommen. Damit ist gemeint, dass z.B. Äschensetzlinge mit Bayerischer Wald-Herkunft nicht in den Bächen des Schwarzwaldes landen dürfen. Auf entfernte (gebietsfremde) Herkünfte darf nur zurückgegriffen werden, wenn Satzfische der erforderlichen Art, Menge, Qualität und Altersstufe oder Entwicklungsform aus dem jeweils engeren Bereich nicht zu bekommen sind. Es handelt sich dabei um ein Vorbeugen gegenüber genetischer Verfremdung.

▶ Außerdem sollen beim Besatz folgende *Erfolgskontrollen* (Besatzmenge, Fangstatistik usw.) durchgeführt und *ganzheitliche Bewirtschaftungskonzepte* entwickelt werden, die auch über Fischereigrenzen hinaus gehen (z.B. in Fischereigenossenschaften). Eine zusätzliche Aufgabe ist die Chance für eine naturnahe Aufzucht und Reproduktion der eingebrachten Fische durch die Verbesserung ihrer Wohngewässer.

Als Mittel der Erfolgskontrolle werden mitunter *Fischmarkierungen* durchgeführt. Dazu versieht man die Fische, bevor man sie ins Wasser entlässt, mit Marken (z.B. nummerierten Metall- oder Kunststoffplättchen) oder einer Farbmarkierung. Nach dem Wiederfang und Auswertung der Versuchsergebnisse unterstützt das erlangte Wissen, etwa über Wachstum und Fischwanderungen, die Bemühungen um eine optimale Gewässerbewirtschaftung. Wenn Sie also einen mit Marke oder durch Farbmarkierung gezeichneten Fisch fangen, geben Sie den Fisch (Farbmarkierung) oder die Marke unverzüglich unter Angabe des Fangorts und -datums bei einer Fischereibehörde oder fischereiwissenschaftlichen Einrichtung ab.

▶ Satzfische müssen *frei von übertragbaren Krankheiten und Parasiten* sein. Die Gewähr für einwandfreie Beschaffenheit muss sich selbstverständlich auch auf die Zeit nach der Lieferung erstrecken. Sehen Sie sich die Fische auf Parasitenbefall oder krankhafte Veränderungen genau an. Verletzungen während des Transportes oder beim Umsetzen führen zu Verpilzungen der Haut. Nicht einwandfreie Lieferungen sollten nicht angenommen werden. Es empfiehlt sich, die Satzfische vom Fischgesundheitsdienst oder einem anerkannten Fachmann untersuchen zu lassen. Nur so kann das Risiko der Krankheits- und Parasiteneinschleppung klein gehalten werden.

Kaufen Sie Ihre Satzfische nur dort, wo sie einen Nachweis über gesunde Bestände bekommen. Achten Sie darauf, in welchen Transportgefäßen die Fische geliefert werden. Diese sollen möglichst großräumig und abgedunkelt sein, sowie glatte Innenwände haben. Vergessen Sie nicht, die Wassertemperatur in den Behältern langsam an die des Besatzgewässers anzugleichen, damit die Fische beim Umsetzen keinen Temperaturschock erleiden.

Grundsätzlich gilt, Fische nur in für sie geeignete Gewässer einzusetzen und diese dabei so klein wie möglich zu wählen. In erster Linie sollten es Brütlinge, bzw. höchstens zweisömmerige Setzlinge sein.

Denken Sie immer daran, dass bestimmte Fische einfach nicht zu einander passen. So hat es wenig Sinn, *Hechte und Regenbogenforellen* zusammen in einem Baggersee einzubringen, aber auch *Bachforellen und Bachsaiblinge* vertragen sich im gleichen Gewässer nicht besonders gut.

▶ Der Besatz mit nicht heimischen Arten z.B. Regenbogenforelle ist ein grundsätzliches Problem, das zum Dauerstreit an vielen Gewässern führt. Mancherorts verboten, oftmals geduldet, meist aber durchgeführt, weil triftige Gründe gegen eine Bewirtschaftung mit Fischen, die schon so lang erfolgreich bei uns leben, nicht unbedingt ins Feld geführt werden können. Auch hier die Empfehlung nur aus aner-

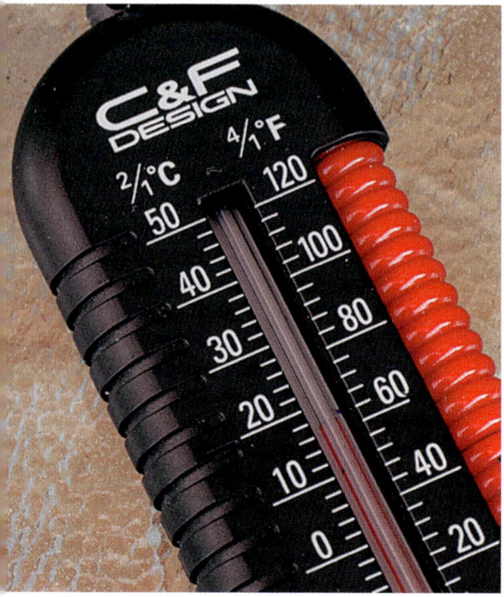

Bei Besatzmaßnahmen darf der langsame Temperaturausgleich nicht vergessen werden.

kannten, seuchenfreien Betrieben den Besatz erwerben.

Anders verhält es sich mit Fischen, die ursprünglich in Aquarien oder Gartenteichen gehalten wurden, keine heimischen Arten sind und in freie Gewässer ausgesetzt wurden, z.B. weil ihr bisheriger Lebensraum für sie zu klein geworden war. Beispiele sind Sonnenbarsche und Katzenwelse. Unter dem Begriff Faunenverfälschung ist solches Handeln verboten worden.

Zu massiver Faunenverfälschung hat der Ausbau der Schiffahrtsstraßen geführt. Die Dreissena-Muschel, aus dem Schwarzmeer-Gebiet eingeschleppt, hat den heimischen Großmuscheln inzwischen stark geschadet. Außerdem wird unseren heimischen Fischen von weiteren unerwünschten Arten zum Teil lebensbedrohend zugesetzt. Drei Grundelarten, ebenfalls aus der Schwarzmeer-Region stammend, überschwemmen das gesamte Donaugebiet und sind über die Main-Donau-Schifffahrtsstraße bereits bis zum Rhein vorgedrungen. Mit Karpfenimporten aus dem Osten ist der Blaubandbärbling zu uns gekommen. Das ist ein Fisch der in der Karpfenwirtschaft, inzwischen aber auch in freien Gewässern erhebliche Schäden unter den heimischen Fischbeständen anrichtet.

Die Faunenverfälschung ist deshalb gefährlich, weil sie zu Verzerrungen in bisher ökologisch intakten Verhältnissen führen kann. Durch das massenhafte Vorkommen der Grundeln etwa fallen heimische Arten der Nahrungskonkurrenz zum Opfer, Eier und Brut kommen nicht mehr auf.

?

84 | Wann ist ein dem Gewässer angepasster Fischbesatz erforderlich?
Wenn die natürlichen Laich- und Aufwuchsplätze fehlen.

85 | Was sind die Ziele von Besatzmaßnahmen?
Erhaltung von Fischarten und angemessene Bestandsdichten, Wiedereinbürgerung von ausgestorbenen Arten, Erhaltung des biologischen Gleichgewichtes.

86 | Welche Maßnahmen müssen vor der Entscheidung für Besatzmaßnahmen stehen?
Eine Bestandsanalyse, die Bewertung des Lebensraums und der Gefährdungsursachen, die Prüfung der rechtlichen Rahmenbedingungen.

87 | Welche Kriterien müssen vor allem beachtet werden, wenn Besatz erforderlich ist?

Herkunft des Besatzmaterials, Durchführung von Erfolgskontrollen (Besatz-, Fangstatistik etc.), ganzheitliche Bewirtschaftungsmaßnahmen über Fischereigrenzen hinaus, Optimierung von naturnaher Aufzucht und Reproduktion.

88 | Ist es generell notwendig, Fischgewässer zur Bestandserhaltung regelmäßig zu besetzen?
Nicht, wenn eine normale Erneuerung des Fischbestandes durch ein natürliches Brut- und Nahrungsaufkommen gewährleistet ist.

89 | Welche Maßnahme ist als naturfeindlich anzusehen?
Überbesatz.

90 | Welche Erkrankung kann leicht auftreten, wenn die Fische beim Um- und Aussetzen nicht schonend behandelt werden?
Verpilzung der Haut.

91 | Wie sollen Hälterungen und Transportgefäße beschaffen sein?
Möglichst groß, mit glatten Innenwänden und abgedunkelt.

92 | Welche Gefahren sind mit einem Fischbesatz verbunden?
Einschleppen von Krankheiten und die Verbreitung nicht heimischer Fische.

93 | Was geschieht, wenn ein Gewässer zu stark besetzt wird?
Geringeres Wachstum bedingt durch Nahrungskonkurrenz.

94 | Unter welchem Aspekt ist Fischbesatz berechtigt?
Nach Fischsterben größeren Ausmaßes.

95 | Wonach müssen sich Besatzmaßnahmen richten?
Nach ökologischen und fischereibiologischen Gesichtspunkten.

96 | Wonach hat sich der Umfang des Fischbesatzes zu richten?
Nach Größe und Tiefe des Gewässers sowie dem natürlichen Nahrungsangebot.

97 | Was ist beim Fischbesatz zu beachten?
Besatzfische sollten möglichst aus dem Einzugsgebiet des Gewässersystems stammen. Vor dem Einsetzen muss ein Temperaturausgleich durchgeführt werden.

98 | Warum ist beim Fischbesatz ein Wassertemperaturausgleich erforderlich?
Zur Vermeidung von Schock- und Stresszuständen.

99 | Wodurch kann unter anderem das biologische Gleichgewicht in Gewässern gestört werden?
Durch einseitigen Fischbesatz.

100 | Was ist beim Erwerb von Besatzfischen besonders zu beachten?
Die Fische müssen frei sein von Parasiten und Fischkrankheiten.

101 | Welcher Grundsatz gilt für die Wahl der Besatzfische?
Satzfische sollen nicht älter als ein- oder zweisömmerig sein.

102 | Wozu ist ein Wassertemperaturausgleich beim Fischbesatz erforderlich?
Um Folgeschäden an Haut und Kiemen zu vermeiden.

103 | Wozu dient eine Fischfangstatistik?
Sie ist Grundlage einer sinnvollen fischereilichen Gewässerbewirtschaftung.

104 | Wozu dient ein fischereilicher Hegeplan?
Damit können fischereiliche und ökologische Ziele formuliert und durchgeführt werden.

105 | Welche Besatzkombination ist in kleineren stehenden Gewässern und Baggerseen nicht sinnvoll?
Hechte und Forellen.

106 | Welche Fischarten soll man nicht gemeinsam bewirtschaften?
Regenbogenforelle und Hecht. Bachforelle und Bachsaibling.

107 | Ist der Besatz mit gebietsfremden Fischen aus fischereibiologischer Sicht in Ordnung?
Nein.

Fischsterben und Fischkrankheiten

Fische werden zunehmend von Krankheiten bedroht. Die Ursachen sind vielfach in zu dichten Beständen und wahrscheinlich auch in einer umweltbedingten Schwächung des Immunsystems zu suchen. Betroffen sind vor allem Fische in Karpfen- und Forellenteichwirtschaften, aber auch in dicht besetzten natürlichen und künstlichen, nicht ablassbaren Gewässern, z.B. Baggerseen. Die großen Flüsse und Seen sind der Gefahr in geringerem Maße ausgesetzt.

Die Verbreitung von Fischkrankheiten erfolgt hauptsächlich über den Fischbesatz. Dies gilt vor allem für Infektionskrankheiten, denen in kürzester Zeit ganze Bestände zum Opfer fallen können. Fische sind gegenüber Krankheiten dann anfälliger, wenn ihre Ansprüche an den Lebensraum nicht erfüllt sind.

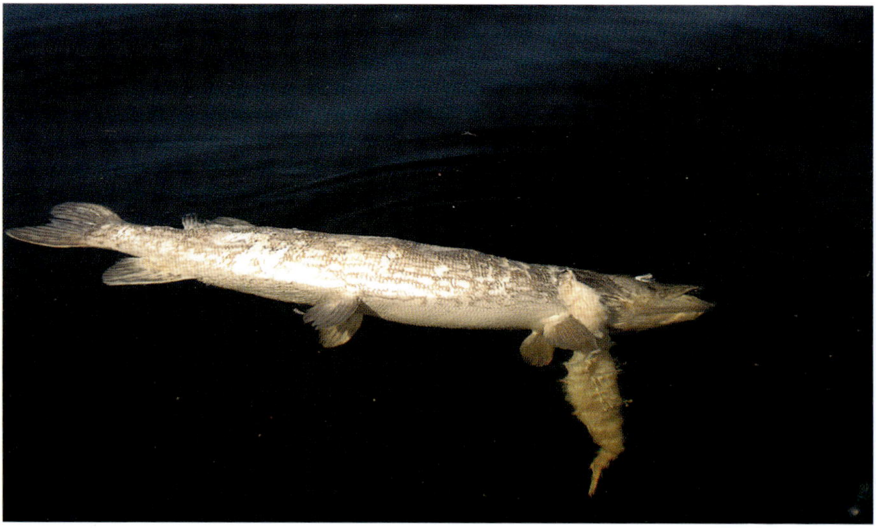

Ein trauriger Anblick. Der Hecht starb an einer Kopfverletzung. Motorboote mit ihren Schrauben sind oft Verursacher.

In den besonders gefährdeten, stehenden, nicht ablassbaren Gewässern ist deswegen vor allem auf Gewässerhygiene, gesunden Besatz und eine natürliche Bestandsdichte zu achten.

Während gesunde Fische eine ruhige, gleichmäßige Atmung aufweisen und über einen normalen Fluchtreflex verfügen, kann das typische Verhalten erkrankter Fische so beschrieben werden:

- Sie sondern sich von anderen Fischen ab.
- Sie zeigen verminderte Fluchtreflexe.
- Ihre natürliche Färbung verändert sich.
- Sie verhalten sich apathisch.

Für wirksame Gegenmaßnahmen ist es wichtig, Erkrankungen frühzeitig zu erkennen. Kurz nach Ausbruch sind die Chancen einer erfolgreichen Behandlung am besten. Für einige Fischkrankheiten gibt es deutliche Anzeichen, sodass auch der Laie die richtige Diagnose stellen kann. In den meisten Fällen sollte aber ein Fachmann zugezogen werden. Nur dieser ist in der Lage, die vielen Erscheinungsformen einzelner Krankheiten richtig zu deuten.

Fangen Sie einen krankheitsverdächtigen Fisch, ist es Ihre Pflicht, sofort den *Fischereiausübungsberechtigten* zu verständigen. Auf gar keinen Fall dürfen kranke oder *krankheitsverdächtige* Fische in den Verkehr gebracht werden. Untersuchungen über die Art der Krankheit müssten möglichst schon kurze Zeit nach dem Fang erfolgen. Behandlungen sollten Sie nicht selbst versuchen.

Medikamente ins Gewässer einzubringen, ist verboten.

Werden tote Fische zur Untersuchung etwa zum Fischgesundheitsdienst (FGD) eingesandt, ist dafür Sorge zu tragen, dass sie stets eisgekühlt und einzeln in Pergamentpapier verpackt sind. Durch Krankheiten hervor gerufene Fischsterben verlaufen meist schleichend und es werden nur eine oder verwandte Fischarten erfasst.

Bei Einleitung von *Fischgiften* verenden alle Fische schlagartig. Liegt akuter Sauerstoffmangel als Todesursache zugrunde, spreizen die Fische die Kiemen auffallend ab. Bei *abnehmendem Sauerstoffgehalt* kommen die Fische an die Wasseroberfläche und schnappen nach Luft *(Notatmung)*. Bachforellen gehen am schnellsten ein. Rapider Mangel an Sauerstoff wird verursacht, wenn Sickersäfte aus Gärfuttersilos ins Gewässer gelangen. Abwässer aller Art, z.B. aus dem häuslichen Umfeld, sowie das Regenwasser aus Regenüberlaufbecken sind ebenfalls gefährlich. Die Einleitung von häuslichen, Sauerstoff zehrenden Abwässern wirkt sich im Allgemeinen *erst nach einer gewissen Strecke* unterhalb der Einleitung am stärksten aus.

Besonders gefährlich sind *Baustellenabwässer*, die Zement-, Beton- oder Baukalkbestandteile enthalten. Durch die stark ätzend wirkenden Substanzen kommt es zu Schäden an Haut und Kiemen. Auch die in den Abwässern enthaltenen Schwebstoffe schädigen empfindliche Schleimhäute und führen zum Verkleben der Kiemen, was direkt zum Erstickungstod führen kann. Die aggressive Reaktion von Branntkalk wird in der Teichwirtschaft zur Desinfektion trockener Teichböden genutzt.

Achtung! Als Fischereiberechtigter sind Sie nicht verpflichtet, nach einem Fischsterben die toten Fische zu beseitigen. Dafür hat der Landkreis zu sorgen.

?

108 | Welches Verhalten lässt darauf schließen, dass ein Fisch erkrankt ist?
Der Fisch zeigt kein Fluchtverhalten.

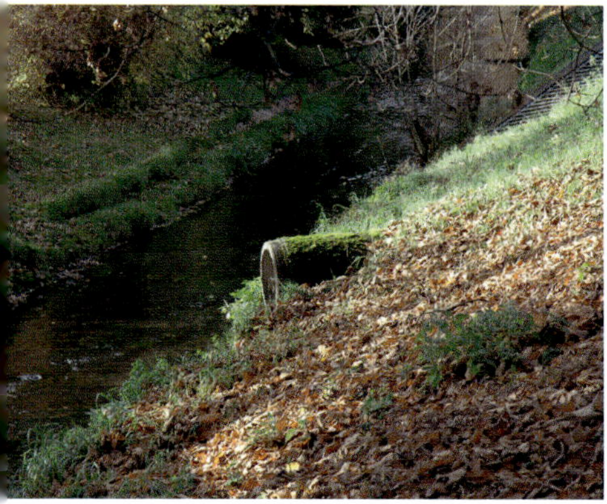

Vorsicht, mögliche Einleitung! Solche Rohröffnungen muss man als Fischereiberechtigter gut im Auge behalten.

109 | Wie verhält sich in der Regel ein gesunder Fisch im Wasser?
Der Fisch zeigt eine ruhige und gleichmäßige Atmung, sein Fluchtreflex ist intakt.

110 | Wodurch lassen sich Fischkrankheiten in einem stehenden, nicht ablassbaren Gewässer verhindern?
Durch Gewässerhygiene, gesunde Besatzfische und eine natürliche Bestandsdichte.

111 | Haben bereits geringe Einleitungen von Abwässern negative Auswirkungen auf Gewässer?
Ja. Die Tier- und Pflanzenwelt reagiert empfindlich auf Veränderungen ihrer Umwelt.

112 | Welche Abwasserart kann den Verlust der Schleimschicht zur Folge haben?
Ätzende Abwässer.

113 | Warum sind Baustellenabwässer (Zement-, Beton- und Baukalkwässer) fischschädlich?
Weil sie stark alkalisch sind und ätzend wirken.

114 | Sind durch Lehm- und Tontrübung stark verschmutzte Abwässer fischschädlich?
Ja, die Funktion der Kiemen kann durch Ablagerung von Trübstoffen bis zum Erstickungstod des Fisches geschädigt werden.

115 | Warum werden abgelassene Fischteiche mit Branntkalk behandelt?
Zur Desinfektion.

116 | Welche Einleitungen können im Gewässer Sauerstoffmangel verursachen?
Sickersäfte, sowie organische, fäulnisfähige Abwässer.

117 | Warum sind fäulnisfähige, organische Abwässer für den Lebensraum Gewässer schädlich?
Durch Fäulnis wird Sauerstoff verbraucht.

118 | Was versteht man unter Notatmung?
Das Schnappen nach Luft an der Wasseroberfläche aufgrund von Sauerstoffmangel.

119 | Welche Fischarten stehen bei abnehmendem Sauerstoffgehalt im Wasser zuerst an der Oberfläche und schnappen nach Luft?
Salmoniden (z.B. Bachforellen und Äschen).

120 | Welche Fischart verendet am schnellsten bei Sauerstoffmangel?
Bachforelle.

121 | Wo wirkt sich die Einleitung von häuslichen, sauerstoffzehrenden Abwässern am stärksten aus?

Eine gewisse Strecke unterhalb der Einleitungsstelle.

122 | Was sind die häufigsten Ursachen für Fischsterben?
Krankheiten, Vergiftungen, Sauerstoffmangel.

123 | Woran erkennt man aufgrund von Sauerstoffmangel verendete Fische?
An den auffallend abstehenden Kiemendeckeln.

124 | Woran ist ein Fischsterben, das durch eine Krankheit hervorgerufen wurde, zu erkennen?
Das Fischsterben verläuft schleichend und erfasst meist nur Fische einer Art und dann oftmals auch nur einer Altersgruppe.

125 | Was ist zu tun, wenn in einem Fischgewässer eine Fischkrankheit festgestellt wird?
Die Besatzmaßnahmen aussetzen.

126 | Woran ist ein Fischsterben durch Einleitung von Gift erkennbar?
Sämtliche Fischarten in allen Alterstufen verenden schlagartig.

127 | Wer muss tote Fische nach einem Fischsterben einsammeln und beseitigen?
Der Landkreis.

Fischkrankheiten

Im Allgemeinen sind Fischkrankheiten in unseren Breiten nicht auf den Menschen übertragbar, abgesehen von einigen wenigen Parasitosen (Fischbandwurm, Katzenleberegel).

Welche Fischkrankheiten sind aber, vor allem im Hinblick auf die Fischerprüfung, von Bedeutung?

Parasiten

Parasiten, auch Schmarotzer genannt, sind Lebewesen, die auf Haut und Kiemen (Außenparasiten) oder in den inneren Organen (Innenparasiten) ihres Wirtes leben und diesen schädigen. Parasiten können so klein sein, dass sie für das menschliche Auge kaum oder nicht wahrnehmbar sind.

Solch kleine Parasiten sind beispielsweise die Erreger der speziell bei Forellen auftretenden Drehkrankheit oder der Grießkörnchenkrankheit, die verschiedene Arten befallen kann. Die *Drehkrankheit* der Forellen wird durch ein Sporentierchen verursacht, das für seine Entwicklung Schlammröhrenwürmer als Zwischenwirte benötigt. Befallen werden vornehmlich junge Fische, die sich über die Würmer oder direkt über das Wasser infizieren. Die Erreger lagern sich im Kopfbereich u.a. auch im Gleichgewichtsorgan ein, was zu Entzündungen führt. Die Fische leiden dann an Bewegungsstörungen, machen kreisförmige Schwimmbewegungen oder zeigen die sogenannte Schwarzschwänzigkeit. Im Verlauf der Entwicklung des Jungfisches können auch Skelettveränderungen wie Mopsköpfigkeit oder Schwanzverkrümmungen auftreten.

Die *Grießkörnchenkrankheit* wird durch ein Wimperntierchen ausgelöst, das sich als Parasit im Kiemengewebe und in der Unterhaut einkapselt. Die befallenen Fische magern ab und scheuern sich an festen Gegenständen. Auf der Haut treten kleine weiße, erhabene Punkte auf. Der Fisch macht den Eindruck, als wäre er mit

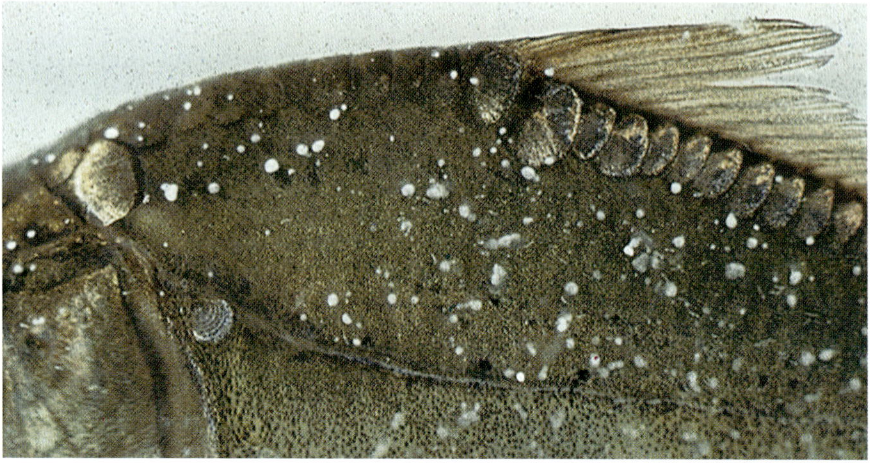

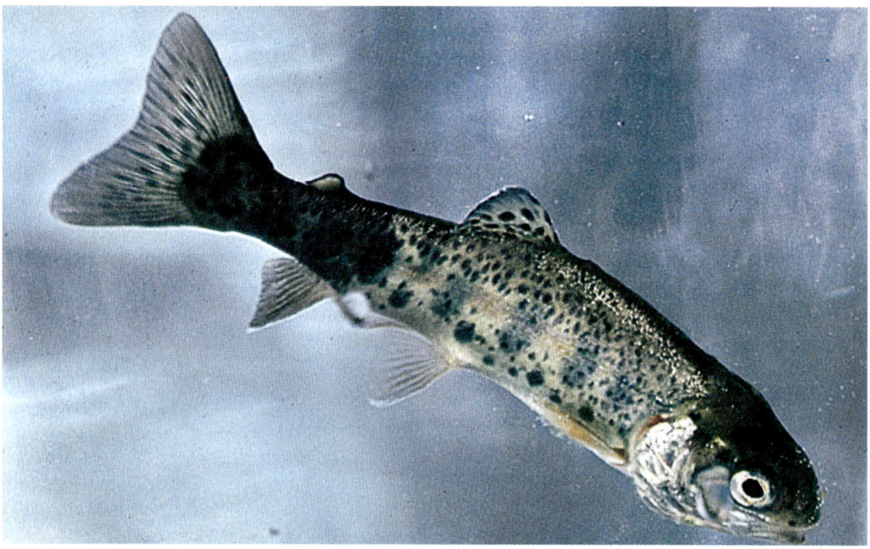

Oben: Grießkörnchenkrankheit. – Unten: Schwarzschwänzigkeit bei Drehkrankheit.

feinem Gries überstreut worden. Bei oberflächlicher Betrachtung besteht eine gewisse Verwechslungsgefahr mit dem Laichausschlag der Cypriniden.

Die *Schwarzfleckenkrankheit* zeigt sich durch schwarz pigmentierte Pusteln und Flecken in der Fischhaut. Ursache ist die Larvenform eines Saugwurm-Parasiten, dem Fische als Zwischenwirt dienen. Endwirte sind vor allem Fisch fressende Vögel.

Manche Außenparasiten sind mit dem bloßen Auge gut erkennbar. Der *Kiemen-*

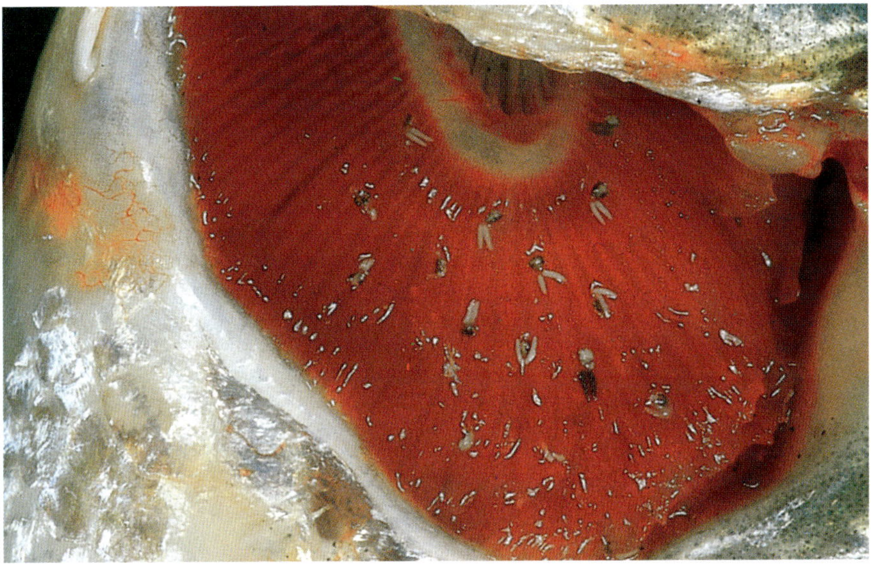

Kiemenkrebs, mittlerer Befall.

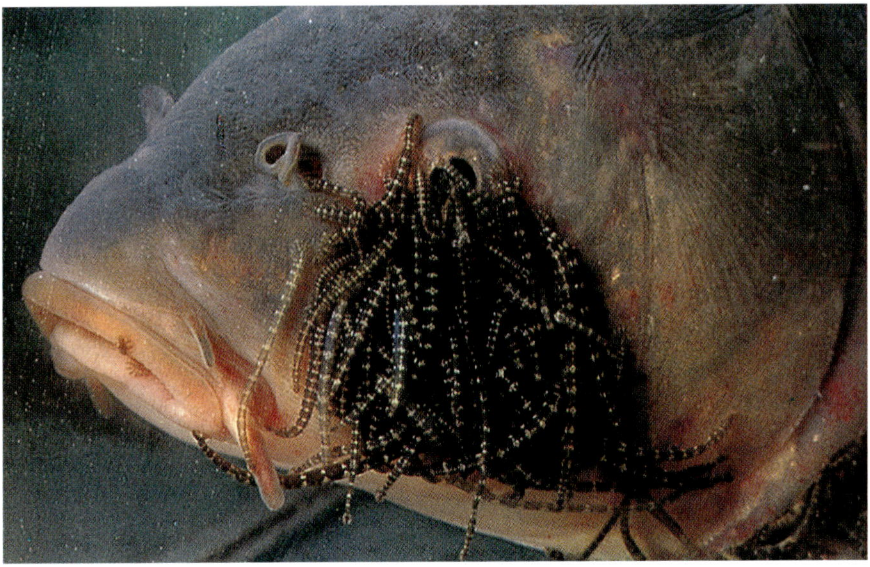

Fischegel auf einem Karpfen, Massenbefall.

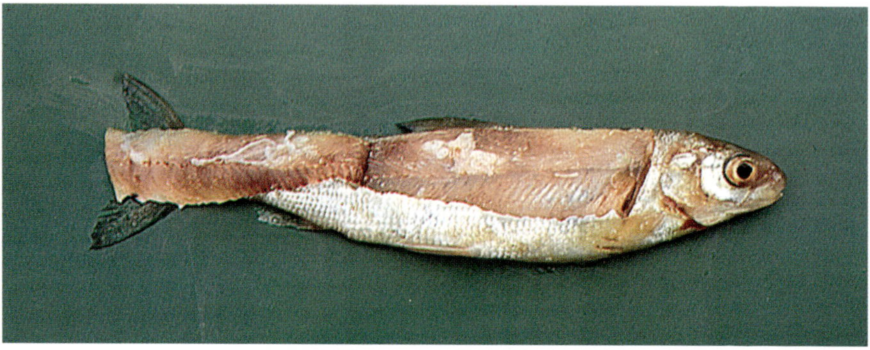

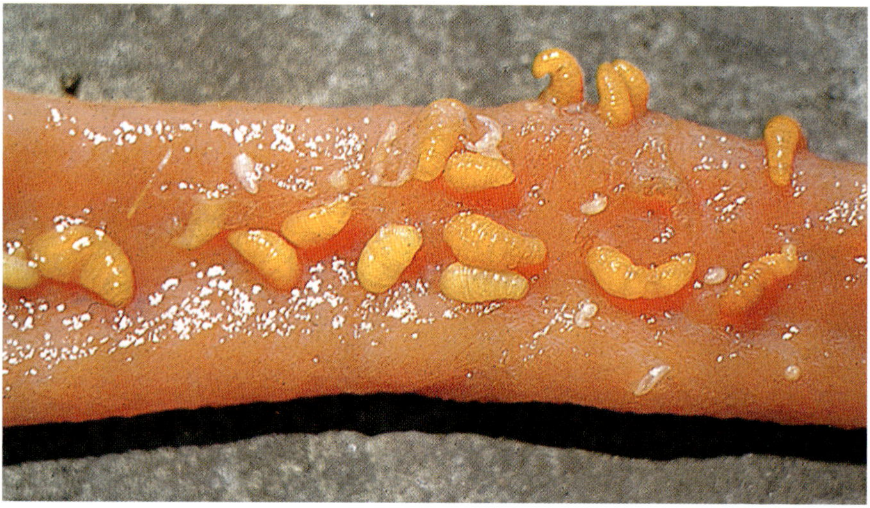

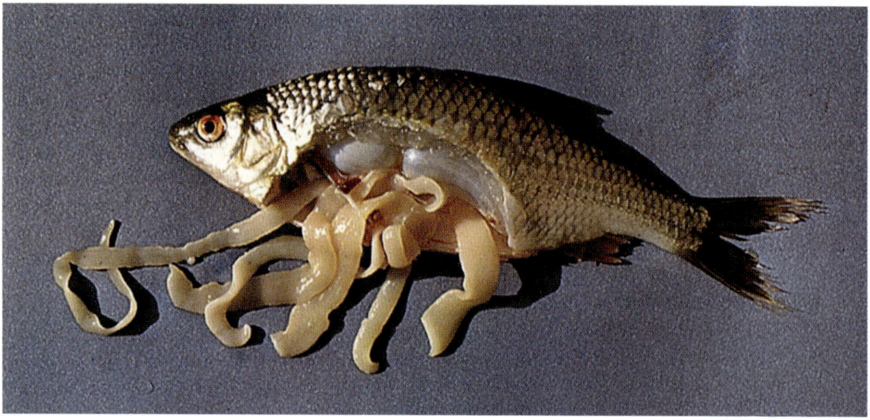

Linke Seite:
Oben: Bandwurmlarven (Finnen) in der Muskulatur einer Renke.
Mitte: Kratzer im Mitteldarm, Massenbefall.
Unten: Larven des Riemenwurms in der Leibeshöhle eines Rotauges.

krebs (Ergasilus) z.B. schmarotzt, wie der Name schon sagt, bevorzugt auf den Kiemen. Besonders Schleien, aber auch andere Fischarten werden befallen. Die *Karpfenlaus* kann Halbpfenniggröße erreichen und haftet an der Haut der Fische. *Fischegel* sind Blut saugende Hautschmarotzer und treten oft in verschlammten Teichen auf. Im zeitigen Frühjahr gefangene Bachforellen zeigen ebenfalls oft Egelbefall. Bei starkem Befall steigt durch die Wunden für die Fische das Risiko von Infektionskrankheiten.

Zu den häufig vorkommenden Innenparasiten zählt man Kratzer und Bandwürmer. *Kratzer* leben im Darm der Fische. Sie beeinträchtigen das Wachstum.

Bandwürmer parasitieren ebenfalls im Darm, befallen aber auch andere Organe oder leben in der Leibeshöhle. Einer der auffälligsten Bandwürmer ist der *Riemenwurm (Ligula)*. Bis zu 10 Exemplare sind in der Bauchhöhle befallener Fische anzutreffen. Der Endwirt des Riemenwurms ist die Lachmöwe. Zwischenwirt des *Hechtbandwurms* sind Hüpferlinge, die zu den Planktontierchen zählen. Die meisten Bandwürmer der Fische sind für den Menschen ungefährlich. Eine Ausnahme bildet der *Fischbandwurm (Diphyllobothrium latum)*. Er ist der größte Bandwurm, von dem ein Mensch befallen werden kann und erreicht in dessen Darm Maximallängen bis zu 12m. Er wird durch den Verzehr von rohem Fischfleisch, der Leber oder dem Rogen übertragen. Wirtsfische sind u.a. Quappe, Hecht, Barsch, Aal, Lachs, Bachforelle, Äsche. In Deutschland erkranken nur wenige Menschen. Erhitzen von Fischfleisch, Fischlebern und Rogen (hier auch Salzkonservierung) auf mindestens 60 Grad tötet die Parasiten und verhindert so die Übertragung.

?

128 | Woran ist die Schwarzfleckenkrankheit erkennbar?
An den schwarz pigmentierten Pusteln und Flecken in der Fischhaut und auf den Flossen.

129 | Wie kommt es zu den kreisförmigen Schwimmbewegungen der an der Drehkrankheit befallenen Fische?
Durch Befall des Gleichgewichtsorgans mit dem Erreger.

130 | Woran ist die Grießkörnchenkrankheit erkennbar?
An hellen Körnchen auf der Haut.

131 | Welche der genannten Krankheiten kann alle einheimischen Fische befallen?
Grießkörnchenkrankheit.

132 | Wie äußert sich die Grießkörnchenkrankheit?
Über den Körper verteilte, weiße Punkte auf Haut, Kiemen, Auge und Flossen.

133 | Was ist ein Kiemenkrebs (Ergasilus)?
Ein Schmarotzer auf den Fischkiemen.

134 | Auf welchem Organ schmarotzen Karpfenläuse?
Auf der gesamten Körperoberfläche.

135 | Welcher Parasit schmarotzt auf der Haut der Fische?
Karpfenlaus.

136 | Was ist ein Fischegel?
Ein Blut saugender Hautschmarotzer.

137 | Wo lebt der Kratzer beim Fisch?
Im Darm.

138 | Wie wirkt sich ein starker Befall mit Kratzern aus?
Durch reduziertes Wachstum.

139 | Wo lebt die Larve des Riemenwurms beim Fisch?
In der Leibeshöhle.

140 | Wer ist der Endwirt der Larven des Riemenwurms?
Die Lachmöwe.

141 | Welche Fische werden bevorzugt vom Riemenwurm befallen?
Cyprininden.

142 | Zu den Innenparasiten zählen:
Kratzer und Bandwürmer.

143 | Welchen Zwischenwirt benutzt der Hechtbandwurm?
Hüpferlinge (Plankton).

144 | Welche Außenparasiten sind in der Regel gut mit dem bloßen Auge zu erkennen?
Kiemenkrebse, Fischegel, Karpfenläuse.

Die Verbreitung von Parasiten wird durch Verfüttern von *Fischeingeweide* an Fische und *Wasservögel* gefördert. Die Wasservögel spielen in diesem Zusammenhang deshalb eine so wichtige Rolle, weil sie Zwischenwirte für einige Bandwürmer sind. Auch Wasserschnecken wirken als Zwischenwirte und können somit die Gefahr für einen Fischbestand verstärken. Parasitenbefall führt unter den Fischen nicht zu solchen Verlusten wie etwa Infektionskrankheiten. Stark befallene Tiere sind aber häufig von schlechter Kondition und bleiben im Wachstum zurück. Geschwächte Widerstandskraft fördert wiederum die Ausbreitung infektiöser Krankheiten.

Infektionskrankheiten

Sie werden durch Viren und Bakterien verursacht und auf dem Ansteckungsweg übertragen. Bakterielle Erkrankungen können medikamentös behandelt werden, virusbedingte Erkrankungen dagegen nicht.

Die Erreger der *Forellenseuche* (VHS = virale hämorraghische Septikämie) sind Viren. Zum chronischen Erscheinungsbild gehören punktförmige Blutungen im Muskelfleisch, Nierenschwellung, sowie das Auftreten von gelblicher Flüssigkeit im Magen. Die akute VHS zeigt sich durch rötlich gefärbte Flossenansätze, Glotzaugen und eine blasse Leber. Vor dem Tod der Fische kommt es zu ekstatischen Taumelbewegungen, Muskelkrämpfe zeigen sich durch unnatürliches Aufspreizen des Maules.

Die *Pockenkrankheit* wird ebenfalls durch Viren ausgelöst. Es kommt dabei zu milchigen Wucherungen auf der Oberhaupt der Fische, die sie aussehen lassen, als ob sie mit Wachs betropft wären.

Verschiedene Bakterien lösen die *Süßwasseraalseuche (Aalrotseuche)* aus. Sie bricht vor allem ab Erreichen der Speisefischgröße aus, zeigt sich durch Rötungen

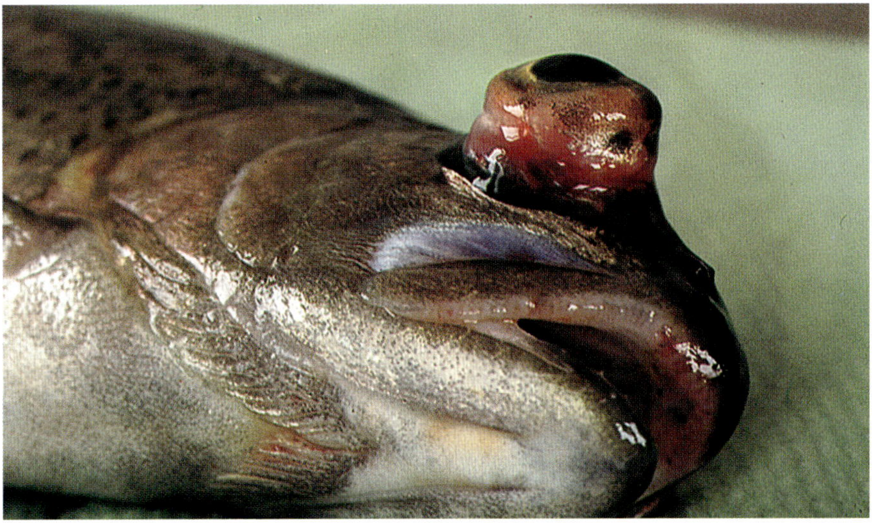

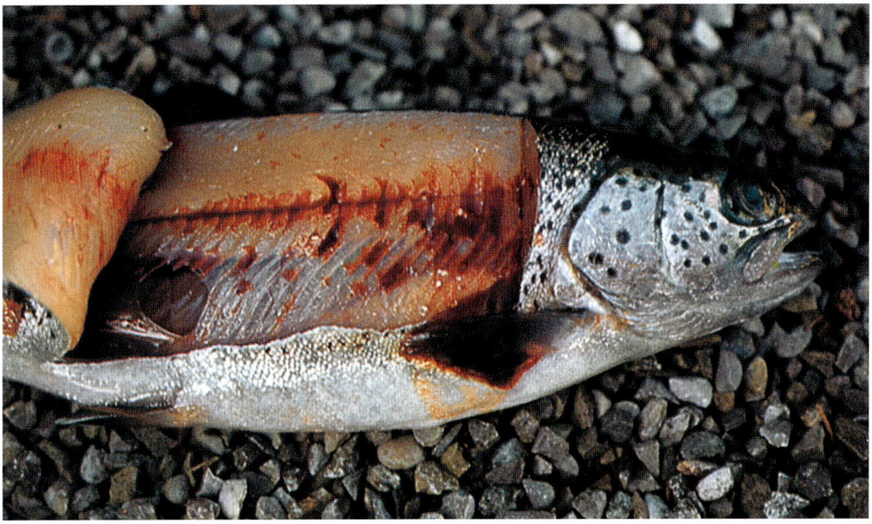

Glotzaugen und punktförmige Blutungen in der Muskulatur sind Anzeichen für die Forellenseuche.

und Blutungen an der Haut und kann zu erheblichen Verlusten führen.

Bei der *Bauchwassersucht* (IBW= infektiöse Bauchwassersucht), eine der schwerwiegendsten Erkrankungen des Karpfens, ist die Leibeshöhle durch Flüssigkeitsansammlung stark aufgetrieben, zum Teil bilden sich Glotzaugen aus. Eigentlich ist die Bauchwassersucht ein Überbegriff für drei verschiedene Krankheitsbilder, die auch in Kombination miteinander auftreten können:

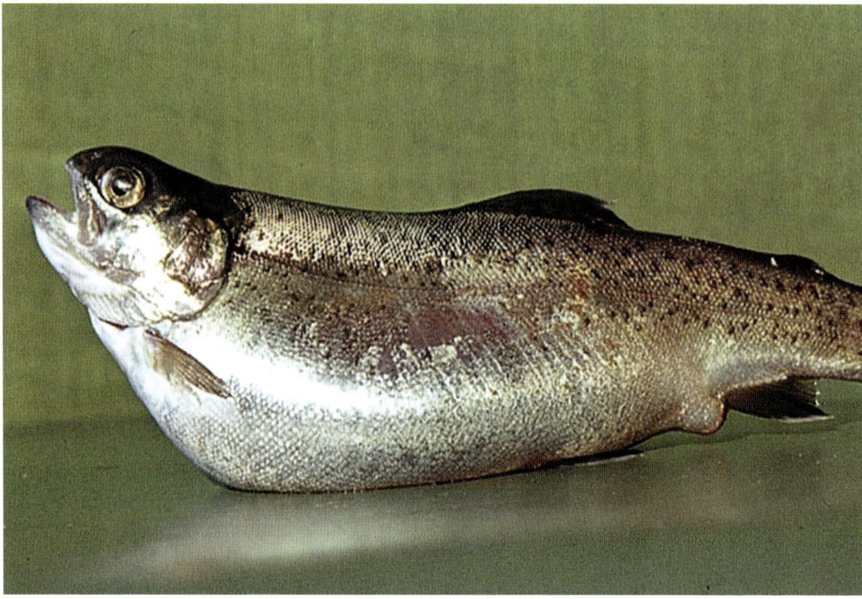

Flüssigkeitsansammlung (keine Bauchwassersucht!) in der Leibeshöhle einer Regenbogenforelle als Folge einer schweren Erkrankung.

Die virale *Frühjahrsvirämie (SVC)* wird als akute Form der IBW gesehen und zeigt sich meistens im Frühjahr. In ihrer Begleitung kommt es nicht selten bei den befallenen Karpfen zur bakteriell verursachten *Schwimmblasenentzündung (SBE)*. Es gibt aber auch die VSBE, eine Schwimmblasenentzündung, die durch Viren verursacht wird.

Die *Erythrodermatitis* wurde früher als eine chronische Form der Bauchwassersucht bezeichnet und wird auch *Furunkulose des Karpfens* genannt. Es treten offene Geschwüre auf, die bis in die Muskulatur hineinreichen können. Verursacher sind Bakterien.

Salmoniden sind neben der erwähnten Forellenseuche besonders durch die übertragbare *Furunkulose* gefährdet. Erreger sind Bakterien. Bei einer bestimmten Form der Furunkulose bilden sich eitrige Geschwüre unter der Haut, die im Verlauf der Krankheit nach außen aufbrechen. Während die Forellenseuche vor allem in der kalten Jahreszeit vorkommt, ist das Auftreten der Furunkulose eher an wärmere Monate gebunden. Die *Fleckenseuche* ist eine Krankheit, von der nur Süßwasserfische befallen werden. Besonders häufig ist sie beim Hecht und wurde früher deshalb auch *Hechtpest* genannt. Sie äußert sich durch Schuppenverlust, Rötungen und eitrige Wunden auf der Haut.

Pilzerkrankungen

Watteartige Überzüge der Haut sind Verpilzungen, die sich besonders leicht nach der Verletzung der Haut einstellen. In der Folge kommt es zu Infektionen mit Viren und/oder Bakterien. Schonender Umgang

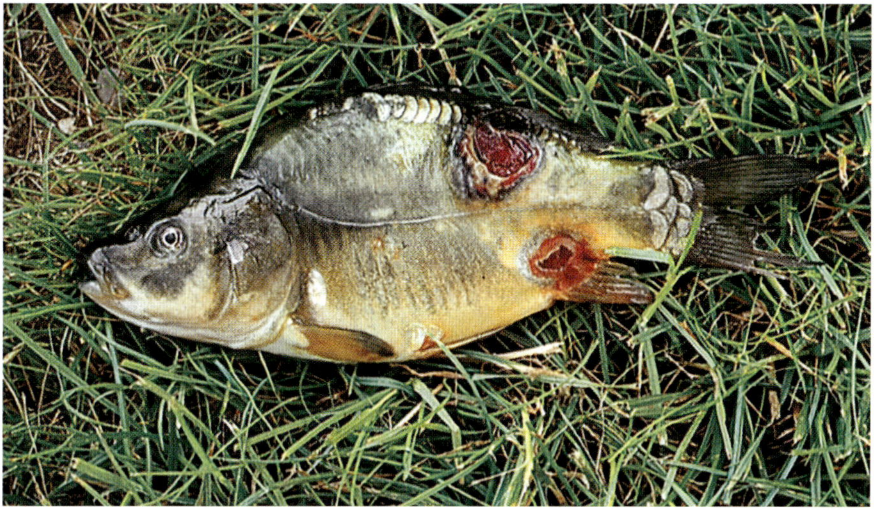

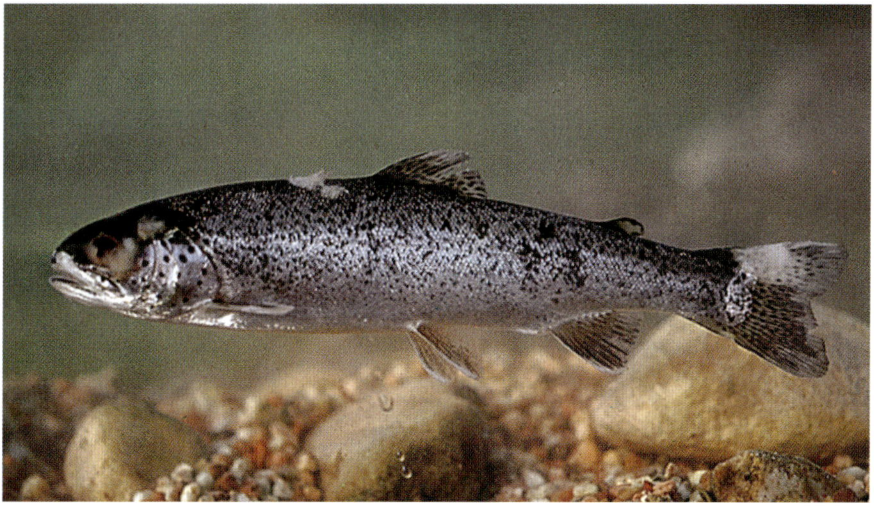

Oben: Bis in die Muskulatur reichende Geschwüre beim Karpfen.
Unten: Verpilzung einer Regenbogenforelle.

bei Besatzmaßnahmen und mit geangelten Fischen, die zurückgesetzt werden sollen, ist deswegen wichtig. Haken Sie Ihre Fische stets mit nassen Händen ab! Zu pilzfördernden Hautabschürfungen kommt es auch bei den Rundschuppern, wenn sie zusammen mit Kammschuppern in einem Behälter gehalten werden.

Die *Krebspest,* die zu empfindlichen Verlusten bei unseren heimischen Krebsen geführt hat, ist ebenfalls eine Pilzerkrankung. Befallene Krebse ändern ihr Verhalten. Normalerweise sind sie nachtaktiv, erkrankte Tiere verlassen auch tagsüber ihre Verstecke. Sie verlieren an Kraft und können ihre Bewegungen nicht mehr koordinieren. Im fortgeschrittenen Stadium überziehen sich ihre Gelenke mit schimmelähnlichen Auswüchsen. Werden erkrankte Tiere aus dem Wasser gehoben, lassen sie Beine und Scheren kraftlos hängen. Fische und andere Wassertiere werden nicht von der Krebspest befallen.

Auch die Kiemenfäule ist eine Pilzkrankheit, die durch fäulnisfähige Stoffe in stark belasteten Gewässern hervorgerufen wird.

Umweltbedingte Erkrankungen

Zur *Gasblasenkrankheit* kommt es, wenn aufgrund von bestimmten Umweltbedingungen im Wasser mehr Gase gelöst sind, als es dem Druckgleichgewicht mit der Luft entspricht. Die GBK tritt in verschiedenen Formen auf, je nachdem, wie stark die Gasübersättigung ausfällt und wie lange sie anhält. Bei akuter Gasübersättigung treten Blasen in der Haut zwischen den Flossenstrahlen und in den Schuppentaschen auf. Nur schwache, dafür aber länger anhaltende Druckungleichheit führt zu Blasen in den Kiemen, das Gewebe kann teilweise absterben. In diesem Fall können sich Gasansammlungen auch hinter einem Auge bilden und es aus seiner Höhle treiben. Es kommt zur einseitigen Erblindung und zur Schwarzfärbung der Fische auf dieser Seite. Fische sind unter dem Einfluss schwacher Gasübersättigung auch deutlich anfälliger für Infektionskrankheiten.

?

145 | Wodurch werden Krankheiten besonders leicht verbreitet?
Durch Verfüttern roher Fischeingeweide an Fische und Krebse.

146 | Was sind Parasiten?
Schmarotzer, die andere lebende Tiere oder Pflanzen befallen und ihnen Substanzen für den eigenen Lebensbedarf entziehen.

147 | Wodurch können Viruskrankheiten bei den Fischen übertragen werden?
Durch kranke Besatzfische und durch das Wasser aus Transportbehältern, in denen erkrankte Fische gehältert wurden.

148 | Welche Erkrankungen können medikamentös behandelt werden?
Bakterielle Fischkrankheiten.

149 | Woran sind mit Fischpocken befallene Fische zu erkennen?
Die Fische sehen aus, als wären sie mit Wachs betropft.

150 | Was sind die Erreger der Fleckenseuche (Hechtpest)?
Bakterien.

151 | Woran kann man die Fleckenseuche erkennen?
Schuppenverlust, Rötungen und eitrige Wunden auf der Haut.

152 | Wie wird die Fleckenseuche beim Hecht genannt?
Hechtpest.

153 | Wie zeigt sich die Fleckenseuche bei Weißfischen?
Durch Schuppendefekte und Hautentzündungen.

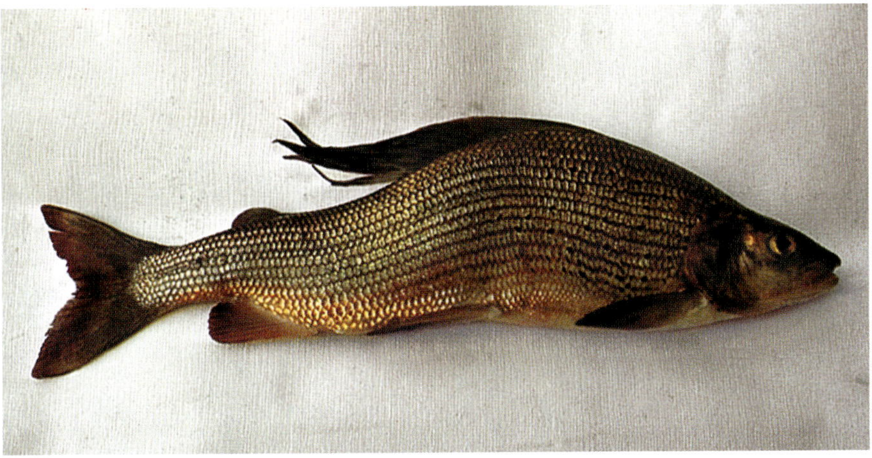

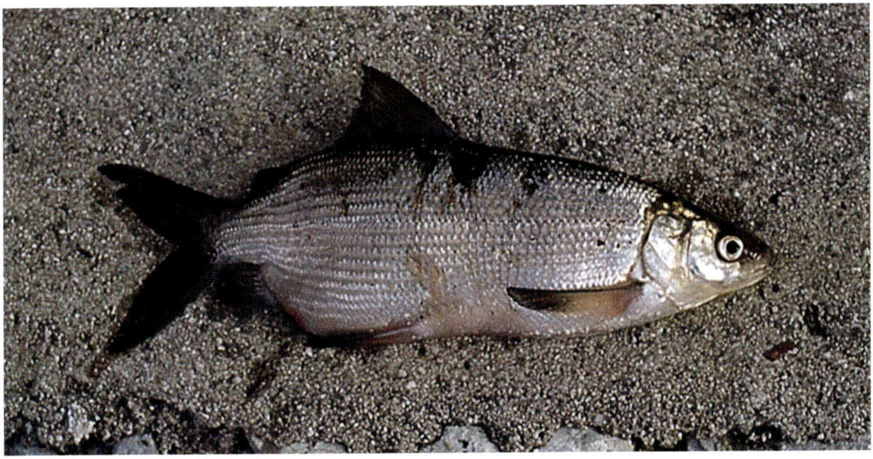

Steigende Besatzwirtschaft zwingt zu intensiver, künstlicher Brutaufzucht. Durch das ständige Hantieren mit den Fischen werden die Jungfische oftmals verletzt. Missbildungen können die Folge sein. Beide Exemplare (oben Äsche, unten Renke) zeigen eine verkrüppelte Wirbelsäule.

154 | Woran ist die Rotseuche bei Aalen erkennbar?
An Blutungen in der Haut.

155 | Durch welche übertragbaren Krankheiten sind Forellen besonders gefährdet?
Forellenseuche (SVC) und Furunkulose.

156 | In welcher Jahreszeit tritt die Furunkulose vermehrt auf?
In der warmen Jahreszeit.

157 | Was ist ein besonderes Erkennungsmerkmal der Furunkulose?
Eitrige Geschwüre unter der Haut, die nach außen aufbrechen.

158 | Auf welche Krankheit lässt eine starke Flüssigkeitsansammlung in der Leibeshöhle des Karpfens schließen?
Frühlingsvirämie.

159 | Welche Erreger verursachen die Virale Hämorrhagische Septikämie (VHS)?
Viren.

160 | Welche Fischart wird von der Bauchwassersucht oder Frühlingsvirämie (SVC) befallen?
Karpfen.

161 | Welche Symptome weisen auf eine Frühjahrsvirämie (SVC) hin?
Flüssigkeitsansammlung in der Leibeshöhle, Glotzaugen, Darmentzündung.

162 | Welche Erreger verursachen die Erythrodermatitis (ED)?
Bakterien.

163 | Welche Erkrankung kann auftreten, wenn die Fische beim Aussetzen nicht schonend behandelt werden?
Verpilzung der Haut.

164 | Welche Verletzungen können beim Transport und beim Besatz von Fischen auftreten?
Haut- und Flossenschäden.

165 | Welche Krankheitserscheinungen (Symptome) stellen sich nach Verletzungen der Fischhaut ein?
Verpilzung der Wunde.

166 | Sollte man Fische mit Kamm- und Rundschuppen gleichzeitig in einem Behälter befördern oder hältern?
Nein. Die Kammschupper würden die empfindlichen Rundschuppenträger gravierend verletzen.

167 | Wodurch kann eine Verpilzung der Haut vermieden werden?
Durch schonende Behandlung der Fische.

168 | Was versteht man unter der Kiemenfäule?
Eine Pilzkrankheit.

169 | Was ist der Verursacher der Krebspest?
Ein Pilz.

170 | Wie verhält sich ein erst vor kurzem von der Krebspest befallener Krebs?
Normalerweise nachtaktiv, verlässt er nun auch tagsüber sein Versteck.

171 | Was kann auf Befall des Edelkrebses mit Krebspest hindeuten?
Aus dem Wasser gehoben, lässt der Krebs, in Normallage gehalten, Beine und Scheren kraftlos hängen.

172 | Welche Krankheit tritt bei Fischen umweltbedingt auf?
Gasblasenkrankheit.

173 | Wie äußert sich die akute Gasblasenkrankheit?
Blasenbildung in der Haut zwischen den Flossenstrahlen, in den Schuppentaschen und auch in den Kiemen.

Vorgehen bei Fischsterben und Fischkrankheiten

Zu Fischsterben kommt es, wenn entweder giftige oder stark sauerstoffzehrende Substanzen in ein Gewässer eingeleitet werden. Es können aber auch Krankheiten der Auslöser sein. Während bei Krankheitsbedingtem Sterben meist nur eine Art, und von dieser sogar nur eine bestimmte Altersklasse betroffen sein kann, sterben bei der Einleitung von Giften alle Fische - und dies meist innerhalb kürzester Zeit. Die Fische kommen zur Oberfläche, vollführen taumelnde Bewegungen, schnappen nach Luft und ihr Körper ist vielfach von Krämpfen geschüttelt.

Fischsterben sind meldepflichtig. Sofort zu benachrichtigen ist

- Die Polizei,
- Die zuständige Verwaltungsbehörde.

So schnell wie möglich sollten durch eine Amtsperson (nicht durch Angler) Wasserproben genommen werden (ca. 1 l). Diese dienen der Beweissicherung im Hinblick auf die Haftbarmachung des Verursachers und damit auch des Schadensersatzes. Als Gefäße sind verschließbare, durchsichtige und vor allem gereinigte Plastikflaschen gut geeignet. Die Proben sind bis zur Weiterleitung an die untersuchende Stelle im Kühlschrank zu lagern. In Fließgewässern erfolgt die Probennahme oberhalb und unterhalb, sowie direkt an der vermuteten Einleitungsstelle.

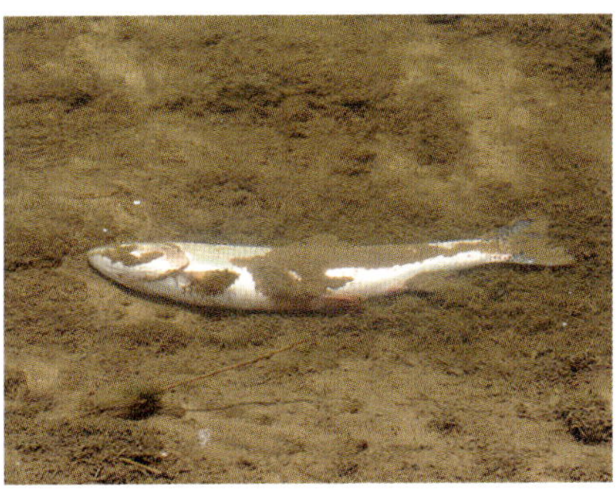

Meistens lässt sich nicht auf den ersten Blick erkennen, was den Tod eines Fisches verursacht hat.

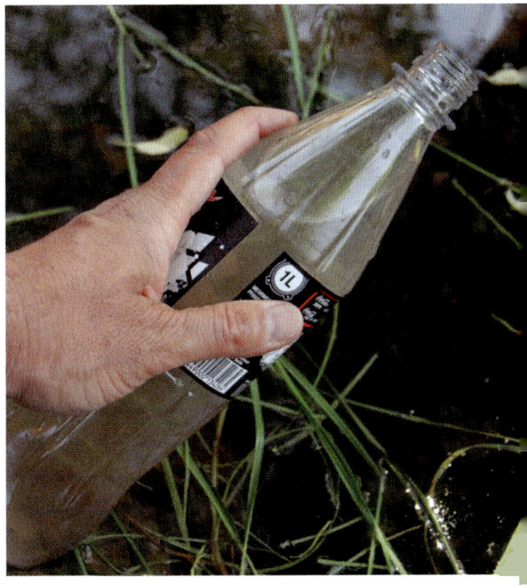

Für die Entnahme von Wasserproben eignen sich saubere 1 Liter-Plastikflaschen.

Denken Sie daran, dass Sie als Angler Fischsterben so schnell wie möglich anzeigen müssen. Machen Sie diesbezügliche Beobachtungen, verständigen Sie die Behörden oder wenden Sie sich an die Verantwortlichen Ihres Vereins. Schnelles Handeln ist besonders wichtig! Es kann den Schaden begrenzen (z.B. durch Einleitungsstopp), und es kann zur umfassenden Aufklärung des Schadensereignisses beitragen.

Tote Fische können nicht einfach liegengelassen oder irgendwie entsorgt werden. Dies muss in einer Tierkörperverwertungsanlage geschehen.

Immer wieder werden Sie in Ihrem Anglerleben mit toten Fischen in Berührung kommen. Nicht immer ist ein Fischsterben im oben genannten Sinn der Grund. Verangelte Fische sterben, Turbinenschaufeln tun ein Übriges und auch der Laich-Stress ist eine relativ häufige Todesursache. Ein solcher Fischtod ist nicht meldepflichtig.

?

174 | Was hat bei der Feststellung eines Fischsterbens als erstes zu erfolgen?
Anzeige bei der nächstgelegenen Polizeidienststelle.

175 | Wem müssen laut Fischereigesetz Fischsterben angezeigt werden?
Der Kreisverwaltungsbehörde. Wenn diese nicht erreichbar und Gefahr im Verzug ist, der nächstgelegenen Polizeidienststelle.

176 | Beim Fischen beobachten Sie eine größere Anzahl sterbender und toter Fische. Welche Maßnahmen haben Sie zu ergreifen?
Den Vorfall unverzüglich bei der zuständigen Kreisverwaltungsbehörde, oder wenn diese nicht erreichbar ist, bei einer Polizeidienststelle anzeigen.

177 | Welchen Zweck hat die Entnahme von Wasserproben bei Fischsterben?
Sie helfen, die Ursache und den Verursacher zu ermitteln.

178 | Welche Wassermenge je Probe ist für eine sichere Untersuchung notwendig?
1 Liter. Am besten in geeigneten Plastikflaschen.

179 | Welche Flaschen sind am besten für die Entnahme von Wasserproben geeignet?
Sauber ausgespülte Literflaschen aus Plastik.

180 | Wo müssen bei Fischsterben in Fließgewässern Wasserproben gezogen werden, wenn als Ursache die Einleitung von Schadstoffen vermutet wird?
Oberhalb und unterhalb, sowie direkt an der vermuteten Einleitungsstelle.

181 | Müssen Sie als Angler ein geeignetes Gefäß zur Entnahme von Wasserproben mit sich führen?
Nein, denn im Normalfall erfolgt die Entnahme von Wasserproben durch Fachleute.

182 | Wo sind Wasserproben, die nicht sofort untersucht werden können, bis zur Untersuchung aufzubewahren?
In einem Kühlschrank.

183 | Was muss beim Einsenden von Wasserproben im Zusammenhang mit Gewässerverunreinigungen beachtet werden?
Es müssen folgende Angaben auf jeder Probe vermerkt sein: Gewässername, Entnahmestelle, Datum und Uhrzeit der Probenentnahme, Name und Telefonnummer des Probenentnehmers sowie des Absenders.

184 | Was ist zu tun, wenn beim Angeln krankheitsverdächtige Fische beobachtet werden?
Sofort den Bewirtschafter des Gewässers verständigen.

185 | Was ist zu tun, wenn man einen krankheitsverdächtigen Fisch gefangen hat?
Sofort den Fischereiberechtigten verständigen.

186 | Wie sollen erkrankte Fische dem Fischgesundheitsdienst überbracht werden?
Möglichst lebend.

187 | Wie sollen krankheitsverdächtige, tote Fische zur Untersuchung kommen?
Möglichst schnell, eisgekühlt, einzeln in Pergamentpapier verpackt.

188 | Wer untersucht krankheitsverdächtige Fische?
Der Fischgesundheitsdienst.

189 | Bei einem Fischsterben fallen größere Mengen an toten Fischen an. Wie müssen Sie entsorgt werden?
In einer Tierkörperverwertungsanstalt.

Fische als Beutetiere

Nicht nur Raubfische fressen ihre Artgenossen, auch andere Beutegreifer sind aktiv. Solche findet man schon unter den Wasserinsekten, z.B. den *Gelbrandkäfer* und seine Larve, *Libellenlarven* und die *Rückenschwimmer.* Vor allem Fischbrut und Jungfische sind diesen stechenden und saugenden Insekten ausgesetzt. Gelbrandkäfer und deren Larven sind nicht unter Schutz gestellt und dürfen deshalb bekämpft werden.

Der *Bisam,* ein Nagetier, das aus Nordamerika eingebürgert wurde, schädigt die Fischerei indirekt. Er greift Fische nicht

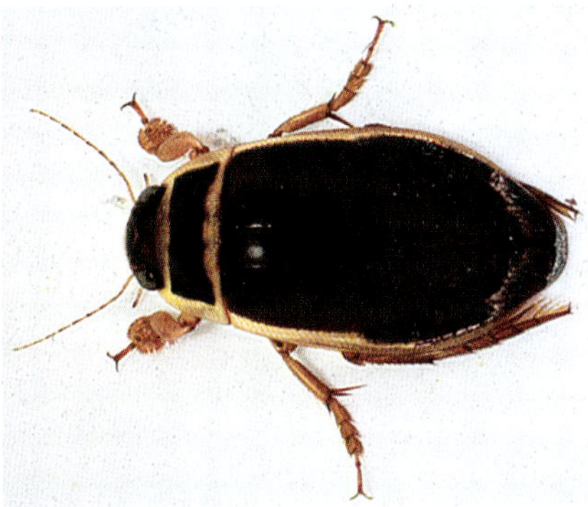

Gelbrandkäfer.

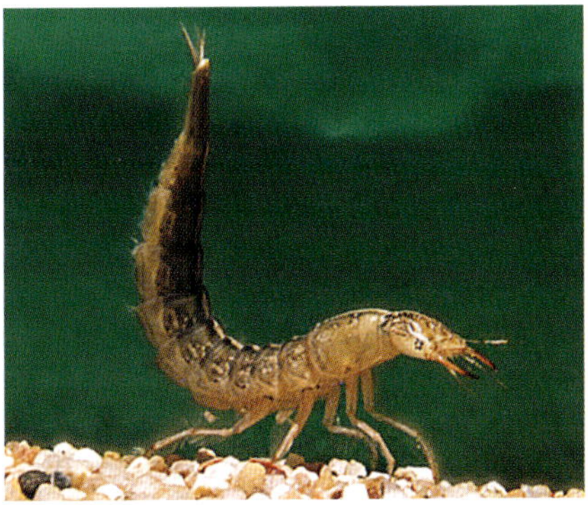

Gelbrandkäferlarve.

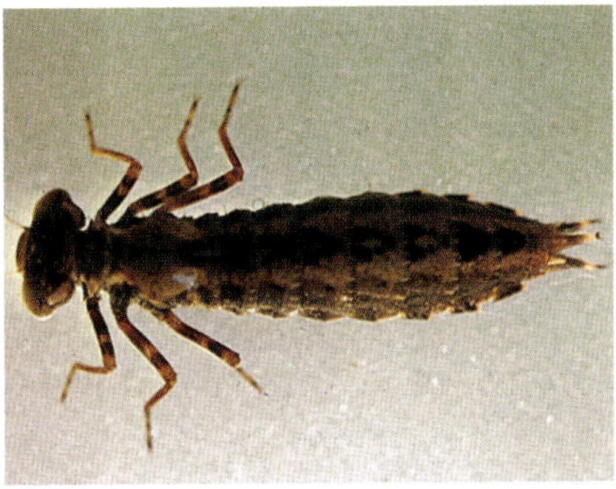

Libellenlarve.

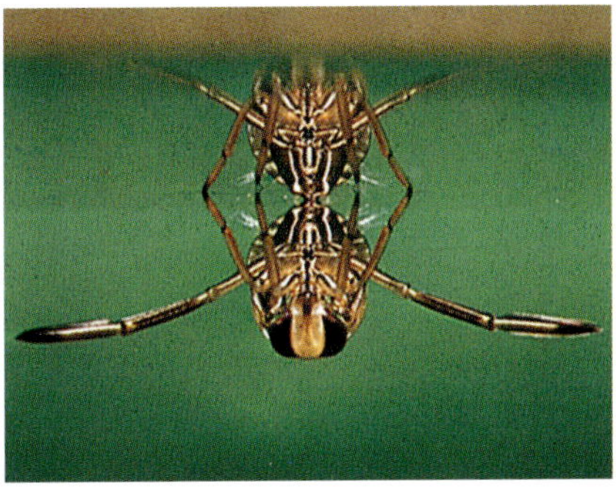

Rückenschwimmer.

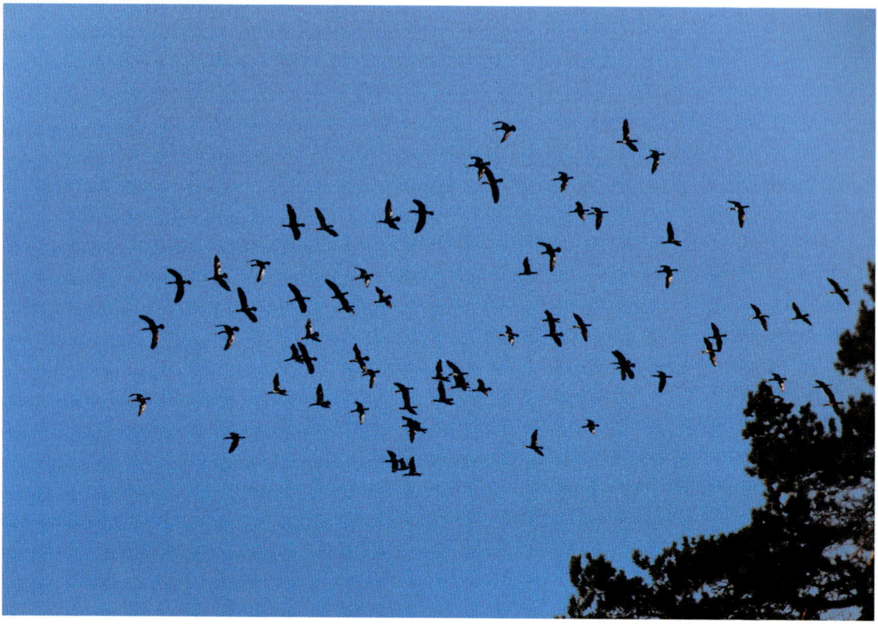

Kormorane richten vor allem in kleineren Gewässern enorme Schäden unter den Fischen an.

an, zerstört aber Uferanlagen und Dämme sowie fischereiliche Gerätschaften (Reusen). Im Fischereirecht der Länder gibt es zum Teil eigene Verordnungen zur Bekämpfung des Bisams.

In den letzten Jahrzehnten hat sich auch der *Biber* wieder in vielen Gegenden ausgebreitet. Auch er wird den Fischen nicht gefährlich, er ernährt sich von Pflanzen und Baumrinde. An vielen Gewässern errichtet es seine typischen Dämme. Nicht immer zur Freude der Anlieger oder Gewässereigentümer und den Fischereiberechtigten. Auch legt er seine Wohnhöhlen in Uferböschungen an. Vorsicht! Sturzgefahr!

Wie sind in der Hinsicht Fische fressende Vogelarten wie *Fischadler, Kormoran, Graureiher, Gänsesäger, Eisvogel, Haubentaucher* oder ein Säugetier wie der *Fischotter* zu beurteilen?

Der Fischotter ist streng geschützt und darf auf keinen Fall bejagt werden. Er frisst übrigens neben Fischen auch Amphibien, Flusskrebse und kleine Säugetiere.

Zwischen diesen Jägern und ihrer Beute, den Fischen, gibt es in den ökologischen Systemen in der Regel ausgewogene sogenannte Räuber-Beute-Beziehungen. Durch die fischfressenden Tiere wird – wie beim Menschen durch seine Bewirtschaftungsmaßnahmen – in die Fischbestände eingegriffen. Dabei werden durchaus auch erkrankte Fische erbeutet, also seitens der Jäger »gesundheitspolizeilich« gewirkt. Durch eine überhöhte Populationsdichte dieser Arten aber gefährdet sie den Fortbestand der Fische und wird damit zum Schädling. Das ist zum Beispiel beim *Kormoran* und *Gänsesäger* der Fall. Die beiden

Vogelarten trifft sicher keine Schuld. Eher den Mensch, der hier durch einseitige Schutzmaßnahmen zugunsten dieser Vögel, anderen Arten wie den Fischen schweren Schaden zufügt.

Kormorane sind Schwimmtaucher. Sie stürzen sich aus der Luft ins Wasser und können dabei auch in tiefes Wasser vordringen. Vor allem Fische, die sich nicht verstecken, fallen ihnen zum Opfer. Im Winter, wenn Seen und größere Flüsse mit einer Eisschicht bedeckt sind, suchen die Kormorane auch kleinere, schnellfließende und daher eisfreie Salmonidengewässer auf und richten hier großen Schaden an. Sie können z.B. einem Äschenbestand gänzlich vernichten.

Graureiher sind Pirsch- und Ansitzjäger. Völlig regungslos verharren sie im Uferbereich und warten auf einen Fisch, der sich in den Bereich ihres Schnabels begibt. Dann stoßen sie blitzschnell zu. Größere Fische

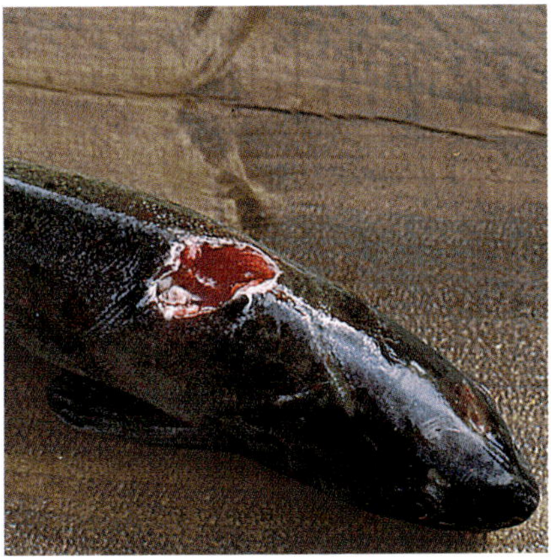

Vom Reiher »angestochene« Forelle.

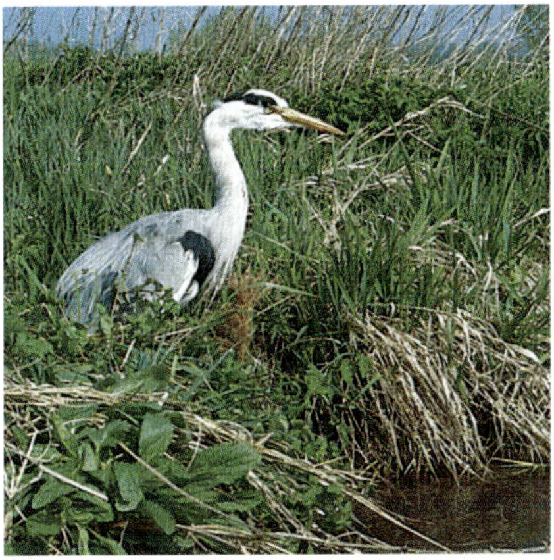

Die Fischer nennen ihn Fischreiher. Die korrekte Bezeichnung ist Graureiher.

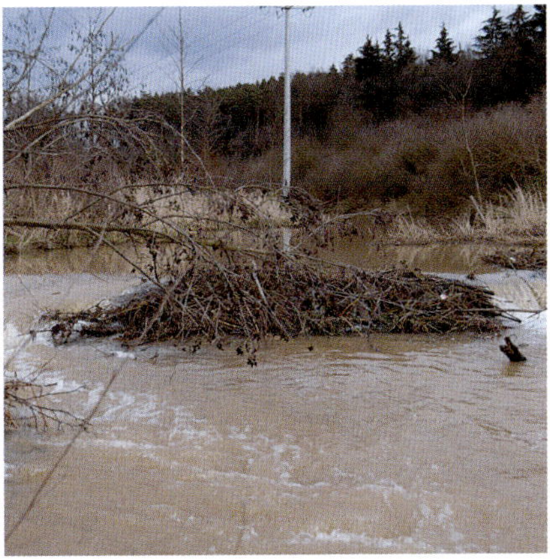

Biberdämme halten auch Hochwassern stand.

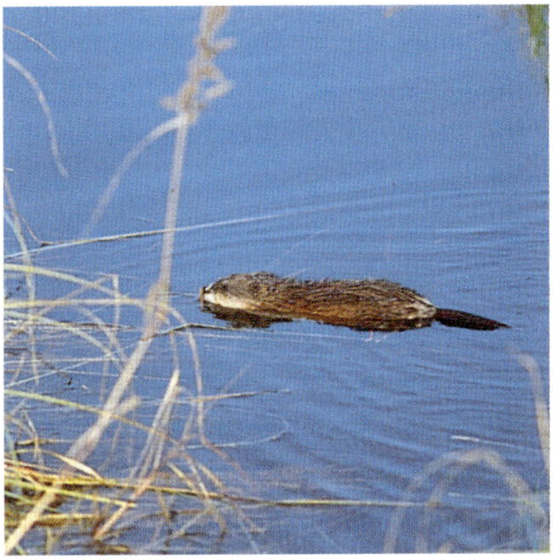

Der Bisam (nicht Bisamratte).

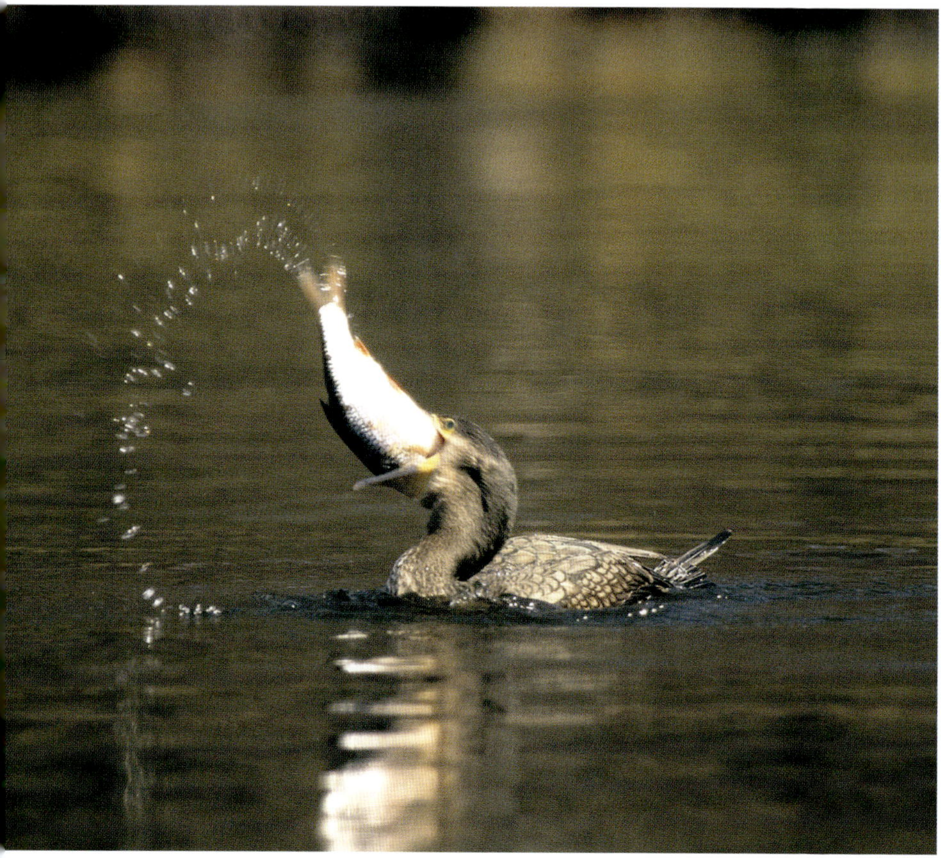

Kormorane sind in der Lage, erstaunlich große Fische zu verschlingen.

werden dabei oft durch den scharfen Schnabel angepickt. Sie entkommen dann schwer verletzt, weil sie der Vogel nicht packen kann. Zu viele Graureiher können vor allem in flachen Gewässern deutlichen Schaden anrichten.

Teichwirtschaften werden häufig von Eisvögeln, Kormoranen und Graureihern heimgesucht. Ihre Freßlust führt unter Brut- und Jungfischen sowie Speisefischen zu hohen Verlusten. Eisvögel stehen unter Naturschutz und dürfen nicht geschossen oder anderweitig bekämpft werden. Keinesfalls dürfen die Gelege vom Fischereiberechtigten zerstört werden. Diese dürfen lediglich ihre Wirtschaftsanlagen durch Abdeckungen beziehungsweise Scheuchanlagen vor Vogeleinfall schützen. Sofern Fischereischäden durch jagdbare Tiere entstehen, versucht man, den örtlichen Jagdausübungsberechtigten zum Abschuss zu veranlassen. In keinem Fall ist es Anglern erlaubt, selbständig Tiere, die Fischen schaden könnten, zu töten, zu verscheuchen oder Eier und Nachwuchs in irgendeiner Weise zu schädigen.

190 | Wodurch wird der Bisam besonders problematisch?
Er zerstört Dämme und Uferanlagen.

191 | Der Biber ernährt sich von:
Pflanzen und Baumrinde.

192 | Welche Insekten erbeuten auch kleine Fische?
Libellenlarven, Gelbrandkäfer und deren Larven sowie Rückenschwimmer.

193 | Welche Insektenlarve ernährt sich auch von kleinen Fischen?
Gelbrandkäferlarve.

194 | Welches stechend-saugende Insekt ernährt sich auch von Fischen?
Rückenschwimmer.

195 | Welches räuberisch lebende Wasserinsekt steht nicht unter Schutz und darf bekämpft werden?
Der Gelbrandkäfer.

196 | Was gehört zum Nahrungsspektrum von Libellenlarven?
Fischbrut und Kaulquappen.

197 | Welche Vogelarten ernähren sich vorwiegend von Fischen?
Haubentaucher, Säger, Kormorane.

198 | Welche Vogelart kann den Fischbestand in Fließgewässern der Äschen- und Forellenregion nachhaltig reduzieren?
Kormoran.

199 | Welche Vogelarten ernähren sich von Kleinfischen?
Haubentaucher, Eisvogel, Gänsesäger, Reiherente.

200 | Große fischereiliche Schäden entstehen durch lokal dichte Bestände von...?
Kormoran, Gänsesäger, Graureiher.

201 | Wie ernährt sich der Kormoran hauptsächlich?
Von Fischen aller Art.

202 | Wie jagt der Kormoran nach seiner Beute?
Schwimmtauchend.

203 | In welchen Gewässern können Kormoran und Gänsesäger einen Bestand an Bachforellen besonders stark gefährden?
In strukturlosen Fließgewässern mit fehlenden Unterstandsmöglichkeiten.

204 | Der Fischotter ernährt sich von:
Fischen, Flusskrebsen, Amphibien und kleinen Wasservögeln.

205 | Welcher Vogel, der auch kleine Fische frisst, steht unter Naturschutz und darf nicht bekämpft werden?
Eisvogel.

206 | Darf der Fischereiberechtigte gegen den Graureiher vorgehen?
Nein, das darf im Rahmen der Jagdzeit nur der Jagdausübungsberechtigte.

207 | Darf der Fischereiberechtigte Gelege von Schadvögeln, wie Kormoran oder Gänsesäger vernichten?
Nein.

D Angelgeräte und Angelmethoden

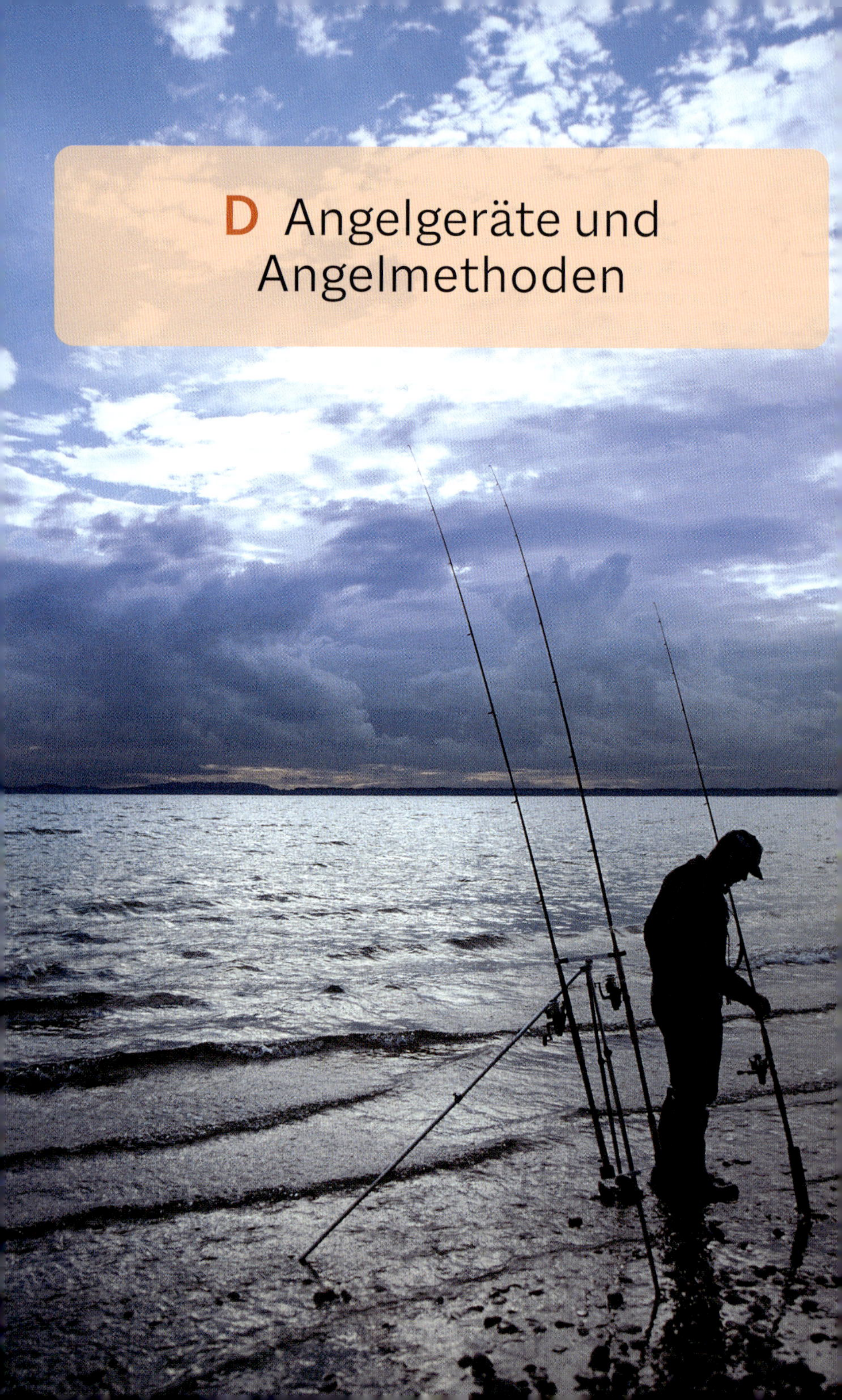

Das Grundangeln gehört zu den beliebtesten Angelmethoden. An diesem See haben Angler ihre Köder weit ausgeworfen und auf Grund gelegt. Zielfische sind große Brachsen, die bei auflandigem Wind in die Nähe des Ufers kommen.

Kommen wir nun zum praktischen Teil des Angelns. Welche Geräte verwendet man und noch wichtiger: Wie werden sie richtig und erfolgversprechend eingesetzt? Welches Wissen darüber ist für die Prüfung von Belang?

Das richtige Gerät

Für Sie als angehenden Angler ist die Wahl fachgerechten Geräts sicher nicht einfach, denn das Angebot an Ruten, Rollen und Zubehör ist heute verwirrender denn je. Wird Ihnen keine sachkundige Beratung zuteil, erwerben Sie unter Umständen eine für Ihre Zwecke ungeeignete Ausrüstung. Eine falsche Gerätezusammenstellung birgt darüber hinaus die Gefahr von Schnur- und Gerätebruch. Der Fisch entkommt womöglich mit dem Haken im Maul und kann auf Grund dieser Verletzung elend verenden. Schon vor dem ersten Angelausflug muss man also wissen, worauf es bei der Wahl des Geräts ankommt. Begleiten Sie angelnde Freunde und Bekannte, die bereits über genügend Erfahrung verfügen oder treten Sie einem Angelverein bei. Ein gut geführter Verein ist immer bemüht, einem Einsteiger weiter zu helfen. Durch Kontakte mit Vereinsmitgliedern werden Sie schnell praktische Erfahrungen sammeln können.

Auf den folgenden Seiten werden wir das Wichtigste über Ruten, Rollen, Haken und einigem Zubehör vorstellen, wie es im Rahmen der Prüfungen erforderlich ist.

Angelruten

Sie sind neben Schnüren und Haken die wichtigsten Instrumente des Anglers. Sie ermöglichen in Kombination mit Angelrollen weite Würfe, helfen durch ihre

»Aktion« einen Fisch sicher zu haken und tragen durch ihre Elastizität zur schnellen und sicheren Landung bei. Die wichtigsten Grundregeln bei der Anschaffung einer Rute lauten: Sie muss zur Angelart und zum Gewässer passen. Außerdem muss sie bequem in der Hand liegen.

Beim Kauf Ihrer ersten Angelrute gehen Sie am besten von folgender Faustregel aus:

Zum Fang kleiner Fische eignen sich eher weiche, *»leichte« Ruten*. Großen Fischen stellt man dagegen mit steiferen, *»schweren« Ruten* nach. Der Charakter einer Rute wird im Wesentlichen durch den Begriff *»Aktion«* beschrieben. Damit ist die Dynamik und Kraftverteilung der Rute, und damit der Grad ihrer Biegung bei Belastung, gemeint. Als *»Wurfgewicht«* versteht man das Gewicht der gesamten Köder-Montage einschließlich Blei, Schwimmer etc., bei welchem eine bestimmte Rute optimal arbeitet. Das Wurfgewicht ist immer über dem Handgriff auf dem Rutenschaft (Blank) in Gramm (g) aufgedruckt. Bei manchen Spezialruten für das Karpfen- oder auch Meeresangeln wird eine sogenannte *Testkurve* in englischen Pfund (lb oder im Plural lbs) angegeben. Dabei entspricht 1 lb etwa dem Wurfgewicht von 30 g.

Man unterscheidet Ruten, die sich nur im *Spitzenteil* (1), nur in der *oberen Hälfte* (2) oder *im oberen und mittleren Teil* (3) durchbiegen. Schließlich gibt es eine Rutenaktion, bei der es zum Durchbiegen der ganzen Rute kommt (4). (Siehe Abb. S. 253).

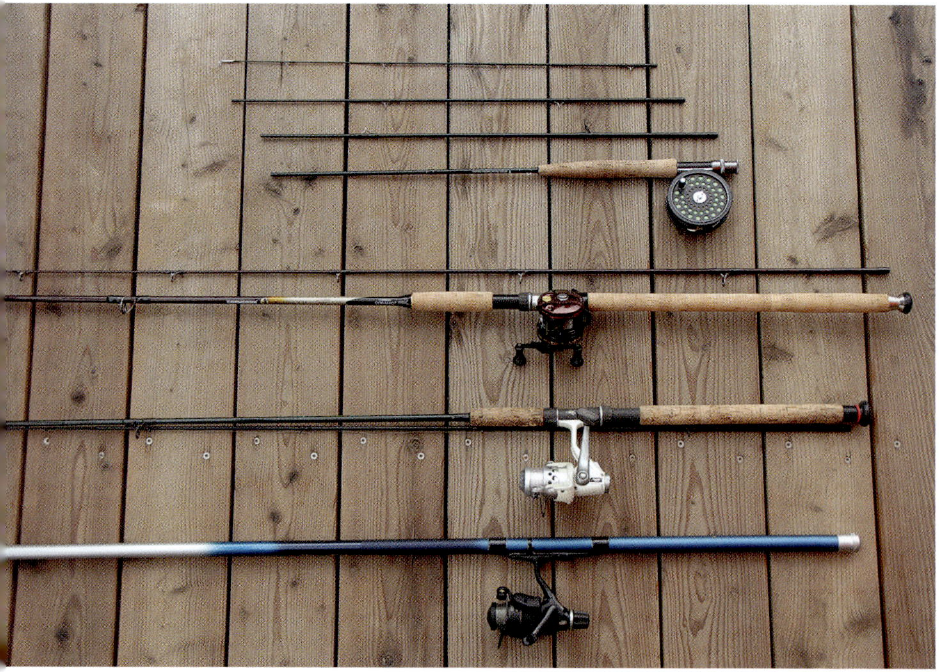

Verschiedenes Gerät, von oben: 1. Fliegenrute, vierteilig. 2. Wurfrute mit Multirolle. 3. Leichte Spinnrute mit Stationärrolle. 4. Leichte Teleskop-Posenrute mit Stationärrolle.

Unterscheiden lassen sich folgende Rutentypen:

Grundruten
Zum Angeln mit natürlichen Ködern auf Fried- und Raubfische. Je nach Zielfisch und Angelmethode sind die Ruten zwischen 1,5 und 5 m lang. An manchen Grundruten können noch Zusatzspitzen, sogenannte Schwing-, Bibber- oder Zitterspitzen als Bissanzeiger befestigt werden.

Stippruten
Zum Angeln ohne Rolle mit natürlichen Ködern, in der Regel auf Weißfische. Die Angelleine, auch »Kopfschnur« genannt, wird an der Rutenspitze befestigt. Gute Ruten besitzen eine Spitzenaktion für schnelles Hakensetzen. Die Länge beträgt zwischen 3 und 16 m.

Spinnruten
Zum Raubfischangeln. Es wird mit künstlichen Ködern wie Blinker, Spinner, Wobbler, Gummiköder u.ä. geangelt. Länge zwischen 1,5 und 3,50 m.

Fliegenruten
Zum Fischen mit leichten, künstlichen Fliegen. Das Wurfgewicht ist die Fliegenschnur, die wegen des idealen Zusammenspiels auf die Rute abgestimmt sein muss (siehe auch bei »Fliegenschnüre«). Einhandruten (1,80 bis 3 m) werden mit einer Hand geführt, die sogenannten Zweihand-Ruten (3,50 bis 5 m) zum Lachsangeln, aufgrund ihrer Länge und ihres Gewichts, mit zwei Händen.

Ein wichtiger Gesichtspunkt für die *Länge einer Grund- oder Spinnrute* ist die Beschaffenheit des Gewässers und vor allem seiner Ufer. Ist eine Schilf- und Röhrichtzone vorhanden, ist eine längere Rute hilfreich. Dagegen bringt bei überhängenden

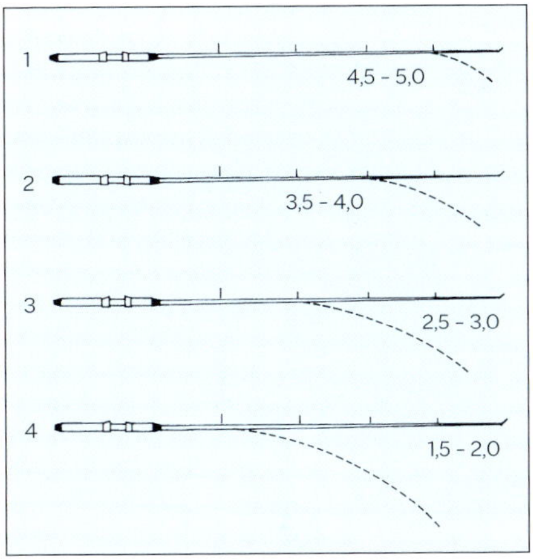

Aktionskennzahlen von Grund- und Spinnruten:
1 starkes Rückgrat, Durchbiegung nur im Spitzenbereich.
2 starkes Rückgrat, Durchbiegung nur im oberen Teil.
3 Durchbiegung im oberen und mittleren Rutenteil, starkes Rückgrat nur im unteren Teil.
4 gleichmäßige Biegung vom Handteil bis zur Spitze.

Baumästen und Büschen oft eine kürzere Rute Vorteile. Angelruten sind in der Regel mindestens zweiteilig. Längere Modelle oder Reiseruten sind auch mehrteilig.

Achtung: In der Nähe der Steck-Hülsen können Ruten besonders leicht brechen.
Die meisten Rutenarten sind auch als zusammenschiebbare *Teleskopruten* erhältlich. Beim Auseinanderziehen wird die Spitze zuerst ausgezogen und beim Zusammenschieben stets zuletzt eingeschoben. Was das Material betrifft, unterscheidet man *Hohlglas-*, *Vollglas-*, *Kohlefaser- und »gesplißte« Ruten* aus Tonkinrohr. Letztere unterliegen einem aufwändigen, handwerklichen Fertigungsverfahren, sind entsprechend teuer und werden in erster Linie von Liebhabern solch edlen Geräts gekauft. Am gebräuch-

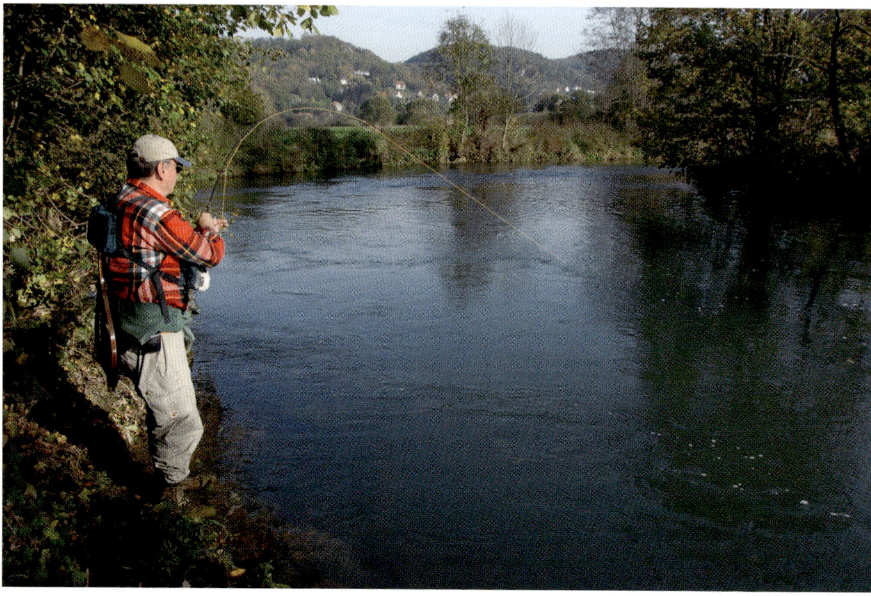

Bei jedem Drill werden die Schnurführungsringe stark beansprucht. Achten Sie auf Verschleißerscheinungen wie Risse, Rillen und Einkerbungen.

lichsten sind heute Glasfaser- und Kohlefaserruten. Der Vorteil von Kohlefaser liegt besonders in ihrem geringen Gewicht. Allerdings leitet Kohlefaser Elektrizität. Vorsicht mit langen Stippruten in der Nähe von Stromleitungen! Bei Gewitter ist das Angeln mit Kohlefaserruten zur eigenen Sicherheit sofort einzustellen.

Schnurlauf-, Schnurführungs- oder Rutenringe

Sie haben die Aufgabe, die Schnur beim Werfen oder beim Einholen an der Rute entlang zu führen, damit diese ihre Kraft entfalten kann. Eingeschliffene Rillen oder Risse beschädigen die Schnur, was beim Drill eines größeren Fisches zum Bruch der Leine führen kann. Achten Sie besonders auf den *End- oder Spitzenring*. Er wird am meisten beansprucht und ist daher am ehesten anfällig für Beschädigungen.

?

1 | Welche Eigenschaften muss eine gute Gebrauchsrute haben?
Sie muss bequem in der Hand liegen, man muss gut mit ihr werfen und mit ihrer Hilfe einen Fisch sicher haken und landen können.

2 | Wonach richtet sich die Länge einer Angelrute vor allem?
Nach der Beschaffenheit des Gewässers und vor allem des Uferbereichs.

3 | Was versteht man unter dem Begriff Wurfgewicht?
Das Gewicht einer Ködermontage, bei dessen Auswerfen die Rute optimal arbeitet.

4 | Wo findet man die Angabe des idealen Wurfgewichts?
Auf dem Rutenschaft (Blank) oberhalb des Handgriffs.

5 | Aus welchen Materialien werden Spinn- und Grundruten heute hergestellt?
Glasfaser, Kohlefaser.

6 | An welcher Stelle besteht bei Steckruten die höchste Bruchgefahr?
In der Nähe der Steckhülsen.

7 | Welches Material wird für die Herstellung von gespließten Ruten verwendet?
Tonkinrohr.

8 | Welchen besonderen Vorteil haben Angelruten aus Kohlefaser?
Sie sind besonders leicht.

9 | Worauf muss man beim Fischen mit einer Kohlefaser-Angelrute achten?
Abstand zu elektrischen Freileitungen halten, bei Gewittern das Angeln einstellen.

10 | Welche Rutenaktion charakterisiert in der Regel lange Stippruten?
Spitzenaktion.

11 | Welche Funktion haben Zusatzspitzen für Grundruten in Form von Schwing-Zitter- oder Bibberspitzen?
Sie arbeiten als Bissanzeiger.

12 | Was muss an den Schnurlaufringen immer wieder kontrolliert werden?
Ob sie eingeschliffen sind und Rillen, Risse oder Einkerbungen aufweisen.

13 | Warum sind schadhafte Schnurlaufringe immer wieder zu kontrollieren?
Sie können die Schnur beschädigen, sodass das Risiko eines Schnurbruchs steigt.

14 | Welcher Ring wird beim Angeln am stärksten beansprucht?
Der End- bzw. Spitzenring.

15 | Welche Eigenschaften sollen gute Ringe aufweisen?
Sie sollen an ihrer Innenseite aus verschleißfestem Material bestehen und Reibungswärme gut ableiten können, damit sich die Schnur nicht einschleift.

16 | Worin unterscheidet sich im Wesentlichen die einhändige Fliegenrute von der Spinnrute?
An der Einhand-Fliegenrute sitzt die Rolle hinter der Führungshand.

17 | Was ist eine Teleskoprute?
Eine zusammenschiebbare Angelrute.

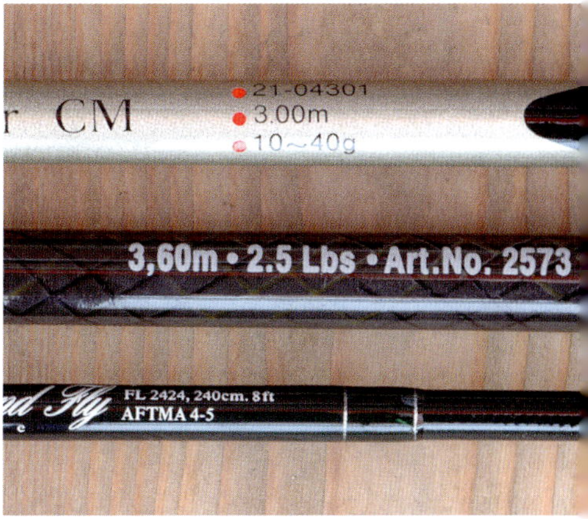

Die Länge und das empfohlene Wurfgewicht einer Rute ist auf dem Blank oberhalb des Handgriffs aufgedruckt.

18 | Wie wird eine Teleskoprute richtig gehandhabt?
Beim Auseinanderziehen mit der Spitze beginnen, beim Zusammenschieben die Spitze zuletzt einschieben.

19 | Was versteht man unter Aktion einer Rute?
Die Dynamik und Kraftverteilung über den Rutenkörper beim Wurf oder bei Belastung während des Drills.

20 | Wo am Griffteil befindet sich bei einer leichten Fliegenrute die Rollenhalterung?
Am unteren Ende.

21 | Wie lang soll die sogenannte Kopfschnur beim Stippangeln sein?
Nicht länger als die Rute.

22 | Warum ist die Kopfschnur beim Stippangeln nur so lang wie die Rute?
Weil sie sich problemlos handhaben lässt.

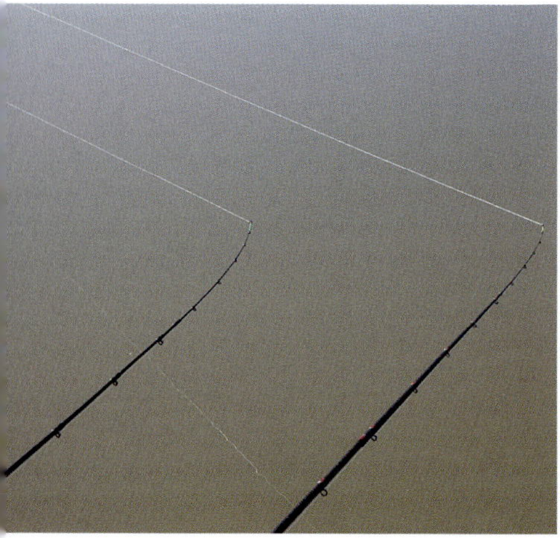

Die sensible Zitterspitze zeigt auch zaghaftestes Anbeißen an.

Die Rollenbefestigung

Sie befindet sich bei allen Ruten in der Mitte oder im oberen Drittel des Handteiles, mit Ausnahme jener für die Fliegenruten. Wegen der besonderen Wurftechnik beim Flugangeln ist die Fliegenrolle am unteren Ende des Handteiles angebracht. Zweihand-Fliegenruten besitzen unterhalb der Rolle eine Griffverlängerung für die zweite Hand.

Angelrollen

Angelrollen dienen als Schnurdepot. Damit steht beim Auswerfen und auch für den Drill immer ausreichend Schnur zur Verfügung. Das ist das eine. Das andere ist, dass moderne Rollen ein integriertes Bremssystem besitzen, das bei korrekter Einstellung optimales Drillen ermöglicht. Der Fisch kann bei seinen Fluchten Schnur abziehen, die Belastung wird dabei nie so groß, dass die Schnur reißt.

Man unterscheidet drei Rollentypen:

Stationärrolle

Dieser Rollentyp ist der beliebteste und gebräuchlichste in Europa, vor allem, weil er sehr einfach zu handhaben ist. Die Schnurspule sitzt auf einer längs zur Rute stehenden Achse. Ein sogenannter Rotor dreht sich um diese stationäre Spule und legt mithilfe eines Schnurfangbügels die Schnur um sie herum. Die Spule selbst dreht sich nur unter Zug eines starken Fisches und wird über die Schnurbremse kontrolliert. Je nach Modell wird dies über einen hinten am Gehäuse (Heckbremse) oder vorne auf der Spule (Frontbremse) sitzenden Drehknopf geregelt.

Die Wurfhand liegt bei diesem Rollentyp immer direkt über dem Rollenhalter, da der Zeigefinger nach dem Öffnen des Schnurfangbügels die Schnur bis zu ihrer

Freigabe festhalten muss, um sie am unkontrollierten Abspringen von der Spule zu hindern.

Eine ein- und ausschaltbare Rücklaufsperre an der Rolle verhindert zudem, dass sich der Rotor bei geschlossenem Schnurfangbügel rückwärts dreht und auf diese Weise unbeabsichtigt Schnur frei gibt.

Die Rotation einer Stationärrolle ist je nach Einsatzzweck unterschiedlich »übersetzt«. Die Angabe der jeweiligen Übersetzung sagt dem Angler, wie schnell er die Schnur einholen kann. Eine Übersetzung von 1:4 bedeutet, dass bei einer Umdrehung der Handkurbel, der Rotor vier Mal um die Spule rotiert.

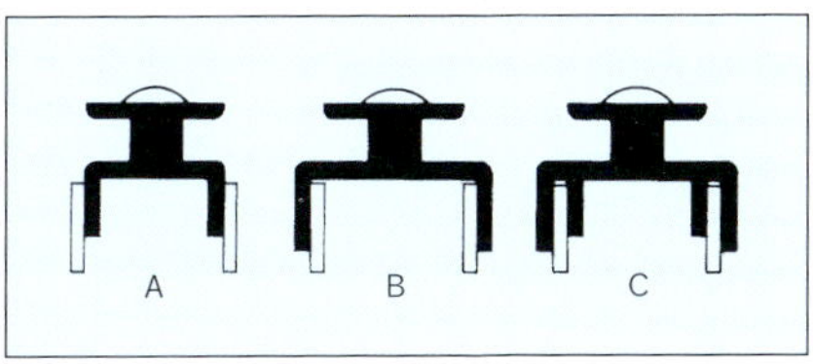

Stationärrolle mit:
A innenliegender Spule.
B Übergreifende Spule.
C Doppelwand- oder Petticoatspule.

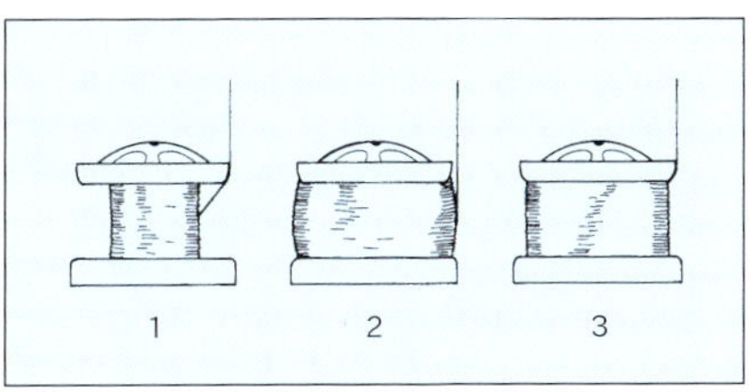

Spulenfüllung von Stationärrollen:
1 Die Spule ist nicht ausreichend gefüllt. Durch den großen Widerstand am Spulenrand wird das Auswerfen erschwert.
2 Die Spule ist zu voll, die Schnur macht sich dann öfter selbständig, d. h. sie wickelt sich ab.
3 Richtige Spulenfüllung.

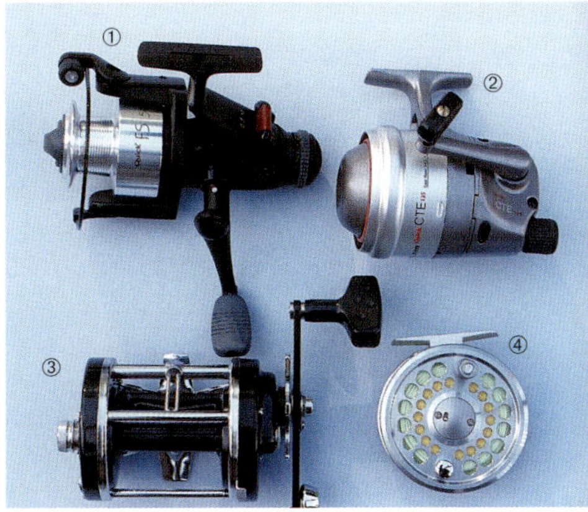

① Stationärrolle, ② Kapselrolle, ③ Multirolle, ④ Fliegenrolle.

Es gibt *offene, halboffene* und *geschlossene Stationärrollen*. Bei letzterer sitzt die Spule geschützt in einem Gehäuse. Sie werden auch *Kapselrollen* genannt.

Offene Stationärrollen gibt es mit innen liegender oder übergreifender Spule. Eine Kombination aus beiden Möglichkeiten, die *Doppelwandspule* mit Schnurhinterlaufsicherung wird auch *Petticoat-Spule* genannt.

Multirolle

Die Spule sitzt quer zur Rutenachse. Die Schnur wird durch direktes Rotieren der Spule auf- oder abgespult. Kleine bis mittelgroße Multirollen heißen auch Bait-Caster und werden vor allem in USA zum Spinnfischen benutzt. Das Auswerfen des Köders muss geübt werden, da es sonst leicht zu sogenannten Schnurperücken (Schnurverwicklungen bzw. Schnursalat) kommt. Größere Ausführungen der Wurfrollen finden beim Brandungsfischen Verwendung. Zum Schlepp- und Meeresfischen vom Boot aus sind schwere Multirollen wegen ihrer Robustheit beliebt. Diese Rollen sind nicht zum Auswerfen der Leine gedacht. Sie wird vom Boot aus nur abgelassen. Schnurdrall kommt durch das geradlinige Auf- und Abspulen der Leine bei Multirollen weniger vor als bei der Stationärrolle.

Achsrollen (Fliegenrolle und Nottingham-Rolle)

Zum Fliegenfischen braucht man eine spezielle *Fliegenrolle.* Im Grunde ist dies eine einfache *Achsrolle,* der vor allem die Aufgabe eines Schnurdepots zukommt, denn vor dem Fliegenwurf wird die dafür benötigte Schnurlänge als Wurfgewicht von der Rolle abgezogen. Einer Schnurbremse kommt zumindest beim leichten Fliegenfischen eine untergeordnete Aufgabe zu, da Spule oder Schnur vornehmlich mit der Hand abgebremst werden.

Multi- oder Stationärrollen sind für das Fliegenfischen nicht geeignet.

Die *Nottingham-Rolle,* auch *Centerpin-Rolle* genannt, ist eine sehr leicht laufende Achsrolle, die heute eigentlich nur noch von Spezialisten für bestimmte Grundangeltechniken eingesetzt wird.

Der wichtigste Teil einer Stationär- oder Multirolle für eine sichere Landung der Fische ist die *Schnurbremse.* Sie wird so eingestellt, dass dem Fisch das Abziehen der Schnur während des Drills erschwert wird.

Weil starke Fische bei ihren Fluchten oft sehr viel Schnur abziehen, spielt das *Fassungsvermögen* von Rollen eine wichtige Rolle.

- Kleine Rollen haben ein Fassungsvermögen von 100 m/0,25 mm Schnur,
- mittlere von 100 m/0,45 mm,
- große von 100 m/0,60 mm.

Eine kleine Stationärrolle ist deshalb für den Fang großer Fische nicht geeignet, weil sie zu wenig der benötigten starken Angelschnur aufnehmen kann. Für den Hecht- und Karpfenfang ist am besten eine mittlere, für Huchen und Welse eine große Rolle zu verwenden.

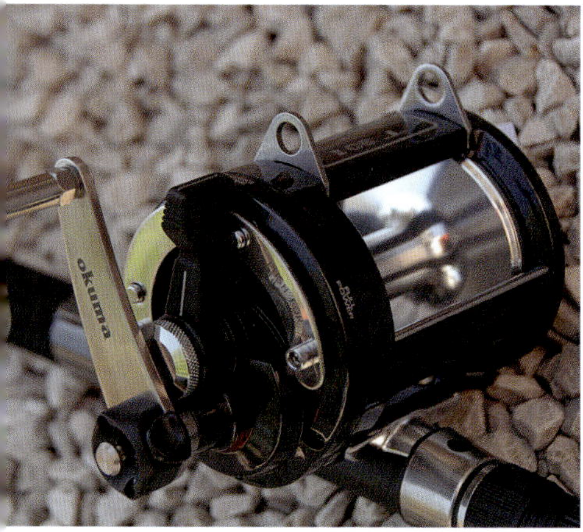

Eine robuste Multirolle mit großem Schnurfassungsvermögen.

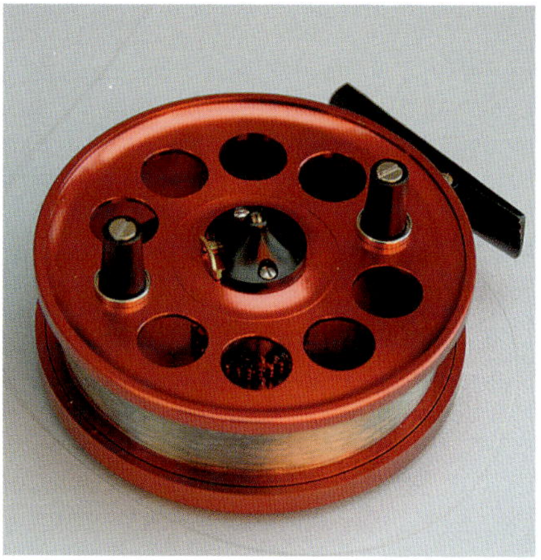

Eine Nottingham- oder Centerpin-Rolle.

?

23 | Welcher Teil der Angelrolle verhindert einen Schnurabriss beim Drill eines starken Fisches?
Die Schnurbremse.

24 | Wonach hat sich die Bremseinstellung an der Rolle zu richten?
Nach der Tragfähigkeit der Schnur und der Bruchfestigkeit der Knoten.

25 | Welche Schnurlänge in welcher Stärke soll eine Stationärrolle für den normalen Hechtfang aufnehmen können?
Nicht unter 100 m der Schnurstärke 0,40 mm.

26 | Warum ist eine kleine Stationärrolle zum Hecht- oder Welsfang ungeeignet?
Sie fasst zu wenig der benötigten starken Angelschnur.

27 | Warum eignet sich eine Rolle mit geringem Schnurfassungsvermögen nicht für den Fang großer Raubfische?
Weil der kleine Spulendurchmesser nicht genügend starke Angelschnur aufnehmen kann.

28 | Für welche Angelmethode sind Multi- und Stationärrolle nicht geeignet?
Für das Fliegenfischen.

29 | Welches ist die Hauptaufgabe der einfachen Fliegenrolle?
Sie hat die Fliegenschnur geordnet und abrufbar zu halten (Magazin- oder Depotfunktion).

30 | Womit wird beim Fliegenfischen der Fisch im Drill vornehmlich gebremst?

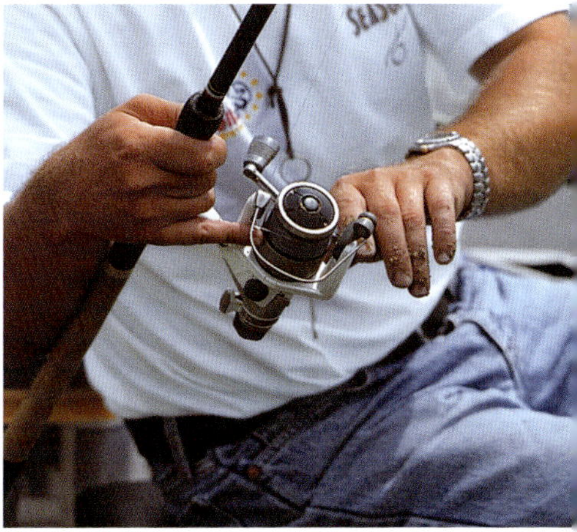

Die Hand hält die Rute genau über der Stationärrolle.

Mit der sogenannten Schnurhand wird die durchlaufende Schnur kontrolliert oder es wird Druck auf den Spulenrand der Rolle ausgeübt.

31 | Wo ergreift die Wurfhand eine Spinnrute, die mit einer Stationärrolle bestückt ist?
Genau über dem Rollenhalter.

32 | Warum ergreift die Wurfhand eine Rute, die mit einer Stationärrolle bestückt ist, genau über dem Rollenhalter?
Der Zeigefinger der Wurfhand muss die Schnur nach dem Öffnen des Schnurfangbügels bis zum Wurf festhalten, damit diese nicht unkontrolliert von der Spule abläuft.

33 | Wie werden geschlossene Stationärrollen auch genannt?
Kapselrollen.

34 | Was bedeutet die »Übersetzung« einer Stationärrolle für den Fischer?
Wie schnell er die Schnur einholen kann.

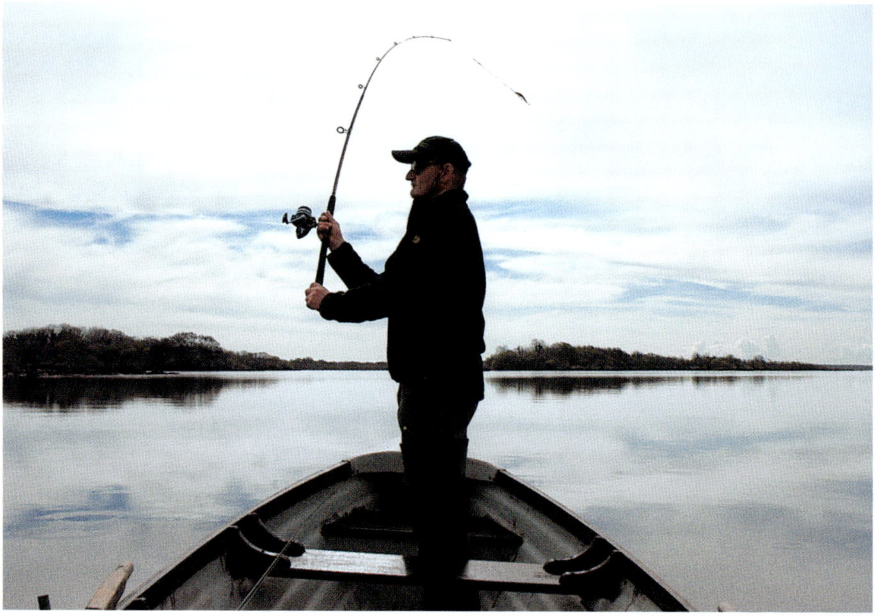

Die Kombination moderner Kohlefaserruten mit qualitativ hochwertigen Stationärrollen macht sehr weites Auswerfen möglich.

35 | Was dreht sich bei einer Stationärrolle?
Der Rotor mit dem Schnurlaufbügel beim Einholen der Schnur, und die Schnurspule durch den Einsatz der Schnurbremse.

36 | Was bedeutet die Übersetzung 1 : 3 bei einer Stationärrolle?
Bei einer Kurbelumdrehung dreht sich der Rotor drei Mal um die Spule ab.

37 | Welcher Teil der Stationärrolle ist für eine sichere Landung des Fisches am wichtigsten?
Die Schnurbremse, da sie ein Abreißen der Schnur bei richtiger Einstellung vermeidet.

38 | Warum hat die Stationärrolle eine verstellbare Schnurbremse?
Damit die Bremskraft der Reißfestigkeit der Schnur angepasst werden kann.

39 | Welche Aufgabe hat die Rücklaufsperre an der Stationärrolle?
Sie verhindert die ungewollte Schnurfreigabe bei geschlossenem Schnurfangbügel.

40 | Die Stationärrolle ist für den Wurf geöffnet. Welche Panne muss durch sorgfältige Handhabung möglichst vermieden werden?
Das Zurückspringen des Schnurfangbügels während des Auswerfens.

41 | Welcher der drei Rollentypen, Stationärrolle, Multirolle oder Fliegenrolle verfügt über einen Schnurfangbügel?
Stationärrolle.

42 | Wie unterscheidet sich eine Stationärrolle von der Multi- und der Nottingham-Rolle?
Die Rollenachse steht parallel zum Rutenschaft, bei der Multi- bzw. Nottinghamrolle steht die Achse quer zur Rute.

43 | Angelrollen sind in verschiedenen Größen erhältlich. In welchem Verhältnis stehen Rollengröße und Schnurstärke?
Je stärker die Schnur, desto größer die Rolle.

44 | Was versteht man unter einer Multirolle?
Eine Rolle mit Getriebeübersetzung, deren Spule sich beim Wurf dreht.

45 | Für welche Angelmethode ist die Multirolle besonders geeignet?
Für das Schleppfischen, aber auch das Angeln im Meer.

46 | Bei welcher Rolle dreht sich beim Wurf die Schnurtrommel?
Bei der Multirolle.

47 | Der Einsatz der Multirolle eignet sich besonders:
Für das Schlepp- und Grundangeln, die schwere Spinnfischerei und das Angeln im Meer.

48 | Welche Gefahr besteht, wenn man das Auswerfen eines Köders mithilfe einer Multirolle nicht beherrscht?
Es kann durch Überlaufen der Spule zu Schnurperücken kommen.

49 | Warum verdrallt sich die Angelschnur bei Verwendung einer Multirolle wenig?
Die Schnur wird ohne Verdrehung auf- und abgespult.

Angelschnüre

Hier unterscheiden wir zwischen drei Arten. Monofile und multifile (geflochtene) Schnüre sowie Fliegenschnüre. Auf letztere gehen wir im Kapitel über das Fliegenfischen ein.

Monofilschnüre

Einfädige Nylonschnüre werden aus geschmolzenem Kunststoffgranulat in einem Stück gezogen. Sie sind durchsichtig mit unterschiedlicher Farbtönung, abriebfest, brauchen so gut wie keine Pflege und dehnen sich unter Zug. Je länger die Schnur, desto mehr Dehnung. Auf große Entfernung ist daher ein sicherer Anschlag schwierig. Hingegen puffert die Dehnung plötzliche Schläge eines großen Fisches in der Endphase eines Drills zusätzlich ab, wenn die Elastizität der Rute ausgeschöpft ist.

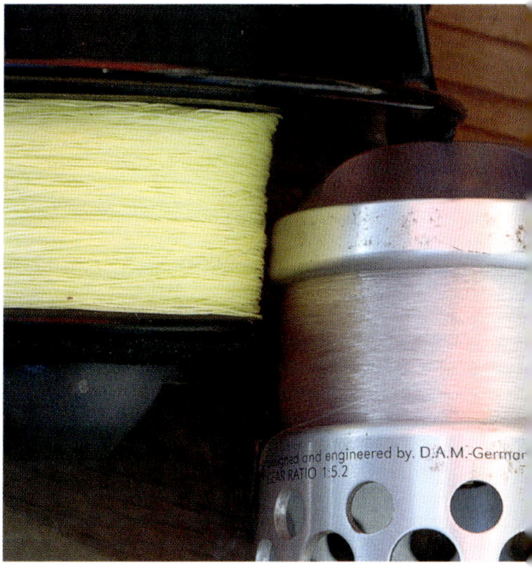

Zwei Schnüre mit gleichem Durchmesser. Obwohl die gelbe, geflochtene Leine um ein vielfaches reißfester ist als das transparente Monofil (Nylon), ist letzteres in vielen Fällen die bessere Wahl.

Mehrfädige Schnüre

Aus vielen dünnen Kunststofffasern geflochtene Angelleinen werden *multifile* oder *polyfile* Schnüre genannt. Ihr Vorteil ist die vergleichsweise hohe Tragkraft (siehe Tabelle). Zudem ist die Dehnfähigkeit sehr klein. Einer der Hauptgründe, weshalb diese Schnüre vor allem bei Meeresanglern sehr beliebt sind. So überträgt sich jede geringe Bewegung der Rute auf den Köder, was beim Pilkangeln in großer Tiefe von Vorteil ist. Auch der Anhieb kann über eine große Distanz sicher gesetzt werden. Achtung! Die multifilen Schnüre sind empfindlicher gegen mechanischen Verschleiß (Aufrauen) als Monofil.

Jede Schnurart hat ihre Vor- und Nachteile und die zu ihr passenden Einsatzbereiche.

Achten Sie beim Aufrollen auf eine gespannte Führung, damit die Schnur nicht zu locker aufgenommen wird. Dies kann beim erneuten Auswerfen zu Verwicklungen und Schnurperücken führen.

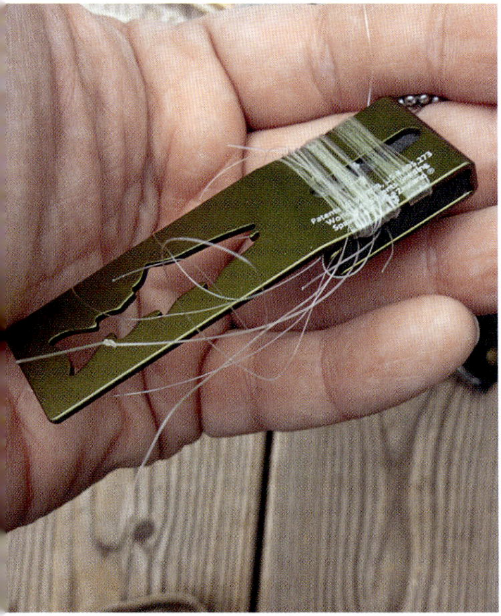

Schnurmüll unbedingt fachgerecht entsorgen. Der Handel bietet kleine Helfer zum sauberen Sammeln am Wasser an.

Durchschnittliche Tragkraft von Angelschnüren

	Monofil	Multifil (geflochten)
0,16 mm	2,5 kg	12,5 kg
0,20 mm	4,0 kg	16,0 kg
0,25 mm	5,0 kg	19,5 kg
0,30 mm	7,5 kg	25,0 kg
0,35 mm	10,5 kg	31,0 kg
0,40 mm	13,0 kg	40,0 kg
0,50 mm	20,0 kg	50,0 kg

Tragkraft

Hinsichtlich der Reißfestigkeit sind zwei Eigenschaften zu beachten. Einmal ist dies die »lineare« Tragkraft, die in der Regel auf der Verkaufspackung genannt wird und sich auf die glatte Schnur bezieht. In der Praxis kommt es aber vor allem auf die Bruchfestigkeit der Knoten an, die in der Regel immer kleiner als die lineare Tragkraft ist.

Faustregel zur Wahl der Schnurart und Schnurstärke: Für kurze bis mittlere Entfernung ist wegen der besseren Pufferwirkung Monofil zu empfehlen. Aber wer auf große Distanzen oder in großen Tiefen angelt, wählt wegen der guten Bisserkennung und dem besseren Kontakt zum Fisch Multifil. Die Schnurstärke richtet sich nach der Größe der zu erwartenden Fische. Aber es spielen noch andere Faktoren mit, z.B. die Beschaffenheit des Gewässers. Beim Kauf achtet man zudem auf die Elastizität, die Tragkraft und die Färbung. Auch die Aktion der Rute spielt eine Rolle. So wählt man bei der Verwendung einer dünnen Schnur eher eine weichere Rute.

Empfohlene Schnurdurchmesser (Monofil):

▶ 0,12 - 0,18 mm:	Kleinfische, Ukeleis, Hasel, kleine Döbel und Barsche, Rotaugen, Rotfedern, kleine Nasen
▶ 0,10 - 0,25 mm:	Enddurchmesser des Fliegenvorfaches, Äschen, Bach- und Seesaiblinge, Forellen, Döbel
▶ 0,25 - 0,35 mm:	Forellen, Saiblinge, Schleien, Karpfen, Aale, Barben, Döbel, Brachsen, Meerforellen
▶ 0,28 - 0,40 mm:	Hechte, Zander, große Barben, größere Karpfen und Aale
▶ 0,40 - 0,60 mm:	Welse, Seeforellen, Huchen, große Hechte, Lachse, Meeresfische

Schnurpflege

Die Pflege monofiler Schnüre ist einfach. Sie brauchen vor allem Schutz vor direkter Sonneneinstrahlung und dem Kontakt mit Fetten und Lösungsmitteln. Gegebenfalls werden sie hin und wieder gereinigt. Längere Aufbewahrung erfolgt am besten in einem dunklen, kühlen Raum. Kellerräume sind ideal. Hier aufbewahrte Schnüre behalten über Jahre hinweg ihre Reißfestigkeit und Geschmeidigkeit. Regelmäßig sollten Sie den vorderen, sich am stärksten abnutzenden Teil, kontrollieren. Wenn die ersten Meter aufgeraut sind, schneiden Sie diese ab. Werfen Sie Schnurreste nicht achtlos weg, sie verrotten nicht und gefährden Kleintiere und Vögel, die sich darin verfangen können.

?

50 | Was ist eine monofile Schnur?
Eine einfädige Kunststoffschnur.

51 | Was ist eine multifile Schnur?
Eine aus mehreren Fäden gedrehte oder geflochtene Schnur aus Kunststoff oder Kunstseide.

52 | Worauf achten Sie beim Kauf einer neuen Angelschnur?
Auf Elastizität, Tragkraft und Färbung.

53 | Nach welchem Gesichtspunkt richtet sich die zu verwendende Schnurstärke?
Nach der Größe der zu erwartenden Fische.

54 | Wie werden monofile Angelschnüre hergestellt?
Hocherhitzter, flüssiger Kunststoff wird durch Düsen gepresst.

55 | Wie sollte eine Rute beschaffen sein, wenn mit Schnurstärke 0,20 mm und Haken der Größe 10 oder 12 gefischt wird?
Länger und weicher, da sie die Schläge eines großen Fisches besser abpuffern, und feine Schnüre vor dem Abreißen schützen.

56 | Welche Vorteile hat die Dehnfähigkeit einer monofilen Schnur im Gegensatz zu einer dehnungsarmen multifilen Schnur, vor allem gegen Ende eines Drills, wenn sich der Fisch nicht mehr weit vom Ufer entfernt befindet?
Sie hilft die abrupten Schläge eines großen Fisches abzupuffern, der sich an kurzer Leine befindet und durch letzten Widerstand zu entkommen sucht.

57 | Warum sind schadhafte Schnurführungsringe nicht fischweidgerecht?
Sie beschädigen die Schnur, sodass die Bruchgefahr groß ist.

58 | Was ist bei Schnurlaufringen immer wieder zu kontrollieren?
Ob sie eingeschliffen sind und damit Rillen oder Risse aufweisen.

59 | Welcher Ring einer Angelrute wird am stärksten beansprucht?
Der Spitzen- oder Endring.

60 | Bei der Überprüfung der Angelschnur finden Sie einige aufgeraute Stellen auf den ersten Metern? Wie handeln Sie?
Sie schneiden den aufgerauten Teil ab.

61 | Wogegen ist eine Kunstfaserschnur empfindlich?
Gegen Sonnenlicht (UV Strahlung).

62 | Müssen monofile (einfädige) Kunstfaserschnüre einer besonderen Pflege unterzogen werden?
Nein, es ist keine besondere Pflege notwendig, sie sollten aber bei Bedarf gereinigt werden.

63 | Worauf sollte man bei der Lagerung von monofilen Schnüren achten?
Sie sollen dunkel und kühl gelagert werden.

64 | Wo bewahrt man monofile Nylonschnüre am besten auf, damit sie nicht ihre Tragkraft verlieren?
In einem kühlen, lichtarmen Raum (z.B. Keller).

65 | Worauf soll man beim Aufrollen der Angelschnur besonders achten?
Auf eine gewisse Spannung, damit die Schnur straff auf der Spule zu liegen kommt und dadurch beim erneuten Auswerfen keine Schnurperücken entstehen.

66 | Warum darf ein Angler eine lose und verwickelte Angelschnur (z.B. Perücke) nicht am Fischwasser liegen lassen?
Weil sie eine Gefahr für Vögel und andere Tiere darstellt und Abfall ordnungsgemäß zu beseitigen ist.

67 | Beeinträchtigen weggeworfene Schnurreste aus Perlon oder Nylon die Umwelt?
Ja, denn die Schnurreste verrotten nicht, gefährden Kleintiere und verschandeln die Umwelt.

68 | Welcher Teil der Angelschnur nutzt sich am stärksten ab?
Am stärksten werden die ersten Meter oberhalb des Hakens beansprucht. Sie sollten regelmäßig überprüft werden.

69 | Welche Schnurstärke soll eine monofile (einfädige) Angelschnur mindestens haben, wenn mit Karpfen bis zu 8 kg gerechnet werden kann?
0,30 mm.

70 | Welche monofile Schnurstärke sollte man verwenden, wenn man auf große Hechte oder Welse angelt?
0,40 mm - 0,60 mm.

Das Vorfach

Unter einem Vorfach versteht man das oft recht kurze Verbindungsstück zwischen der Hauptschnur und dem Haken. *Monofilvorfächer* sind in der Regel dünner als die Hauptschnur und wirken deswegen für den Fisch unauffälliger bzw. dienen im Notfall als Sollbruchstelle bei Überlastung. Das kommt vor, wenn sich der Haken an einem Hindernis im Wasser festgesetzt hat. Beim Abriss verliert man nur das Vorfach. Die Verbindung zwischen Hauptschnur und dem normalerweise *etwa 30 bis 50 cm langen Vorfach,* wie es gewöhnlich zum Fang von Friedfischen benutzt wird, kann mit zwei Schlaufen, einem Knoten oder einem Wirbel mit oder ohne Karabiner vollzogen werden. Im Handel erhältliche Haken mit bereits daran geknüpftem Vorfach nennt man *Vorfachhaken.*

Für den Fang von Raubfischen, die mit ihren spitzen Zähnen die Angelschnur durchtrennen können, wird zwischen Schnur und Köder ein in der Regel 15 bis 40 cm langes *Stahlvorfach* eingefügt. Wenn solche Vorfächer Knick- oder Roststellen aufweisen, sind sie auszusondern.

(Besonderheiten von Fliegenvorfächern siehe Abschnitt »Fliegenfischen«.)

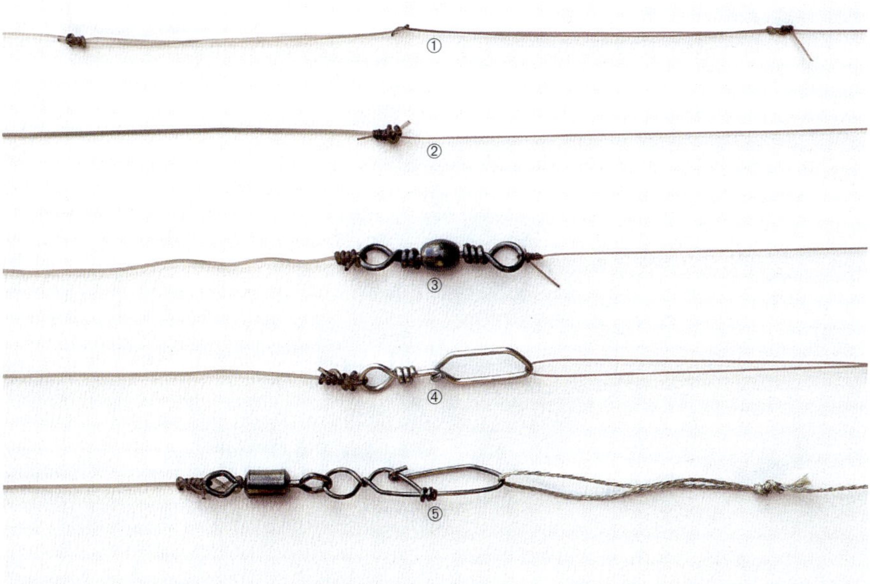

Beispiele für Verbindungen von der Hauptschnur zum Vorfach:
① Schlaufenverbindung (für leichtere Montagen).
② Direkte Knotenverbindung (wird kaum verwendet).
③ Hauptschnur und Vorfach an Wirbel geknotet.
④ Hauptschnur an Karabiner geknotet, Vorfachschlaufe eingehängt.
⑤ Hauptschnur an Karabinerwirbel geknotet, Stahlvorfach eingehängt.

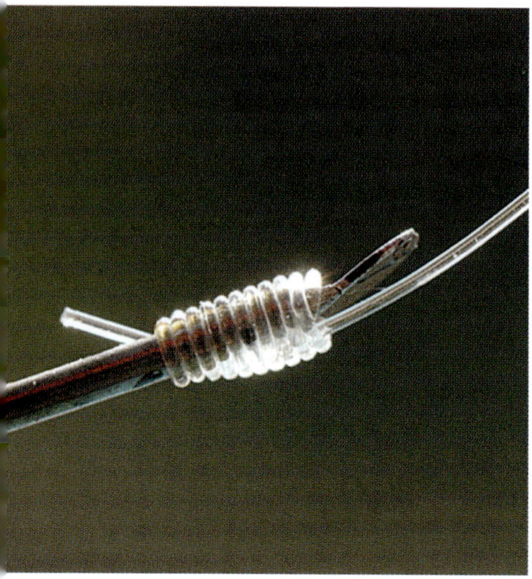

Ein sauber gebundener Hakenschaftknoten. Damit werden Plättchenhaken am Vorfach befestigt.

?

71 | Für welche Fischarten kommen in der Regel Monofilvorfächer zum Einsatz?
Zum Fang von Friedfischen und Barschen.

72 | Warum soll ein Vorfach etwas weniger Tragkraft aufweisen als die Hauptschnur?
Es dient als Sollbruchstelle bei Überlastung der Schnur, z.B. bei einem unlösbaren Hänger am Gewässergrund.

73 | Wie lang sind normale Vorfächer für den Fang von Friedfischen?
30–50 cm.

74 | Wie nennt man einen Haken mit bereits daran angebundenem Vorfach?
Vorfachhaken.

75 | Welche Schnur- und Vorfachstärke passt beim Angeln auf Weißfische in etwa zu einem Einzelhaken der Größe 13?
Eine Stärke von 0,12–0,18 mm je nach Fischart und vorherrschenden Gewässerbedingungen.

76 | Wie vermeidet man, dass der Hecht mit seinen scharfen Zähnen die Angelschnur durchbeißt?
Durch Einfügen eines Stahlvorfachs zwischen Köder und Hauptschnur.

77 | Beim Angeln auf welche Fischart sollte ein Stahlvorfach nicht fehlen?
Hecht.

78 | Worauf ist bei einem Stahlvorfach besonderes Augenmerk zu legen?
Dass es keine Knick- oder Roststellen aufweist.

79 | Wie geht man mit abgenützten oder verkringelten Vorfächern um?
Sie müssen wie ausgediente Angelschnüre ordnungsgemäß entsorgt werden, keinesfalls darf man sie achtlos wegwerfen.

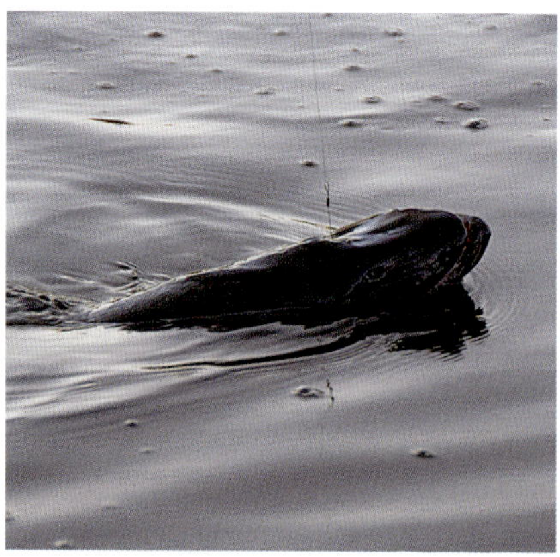

Zum Hechtangeln gehört immer ein Stahlvorfach.

Knoten

Als weidgerechter Fischer achten Sie besonders darauf, dass sich die von Ihnen geknüpften Schnurknoten nicht aufziehen lassen. Bedenken Sie auch immer, dass die Bruchfestigkeit der gesamten Montage vor allem von der Güte und der Art der verwendeten Knoten abhängt. Man spricht in diesem Zusammenhang von der *Nassknotenfestigkeit* einer Leine. Von den vielen Knoten, die in der Fischerei verwendet werden, genügt es, wenn Sie zwei oder drei Knoten knüpfen können. Zum Zusammenknüpfen von zwei Schnurenden eignet sich z.B. der *Blut- oder Fassknoten.*

Grundsätzlich gilt: Mehr Windungen erhöhen die Bruchfestigkeit. Knotenverbindungen müssen nach dem Binden und vor dem Einsatz immer durch eine Zugprobe überprüft werden.

Mit dem *Clinch-* oder *Klammerknoten* lassen sich auf recht einfache und wirkungsvolle Weise Kunstköder, Wirbel oder Öhrhaken, also auch Kunstfliegen anbinden. Monofilknoten sollten vor dem Zusammenziehen immer angefeuchtet werden, um ein Überhitzen durch die Reibung zu vermeiden.

Beim Auswerfen kommt es immer wieder vor, dass sich das Vorfach überschlägt und sich im Vorfach ein »Windknoten« bildet. Dieser kann die Reißfestigkeit erheblich schwächen. Prüfen Sie Ihr Vorfach also immer wieder auf Fehlerhaftigkeit. Vorfächer mit Windknoten sind auszutauschen. Vor allem Fliegenvorfächer sind in dieser Hinsicht anfällig.

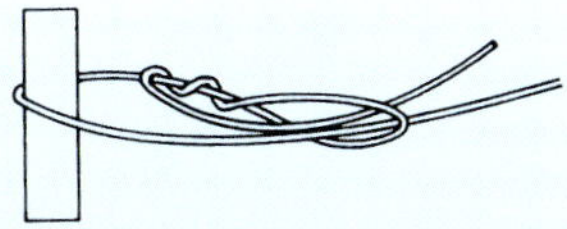

Spulenachsenknoten – mit seiner Hilfe wird die Angelschnur an der Rollenspule befestigt.

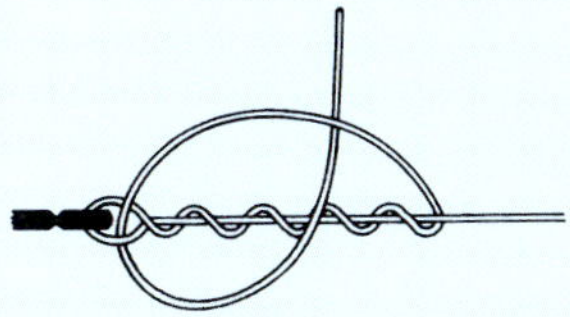

Clinch- oder Klammerknoten – er ist der weitaus gebräuchlichste aller Angler-Knoten. Spinnköder, Wirbel und Haken mit Öhr werden mit seiner Hilfe dauerhaft befestigt.

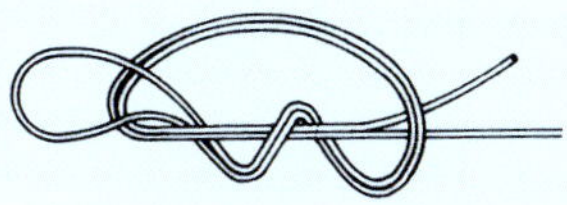

Endschlaufenknoten – so entsteht eine Einhängeschlaufe etwa für Vorfächer.

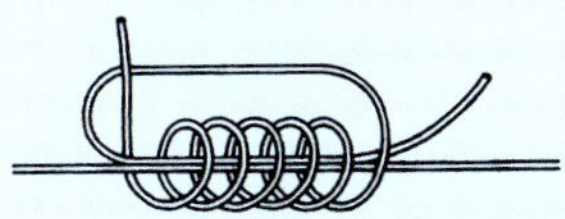

Stopperknoten – er wird an die Hauptschnur gebunden und ist leicht zu verschieben. Er dient der Tiefeneinstellung des Durchlaufschwimmers.

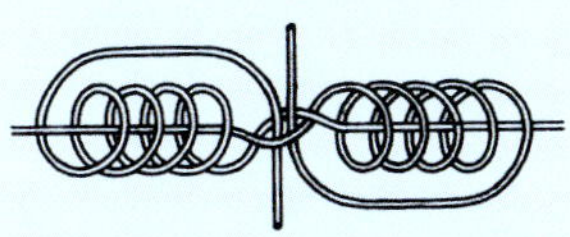

Blut- oder Fassknoten – zum Verbinden zweier Schnüre und zum Einbinden etwa von Springern.

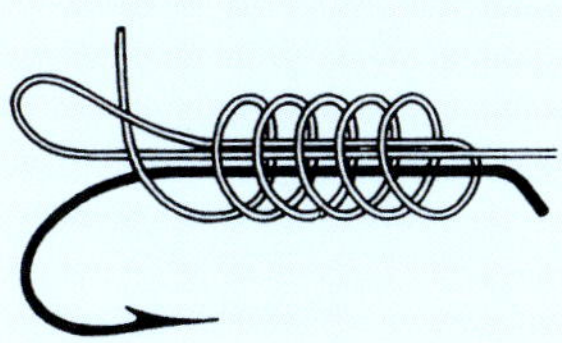

Hakenknoten – zum Anbinden eines Plättchenhakens.

Wichtige Knoten der Angelfischerei. Damit können alle Verbindungsprobleme gelöst werden.

?

80 | Wodurch wird eine größere Haltbarkeit eines Knotens bei Kunstfaserschnüren erreicht?
Durch mehr Windungen.

81 | Durch welchen Knoten werden monofile Schnüre miteinander verbunden?
Der Knoten wird Blut- oder Fassknoten genannt.

82 | Wie beeinflussen Knoten in der Regel die Tragfähigkeit der Schnur?
Die Tragfähigkeit ist am Knoten geringer.

83 | Was sollte man vor dem Zusammenziehen eines Monofilknotens tun?
Den Knoten anfeuchten.

84 | Wie muss ein Schnurknoten vor allem beschaffen sein?
Er darf sich nicht aufziehen lassen (Zugprobe).

85 | Welcher Knoten eignet sich gut, um einen Öhrhaken an ein Vorfach zu binden?
Der Clinchknoten (Klammerknoten).

86 | Welcher Knoten eignet sich, um schnell eine künstliche Fliege ans Vorfach zu binden?
Clinch- oder Klammerknoten.

87 | Was versteht man unter »Nassknotenfestigkeit«?
Die Haltbarkeit und Tragkraft eines Knotens im Wasser.

88 | Warum soll man das Vorfach immer wieder überprüfen?
Es könnten sich Windknoten gebildet haben, die das Vorfach schwächen.

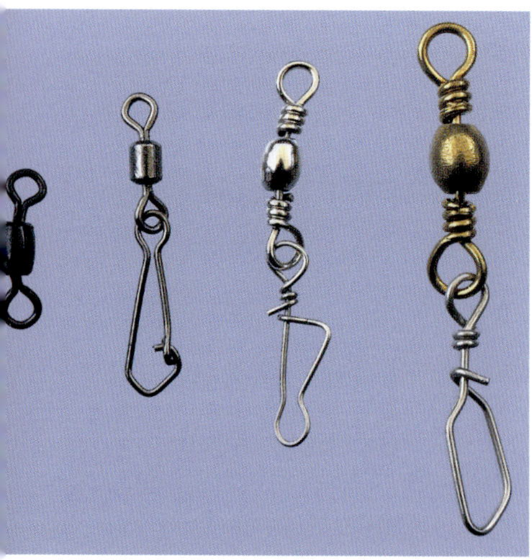

Wirbel sind in sich drehbar und verhindern dadurch ein Verdrehen der Angelschnur.

Wirbel

Um das Verdrehen der Schnur zwischen Rolle und Vorfach sowie Vorfach und Köder zu verhindern, werden bei den meisten Angelmethoden, zwischen Hauptschnur und Vorfach sowie zwischen Vorfach und Köder sogenannte *Wirbel* eingefügt. Ausgenommen ist das Fliegenfischen. Vor allem beim Spinnfischen mit einem rotierenden Köder, sind Wirbel ein absolutes Muss, wenn das Verdrehen (Verdrallen) der Angelschnur verhindert werden soll.

Wichtig! Alle Wirbel müssen mindestens die gleiche Bruchfestigkeit wie die Angelschnur aufweisen.

89 | Was ist beim Gebrauch von Wirbeln zu beachten?
Der Wirbel muss mindestens die gleiche Bruchfestigkeit haben wie die Schnur.

90 | Was bewirkt ein zwischen Schnur und Vorfach eingefügter Wirbel?
Ein Verdrehen der Schnur.

91 | Bei welcher Angelmethode ist kein Wirbel nötig?
Beim Fliegenfischen.

92 | Wie soll beim Spinnfischen der Wirbel beschaffen sein?
Er muss mindestens die gleiche Bruchfestigkeit wie die Schnur aufweisen.

93 | Wie vermeidet man ein Verdrehen der Angelschnur?
Durch Wirbel.

94 | Welche allgemeine Regel gilt bei der Zusammenstellung von Haken, Schnur und Rute?
Bei einem großen Haken: starke Schnur und steife Rutenspitze. Bei einem kleinen Haken: dünne Schnur und weiche Rutenspitze.

Haken

Die Wahl der richtigen Hakengröße, -qualität und -art ist eine der wichtigsten Voraussetzungen für weidgerechtes Angeln.

Zwei Leitsätze: Die Wahl des Hakens richtet sich nach der Angelmethode und der Fischart, der man nachstellt. Ganz

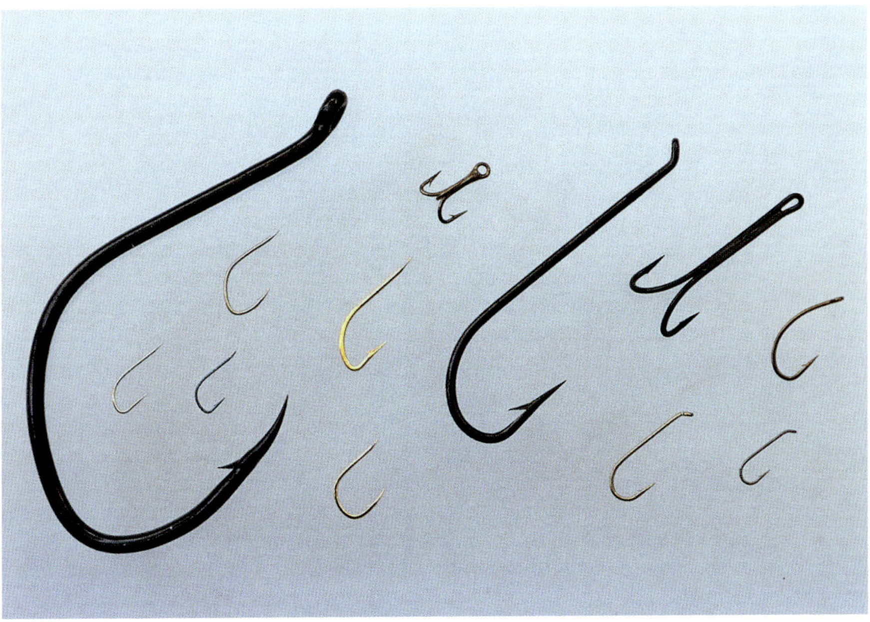

Es gibt Haken für alle Zwecke und Anforderungen. Ganz links ein gewaltiger Welshaken der Größe 14/0, ganz rechts (unten) ein Fliegenhaken in der Größe 16, auf den die Imitation winziger Fliegen gebunden wird.

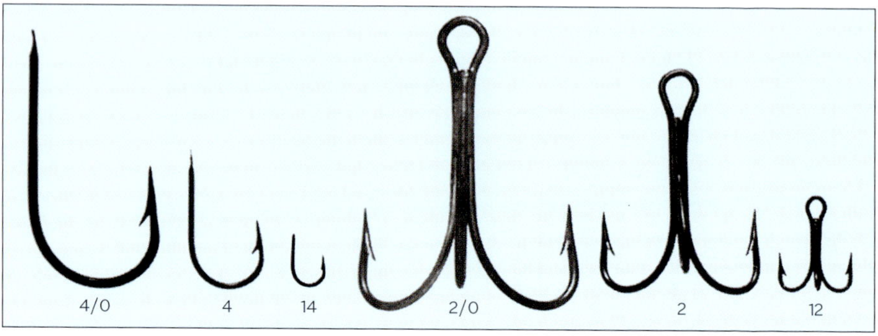

Verschiedene Haken in ihrer Originalgröße.

wichtig: Der Haken darf nie kleiner sein als nötig.

Unterschieden wird nach Einfach-, Doppel- und Drillingshaken. Die Ausführungen sind sehr unterschiedlich. Es gibt *Haken mit Öhr* oder *Plättchen, kurz- oder langschenkelige, dünn- oder dickdrähtige.* Die vor die Hakenspitze eingearbeiteten Widerhaken haben den Sinn, dass sich sowohl Köder als auch Fisch nicht ohne weiteres vom Haken lösen können. Ein Haken mit Widerhaken am Schenkel, sie sitzen meist in der Nähe des Öhrs, wird Wurmhaken genannt. Diese Widerhaken sollen verhindern, dass der aufgezogene Wurm in den Hakenbogen abrutscht und sich dort als wenig attraktiv wirkendes Bündel zusammenschiebt und den blanken Hakenschenkel freigibt. Wenn der Widerhaken fehlt, sprechen wir von einem *Jamison-* oder *Schonhaken.* Beim Fliegenfischen wird zunehmend widerhakenlos gefischt. Die *Hakengrößen sind in einem Zahlenschema (1 - 20)* nach folgendem Prinzip angeordnet:

Je größer der Haken, desto kleiner die Zahl.

- Größe 1: großer Haken,
- Größe 20: sehr kleiner Haken.

Wenn die Größe mit zwei Zahlen, die durch Schrägstrich verbunden sind, angegeben ist, handelt es sich um *Übergrößen.* Kleine Haken verwendet man naturgemäß zum Fangen kleiner oder kleinmäuliger Fische. So liegt man beim Fang von Rotaugen und *Köderfischen mit Größe 8 - 16* richtig. Vielfach werden hierbei auch sehr feindrähtige Haken wie Goldhaken eingesetzt. *Kleinste Haken, etwa der Größe 18 bis 20,* sind nur beim Flugangeln weidgerecht. Kunstfliegen werden ausschließlich auf Öhrhaken gebunden, damit sie problemlos am Vorfach angeknüpft werden können. Als *mittlere Haken gelten die Größen 4 - 7.* Zum Fang kräftiger Fische, wie etwa Karpfen oder Barben eignen sich starkdrähtige Haken mit kurzem Schaft. Ab Hakengröße 3 abwärts spricht man von großen bis übergroßen (z.B. 3/0) Haken. Hakengröße und Schnurstärke müssen aufeinander abgestimmt sein: Zu einem kleinen Haken passt keine dicke Schnur und umgekehrt.

Grundsätzlich gilt: Die Schnur nicht dünner, und der Haken nicht kleiner als nötig.

Dass sich die Hakenwahl nach der zu fangenden Fischart zu richten hat, ist insofern von Bedeutung, als z.B. Forellen oder Karpfen zu kleine Haken gewöhnlich sehr tief schlucken, sodass untermaßige Fische davon nicht mehr, ohne Schaden zu nehmen, befreit werden können. Zum *Karp-*

fenangeln sind Einfachhaken der Größen 1 - 4 angebracht. *Drillinge* sollten dafür nicht verwendet werden, denn die Karpfen saugen den Köder ein und der Haken sitzt dann oft zu tief im Rachen. In vielen Gewässern sind sie inzwischen zum Angeln auf Friedfische verboten. Allerdings ist es immer noch weit verbreitet, zum Fang von Raubfischen künstliche oder natürliche Köder mit Drillingen zu verwenden. Sie werden vor allem beim Spinnangeln eingesetzt. Für *Hechte* gilt die Drillingsgröße 2 und größer als weidgerecht.

Nachdem Sie das Angelgerät von der Rute bis zum Haken zusammengestellt und dabei auch diverse Knoten gebunden haben, sollten Sie vor Angelbeginn die gesamte sog. *Angelflucht* durch eine *Zugprobe* auf ihre Haltbarkeit hin überprüfen.

?

95 | Welche Größenordnung hat Hakengröße 5?
Mittelgroß.

96 | Welcher Haken ist größer: Größe 6 oder 12?
Größe 6.

97 | Wie groß sollen Einfachhaken beim Karpfenfischen in etwa sein?
Größe 1 - 4.

98 | Benötigt man für den Fang von Karpfen und Barben eher stark- oder feindrähtige Haken?
Starkdrähtige.

99 | Für welche Friedfische sind einfache Haken von etwa Größe 8 bis 12 die richtige Wahl?
Für Weißfische wie Rotauge, Rotfeder, Brachsen, Nase u. ä.

100 | Wie bezeichnet man Haken mit Widerhaken am Schenkel?
Wurmhaken.

101 | Welchen Sinn haben die Widerhaken auf dem Hakenschenkel eines »Wurmhakens«?
Sie sollen verhindern, dass der Köder in den Hakenbogen abrutscht.

102 | Was ist ein Jamisonhaken?
Ein Haken ohne Widerhaken (Schonhaken).

103 | Auf welche Hakenart werden Fliegen gebunden?
Öhrhaken.

104 | Bei welcher Angelart werden zunehmend Haken ohne Widerhaken verwendet?
Beim Fliegenfischen.

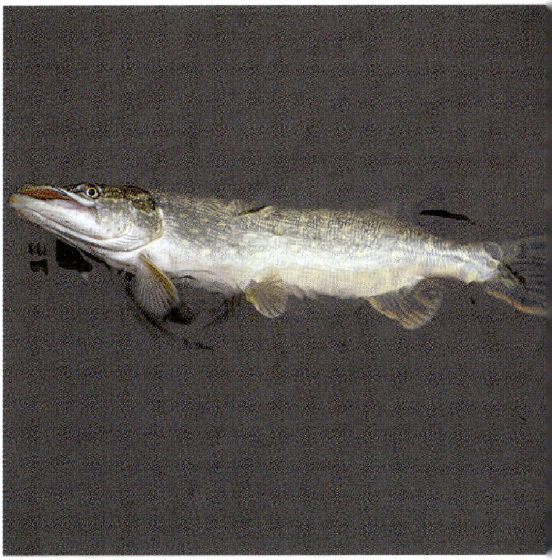

Für harte Hechtkiefer sind starke Haken mit großem Hakenbogen die richtige Wahl.

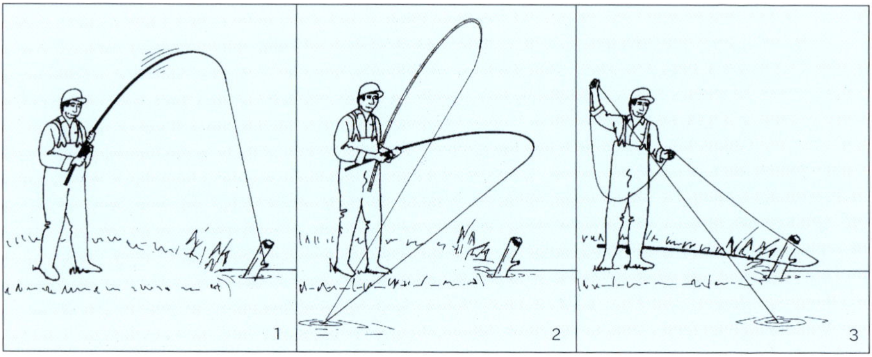

1 Bei der Zugprobe wird der Haken fixiert und kräftig angeschlagen. Auf diese Weise werden Schwachstellen in der Angelflucht rechtzeitig erkannt.
2 Die Angelrute zeigt beim Drill niemals in Richtung Fisch, weil sonst ihre Elastizität nicht genutzt wird.
3 »Hänger« sollten nicht mithilfe der Rute gelöst werden. Rute ablegen und Schnur von Hand abreißen.

105 | Als Grundsatz der Weidgerechtigkeit gilt, nie Angelhaken zu verwenden, die kleiner als notwendig sind. Bei welcher Angelmethode gelten jedoch auch kleine Angelhaken (Größe 14 bis 20) als weidgerecht?
Fliegenfischen auf Forellen und Äschen.

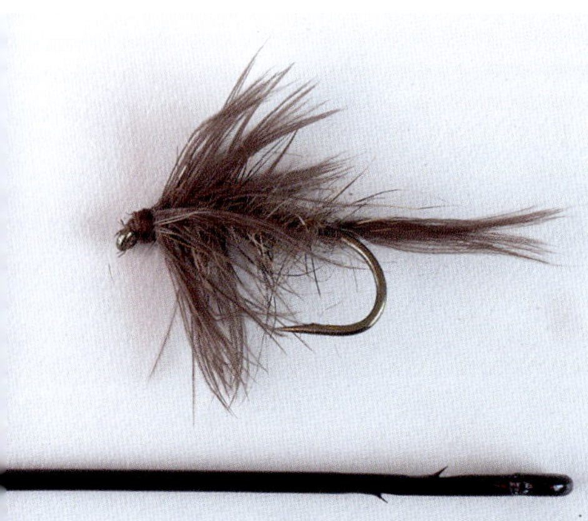

Künstliche Fliege ohne Widerhaken sowie ein »Wurmhaken« (Aufsicht) mit zwei Widerhaken auf dem Hakenschenkel.

106 | Welche Hakenart soll beim Angeln auf Karpfenartige benützt werden?
Einfachhaken.

107 | Welche Hakenform bzw. -größe ist beim Fischen auf Karpfen weidgerecht und gilt als fischschonend?
Einfachhaken zwischen 2 und 8.

108 | Welche Regel gilt für die Schnur und Hakenwahl?
Schnur nicht dünner als nötig – Haken nicht kleiner als nötig.

109 | Was bezeichnet man als »Drilling«?
Einen aus drei Hakenbögen zusammengesetzten Haken.

110 | Für welche Angelmethode werden in erster Linie Drillinge verwendet?
Spinnfischen.

111 | Welche Drillingsgrößen gelten für Hechte als weidgerecht?
Größe 2 und größer.

112 | Warum soll man beim Karpfenfischen keine Drillinge verwenden?
Weil sie nach dem Biss oft tief im Rachen sitzen.

113 | Warum darf ein Drilling beim Fischen mit Kartoffeln auf Karpfen nicht verwendet werden?
Der Haken sitzt nach dem Biss oft zu tief im Rachen.

114 | Sie fischen mit einer Grundrute auf Karpfen und verwenden Teig als Köder. Welchen Hakentyp sollten sie aus Gründen der Weidgerechtigkeit nicht verwenden?
Drillingshaken.

115 | Welcher Gerätetest ist vor Beginn des Angelns unbedingt durchzuführen?
Zugprobe.

Angelmethoden

Die jeweilige Angelmethode richtet sich gewöhnlich nach den im Gewässer vorkommenden Fischen und der Taktik, mit der sie sich am ehesten fangen lassen. Es gibt drei Angelmethoden, die sich durch Wurftechnik und Verwendung verschiedener Köder voneinander unterscheiden:

- *Grundangeln*
- *Spinnangeln*
- *Flugangeln.*

Grundangeln

Die am weitesten verbreitete Angelart. Hierbei werden *natürliche Köder,* wie Würmer, Brot, Teig, weicher Mais und Käse oder speziell für große Karpfen auch sogenannte Boilies angeboten. Boilies sind hartgekochte Teig-Kügelchen, die nach speziellen Rezepten aus Naturstoffen wie Eiern, Kasein und verschiedenen Proteinen hergestellt werden.

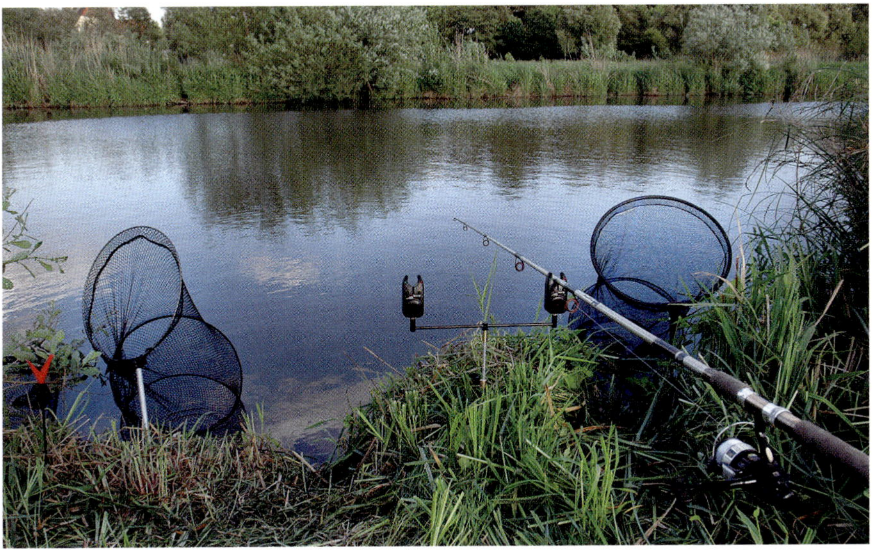

Läuft die Schnur durch den elektronischen Bissanzeiger, gibt es beim Biss ein akustisches Signal.

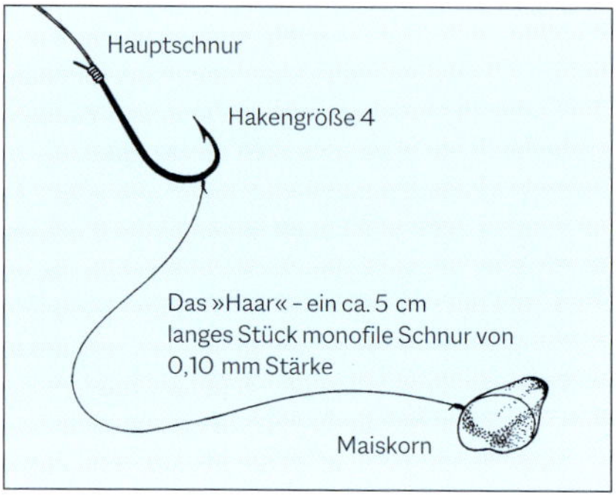

Die »Haarmontage« wurde für den Fang von vorsichtigen Karpfen entwickelt.

Karpfen können allgemein gut mit Kartoffeln oder Maiskörnern überlistet werden. Ein oder zwei Maiskörner auf dem Haken stellen auch einen guten Köder für Brachsen dar.

Auch das Anbieten von *toten Fischen* oder *Fischstücken* für Raubfische gehört in die Rubrik Grundangeln. Aale lassen sich sehr gut mit *Tauwürmern* als Köder fangen, aber wer einen besonders großes Exemplar überlisten möchte, sollte einen toten Köderfisch anbieten. Für den Aalfang gelten warme Nächte, ab dem Monat Mai, mit bewölktem Himmel als besonders aussichtsreich. In der kalten Jahreszeit hofft man in der Regel vergebens. Da hält der Aal im Schlamm vergraben Winterruhe.

Grundangeln kann man *mit und ohne Pose (Schwimmer)*. Ohne Pose wird der Köder direkt am Gewässerboden abgelegt, wobei ihn eine Bleibeschwerung am gewünschten Ort fest hält. Dabei k ann das *Blei* vor dem Köder auf der Hauptschnur angebracht werden, z.B. ein *Lochblei,* das oft gleitend als Laufblei angebracht ist, damit der Fisch beim Anbiss keinen Widerstand spürt. Lochbleie gibt es in verschiedenen Formen. Am bekanntesten ist das Kugel- und das Sargblei. Auch eine feste Anbringung des Bleis am Ende der Leine ist möglich. In diesem Fall befindet sich der Köder an einem Seitenarm *(Paternoster).* Die sogenannte *Haarmontage* (Abb. links) wurde für argwöhnische Karpfen entwickelt. Diese saugen zuerst den Köder, dann den nachfolgenden Haken ein. Durch die Spitze des Hakens erschreckt, wenden sie sich ruckartig ab und haken sich gegen den Widerstand einer schweren *Festbleimontage* selbst.

Wird der Köder über Grund in einer bestimmten Wassertiefe angeboten, verwendet man eine *Pose (Floß, Schwimmer).* Die senkrechte Stellung einer Pose im

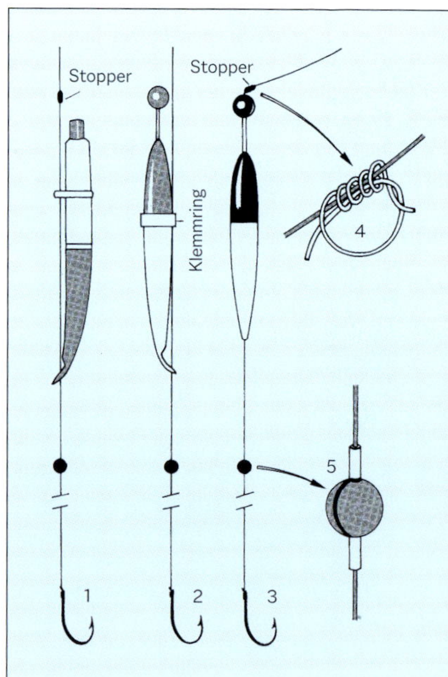

Posen:
1 Laufpose mit Schnurführung außen.
2 Feststellpose.
3 Schnurführung innen.
4 Stopperknoten.
5 Zur Schonung der Schnur: Bleischrot wird mit Isoliermaterial von elektrischen Leitungen unterfüttert.

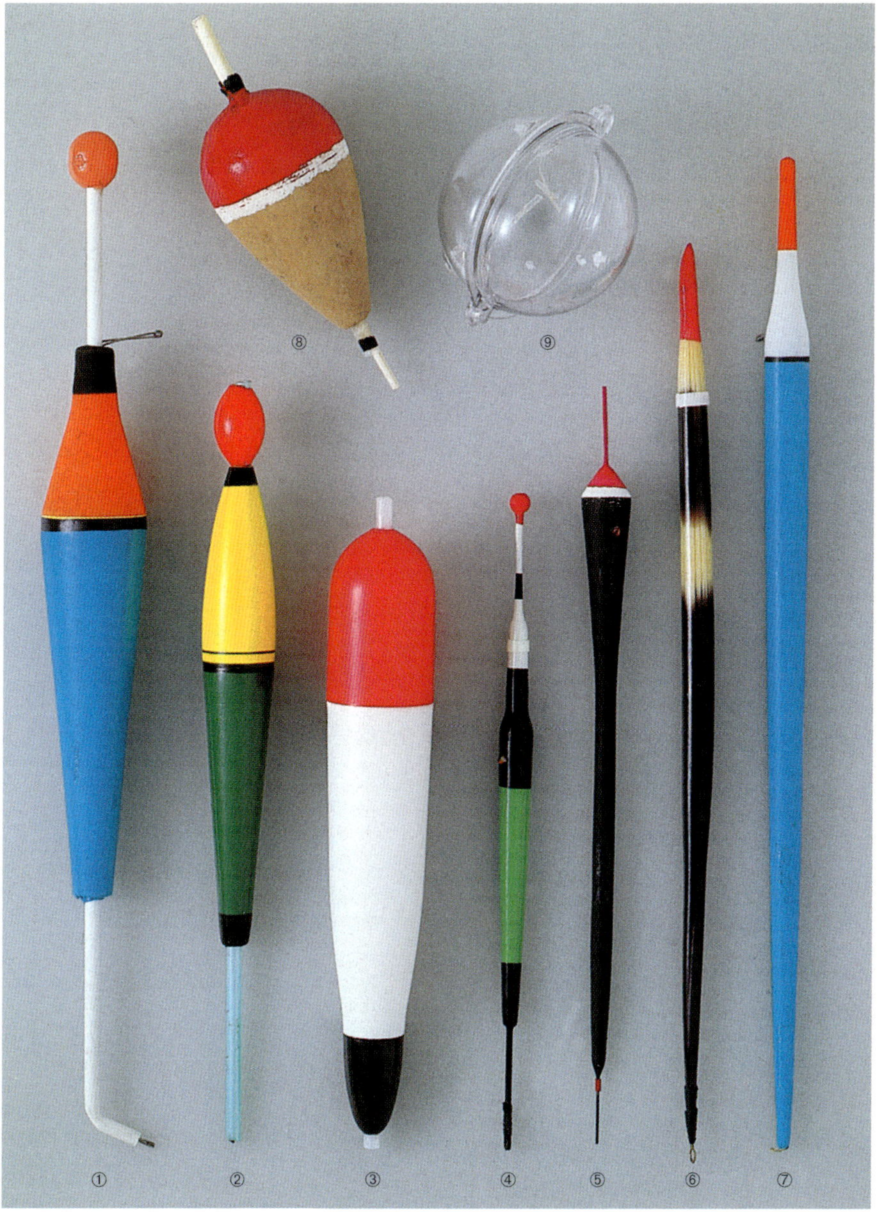

Schwimmer, Posen, Floße.
①–③ Durchlaufschwimmer. ① Schnur außen geführt. ② Schnur innen geführt.
③ Durchlaufschwimmer für schwere Fische. ④/⑤/⑦ Stippposen als Bissanzeiger für kleine Fische.
⑥ Stachelschweinpose. ⑧ Korkfloß. ⑨ Wasserkugel.

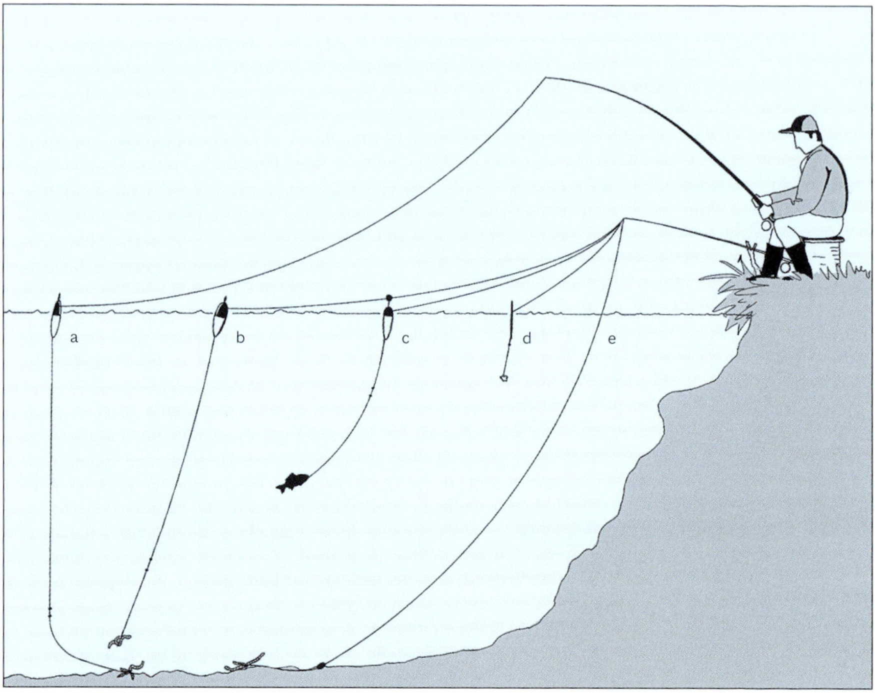

Einstellung der Angel.
a) auf Grund, b) über Grund, c) im Mittelwasser, d) unter der Wasseroberfläche, e) ohne Schwimmer

Wasser, bei der auch der leichteste Anbiss angezeigt wird, erreicht man durch eine auf die Tragkraft der Pose abgestimmte Bleibeschwerung, die meist aus mehreren Bleischroten besteht. Will man z.B. in schnellerer Strömung den Köder rasch in die Tiefe bringen, konzentriert man die *Spaltschrote* in der Nähe des Hakens. Ist ein langsameres Absinken erwünscht, werden die Schrote einzeln über das Vorfach verteilt. Die kleineren Schrote kommen dabei nach unten. Die gewünschte Tiefeneinstellung erfolgt durch Verschiebung des Schwimmers entlang der Schnur. Dies ist aber nur für solche Tiefen möglich, welche die Länge der Rute nicht überschreiten, da anderenfalls nicht mehr ausgeworfen werden kann. Eine darüber hinausgehende *Tiefeneinstellung* wird durch einen sogenannten *Durchlaufschwimmer (Gleitpose)* ermöglicht. Durch diesen bewegt sich die Schnur frei, bis der Köder, die durch die Bleibeschwerung gewünschte Tiefe erreicht hat. An dieser Stelle wird der freie Lauf der Schnur durch einen verschiebbaren Stopper, der so klein ist, dass er durch die Rutenringe gleitet und auf die Rolle mit aufgespult werden kann, gestoppt. Die Tiefeneinstellung wird also durch den Stopper reguliert.

Stippangeln

Hierbei handelt es sich um einen spezielles Gebiet des *leichten Posenfischens*. Dazu wird eine lange Rute (Stipprute) ohne Rolle verwendet. Die dünne »Kopfschnur«

ist dabei an der Spitze der Rute befestigt und nicht länger als diese, da sonst die gesamte Montage beim Auslegen nicht mehr gehandhabt werden kann. Verwendet werden feine Posen, welche beim geringsten Anbiss sofort reagieren. Gefangen werden in erster Linie kleinere *Friedfische,* die in der Regel durch maßvolles Anfüttern an den Angelplatz gelockt werden. Der Vorteil einer langen Stipprute liegt auch darin, dass sich die Rutenspitze direkt über der Pose befindet. D. h. der Köder braucht nicht ausgeworfen zu werden, er kann unauffällig ins Wasser abgesenkt werden. Außerdem ist ein schneller Anschlag möglich.

?

116 | Welche Aufgabe erfüllt ein Schwimmer (Pose)?
Er bietet den Köder in einer bestimmten Wassertiefe an und dient als Bissanzeiger.

117 | Wann ist eine Laufpose einer feststehenden Pose vorzuziehen?
Wenn in einer Tiefe geangelt wird, welche die Rutenlänge übersteigt.

118 | Bei welcher Posenart kommt ein »Stopper« zum Einsatz?
Beim Durchlaufschwimmer (Gleitpose).

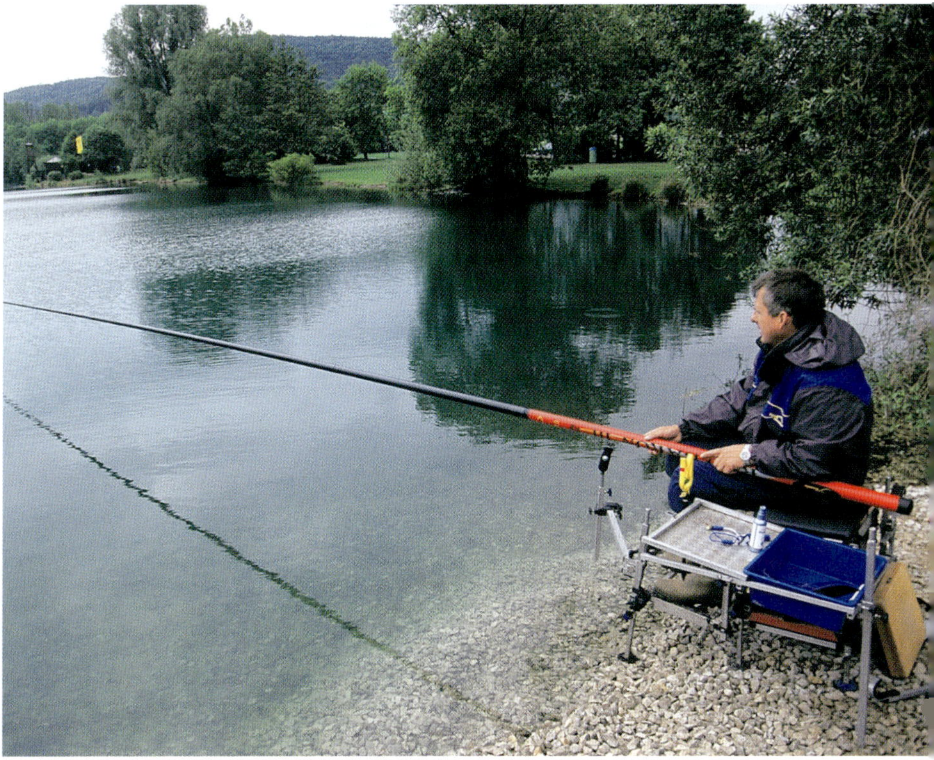

Mit langer Stipprute und feiner Schnur. Zielfische sind vor allem kleinere Friedfische, wie Rotaugen, Güstern u. ä.

119 | Wie wird allgemein die senkrechte Stellung einer Pose im Wasser erreicht?
Durch eine austarierte Beschwerung.

120 | Welche Bleiart eignet sich besonders gut zum exakten Beschweren einer Pose?
Bleischrot.

121 | Wie ist die Anordnung der Bleischrote, wenn der Köder schnell absinken und in Grundnähe gehalten werden soll?
Nicht weit vom Haken entfernt.

122 | Wie ist die Anordnung der Bleischrote, wenn der Köder nicht zu schnell absinken soll?
Einzeln verteilt oberhalb des Vorfachs.

123 | Welche Pose verwendet man, wenn man in einer Tiefe angeln möchte, die die Länge der Angelrute überschreitet?
Eine Laufpose.

124 | Was ist ein Laufblei?
Ein Lochblei, durch das sich die Schnur bewegen lässt.

125 | Welche Bleiformen verwendet man in erster Linie beim Grundfischen ohne Schwimmer?
Sarg- und Kugelblei.

126 | Was ist eine Paternostermontage?
Eine Grundangel mit der Bleibeschwerung am Schnurende und Haken an einem beweglichen Seitenarm.

127 | Welcher Köder eignet sich besonders zum Fang von großen Aalen?
Toter Köderfisch.

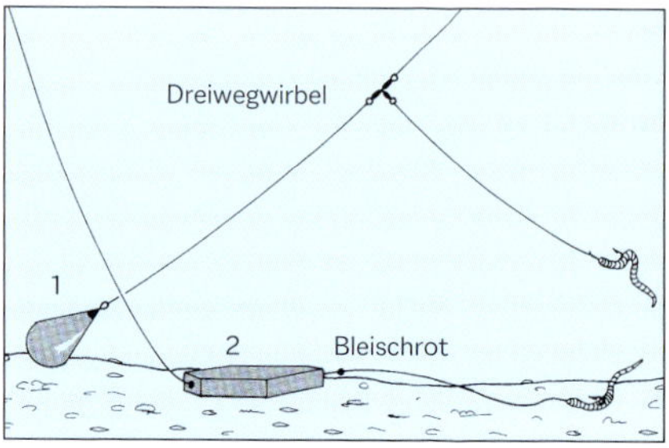

Angeln am Gewässerboden:
1 festliegende Paternostermontage – das Blei ist endständig, es befindet sich am Ende der Hauptschnur.
2 Durch das Sechskantblei können sich die Schnur bzw. das Vorfach frei bewegen. Das Bleischrot legt die zum Köder gewünschte Entfernung fest.

128 | Nennen Sie eine gebräuchliche Fangmethode für Aale?
Grundfischen mit dem Tauwurm.

129 | Welche Umstände versprechen die besten Fangaussichten auf Aal mit der Angel?
Warme Sommernächte mit bedecktem Himmel.

130 | Wie verhält sich der Aal im Winter?
Er hält Winterruhe.

131 | Wozu dient das feine Stippfischen?
Dem Fang kleinerer Friedfische.

132 | Was wird beim Stippangeln als Bissanzeiger verwendet?
Eine leichte Pose (Schwimmer).

133 | Warum darf die Schnurlänge beim Stippangeln die Rutenlänge nicht überschreiten?
Weil die Schnur nicht mehr korrekt gehandhabt werden kann.

134 | Wie lang ist die sogenannte »Kopfschnur« beim Stippangeln?
Nicht länger als die Rute.

135 | Bei welcher Angelart wird in der Regel angefüttert?
Beim Stippfischen.

136 | Welchen Vorteil hat eine lange Stipprute?
Die Rutenspitze befindet sich direkt über der Pose. Der Köder wird nicht ausgeworfen, sondern langsam abgesenkt. Schneller Anschlag ist möglich.

137 | Ist in einem Gewässer mit Friedfischen das Anfüttern mit großen Mengen Futtermaterial sinnvoll?
Nein, übermäßiges Füttern verschlechtert die Wasserqualität, da es den Nährstoffgehalt (Stickstoff und Phosphor) im Wasser erhöht.

138 | Was versteht man unter dem Begriff »Boilies«?
Zu kleinen Bällen geformte und hartgekochte Teigköder aus verschiedenen Naturstoffen.

139 | Welche Naturköder eignen sich besonders zum Fang von Karpfen.
Rot- und Tauwurm, Brot, Teig, Mais, Boilies.

140 | Welche Fischart lässt sich gut mit gekochten Kartoffeln fangen?
Karpfen.

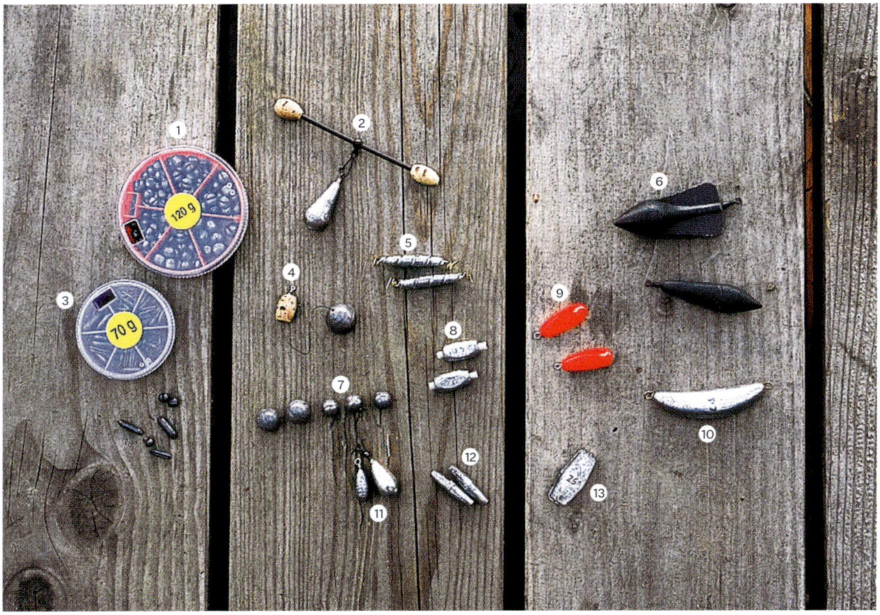

Verschiedene Bleisorten: ① Bleischrotsortiment in Spenderdose. – ② Bleimontage mit Korkauftrieb. – ③ Schlitzdrahtblei in Spenderdose. – ④ Bleikugel mit Korkauftrieb. – ⑤ Spiralblei. – ⑥ Karpfenbombe beschichtet. – ⑦ Bleikugeln mit Schnurloch. – ⑧ Catherineblei. – ⑨ Walkingblei zum Twisterangeln. – ⑩ Bananenblei. – ⑪ Birnenblei. – ⑫ Bleioliven. – ⑬ Sechskant- oder Sargblei.

Spinnangeln

Dies ist eine sehr aktive Angelmethode, weil man weite Strecken am Gewässer zurücklegt und diese unter *ständigem Auswerfen und Einziehen des Köders* abfischt. In der Hauptsache werden künstliche, mit Drillingen bestückte Köder wie *Spinner, Blinker, Wobbler* oder *Gummifische* - aber auch *tote Köderfische* verwendet. In erster Linie gehen dabei Raubfische wie *Hechte, Huchen, Rapfen, Zander* und *Forellen* an den Haken. Durch Einholen der Schnur wird der Köder in Bewegung versetzt. Seine taumelnden Bewegungen erwecken den Anschein eines kranken Beutefischchens und sollen die Raubfische zum Biss verleiten. Für den Fangerfolg ist unter anderem die Art der Führung des Köders, langsam oder schnell, ruckartig oder eher gleichmäßig ausschlaggebend. Auch die Wassertiefe, in der ein Spinnköder angeboten wird, ist entscheidend. Bei der dem Spinnfischen verwandten *Schleppangelei* vom Boot aus - der Köder wird hinter dem Boot hergezogen - wird die Tiefenführung des Köders durch die ausgegebene Schnurlänge, die Bleibeschwerung und die Bootsgeschwindigkeit bewirkt. Mit einer speziellen im Boot angebrachten Vorrichtung, dem sogenannten *Down-Rigger* können auch leichte Blinker in größerer Tiefe laufen, z.B. zum Fang von *Seeforellen*.

Je nach Fischart, der man nachstellt, unterscheidet man *leichtes* (z.B. Forelle, Barsch), *mittleres* (Hecht, Zander, Schied) und *schweres* (Wels, Huchen) *Spinnfischen*. Entsprechend wird unterschiedlich starkes Gerät verwendet.

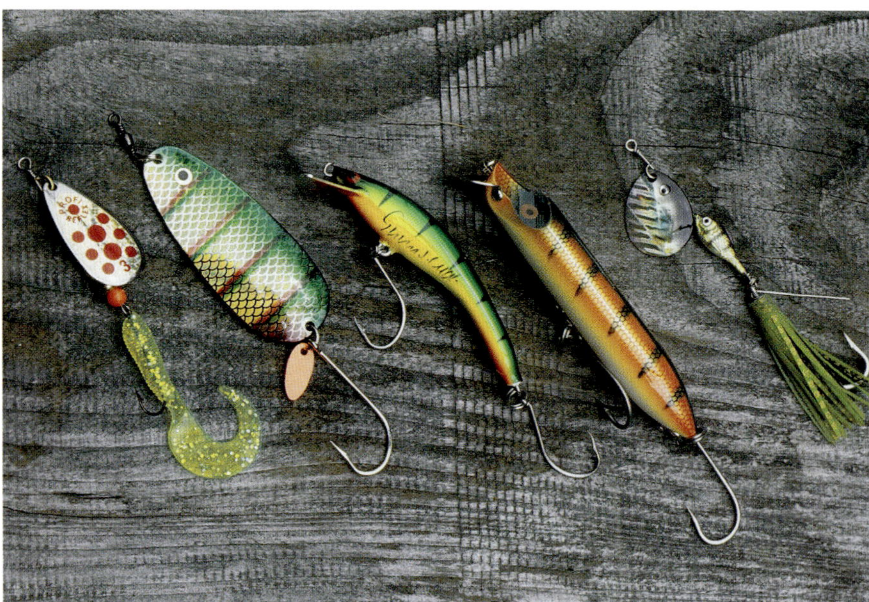

Manche Vereine verbieten für Raubfische Drillinge. Begründung: Einfachhaken haben auch gute Hakeigenschaften und schonen untermaßige Fische.

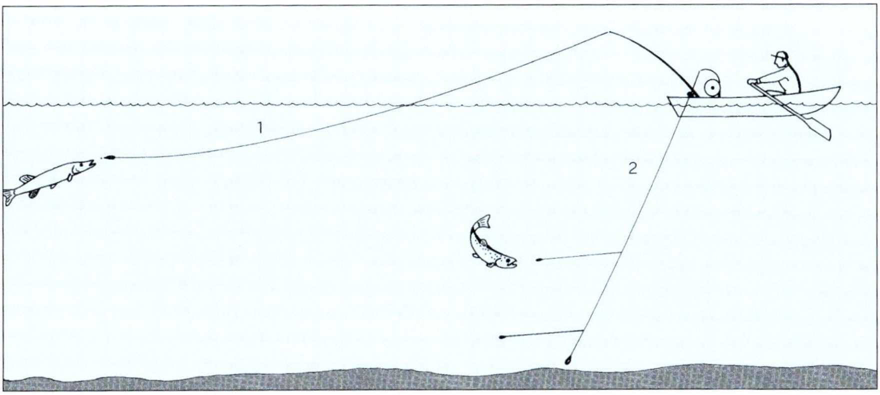

Flaches Schleppfischen (1) mit der Angelrute und mit spezieller Vorrichtung (Downrigger) zum Führen des Köders in größerer Tiefe (2).

Die Arbeitsweise eines *Kunstköders* ist von seiner Konstruktion abhängig.

Bei einem *Spinner* dreht sich ein loses Spinnerblatt um eine feststehende Achse. Durch die Drehung erzeugt es je nach Blattform eine mehr oder weniger starke Druckwelle. Somit sind Spinner auch bei trübem Wasser sehr gut einsetzbar, da sie von den Fischen über ihr Seitenlinienorgan wahrgenommen werden. Durch das schnelle Rotieren neigen sie allerdings dazu, die Hauptschnur zu verdrehen. Dem »Schnurdrall« muss durch Zwischenschalten von einem oder mehreren Wirbeln entgegengewirkt werden.

Blinker sind prinzipiell mehr oder weniger gewölbte Metallblätter, die im Wasser vom Angler taumelnd geführt werden und einen verletzten Beutefisch vorgaukeln sollen.

Sehr beliebt sind *Wobbler*, ein- oder mehrteilige Fischimitationen, die zur richtigen Führung mit einer Tauchschaufel am Kopf versehen sind. Es gibt sie in sinkender und schwimmender Ausführung. Zieht man einen Wobbler durchs Wasser, geht er je nach Größe und Winkel der Tauchschaufel mehr oder weniger schnell auf Tauchstation. So lassen sich Wassertiefen bis etwa 2 m gezielt beangeln. Mit sin-

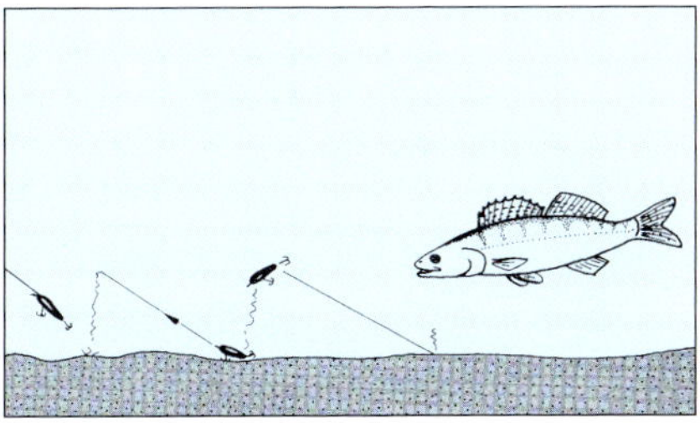

Sinkende Wobbler: ideal, wenn die Raubfische tief stehen und der Gewässerboden frei von Wasserpflanzen ist.

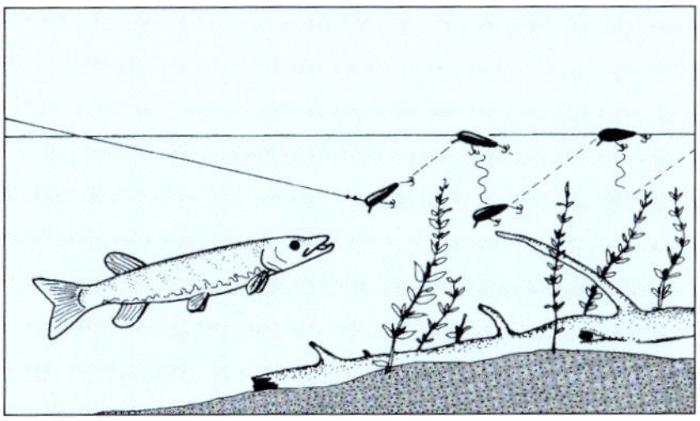

Schwimmende Wobbler: ideal, wenn Hecht oder Zander an der Wasseroberfläche rauben.

kenden Wobblern kann in sehr viel größeren Tiefen gefischt werden.

Um einen Spinnköder zusätzlich zu beschweren, wird ein einseitig geformtes *Exzenterblei* dem Vorfach vorgeschaltet. Mit einem Wirbel wird dem Verdrehen der Schnur entgegengewirkt.

Sogenannte *Zocker* sind aus Metall gegossene Kunstköder mit einem feststehenden Haken. Sie gehören zu den *Tunkködern* und werden hauptsächlich mit Heb- und Senkbewegungen unter einem Boot oder Eisloch eingesetzt, ganz ähnlich dem Pilkfischen im Meer.

Wenn in einem Gewässer Hechte vorkommen, sollte man zur Sicherheit immer ein *Stahlvorfach* von mindestens 30 cm Länge vorschalten, das die scharfen Zähne des Hechtes nicht durchtrennen können. Dies gilt natürlich auch für das Grundangeln mit toten Köderfischen.

Ein im Donauraum bekannter Kunstköder für Huchen ist der *Neunaugenzopf* – der mehrere Neunaugen beim Laichspiel imitiert. Als besonders fängig erweisen sich die Systeme zum Aufstecken toter Köderfische. Sie bestehen aus einer Kombination einzelner Metallteile. Auffällig hierbei sind die Haken, meist Drillinge. Wird für einen Köder mehr als ein Haken verwendet, spricht man von einer *Hakenflucht*.

Pilkangeln

Das ist eine abgewandelte Art des Spinnangelns im Meer auf Dorsch, Köhler, Pollack u.a. Dabei lässt man einen bis zu mehreren hundert Gramm schweren Kunstköder, den *Pilker*, von einem Boot aus senkrecht nach unten in einen Fischschwarm ab und setzt ihn durch Heben und Senken der Rute in verführerische Bewegung.

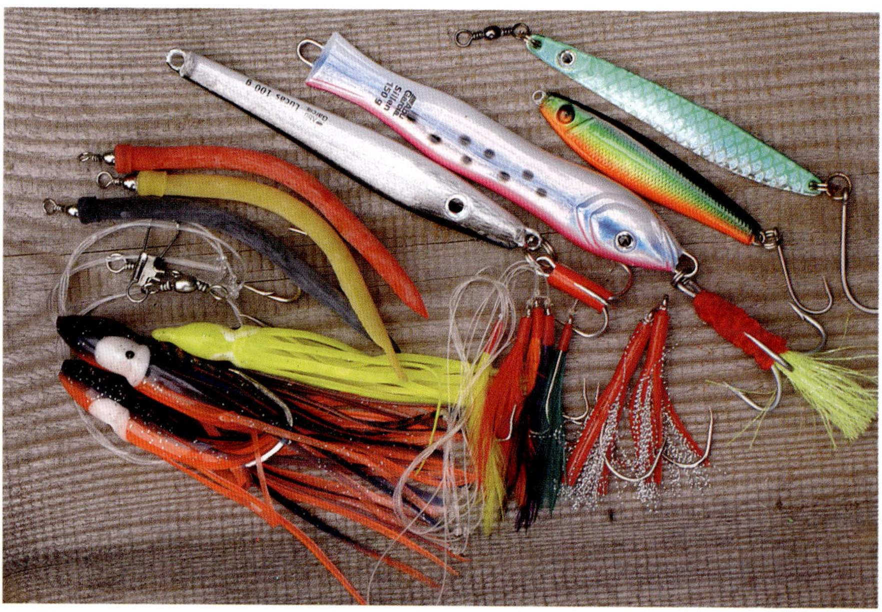

Eine kleine Sammlung Pilker und Beifänger zum Meeresfischen.

141 | Welche Spinnköder haben eine Tauchschaufel?
Wobbler.

142 | Bei welcher Angelart werden Wobbler verwendet?
Beim Spinnfischen.

143 | Für welche Fischarten ist das Spinnangeln mit Kunstködern (Blinker, Spinner, Wobbler, Gummifisch) besonders geeignet?
Hecht, Huchen, Zander, Barsch, Forelle, Rapfen.

144 | Welche Bleiart eignet sich besonders für einen Spinnköder?
Ein Exzentergewicht, das dem Verdrehen der Schnur entgegen wirkt.

145 | Wie unterscheidet sich ein Spinner von einem Blinker?
Das Spinnerblatt dreht sich um eine feststehende Achse.

146 | Wirkt in trübem Wasser ein Blinker oder Spinner besser?
Ein Spinner, da der Fisch die Druckwelle des rotierenden Spinnerblatts über seine Seitenlinie wahrnimmt.

147 | Warum benötigt man beim Hechtfischen ein Stahlvorfach?
Es kann von den scharfen Hechtzähnen nicht durchtrennt werden.

148 | Wie lang soll ein Stahlvorfach beim Hechtangeln sein?
Mindestens 30 cm.

149 | Wie wird während des Schleppangelns vom Boot aus bestimmt, in welcher Tiefe der Köder läuft?
Durch die Bootsgeschwindigkeit, die Beschwerung des Köders sowie die Länge der ausgegebenen Schnur.

150 | Was versteht man unter einem »Down Rigger«?
Eine spezielle Vorrichtung im Boot, mit deren Hilfe ein leichter Schleppköder konstant in größerer Tiefe geführt wird.

151 | Was ist die Hauptursache für den Schnurdrall?
Stark wirbelnde und rotierende Köder.

152 | Welche Art des Meeresangelns ist mit dem Spinnangeln verwandt?
Das Pilkangeln.

153 | Was ist ein Wobbler?
Ein Kunstköder aus Holz oder Kunststoff für Raubfische, der ein Beutefischchen imitiert.

154 | Welche Hauptaufgabe hat beim Spinnfischen ein vorgeschalteter Wirbel?
Er soll das Verdrallen der Hauptschnur verhindern.

155 | Wie kann eine Zusammenstellung zum leichten Spinnfischen auf Forellen, Döbel und Barsche aussehen?
Leichte Spinnrute 1,60 - 2,00 m. Stationärrolle mit Fassungsvermögen von 100 m/0,18 - 0,25 mm Monofilschnur, leichte Kunstköder mit Drillingen der Größe 6 - 10.

156 | Was ist ein Zocker?
Ein gegossener Kunstköder mit feststehendem Haken.

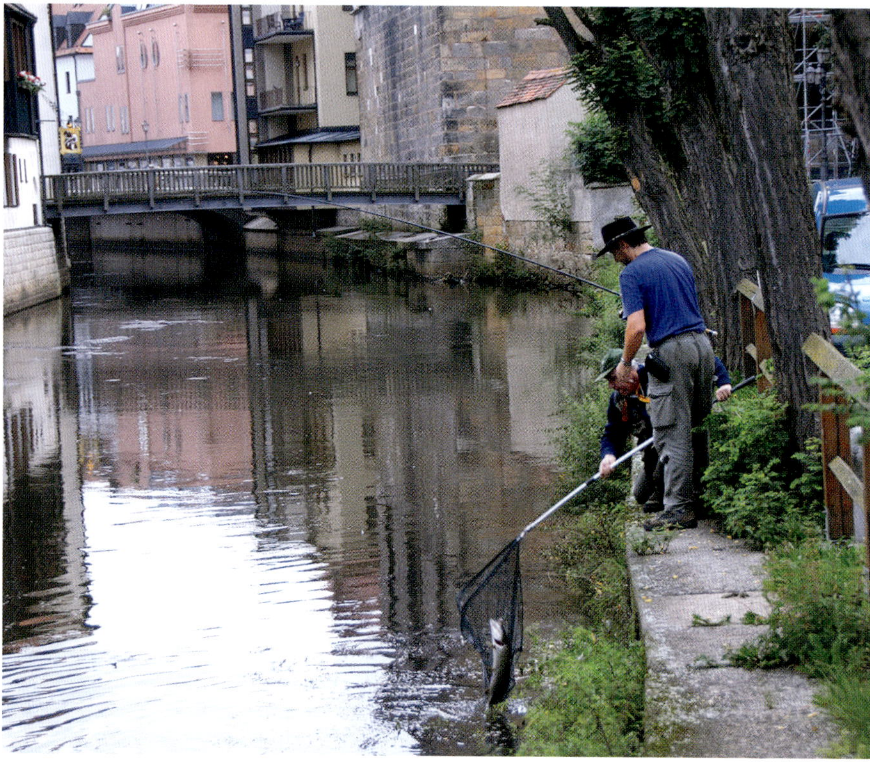

Sicher im Kescher! Vergessen Sie beim Hechtangeln nie, ein Stahlvorfach vor den Köder zu schalten.

157 | Wie werden Tunkköder gehandhabt?
Durch Heben und Senken.

158 | Welche Angelmethode ist zweckmäßig, wenn auf kapitale Seeforellen geangelt wird?
Schleppfischen.

159 | Zu welcher Zeit bestehen die besten Aussichten zum Fang eines Huchens?
Im Winter.

160 | In welchem europäischen Stromgebiet ist der Huchen ursprünglich zuhause?
Im Donaueinzugsgebiet.

161 | Welche Gerätezusammenstellung eignet sich gut für den Karpfenfang?
Mittelstarke Rute – Schnurstärke 0,35 mm – Haken Größe 3.

162 | Welche Kombination von Schnur und Haken ist für das Fischen auf Karpfen in einem mit Teichrosen bewachsenen Weiher weidgerecht?
Vorfachstärke 0,30 mm mit Einzelhaken Größe 4 und Schnurstärke 0,35 mm.

163 | Welches Grundfutter eignet sich zum langfristigen Anfüttern auf große Karpfen?
Boilies aus pflanzlichen Stoffen.

Fliegenfischen (Flugangeln)

Allgemein gilt das Fliegenfischen als die eleganteste Disziplin unter den Angelmethoden. Die gesteigerten Ansprüche an die Beobachtungsgabe sowie das Reaktionsvermögen erfordern ein gutes Zusammenspiel von Geist und Körper. Interessierte können sich die nötigen Grundkenntnisse in einem speziellen Fliegenfischerkurs aneignen. Um näher an die Fische heran zu kommen, und freien Wurfraum für den Rückschwung zu haben, wird in einem Gewässer oft gewatet, vorausgesetzt es ist erlaubt und der Untergrund dafür geeignet. Verwendet man eine Wathose, sollte man diese unbedingt in Hüfthöhe zubinden, da sie ansonsten bei einem Sturz mit Wasser voll laufen kann. Es sind schon Angler beim Watfischen ertrunken.

Weil die Fische in der Regel in der vorderen Maulpartie gehakt werden, gilt das Flugangeln als *eine sehr schonende Methode,* vor allem wenn ohne Widerhaken gefischt wird. Die Regel des angedrückten Widerhakens gilt heute bereits an vielen Fliegengewässern.

Das Angeln mit *Nachbildungen echter Insekten* hat folgende Grundlagen: Am Gewässergrund leben die *Larven/Nymphen* verschiedener Insektenarten, die nach einer bestimmten Zeit die Ge-

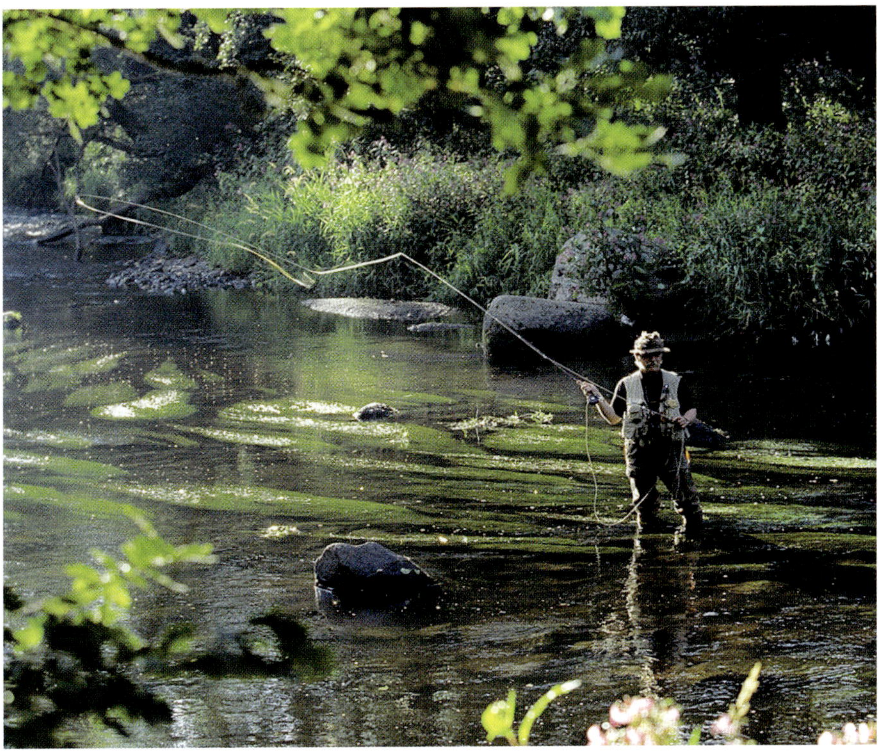

Für einen gelungenen Wurf müssen Fliegenrute und Fliegenschnur gut aufeinander abgestimmt sein.

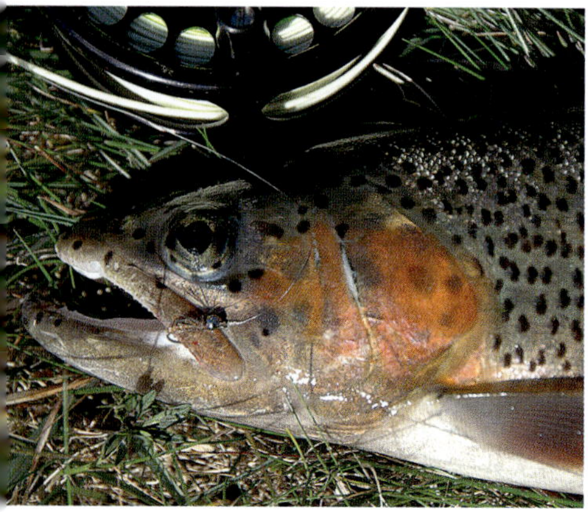

Beim Fang mit der Fliege sitzt der Haken meist vorne im Kiefer.

schlechtsreife erreichen und dann zur Wasseroberfläche aufsteigen. Dort schlüpft ein flugfähiges *Insekt*. Je nach Art sitzt dieses Insekt noch einige Zeit auf der Wasseroberfläche, bis seine Flügel getrocknet sind und es wegfliegen kann. Nach der Begattung in der Luft kehren die Weibchen auf die Wasseroberfläche zurück, um Eier zu legen, die wiederum zum Grund sinken und sich neue Larven entwickeln. Der Lebenskreis schließt sich damit. Nach der Eiablage sterben die Insekten. Einige von ihnen treiben dann auf oder unter der Wasseroberfläche. Das Insekt auf der Wasseroberfläche, imitiert der Angler mit einer *Trockenfliege*. Ein viel verwendeter Trockenfliegentyp ist die sogenannte *Hechelfliege*. Die abgespreizten Fibern der um den Hakenschenkel gewundenen Hechelfeder verleihen diesem Fliegenmuster die besondere Schwimmfähigkeit.

Das Stadium des Aufsteigens und das von abgestorbenen und untergegangenen Insekten nach der Eiablage wird mit *Nassfliegen* und *Nymphen* imitiert. Sie werden immer unter Wasser geführt. Mit beschwerten Nymphen imitiert man Insektenlarven, die am Grund der Gewässer leben. Da die natürlichen Insekten oft sehr klein sind, fallen auch die künstlichen Nachbildungen entsprechend klein aus. Sie werden oft auf winzige Haken der Größe 18 - 20 gebunden und gelten trotzdem als weidgerecht.

Die klassischen Fischarten des Fliegenfischens sind Forelle und Äsche. Allerdings wird auch anderen Arten, wie z.B. Döbel, Rotfeder und Rotauge oder der Hasel mit dieser Technik nachgestellt.

Eine Besonderheit des Nassfischens ist das Fischen mit dem *Streamer*. Die Bezeichnung erklärt sich aus der englischen Bedeutung. »To stream« heißt soviel wie »flattern«. Ein Streamer ist also eine größere Kunstfliege, die sich im Wasser verführerisch bewegen lässt, um Fische zum Anbiss zu verleiten. Sie imitiert ein Beutefischchen, oder auch Kleintiere wie einen Fischegel, einen Frosch oder sogar eine Maus. Damit sie lebendig wirken, werden Streamer, ähnlich wie ein Kunstköder beim Spinnfischen, vom Angler aktiv geführt. Nicht nur Salmoniden, sondern eine große Bandbreite anderer Raubfischarten können damit gefangen werden. So gewann in den letzten Jahrzehnten das Angeln mit Fliegengerät auf Hechte mit großen Streamern große Beliebtheit.

Fliegenvorfach

Die Fliegen werden natürlich nicht direkt an der dicken farbigen Fliegenschnur, sondern an einem rund drei Meter langen Fliegenvorfach befestigt. Vor allem beim Trockenfliegen- und feinem Nassfischen finden verjüngte Vorfächer Verwendung. Ein solches Vorfach wird vom Ende der Fliegenschnur ausgehend zur Spitze hin dünner. Beim Nassfischen werden hin und

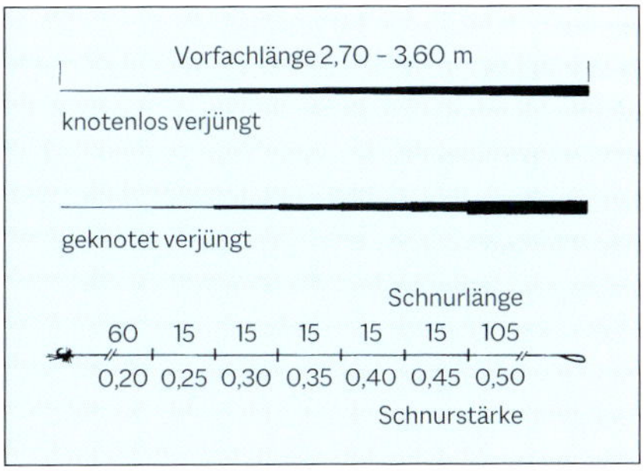

Fliegenvorfächer und das Beispiel einer möglichen Dimensionierung.

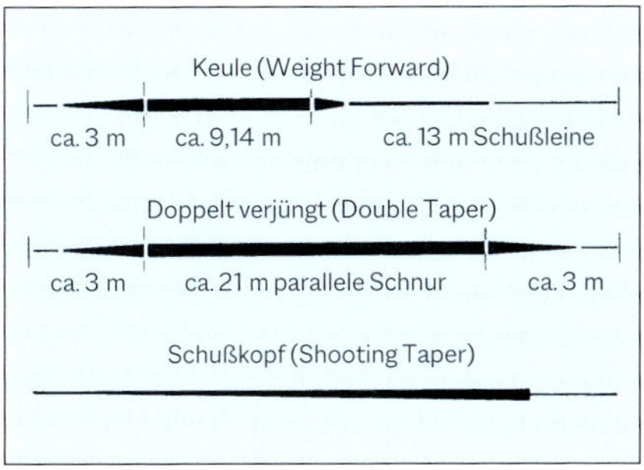

Längsschnitt unterschiedlicher Fliegenschnurtypen.

wieder auch sogenannte *Springer* verwendet. Man versteht darunter eine oder mehrere zusätzliche Fliegen, die mittels kurzer Seitenarme am Vorfach vor der Endfliege befestigt sind. Fliegen sind nie auf Plättchenhaken, sondern immer auf Öhrhaken gebunden, damit sie problemlos an ein Fliegenvorfach angebunden werden können.

Fliegenschnur

Im Gegensatz zum Spinn- oder Grundangler, der seinen Köder mit einem einzigen Schwung auswirft, bewegt ein Fliegenfischer Gerte und Schnur in Schwüngen vor und zurück. Diese sogenannten Leer- oder Luftwürfe dienen dazu, die Fliegenschnur bis zur benötigten Wurfweite zu

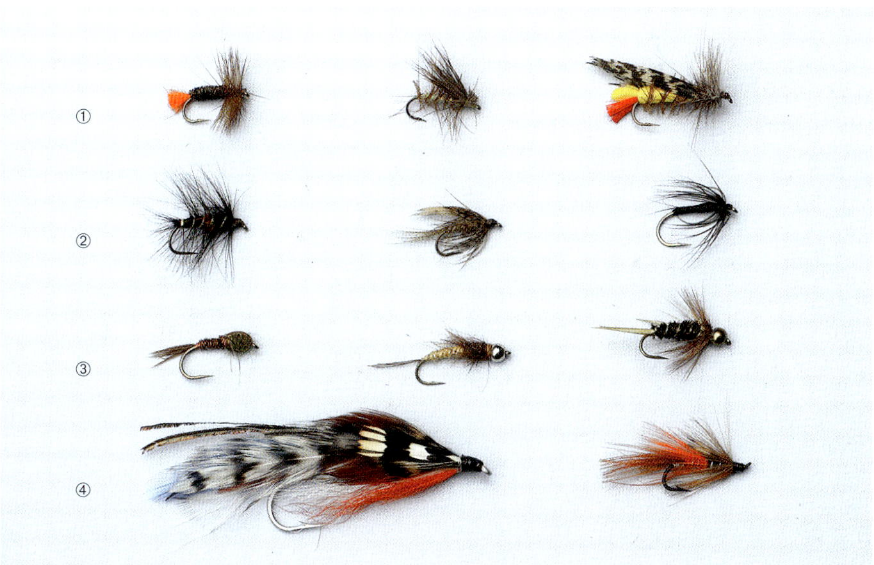

① Trockenfliegen, ② Nassfliegen, ③ Nymphen, ④ links: Streamer, rechts: Lachsfliege.

verlängern. Beim Trockenfliegenfischen wird als Nebeneffekt die Fliege immer wieder getrocknet. Das benötigte Wurfgewicht wird durch das Gewicht der Fliegenschnur auf den ersten neun Metern erreicht. Es ist keine zusätzliche Beschwerung notwendig. Die besonderen Eigenschaften von Fliegenruten und -schnüren werden nach dem 1933 eingeführten Standard der nordamerikanischen Angelgeräte-Hersteller *(AFTMA)** in *Schnurklassen von 0 bis etwa 12* beschrieben. Je höher die Zahl desto schwerer die Schnur und umso kräftiger die Rute. Die richtige Wahl der zur Rute passenden Fliegenschnur wird dadurch erheblich erleichtert.

Man unterscheidet zwei Typen von Fliegenschnüren:

- Die *doppelt verjüngte Schnur.* Sie läuft an beiden Enden dünn aus. Wenn das eine Ende verschlissen ist, kann die Leine auf der Rolle gedreht werden und eine neue Spitze steht zur Verfügung. Im Englischen heißt diese Leine *Double Taper,* abgekürzt *DT.*
- Die Keulen- oder Torpedoschnur, englisch *Weight Forward,* abgekürzt *WF.* Sie besitzt auf der einen Seite einen dickeren Teil von ca. 9 m Länge und eine dahinter folgende Schussleine. Durch das nach vorn verlagerte Gewicht kann man mit dieser Schnur besonders weit werfen. Die Kennzeichnung auf einer Verkaufspackung ist in englischer Abkürzung eingetragen. *DT-6-F bedeutet:* Double Taper - AFTMA 6 - Floating. *Floating* steht für schwimmend. *Sinking* sagt, dass es sich um eine sinkende Leine handelt. Bei einer WF-8-S handelt es sich also um eine sinkende Keulenschnur der Schnurklasse 8. Die Länge einer Fliegenschnur wird in der Regel in Yards (1 yard = 91,44 cm) angegeben. Die meisten Fliegenschnüre sind 27 bis 30 Yards lang.

* AFTMA = American Fishing Tackle Manufactures Association

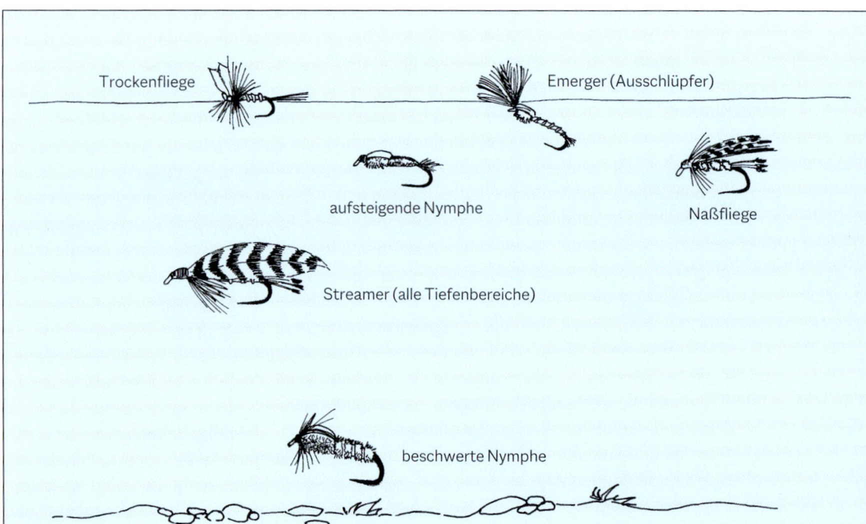

Der Einsatzbereich verschiedener Fliegentypen.

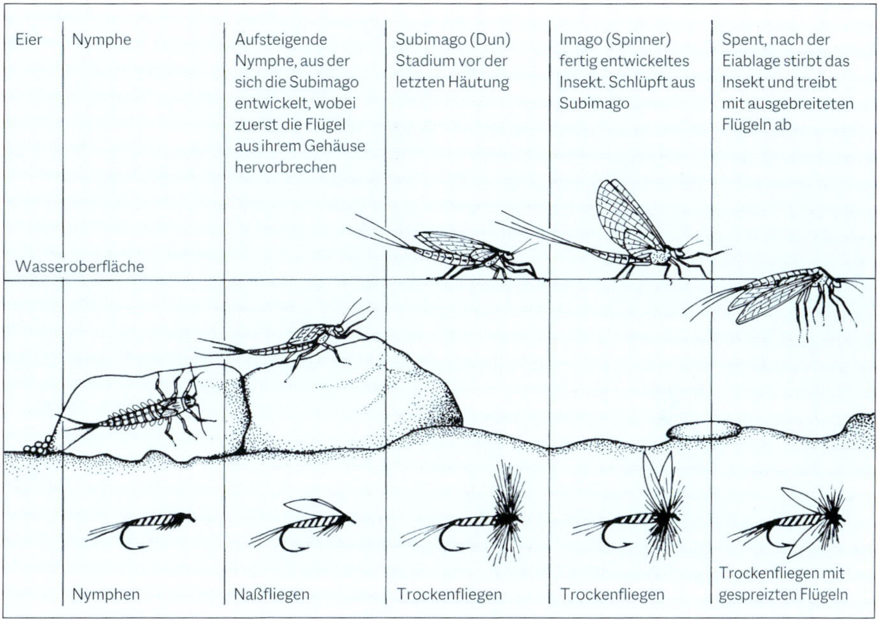

Entwicklungsstadien der Eintagsfliege und die entsprechenden künstlichen Imitationen.

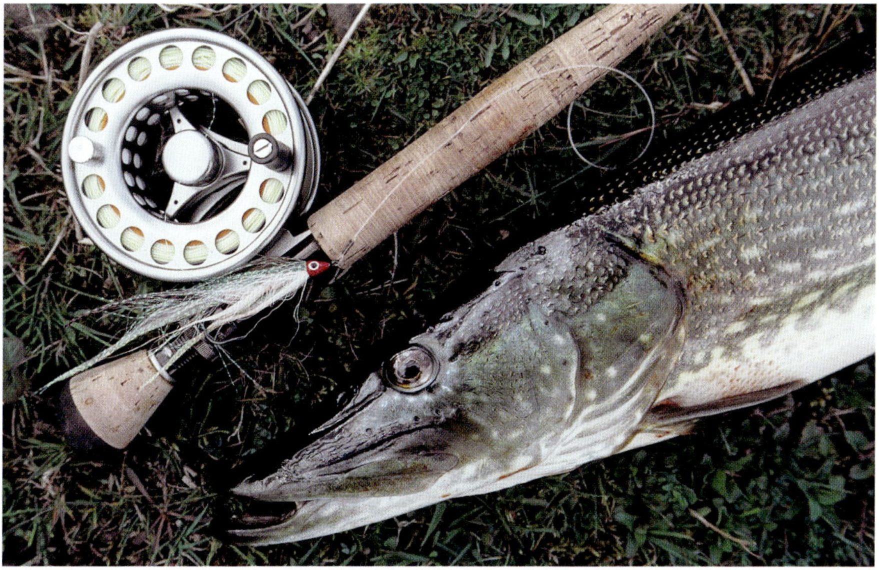

Dieser 4 Kilo-Hecht fiel auf einen 15 cm langen Streamer aus Tier- und Kunsthaaren herein.

Hegene

Abschließend sei noch das Angeln mit einem speziellen Paternostersystem, der »Hegene«, erwähnt. Es ist eine spezielle Methode, um in Seen Renken und Saiblinge, aber auch Barsche zu fangen. Gefischt wird meist vom Boot, an geeigneten Stellen auch vom Land aus. Man verwendet eine sensible Rute, eine feine Schnur und ein Vorfach mit einer *Paternostermontage* mit mehreren nacheinander angeordneten Anbissstellen. Deren Zahl kann unterschiedlich sein. In Bayern dürfen es z.B. nicht mehr als fünf sein, das entspricht der Zahl der gesetzlich erlaubten Anbissstellen, wenn mit einer Rute geangelt wird. Verwendet man zwei Ruten, sind insgesamt nur sechs Anbissstellen erlaubt. . Wenn man so will, besteht eine gewisse Gemeinsamkeit mit dem Fliegenfischen, denn die Köder sind in der Regel kleine künstliche Nymphen. Beim *Renkenfischen* wird meist mit einer tragfähigen Pose gefischt. Die Renken steigen beim Anbiss nach oben und entlasten die Schnur, sodass die Pose zur Seite kippt. Vom Boot aus geht es auch ohne Pose. Der Biss wird dann gefühlt.

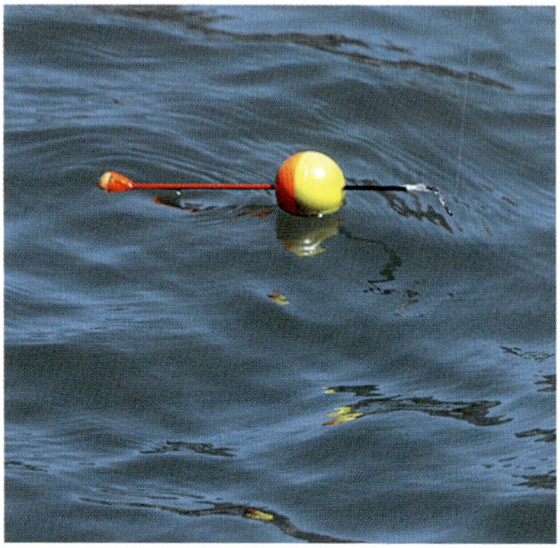

Wenn die Pose umfällt, hat eine Renke die Nymphe genommen.

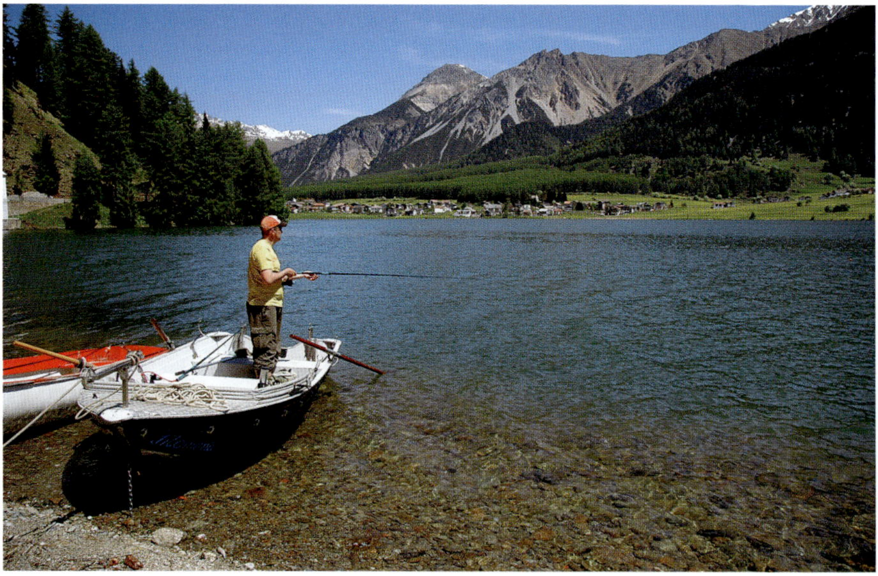

Angler dürfen die erlaubte Zahl der Anbissstellen an der Hegene nicht überschreiten.

?

164 | Welche Eigenschaft kennzeichnet eine Trockenfliege?
Sie schwimmt auf dem Wasser.

165 | Welchen Zweck erfüllen die Hecheln bei einer Trockenfliege?
Sie verbessern die Schwimmfähigkeit.

166 | Welche Hauptgruppen künstlicher Fliegen unterscheidet man?
Trocken- und Nassfliegen, Nymphen und Streamer.

167 | Auf welche Haken werden künstliche Fliegen gebunden?
Auf Öhrhaken.

168 | Was ist ein Streamer?
Eine große Kunstfliege, die kein Insekt, sondern ein Fischchen oder ein anderes Beutetier imitiert.

169 | Wie wird beim Fliegenfischen das notwendige Gewicht zum Werfen der gewichtslosen Fliege erreicht?
Durch die Fliegenschnur.

170 | Bei welcher Art des Fischens werden doppelt verjüngte Schnüre benutzt?
Beim Fliegenfischen.

171 | In welche Hauptgruppen werden die künstlichen Fliegen eingeteilt?
Streamer, Trocken-, Nassfliegen und Nymphen.

172 | Unter welcher Klassifizierung werden Fliegenschnüre und -ruten angeboten?
AFTMA (American Fishing Tackle Manufactures Association)

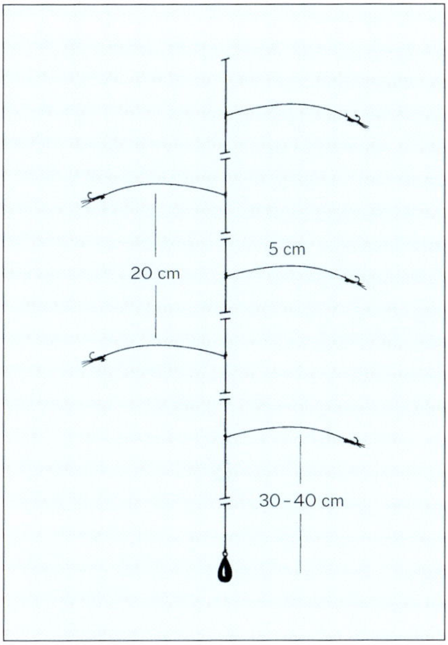

Schema einer »Hegene«. Eine solche Paternostermontage dient vor allem zum Fang von Renken, Seesaiblingen und Barschen.

173 | Für welche Fischarten ist die Trockenfliege ein guter Köder?
Forelle, Äsche, Döbel (Aitel).

174 | Was sind AFTMA-Klassen?
Eine Klassifizierung der Fliegenruten und -schnüre.

175 | Was müssen Sie beachten, wenn Sie eine Fliegenrute mit einer Fliegenschnur bestücken wollen?
Die Schnurklasse (AFTMA-Klasse) muss auf die »Klasse« der Rute abgestimmt sein.

176 | Welche Angaben stehen auf der Verpackung einer beidseitig verjüngten und schwimmenden Fliegenschnur der Gewichtsklasse 6?
DT-6-F.

177 | Wie werden doppelt verjüngte Fliegenschnüre abgekürzt (englisch) bezeichnet?
DT (für »Double Taper«).

178 | Wie lautet die Kurzbezeichnung für sinkende Fliegenschnüre (Nassschnüre)?
S (für »Sinking«).

179 | Wie lautet die englische Kurzbezeichnung für keulenförmige Schnüre?
WF (für »Weight Forward«).

180 | Bei welcher Angelmethode werden Leer- oder Luftwürfe angewendet?
Beim Fliegenfischen.

181 | In welcher Maßeinheit wird die Länge einer Fliegenschnur auf der Verpackung angegeben?
In englischen »Yards«.

182 | Was versteht man unter Leer- oder Luftwürfen beim Fliegenfischen?
Mehrere Würfe hintereinander ohne das Wasser zu berühren. Sie dienen dazu, Schwung zu holen und Weite zu gewinnen. Außerdem lässt sich dabei die Trockenfliege trocknen.

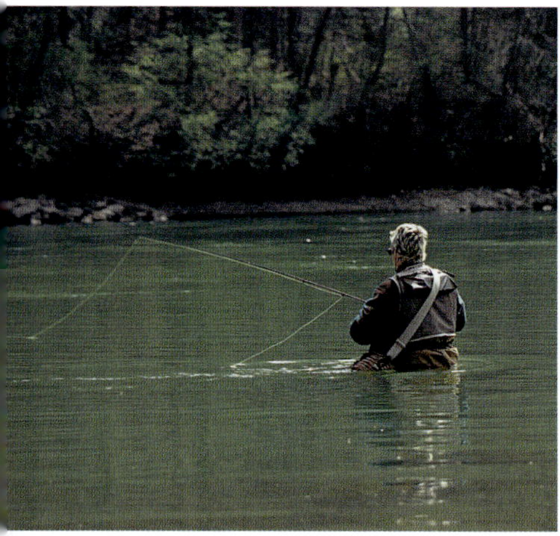

Ein fest zugezogener Gürtel verhindert das schnelle Eindringen von Wasser in die Wathose, wenn es zu einem Sturz kommt.

183 | Wann ist beim Fliegenfischen die Verwendung einer Keulenschnur vorteilhaft?
Wenn weite Würfe erforderlich sind.

184 | Warum gilt das Fliegenfischen als die schonendste Angelmethode?
Weil der Fisch meist in der vorderen Maulpartie gehakt wird.

185 | Welche Form haben Fliegenvorfächer?
Sie sind einseitig verjüngt.

186 | Bei welcher Angelart werden einseitig verjüngte Vorfächer verwendet?
Beim Fliegenfischen.

187 | Welchen Zweck hat ein verjüngtes Fliegenvorfach?
Es unterstützt das sanfte Ablegen der Fliege auf der Wasseroberfläche und ist für den Fisch wenig sichtbar.

188 | Was bezeichnet man beim Fliegenfischen als Springer?
Eine vor der Endfliege zusätzlich an einem Vorfach angebundene weitere Fliege.

189 | Was bedeutet der Begriff »Nassfischen« beim Fliegenfischen?
Die künstliche Fliege taucht ab und wird unter Wasser geführt.

190 | Bei welcher Angelart werden mitunter Haken in den winzigen Größen 18 – 20 verwendet und gelten trotzdem noch als weidgerecht?
Beim Fliegenfischen.

191 | Was ist bei einer Wathose als Sicherheitsregel zu beachten?
Sie sollte im oberen Bereich eng zugebunden werden, damit sie bei einem Sturz nicht vollläuft (Gefahr des Ertrinkens).

192 | Was ist eine Hegene?
Eine Angelmontage mit bis zu 5 Anbissstellen, für Renken, Saiblinge und Barsche.

193 | Welche Fischarten lassen sich besonders gut mit einer Hegenemontage fangen?
Seesaiblinge und Renken.

194 | Wie verhält sich normalerweise eine Pose beim Anbiss einer Renke an der Hegene?
Sie kippt um.

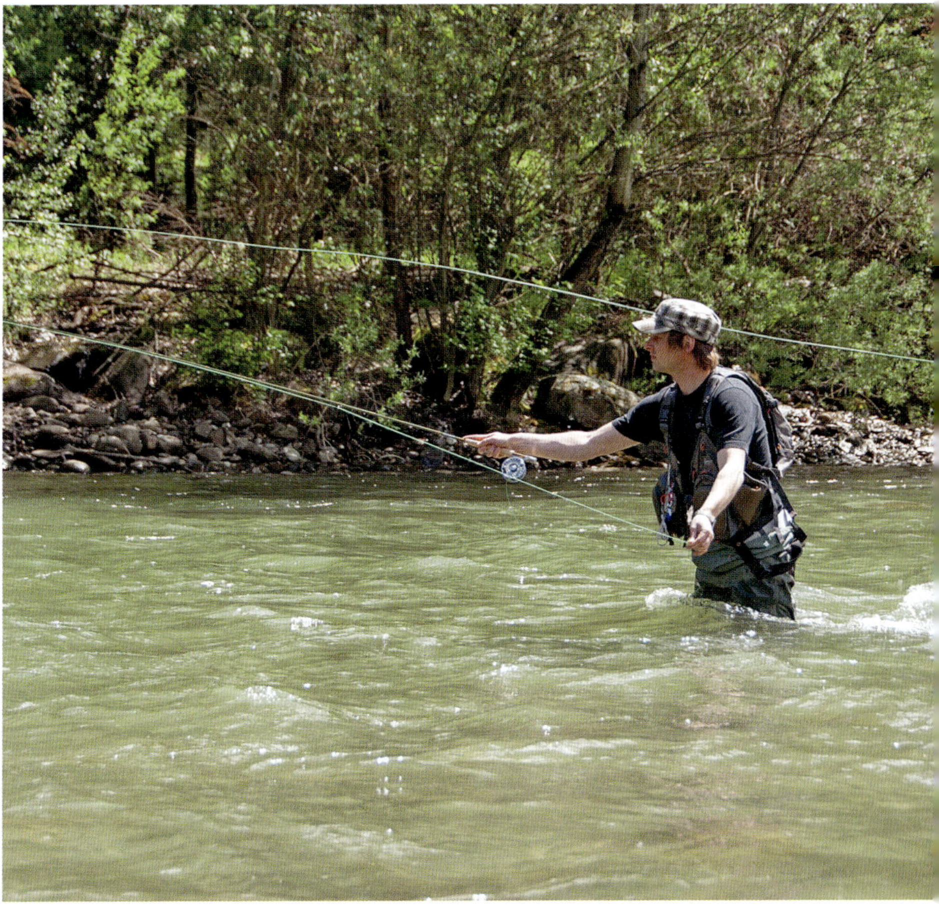

Die AFTMA-Schnurklasse muss zur Fliegenrute passen. WF- oder Keulenschnüre sind besonders für Weitwürfe geeignet.

E Behandlung gefangener Fische

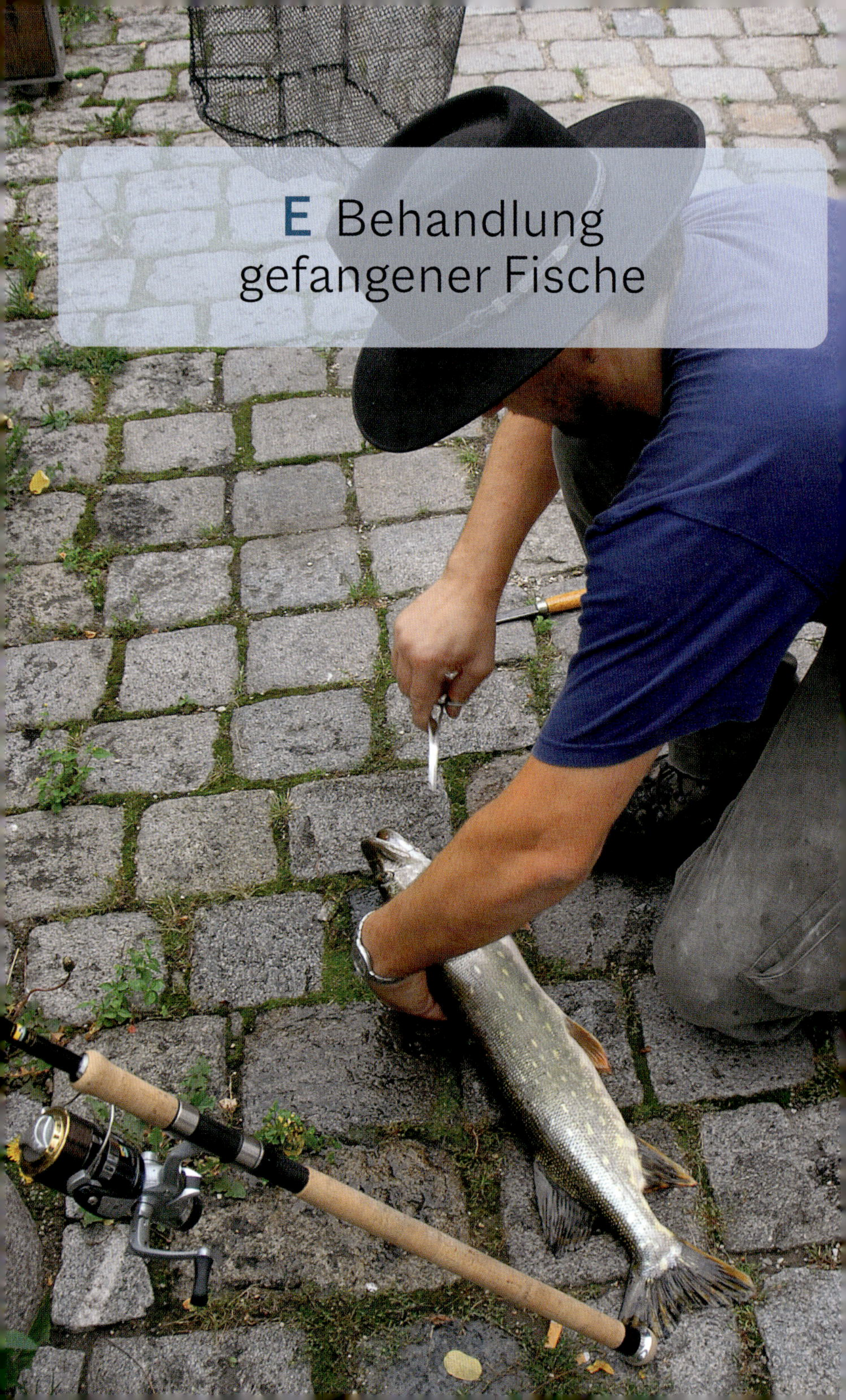

Wenn wir vom Umgang mit unserer Beute sprechen, kommt unweigerlich der Begriff *Weidgerechtigkeit* ins Spiel. Er umfasst alle jene Regeln, nach denen sich unser Verhalten im Umgang mit der Beute richten soll. Einige Bestimmungen sind gesetzlich festgelegt, andere gelten als ungeschriebene Gesetze. Im Vordergrund steht die Achtung gegenüber der Kreatur. Ohne sie kann von einem weidgerechten Fischen niemals gesprochen werden. Es gehört zu den wesentlichen Inhalten der Weidgerechtigkeit, dem Fisch eine Chance zu geben, ihn nicht leiden zu lassen oder gar mutwillig zu quälen. Diese Regeln sollen Fische vor menschlicher Grausamkeit, der Fanggier und nicht zuletzt der Maßlosigkeit schützen. Bemerkenswert ist hierzu z.B. ein Satz im Kommentar zum bayerischen Fischereigesetz: »Sinn der Fischerei ist es, Fische als Nahrungsmittel für Mensch und Tier zu gewinnen. Die Freude am Drill allein kann den Fischfang nicht rechtfertigen.«

Fische, die nicht zurückgesetzt werden, sind zu töten, und erst danach wird der Haken entfernt.

Anschlag, Drill und Landung

Den Biss eines Fisches parieren Sie durch den Anschlag, d.h. durch schnelles Anheben der Rute, um den Haken fest im Fischmaul zu verankern. Kleinere Fische lassen sich gewöhnlich ohne Widerstand heranziehen. Größere Exemplare müssen dagegen erst »gedrillt« werden. Beim *Drill* wird der Fisch mithilfe der Elastizität der Rute, unter ständigem Einholen und Nachlassen der Angelschnur, ermüdet. Dabei muss man darauf achten, dass die Leine ständig gespannt bleibt. Bei durchhängender Schnur kann der Fisch den Haken abschütteln.

Die Dauer eines Drills hängt in erster Linie von der Gegenwehr des Fisches ab. Man landet den Fisch in der Regel erst dann, wenn er nur noch schwache Fluchtversuche unternimmt. Erfahrene Fischer erkennen bei einem großen, starken Fisch

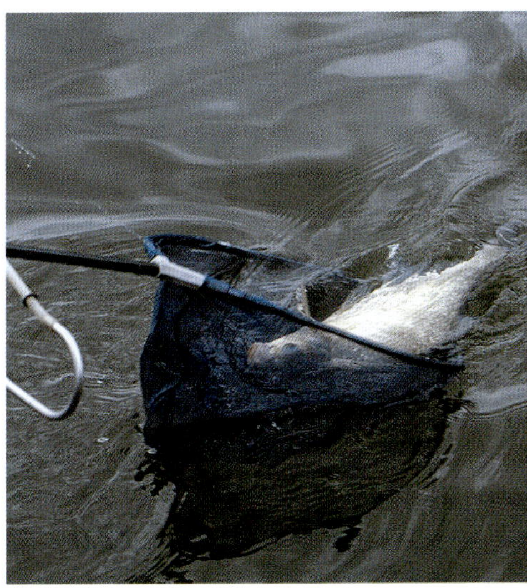

Ein müde gedrillter Fisch wird über den ins Wasser getauchten Kescher gezogen.

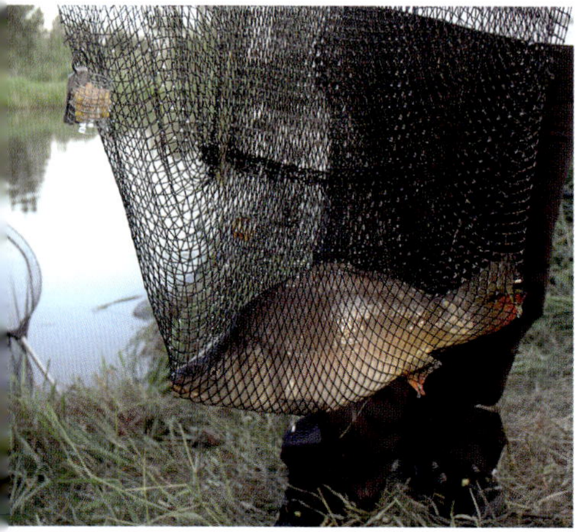

Ein Kescher soll tief und geräumig sein, mit einem kräftigen, knotenfreien Netz.

den entscheidenden Zeitpunkt, ab dem der Fisch solche Ermüdungserscheinungen zeigt, daran, dass er zur Seite kippt und die helle Bauchseite sichtbar wird.

Der Fisch zeigt »weiß« und ist reif für die *Landung*. Da der Drill für den Fisch Stress bedeutet, sollte seine Dauer auf keinen Fall unnötig verlängert werden. Untermaßige oder in ihrer Schonzeit gefangene und lebensfähige Fische, die zurückgesetzt werden müssen, darf man nicht mit trockenen Händen anfassen. Dies würde ihre Haut beschädigen, worauf es zu Verpilzungen kommt. Ködern Sie den Fisch am besten gleich im Wasser ab oder machen Sie vorher Ihre Hände nass und lassen Sie den Fisch sofort wieder ins Wasser zurückgleiten.

Zum Landen eines Fisches wird in der Regel ein *Kescher* oder *Landenetz* benutzt. Der tief ausgelegte und geräumige Netzsack soll aus kräftigem, knotenfreiem Garn gefertigt sein. Während der letzten Phase des Drills wird der Kescher ins Wasser getaucht, der müde gedrillte Fisch darüber geführt und der Kescher mitsamt dem Fisch aus dem Wasser gehoben. Für große Raubfische, z.B. Wels, Hecht oder bestimmte Meeresfische kann auch ein *Gaff* (Landehaken) eingesetzt werden.

Welse können grundsätzlich auch per Hand mit dem sogenannten *Welsgriff* gelandet werden, da sich die Verletzungsgefahr durch die kleinen Hechelzähne in Grenzen hält . Es gibt im Angelfachgeschäft auch spezielle Schutzhandschuhe dafür. Der Daumen greift ins Maul und drückt den Unterkiefer nach unten, während die übrigen Finger an der Kieferaußenseite ein Widerlager bilden.

Wenn Sie an einem gelandeten Fisch nicht mit einem Blick feststellen können, ob er groß genug ist, wird er mit einem *Zentimetermaß* von der Kopfspitze bis zum Ende der Schwanzflosse gemessen. Entspricht der Fisch dem geforderten Mindestmaß und Sie nehmen ihn mit nach Hause, so sind Sie nach dem Tierschutzgesetz verpflichtet, den Fisch abzuschlagen. In einigen Bundesländern ist das Hältern von Fischen bis zur Schlachtung unter bestimmten Voraussetzungen gestattet. Ansonsten wird der Fisch noch vor dem Abködern durch einen gezielten Hieb mit einem geeigneten Gegenstand auf den Kopf, dicht hinter den Augen, betäubt. Dies geschieht am besten mit einem speziellen *Fischtöter*. Anschließend wird er mit einem *Herzstich* oder dem sogenannten *Kiemenschnitt* getötet und ausgeblutet. Beim Kiemenschnitt, der am Hinterrand der Kiemenhöhle erfolgt, werden die Blutgefäße zwischen Herz und Kiemen durchtrennt.

Dass Fische vor dem Schlachten einwandfrei betäubt sind, ist daran zu erkennen, dass der *Augendrehreflex* ausbleibt. Ohne Betäubung können Aale und Plattfische (z.B. Flundern) getötet werden. Bei Aalen durchtrennt man die Wirbelsäule mit einem Stich hinter dem Kopf und entnimmt die Eingeweide und das Herz. Plattfische werden mit einem schnellen Schnitt, durch Kehle und Wirbelsäule geschlachtet.

Krebse tötet man, indem die Tiere einzeln in kochendes Wasser geworfen werden.

Damit Sie alle Arbeiten weidgerecht durchführen können, gehören zu der üblichen Ausrüstung (Fang- und Landegeräte, Längenmaß) unbedingt eine *Lösezange* oder sonstiges Lösegerät sowie ein *Fischtöter.* Sogar beim Lösen eines Hakens aus dem Maul eines toten Hechtes kann man sich leicht die Finger an dessen scharfen Zähnen verletzen. Eine zuvor zwischen die Kiefer eingesetzte *Rachensperre* vermindert diese Gefahr entschieden.

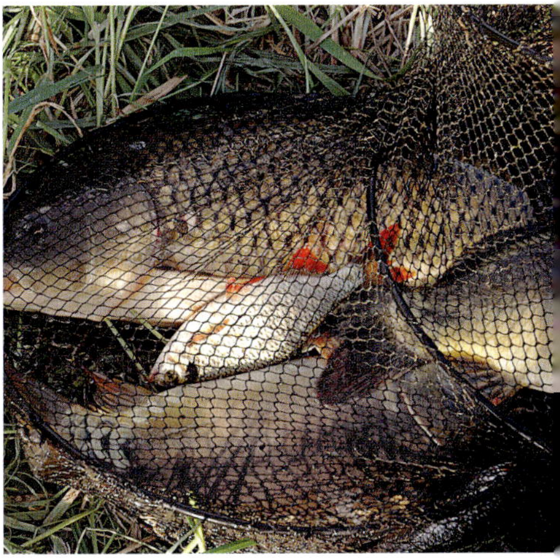

Einen Setzkescher niemals überfüllen. Die Fische brauchen Bewegungsfreiheit.

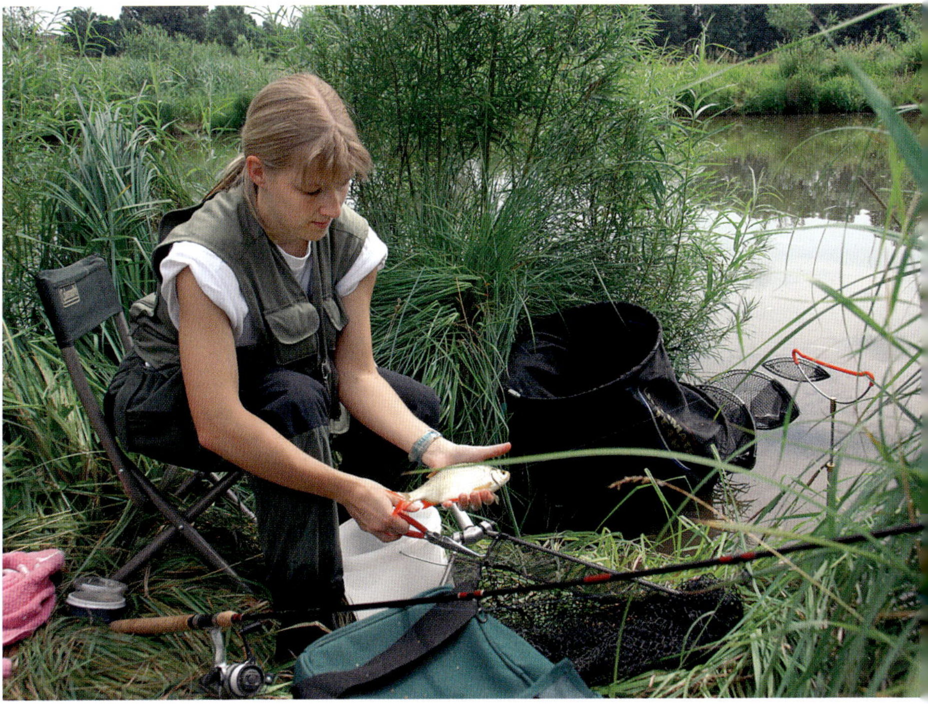

Flach ausgelegte, weiche Setzkescher eignen sich am besten zum vorübergehenden Hältern. Achtung! Kamm- und Rundschupper nicht zusammen unterbringen.

Auch anderen Tieren gegenüber sollte man sich fair verhalten. So muss man bei zum Trocknen ausgehängten Fischreusen damit rechnen, dass sich darin Vögel fangen. Es ist im Naturschutzgesetz festgelegt, dass Reusen an Land nur dann aufgestellt oder ausgehängt werden dürfen, wenn sie mit einer Vorrichtung versehen sind, die den Vögeln das Entweichen ermöglicht.

Das Hältern von Fischen hat, wenn überhaupt, ebenfalls aus Gründen des Tierschutzes in ganz bestimmter Weise zu erfolgen. Die jeweilige Ländergesetzgebung regelt das in ihren Ausführungsbestimmungen z. T. unterschiedlich. In jedem Fall sollte man einen weichen, möglichst flach im Wasser ausgelegten *Setzkescher* verwenden, der den Fischen ausreichende Bewegungsfreiheit garantiert.

Verbotene Fangmittel

Verboten sind: Gift, Sprengstoff, Schusswaffen, Abzugseisen, Schlingen, Reißangeln und Harpunen. Die Anzahl der zu verwendenden Angelruten, die Anzahl und Arten der Haken sowie die Köderarten sind in der Ländergesetzgebung geregelt. Zu weiteren Einzelheiten informieren Sie sich in den für Ihr Bundesland festgelegten gesetzlichen Bestimmungen.

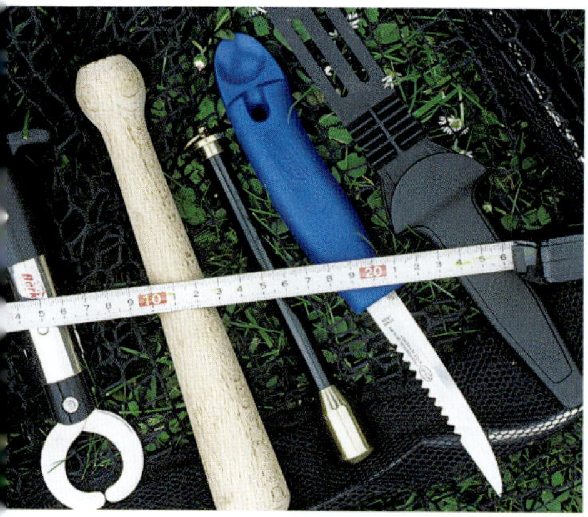

Wichtiges Zubehör (von links):
Fischgreifer, »Fischtöter« aus Holz und Metall, Messer mit gezähntem Rücken als Schupphilfe (Messerscheide), Bandmaß.

?

1 | Wie ist der Begriff »weidgerechtes« Angeln gemeint?
Es beschreibt mit einem Wort das Fangen, Töten, Versorgen und Verwerten der Fische gemäß geltender Tierschutzgesetze.

2 | Wie verhält sich der fischweidgerechte Angler, nachdem er an seinem Angelplatz mehrere untermaßige Fische gefangen hat?
Er wechselt den Angelplatz.

3 | Welcher Köder sollte beim Forellenfischen nicht verwendet werden?
Tau- oder Rotwurm. Sie werden von kleinen, untermaßigen Forellen zu tief geschluckt.

4 | Dürfen ausgelegte Angeln, auch nur für kurze Zeit, verlassen werden?
Nein, eine ständige Überwachung ist Pflicht.

5 | Warum gilt das Fischen mit Wurmködern an einem Forellenbach als nicht weidgerecht?
Untermaßige Forellen können verletzt werden.

6 | Welche Gerätezusamenstellung gilt für das Fischen auf Äschen als zweckmäßig und weidgerecht?
Leichte Fliegenrute (1,80–2,70 m), Schnurklasse (Fliegenschnur) 5–6, Vorfachstärke

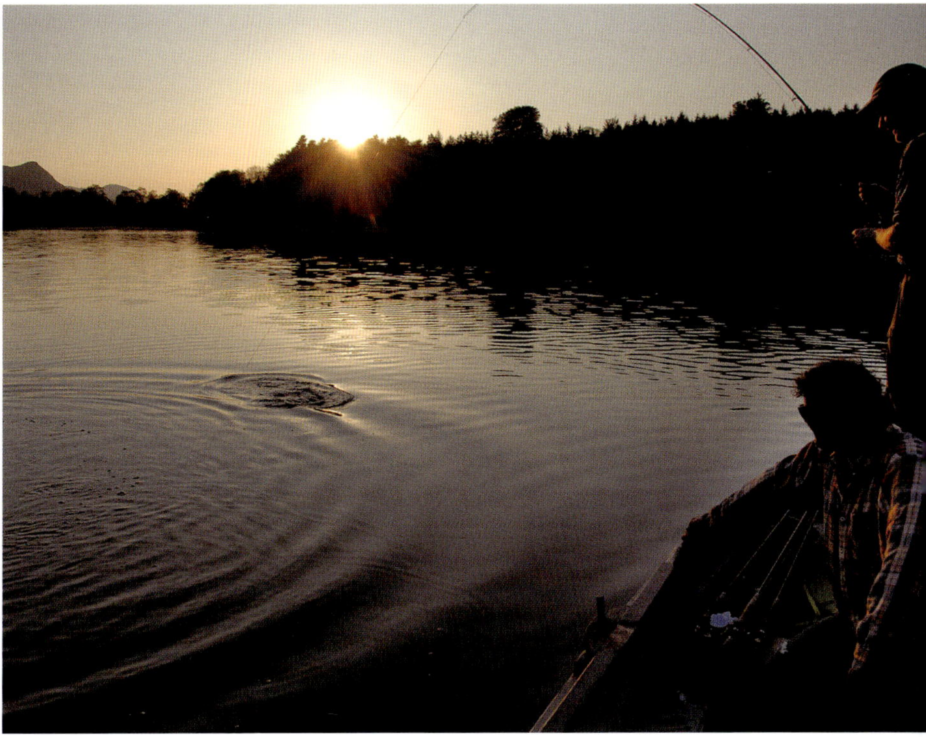

Drillen Sie auch einen starken Fisch zügig und beherzt. Verlängern Sie den »Kampf« nicht unnötig.

(Spitze) 0,12 - 0,20 mm, Hakengröße 10 - 18, Trockenfliegen oder Nymphen.

7 | Wie lange darf ein »Drill« dauern?
Nur so lang wie nötig. Aus Gründen des Tierschutzes soll der Fisch zügig ermüdet werden, bis er nur noch schwache Fluchtversuche unternimmt und sich landen lässt.

8 | Wie kann man Vorsorge treffen, dass während des Drills ein Fisch von der Leine abkommt?
Die Schnur muss ständig auf Spannung gehalten werden.

9 | Was ist ein Gaff?
Ein Haken zum Landen großer Fische.

10 | Bei welchen Fischen verwendet man zweckmäßigerweise ein Gaff statt eines Keschers?
Bei sehr großen Fischen.

11 | Was ist beim Landen eines größeren Fisches zu beachten?
Nach dem Drill soll der Fisch mit einem großräumigen, stabilen Kescher gelandet werden. In Ausnahmefällen (Hecht, Wels) kann auch ein Gaff eingesetzt werden.

12 | Wie muss ein guter Kescher beschaffen sein?
Der Netzsack aus kräftigem, knotenfreien Garn muss tief und geräumig sein.

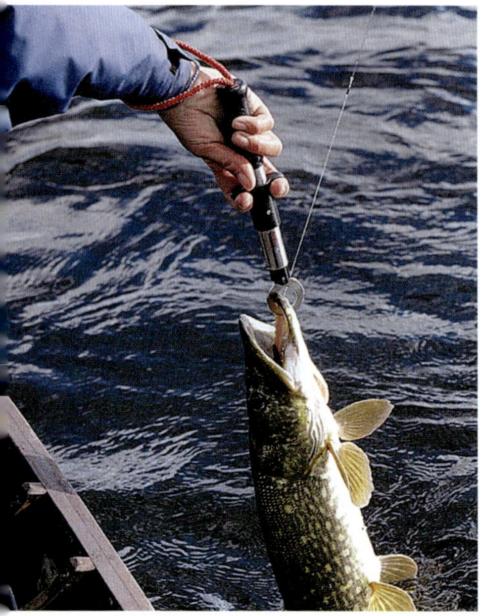

Ein »Fischgreifer« ist ein sehr gutes Gerät, um einen Hecht sicher zu landen.

13 | Was ist das beste Landegerät für Karpfen?
Ein großer Kescher.

14 | Wie wird der Welsgriff ausgeführt?
Der Daumen drückt von der Maulinnenseite her den Unterkiefer abwärts, die übrigen Finger bilden außen an der Unterseite des Kiefers das Gegenlager.

15 | Wie wird ein untermaßiger Fisch nach dem Drill behandelt?
Man ködert ihn im Wasser oder mit nassen Händen ab und lässt ihn unverzüglich schwimmen.

16 | Warum darf ein untermaßiger Fisch nur mit nassen Händen angefasst werden?
Damit die Haut des Fisches nicht beschädigt wird.

17 | Wie muss ein in der Schonzeit gefangener, lebensfähiger Fisch behandelt werden?
Schonend vom Haken lösen und sofort zurücksetzen.

18 | Wie wird die Länge eines Fisches korrekt bestimmt?
Durch Messen von der Kopfspitze bis zum Schwanzflossenende.

19 | Was ist nach dem Landen eines maßigen Fisches am vordringlichsten?
Betäuben und Töten.

20 | Warum soll ein maßiger Fisch in der Regel nach dem Landen sofort fachgerecht getötet werden?
Damit der Fisch nicht unnötig leidet.

21 | Gilt das Tierschutzgesetz auch für Fische?
Ja, auch Fischen dürfen ohne vernünftigen Grund keine Schmerzen, Leiden oder Schäden zugefügt werden.

22 | Welche Hilfsmittel sind zum Töten eines Fisches sinnvoll?
Fischtöter und Messer.

23 | Woran lässt sich bei den meisten Fischarten erkennen, dass sie vor dem Schlachten einwandfrei betäubt sind?
Am Ausbleiben des Augendrehreflexes.

24 | Ist das Betäuben eines Fisches vor dem Schlachten notwendig?
Ja, bei allen Fischen, außer Aalen und Plattfischen.

25 | Wie werden Krebse getötet?
Durch Einlegen in kochendes Wasser.

26 | In welcher Reihenfolge verfährt man mit einem gefangenen maßigen Fisch?
Betäuben - Töten - Haken entfernen - Versorgen.

27 | Welche Zusatzausrüstung, außer Fang- und Landegeräten, gehören unbedingt zur Ausrüstung am Fischwasser?
Längenmaß, Lösezange oder sonstiges Lösegerät, Fischtöter, Messer.

28 | Wie wird ein Fisch (außer Aale und Plattfische) weidgerecht getötet?
Durch einen Betäubungsschlag kurz hinter die Augen mit einem geeigneten Gegenstand (Fischtöter) und einem Herzstich bzw. Kiemenschnitt mit einem scharfen Messer.

29 | Wozu dient eine Rachensperre?
Als Hilfsmittel für das Lösen des Hakens aus scharfzähnigen Fischmäulern (z.B. Hecht).

30 | Welche Fangmittel sind absolut verboten?
Gift, Sprengstoff, Schusswaffen, Abzugseisen, Schlingen, Reißangeln und Harpunen.

Fangverwertung

Beim Verwerten eines Fisches kommt es entscheidend darauf an, dass dieser möglichst frisch in die Küche kommt. Fischfleisch verdirbt sehr schnell und ist dann für den menschlichen Genuss nicht mehr tauglich. Es kann zu ernsten und sogar tödlichen Vergiftungen kommen.

Die richtige Behandlung beginnt unmittelbar nach dem Fang. Wird der Fisch geschlachtet, muss er sofort ausgeweidet und frisch gehalten werden, bis er in die Küche, in den Kühlschrank oder in die Gefriertruhe kommt.

Auf keinen Fall sollte die leere Bauchhöhle mit Gras oder Blättern ausgestopft, sondern nur mit frischem Wasser ausgewaschen werden. Letzteres muss sofort geschehen, wenn beim Aufschneiden der Bauchdecke die *Gallenblase* verletzt worden ist. Man erkennt dies an der austretenden grünlich-gelben Flüssigkeit. Im Sommer bewahrt man den Fisch nach dem Reinigen, falls man beschließt noch weiterzuangeln, in einer Kühlbox mit einer ausreichenden Anzahl an Kühlakkus auf. Ein Fisch oder Teile davon sollten vom Schlachten bis zur Zubereitung *nicht länger als*

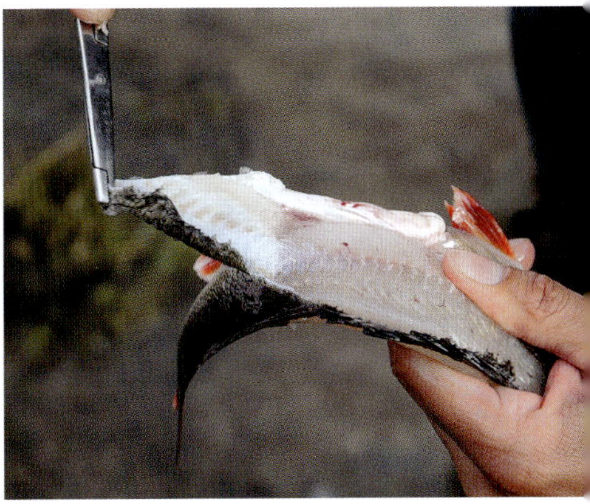

Barsche schmecken sehr gut, sind aber sehr mühsam zu schuppen. Am besten man zieht ihnen die gesamte Haut ab.

zwei Tage in einem Kühlschrank (4–6 °C) liegen. Die Frische zeigt sich an Merkmalen wie angenehmem Geruch, glänzender feuchter Haut und leuchtend roten Kiemen. Sind die Kiemen verfärbt, die Haut matt und trocken und der Geruch fischig, ist vom Verzehr abzuraten, weil Fäulnisvorgänge eingesetzt haben (Fischvergiftung!).

Bestimmte Fischarten wie z.B. Blei (Brachse, Brassen) oder auch Schleie sind zwar sehr schmackhaft, aber ihr hoher Anteil an Fleischgräten schmälert den ungetrübten Genuss. Durch Einschneiden in die Haut und Muskulatur bis auf die Wirbelsäule in Abständen von 2–3 mm können die Fische allerdings so behandelt werden, dass die lästigen Gräten beim Essen kaum mehr störend auffallen.

?

31 | Welche Vorteile haben horizontal ausgelegte, lange Setzkescher mit weichen Netzmaschen?
Sie schränken die Bewegungsfreiheit der gehälterten Fische so wenig wie möglich ein und schonen ihre Haut.

32 | Welchen Nachteil birgt ein in der Senkrechten ausgelegter Setzkescher?
Die Fische haben wenig Bewegungsfreiheit und scheuern mit ihrer Hautoberfläche an den Wandungen des Setzkeschers.

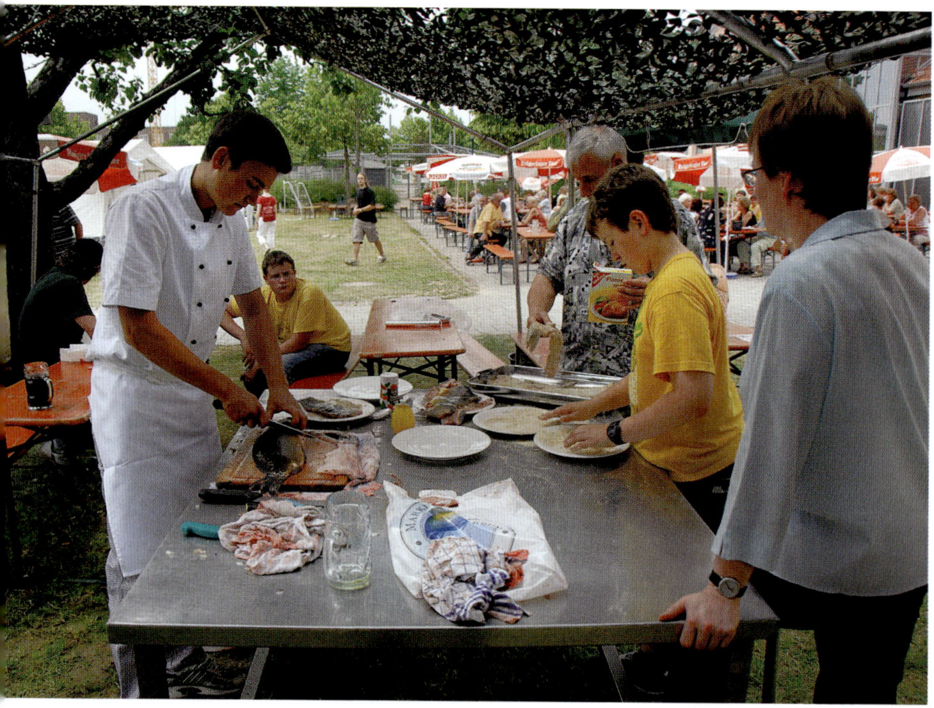

Anglerfeste bieten oft eine gute Gelegenheit, um etwas über die richtige Zubereitung von Fischen zu lernen. Vor allem, wenn wie hier, offensichtlich ein Fachmann am Werk ist.

33 | Sie haben am frühen Morgen einen Karpfen gefangen, wollen aber weiterangeln. Was tun Sie, um den geschlachteten Fisch frisch zu halten?
Den Karpfen in einer Kühlbox aufbewahren.

34 | Welcher Zeitraum soll bei der Aufbewahrung eines Fisches im Kühlschrank (4–6 °C) zwischen Schlachten und Zubereitung nicht überschritten werden?
2 Tage.

35 | Sie möchten Fische räuchern. Welche Holzarten eignen sich besonders?
Buche und Erle.

36 | Welche Merkmale zeigen, dass ein Speisefisch frisch ist?
Frischer Geruch, glänzend feuchte Haut, leuchtend rote Kiemen.

37 | Welche Merkmale lassen auf den Verderb eines Fisches schließen?
Matte, teils trockene Haut, verfärbte Kiemen, fischiger Geruch.

38 | Wie lassen sich grätenreiche Fische auf einfache Art so behandeln, dass die Fleischgräten beim Verzehr kaum stören?
Durch Einschneiden der Haut und Muskulatur in Abständen von 2–3 mm bis auf die Wirbelsäule.

39 | Worauf muss der Fischer beim Schlachten eines Aales besonders achten?
Dass er kein Aalblut in eine offene Wunde oder in die Augen bekommt.

40 | Warum ist verdorbenes Fischfleisch so gefährlich?

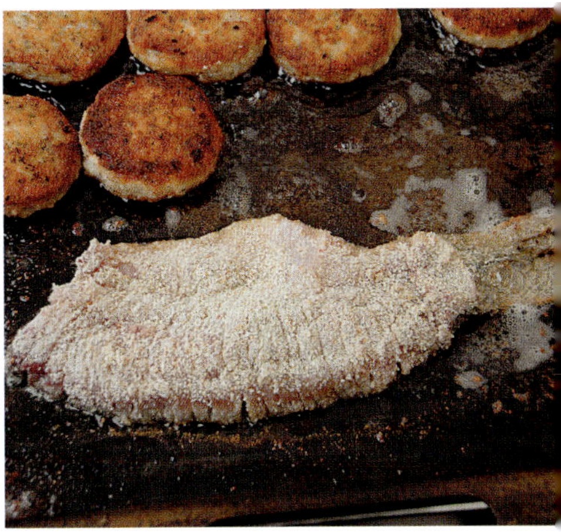

Eng aneinander liegende Einschnitte in Haut und Muskulatur machen grätenreiche Weißfische geniessbar.

Beim Verzehr kann es aufgrund toxischer Zerfallsprodukte zu ernsten (auch tödlichen) Vergiftungen kommen.

41 | Woran erkennt man, dass beim Ausweiden eines Fisches die Gallenblase verletzt wurde?
Es wird eine grünlich-gelbe Flüssigkeit sichtbar.

42 | Sind Fische, die aus einem durch Abwasser verursachten Fischsterben stammen oder solche, die einen fremdartigen Geruch verbreiten, Pilzbefall oder Hautveränderungen zeigen, für den menschlichen oder tierischen Genuss geeignet?
Eindeutig nein!

F Rechtsvorschriften

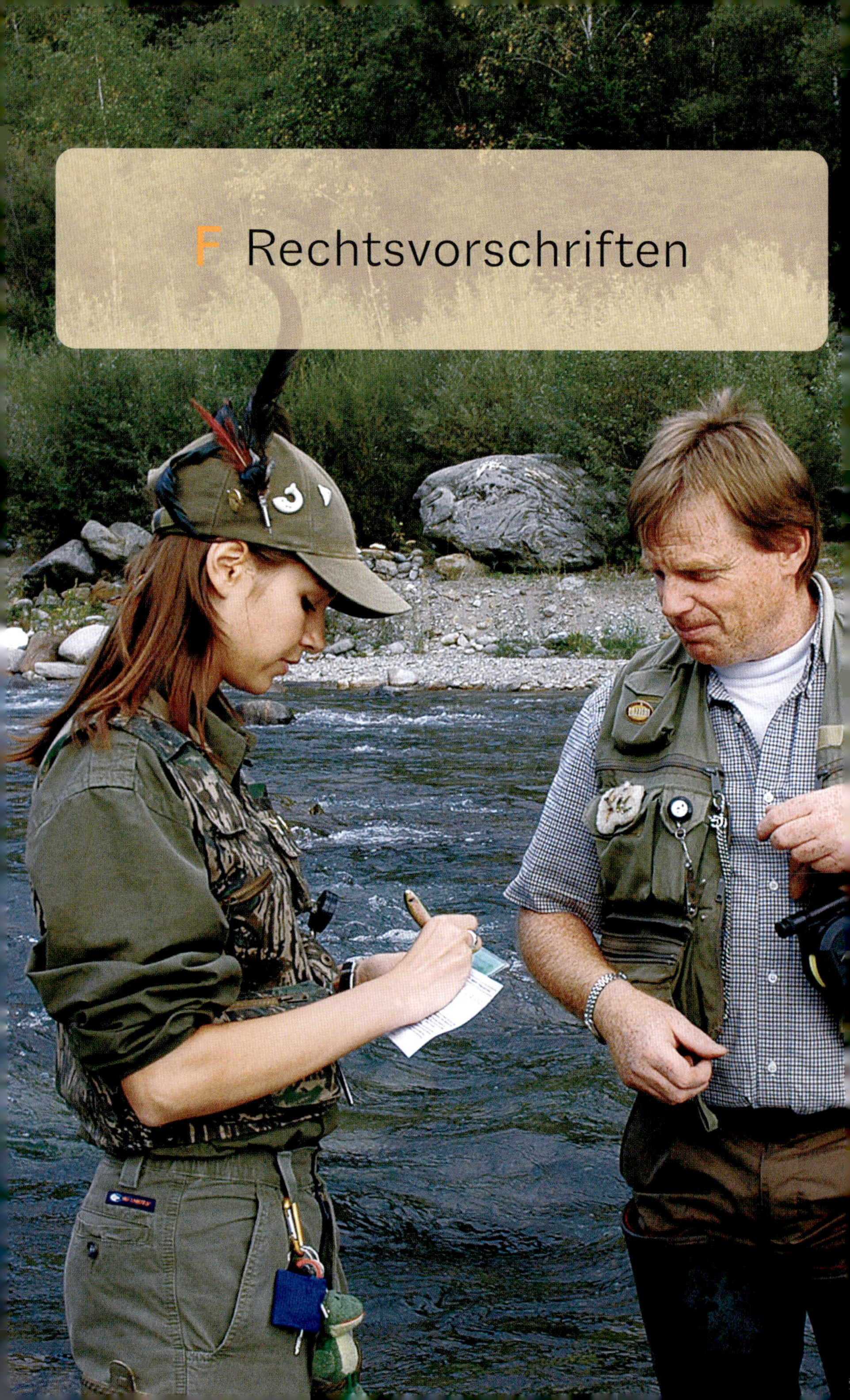

Zu den unabdingbaren Voraussetzungen für das Bestehen der Fischerprüfung gehört die Kenntnis fischereirechtlicher Bestimmungen. Keine Angst, dabei verlangt man von Ihnen nicht das Wissen eines Fischereijuristen. Wie bereits an anderer Stelle betont, ist das Fischereirecht in der Bundesrepublik Deutschland ausschließlich Länderrecht. Deshalb konzentrieren Sie sich *nur auf das Recht Ihres Bundeslandes*. Falls dort die Teilnahme an einem Vorbereitungslehrgang zur Fischerprüfung nicht vorgeschrieben ist, empfehlen sich der Erwerb und das Studium der entsprechenden Rechtsvorschriften. Ein Abdruck der umfangreichen Länderrechte ist im Rahmen dieses Buches nicht möglich. Das ist auch nicht erforderlich, weil für die Fischerprüfung vor allem das Wissen um solche gesetzlichen Vorschriften verlangt wird, die in unmittelbarem Zusammenhang mit der Ausübung des Angelns als Freizeitgestaltung stehen.

Die Grundzüge des Fischereirechtes stimmen in allen Bundesländern überein. Es gibt jedoch teils erhebliche Unterschiede bei bestimmten Definitionen und vor allem zu den Schonzeiten und Schonmaßen. Ferner können für ein und dieselbe Sache unterschiedliche Benennungen auftreten. Als Beispiele seien genannt: Schonmaß = Mindestmaß, Fischereierlaubnis = Fischereiberechtigung, Angelberechtigung, Angelschein. Nachstehend werden einige unmittelbar das Angeln betreffende gesetzliche Regelungen in ihren Grundzügen ohne Berücksichtigung von Besonderheiten in diesem oder jenem Bundesland angeführt. Tabellen über Mindestmaße und Schonzeiten in den verschiedenen Bundesländern schließen sich an.

Vertrauen ist gut, Kontrolle besser ...
Fischereiaufsicht in Aktion.

Rechtsgrundlagen

Die erfolgreich bestandene *Fischerprüfung* ist Voraussetzung zum Erwerb des *staatlichen Fischereischeines*. Dieser ist gebührenpflichtig und kann – je nach Bundesland – eine Gültigkeit von einem oder mehreren Jahren, ja sogar auf Lebenszeit haben. Seine Ausgabe erfolgt in der Regel unter gleichzeitiger Erhebung einer Fischereiabgabe. Die Einnahmen daraus werden ausnahmslos für die ökologische Gewässerverbesserung, für die fischereiliche Forschung, für die Subventionierung von Bestandsstützungen und für ähnliche, fischereibezogene Aufgaben verwendet. Die Mittel kommen somit den Angelfischern, die ja den Hauptanteil dieser Einnahmen bestreiten, mittelbar und unmittelbar zugute. Der *Jugendfischereischein* ist – wiederum nicht einheitlich – an bestimmte Altersgrenzen gebunden. Seine Ausgabe erfolgt entweder nach einer vereinfachten oder ganz ohne Prüfung. Er ist gebührenpflichtig und wird teils ohne Fischereiabgabe ausgegeben. Besonderheiten können z.B. die Begleitpflicht durch einen volljährigen Fischereischeininhaber oder die Beschränkung auf das Friedfischangeln darstellen. Die Bundesländer behandeln die Fischereischeine anderer Bundesländer als den ihren gleichgestellt, sofern der Inhaber seinen ständigen Wohnsitz in dem Bundesland hat, wo der Fischereischein ausgestellt wurde.

Der Erwerb des Fischereischeines berechtigt noch nicht zur Ausübung des Angelns. Dazu muss ein *Erlaubnisschein* (Angelschein, Fischereierlaubnis) für die entsprechenden Gewässer erworben werden. Der Erlaubnisschein wird nur auf eine natürliche Person ausgestellt und ist nicht übertragbar. Die Gültigkeitsdauer

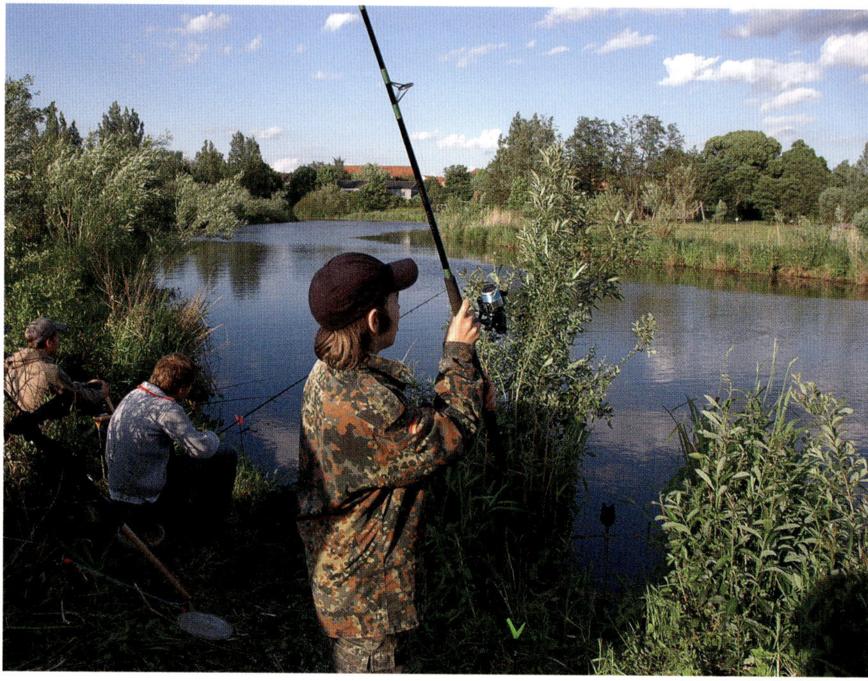

Der Jugendfischereischein ist in den meisten Bundesländern relativ einfach zu erhalten, aber an bestimmte Altersgrenzen gebunden.

(Tages-, Wochen-, Monats-, Jahres- oder Saisonerlaubnis) muß ebenso auf dem Schein ersichtlich sein wie der Gültigkeitsbereich (Gewässerstrecke, Name des oder der Seen usw.). Fischereirechtsinhaber, bzw. Fischereiberechtigte dürfen in der Regel, z.B. aus Gründen verstärkter Hege, bestehendes Fischereirecht verschärfen, also Mindestmaße erhöhen, Schonzeiten verlängern und die Arten der zu fangenden Fische und/oder der zu verwendenden Köder begrenzen, sowie Fangbegrenzungen (z.B. 1 Zander/Tag) festlegen oder die gesetzlich zugelassenen Fangmethoden einengen. Diese Festlegungen müssen auf dem Erlaubnisschein aufgeführt werden. Keinesfalls aber darf das Fischereirecht unterlaufen werden. Der Erlaubnisschein kann ersatzlos eingezogen werden, wenn dessen Inhaber gegen das Fischereirecht, gegen die Festlegungen im Erlaubnisschein und gegen andere Gesetze (z.B. Naturschutzgesetzgebung) verstößt, unabhängig von ordnungs- bzw. strafrechtlicher Verfolgung. Fischereischein und Erlaubnisschein sind vom Inhaber beim Angeln stets mitzuführen, ggf. ergänzt durch einen Personalausweis.

In der Fischerprüfung wird mit einiger Sicherheit nach *verbotenen Fangmethoden* gefragt. Dazu gehört die Verwendung von Giften, Sprengstoffen, Betäubungsmitteln, Lichtquellen, Schusswaffen, Speeren und Harpunen, reißenden und einklemmenden Fangmitteln und Elektrizität. Die Genehmigung zur *Elektrofischerei* ist von der Absolvierung von Lehrgängen und Prüfungen sowie von entsprechender behördlicher Erlaubnis abhängig. In der Regel ist es den Inhabern von Fischereischeinen und Erlaubnisscheinen zur Ausübung der Angelfischerei auch verboten, Fangmethoden der Erwerbsfischerei anzuwenden. Ausgenommen davon kann das sogenannte Senknetz (Köderfischsenke, Hamen) mit festgelegten Abmessungen und Maschenweiten zum Fang von Köderfischen sein. Zu beachten ist auch, dass andernorts zugelassenes Angelgerät in dem einen oder anderen Bundesland verboten ist (z.B. künstliche Köder mit feststehenden Drillingen, Fischortungsgeräte usw.). Hier ist auch die Verwendung lebender Köderfische einzuordnen, die in der Mehrzahl der Bundesländer verboten, bzw. von Ausnahmeregelungen seitens des Gesetzgebers abhängig ist.

Das *Uferbetretungsrecht* schließt in gewissem Umfang auch den Zugang bis zum Gewässer ein, d.h. Äcker, eingezäunte Weiden, Wiesen und Wälder dürfen zu diesem Zweck betreten, jedoch nicht befahren werden. Eingefriedete Hofstellen, Gewerbeanlagen und Forstkulturen fallen nicht unter das Uferbetretungsrecht, im Zweifelsfall wende man sich an den Eigentümer oder verzichte auf den Zugang. Werden bei Wahrnehmung des Uferbetretungsrechtes Schäden verursacht, haftet stets der Verursacher. Jeder Fischereischeinbewerber sollte das für sein Bundesland geltende Uferbetretungsrecht in allen Einzelheiten kennen.

Die *Angelzeit* ist in der Regel als Tagesangelzeit in der Ländergesetzgebung ausgewiesen und gilt meist von einer Stunde vor Sonnenaufgang bis eine Stunde nach Sonnenuntergang. In jedem Fall sind vom Angler dafür die Kalenderdaten heranzuziehen. Teils gelten auch andere Regelungen, z.B. nach Monaten einheitlich festgelegte Tagesangelzeiten. Ferner kann die Tagesangelzeit für bestimmte Fischarten (z.B. Wels) vom Gesetzgeber tiefer in die Nacht verlängert bzw. auch die Nachtzeit durchgehend zum Angeln erlaubt sein.

Fangfertiges Angelgerät darf nicht an, auf und in Gewässern mitgeführt werden, für die man keinen Erlaubnisschein hat. Hier gibt es immer wieder Streit mit der Fischereiaufsicht, was denn fangfertig sei. Grundsätzlich gilt, dass eine montierte Angel keine Haken haben darf. Demnach ist eine Friedfischangel mit Haken, jedoch unbeködert, fangfertig! Zerlegtes, verpacktes Angelgerät ist in jedem Fall die beste Lösung.

Das *Einsetzen und Umsetzen von Fischen* ist den Fischereiberechtigten vorbehalten,

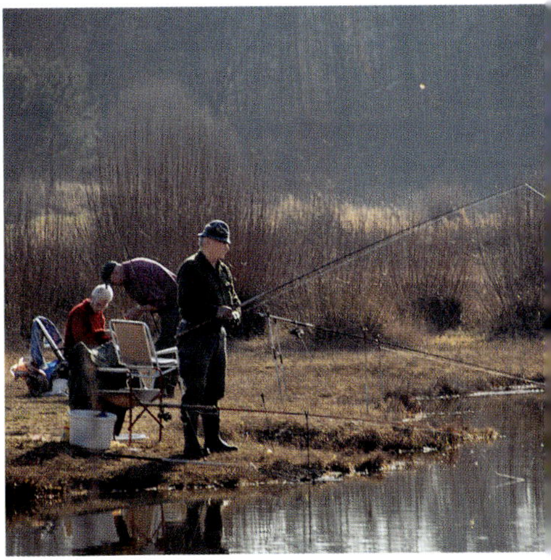

Angler dürfen sich infolge des Uferbetretungsrechts in gewissem Umfang am Gewässerufer aufhalten, selbst wenn es sich dabei um Privatbesitz handelt.

wobei die Ländergesetzgebungen dies mit bestimmten Auflagen verbinden. Das bedeutet, dass Sie als Inhaber von Fischerei- und Erlaubnisschein Ihre Köderfische nur in dem Gewässer oder Gewässerbereich (z.B. Flußseenketten) verwenden dürfen, aus dem diese stammen. Denn auch tote Köderfische können Fischkrankheiten übertragen. Ferner darf niemand unbeliebt gewordene Fische aus einem Aquarium oder Gartenteich in andere Gewässer setzen. Je nach Fischart besteht auch hier die Gefahr der Verbreitung von Fischkrankheiten bzw. der Faunenverfälschung. Geangelte Fische dürfen ebenfalls nicht in anderen Gewässern ausgesetzt werden.

Mindestabstände des Anglers von Geräten der gewerblichen Fischerei, von Fischzuchtanlagen, zu Fischpässen und anderen Wanderungshilfen sowie zu bestimmten anderen Anlagen an und im Gewässer sind in den Ländergesetzgebungen festgelegt und sorgfältig einzuhalten.

Fisch- und Laichschonbezirke sowie Winterlager stellen vom jeweiligen Gesetzgeber geforderte und von den zuständigen Behörden festgelegte Gewässer oder Gewässerbereiche dar, in denen die Fische zum Laichen oder zur Überwinterung einen speziellen Schutz genießen. Die Ausübung des Fischfanges kann in solchen Bereichen komplett untersagt oder auf bestimmte Fanggeräte und weitere Auflagen begrenzt sein und gilt entweder ganzjährig oder befristet. In der Regel werden diese Bereiche wasser- und uferseitig entsprechend gekennzeichnet und/oder öffentlich bekannt gemacht.

Die ab Seite 313 aufgeführten Tabellen zu *Schonzeiten und Mindestmaßen* können nicht alle in den einzelnen Bundesländern festgelegte lokale Ausnahmeregelungen berücksichtigen. Die gesetzlichen Mindestmaße und Schonzeiten können Änderungen unterliegen, die sich aus ökologischen Erfordernissen bzw. wissenschaftlichen Erkenntnissen ergeben. Die Tabellen enthalten nur die wichtigsten, für die Angler interessanten Fischarten. Zu beachten ist, dass neben wenigen wirtschaftlich nutzbaren Fischarten die meisten Kleinfischarten, Krebse und Muscheln ganzjährig unter Schutz gestellt sind. Beachten Sie hierzu die für Ihr Bundesland geltende Fischereigesetzgebung.

Bundeseinheitlich erstreckt sich das Fischereirecht der Länder auf folgende in den Gewässern lebende Gruppen von Tieren: Fische einschließlich aller Entwicklungsstadien (Eier, Larven), Neunaugen, Krebse, Muscheln, Fischnährtiere. Die Fischereierlaubnis (Angelschein) gestattet allerdings nur den Fang von Fischen und definiert das dazu erlaubte Fanggerät (z.B. Angelrute, Handangel usw.). In verschiedenen Bundesländern ist in Erweiterung des Rechts auf Fischfang der Fang nicht unter Schutz stehender Krebsarten erlaubt.

?

1 | Unter welcher Voraussetzung kann man einen Fischereischein erwerben?
Man muss die Fischerprüfung erfolgreich ablegen.

2 | Wer stellt Fischereischeine aus?
Die Kommunalverwaltung (Gemeinde).

3 | Gelten eingezäunte Viehweiden im Sinne des Uferbetretungsrechts als eingefriedetes Grundstück?
Nein.

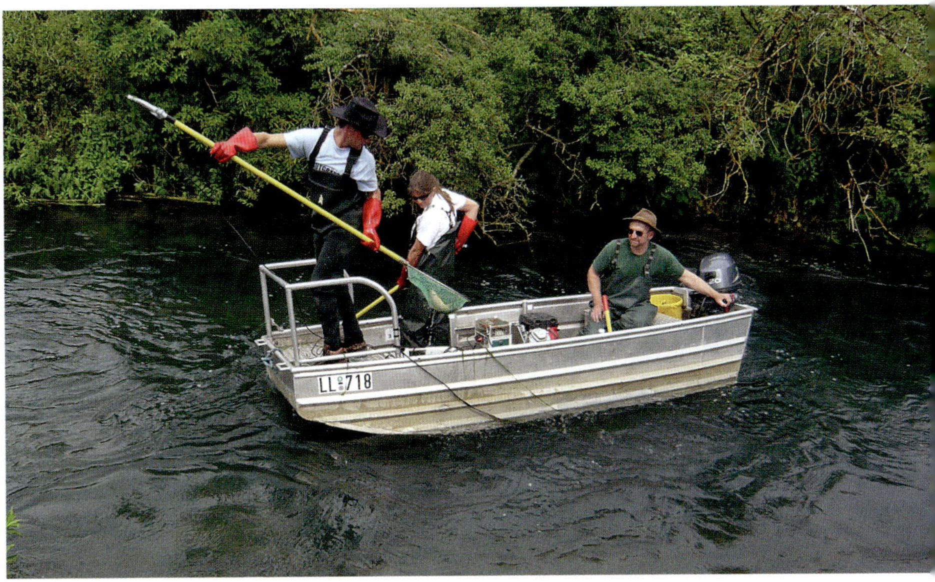

Bei der Elektrofischerei entsteht der Fangeffekt durch den Aufbau eines elektrischen Feldes im Wasser. Als Energiequelle dient meistens ein Gleichstromgenerator. Die Fische werden, wenn sie in das elektrische Feld geraten, kurze Zeit bewegungsunfähig, sodass man sie mit Keschern fangen kann. Bei richtiger Dosierung von Spannung und Stromstärke nehmen die Fische keinen Schaden. Sie erholen sich schon nach wenigen Minuten.

4 | Ist für ein Elektrofischen, das im Rahmen der Hege und Pflege des Fischbestandes durchgeführt wird, eine behördliche Genehmigung notwendig?
Ja.

5 | Ist die Fischerei mit elektrischen Geräten verboten?
Grundsätzlich ja, sie kann aber unter bestimmten Auflagen und Bedingungen erlaubt werden.

6 | Reicht für den Abschluss eines Fischereipachtvertrages eine mündliche Abmachung?
Nein, der Vertrag muss schriftlich ausgefertigt werden.

7 | Sind zum Angeln lebendige Köderfische erlaubt?
Sie sind in allen Bundesländern grundsätzlich verboten.

8 | Ist die Landesfischereiverordnung maßgebend für alle Angler?
Ja, alle Personen sind grundsätzlich daran gebunden.

9 | Was ist mit dem Begriff »Mindestmaß« gemeint?
Die Mindestlänge der Fische, ab der sie sich der Angler aneignen darf.

10 | Darf die Elektrofischerei von jedermann ausgeübt werden?
Nein, die ausübende Person muss einen entsprechenden Bedienungsschein besitzen.

11 | Was versteht man unter verbotenen Fangmitteln?
Künstliches Licht, explodierende, betäubende und giftige Stoffe, Speere, Harpunen, reißende und einklemmende Fangmittel sowie Elektrizität.

12 | Ist das Fangen von Fischen in Fischwegen/pässen erlaubt?
Nein, es ist zum Schutz der Tiere grundsätzlich verboten.

13 | Wie lässt sich ein im flachen Wasser laichender Hecht am besten fangen?
Wegen der Schonzeit darf er überhaupt nicht gefangen werden.

14 | Wofür werden Schonzeiten ausgewiesen?
Die Fische sollen sich in ihrem Heimatgewässer auf natürliche Weise reproduzieren und deshalb ungestört ablaichen können.

15 | Welchem Zweck dient eine Landesfischereiverordnung?
Sie regelt den Fang, Verwertung und Untersuchung des Fischbestandes.

16 | Ist es erlaubt an einem Gewässer, an dem man die Fischerei nicht ausüben darf, Fischereigeräte mit sich zu führen?
Ja, aber nur im nicht einsatzfähigen Zustand.

17 | Wann ist zur Ausübung der Fischerei ein Fischereierlaubnisschein erforderlich?
Wenn der Angler nicht selbst Fischereiberechtigter oder Fischereipächter ist.

18 | Muss man einem amtlich bestätigten Fischereiaufseher die Fischereipapiere aushändigen?
Ja, an einem Gewässer, das in seinen Aufsichtsbereich fällt.

19 | Welche Aufgaben hat ein amtlich bestätigter Fischereiaufseher?
Er überprüft, ob die Fischerei nach den gesetzlichen Vorschriften erfolgt.

20 | Welchen Zweck hat ein Laichschonbezirk?
In ihm können die Fische ungestört laichen.

21 | Darf man den europäischen Flusskrebs (Edelkrebs) fangen?
Nein, er steht ganzjährig unter Schutz.

22 | Welcher Grundsatz muss beim Umgang mit gefangenen Fischen gelten?
Keinem Fisch dürfen ohne vernünftigen Grund Schmerzen oder Leiden zugefügt werden (Tierschutzgesetz).

23 | Was ist unter dem Begriff »Hegepflicht« zu verstehen?
Die Verpflichtung, einen den Gewässerverhältnissen entsprechenden Fischbestand zu erhalten und zu pflegen.

24 | Sie erhalten für ein fremdes Gewässer einen Fischereierlaubnisschein. Was müssen Sie unbedingt noch in Erfahrung bringen?
Besondere Auflagen, bezüglich Schonmaße und -zeiten und andere gesetzliche Bestimmungen, innerhalb derer die Fischerei ausgeübt werden darf.

25 | Können Fischereivereine eigene Schonbestimmungen in ihrem gepachteten Gewässer festlegen?
Ja, aber nur über die gesetzlichen Bestimmungen hinausgehende. Eine Verringerung ist nicht möglich.

26 | Was versteht man unter Fischwegen?
Bauliche Vorrichtungen, die den Fischen erlauben, Stauanlagen zu überwinden.

27 | Ist das Aussetzen nicht einheimischer Fischarten z. B. aus Aquarien oder Gartenteichen erlaubt?
Nein, das Aussetzen ist aus Gründen der Gewässerhygiene und der Gefahr der Faunenverfälschung nicht erlaubt.

28 | Ist es erlaubt, die Malermuschel als Angelköder zu verwenden?
Nein, sie steht unter gesetzlichem Schutz.

29 | Ist die Landesfischereiverordnung rechtlich losgelöst vom Landesfischereigesetz?
Nein, sie ist dem Landesfischereigesetz nachgeordnet.

30 | Wozu wird die mit der Ausgabe eines Fischereischeins verbundene Fischereiabgabe verwendet?
Zur Förderung der Fischerei.

31 | Welche Ausweispapiere sind zur Ausübung der Angelfischerei in Binnengewässern grundsätzlich notwendig?
Der staatliche Fischereischein und die Fischereierlaubnis.

32 | Wem steht das Uferbetretungsrecht zu?
Dem Fischereiausübungsberechtigten.

33 | Welche Grundstücke sind vom Uferbetretungsrecht ausgenommen?
Gebäude und zum unmittelbaren Haus, Wohn- und Hofbereich gehörende Grundstücksteile.

34 | Was versteht man unter dem Begriff »Zugang zu Gewässern«?
Das Betreten von Ufern und Grundstücken in dem für die Fischerei notwendigen Umfang.

35 | Welche Salmoniden sind in fast allen Bundesländern ganzjährig geschont?
Lachs und Meerforelle.

36 | Unter welchen Bedingungen dürfen Wettfischen durchgeführt werden?
Organisierte Wettfischen sind verboten.

37 | Wie setzen sich die Mitglieder einer Fischereigenossenschaft zusammen?
Fischereiberechtigte, deren Fischereirechte zu einem gemeinschaftlichen Fischereibezirk gehören.

38 | Kann ein Fischereiverein Mitglied einer Fischereigenossenschaft sein?
Ja, wenn er im Bereich der Fischereigenossenschaft ein eigenes Fischereirecht besitzt.

39 | Welche Papiere braucht ein Gastangler an einem Privatgewässer?
Einen gültigen Fischereischein.

40 | In welchen Gebieten kann die Angelfischerei von der zuständigen Behörde eingeschränkt oder sogar untersagt werden?
In Naturschutzgebieten.

41 | Was ist ein selbständiges Fischereirecht?
Ein Fischereirecht, das einem anderen, als dem Eigentümer des Gewässers gehört.

42 | Welche Grundstücke dürfen bei der Ausübung der Fischerei nicht betreten werden?

Dauerhaft eingefriedete Haus- und Hofgrundstücke. Forst- und Feldkulturen.

43 | Wie ist das Fischereirecht in der Bundesrepublik Deutschland geregelt?
Durch Länderrecht.

44 | Was ist – fischereilich gesehen – ein geschlossenes Gewässer?
Wenn das Fischereirecht in einer Hand und kein Wechsel von Fischen möglich ist.

45 | Was sind Küstengewässer?
Die Gebiete innerhalb der 12-Meilen-Zone von Nord- und Ostsee, einschließlich aller Meeresbuchten.

46 | Was versteht man unter Fischnacheile?
Den Fischfang auf überfluteten Grundstücken.

47 | Welches Recht gilt für jagdbare, fischfressende Vögel?
Das Jagdrecht.

48 | Wer ist berechtigt, Fischereiaufseher amtlich zu verpflichten/bestätigen?
Das Ordnungsamt der Gemeinde oder Stadt auf Vorschlag des Fischereiberechtigten oder des Fischereipächters.

49 | Können Fließgewässer ohne Genehmigungsverfahren reguliert werden?
Nein, es bedarf eines Planfeststellungsverfahrens, bundes- und landesrechtliche Bestimmungen müssen beachtet werden.

50 | Besteht für das Angeln in deutschen Küstengewässern die Fischereischeinpflicht (Jahresfischereischein)?
Ja.

51 | Darf ein Angelverein Schonmaße und Schonzeiten verändern?
Er darf Schonzeiten verlängern und Schonmaße heraufsetzen.

52 | Darf der Fischereiausübungsberechtigte Fischotter fangen?
Nein.

Hinweise zu den folgenden Schonzeit- und Mindestmaßtabellen
In die Tabellen wurden die für die Angelfischerei wichtigsten Arten aufgenommen, um einen bundesweiten Überblick zu ermöglichen. Es wird nachdrücklich darauf hingewiesen, dass nicht alle dem Fischereirecht unterliegenden Arten berücksichtigt werden konnten. In einigen Bundesländern gelten in Ergänzung des jeweiligen Landesfischereirechtes für bestimmte Fischarten auch lokal abweichende Mindestmaße und Schonzeiten.

Gesetzliche Bestimmungen und Verordnungen können sich, unabhängig von der aktuellen Drucklegung dieses Buches, ständig verändern.

Die jeweils gerade gültigen und vollständigen Regelungen für das gesuchte Bundesland lassen sich beispielweise im Internet auf den Seiten der jeweiligen Landesfischereiverbände, Innenministerien bzw. Landesämtern für Landwirtschaft abrufen.

Ein Fischereiberechtigter und Gewässerbewirtschafter, der Erlaubnisscheine ausgibt, kann in einem bestimmten Umfang die gesetzlichen Vorgaben verschärfen, aber nie verringern. So erlassen z.B. Angelvereine für ausgewählte Fischarten gerne verlängerte Schonzeiten und höhere Mindestmaße, als das Fischereirecht des jeweiligen Bundeslandes es vorgibt.

Mindestmaße und Schonzeiten für Fische der Binnengewässer

Fischarten	Bundesland			
	Baden-Württemberg		**Bayern**	
	Mindestmaß (cm)	Schonzeit	Mindestmaß (cm)	Schonzeit
Störe		ganzjährig		ganzjährig
Atl. Lachs		ganzjährig		ganzjährig
Meerforelle		ganzjährig		ganzjährig
Bachforelle	25 [2])	01.10.-28.02.	26	01.10.-15.03.
Seeforelle	50	01.10.-28.02.	60	01.10.-15.03.
Huchen	70	01.02.-31.05.	90	15.02.-30.06.
Seesaibling	25	01.10.-28.02.	30	01.10.-31.12.
Bachsaibling		01.10.-28.02.		.
Regenbogenforelle		01.10.-28.02.	26	15.12.-15.03.
Großrenken (Gr. Maräne)	30	15.10.-10.01.	30	15.10.-31.12.
Kleinrenken (Kl. Maräne)				
Äsche	30	01.02.-30.04.	35	01.01.-30.04.
Hecht	50	15.02.-15.05.	50	15.02.-30.04.
Karpfen	35		35	
Karausche				ganzjährig
Schleie	25	15.05.-30.06.	26	01.05.-30.06.
Hasel				01.03.-30.04.
Döbel, Aitel				
Nerfling (Aland)	25	01.04.-31.05.	30	01.03.-30.04.
Rotfeder				
Rotauge				
Frauennerfling		ganzjährig		ganzjährig
Blei, Brachsen				
Güster				
Rapfen, Schied	40	01.03.-31.05.	40	01.03.-30.04.
Barbe	40	01.05.-15.06.	40	01.05.-30.06.
Zährte		ganzjährig		
Nase	35	15.03.-31.05.	30	01.03.-30.04.
Grasfisch				
Barsch				
Zander	45	01.04.-15.05.	50	15.02.-30.04.
Wels				
Quappe	30	01.11.-28.02.	40	
Aal	50	15.09.-01.03. [1])	50	01.10.-31.12.

[1]) Im Aaleinzugsgebiet Rhein.

[2]) Ausnahme für Hochrhein (35 cm) und Fließgewässer über 800 m ü. NN (20 cm)

Fischarten	Bundesland			
	Berlin		**Brandenburg**	
	Mindestmaß (cm)	Schonzeit	Mindestmaß (cm)	Schonzeit
Störe		ganzjährig		ganzjährig
Atl. Lachs		ganzjährig		ganzjährig
Meerforelle		ganzjährig		ganzjährig [1])
Bachforelle	30	01.10.-30.04.	30	16.10.-15.04.
Seeforelle	60	01.10.-31.05.		ganzjährig [1])
Huchen				
Seesaibling				
Bachsaibling	25	01.10.-30.04.		
Regenbogenforelle	25	01.10.-30.04.	25	16.10.-15.04.[2])
Großrenken (Gr. Maräne)[1])		ganzjährig		ganzjährig
Kleinrenken (Kl. Maräne)	15		15	
Äsche	30	01.12.-31.05.	30	01.12.-31.05.
Hecht	45	01.01.-30.04.	45	01.02.-31.03.
Karpfen	35		35	
Karausche		ganzjährig		
Schleie	25		25	
Hasel	15		15	
Döbel	30			
Nerfling (Aland)	30		30	
Rotfeder				
Rotauge				
Frauennerfling				
Blei				
Güster				
Rapfen	40	01.04.-30.06.	40	01.04.-30.06.
Barbe		ganzjährig	40	01.05.-31.07.
Zährte		ganzjährig		ganzjährig
Nase		ganzjährig		ganzjährig
Grasfisch				
Barsch				
Zander	45	01.01.-31.05.	45	01.04.-31.05.
Wels	75			
Quappe	30		30	
Aal	50		50	

[1]) Gilt für Wildfische in Fließgewässern. Besatzfische dürfen in bestimmten Gewässern gefangen werden. Die dort gültigen Schonbestimmungen beachten.

[2]) In Fließgewässern

Fischarten	Bundesland			
	Bremen		Hamburg	
	Mindestmaß (cm)	Schonzeit	Mindestmaß[2] (cm)	Schonzeit
Störe		ganzjährig		ganzjährig
Atl. Lachs	60	15.10.-15.03.		ganzjährig[1])
Meerforelle	50	15.10.-15.03.		ganzjährig[1])
Bachforelle	30	15.10.-15.03.	Min 20 Max 40	15.10.-15.02.
Seeforelle				
Huchen				
Seesaibling				
Bachsaibling				
Regenbogenforelle				
Großrenken (Gr. Maräne)		ganzjährig		ganzjährig
Kleinrenken (Kl. Maräne)				
Äsche	35	01.03.-15.05.		01.01.-15.05.
Hecht	60	01.02.-15.05.	Min 45 Max 75	01.02.-31.05.
Karpfen			35	
Karausche				
Schleie			Min 25 Max 45	
Hasel				ganzjährig
Döbel	30		25	
Nerfling (Aland)				
Rotfeder				
Rotauge				
Frauennerfling				
Blei				
Güster				
Rapfen	40		Min 50 Max 70	
Barbe	40			
Zährte		ganzjährig		ganzjährig
Nase				
Grasfisch				
Barsch	15	01.02.-15.05.	Min 10 Max 35	
Zander	40	01.02.-15.05.	Min 45 Max 75	01.02.-31.05.
Wels				
Quappe	35		Min 30 Max 50	
Aal	45		Min 45 Max 75	

[1]) Gilt für Wildfische. Besatzfische dürfen in bestimmten Gewässern gefangen werden. Die dort gültigen Schonbestimmungen beachten.

[2]) Teilweise Entnahmefenster (Mindest- und Höchstmaß)

Fischarten	Bundesland: Hessen		Bundesland: Meckl.-Vorpommern[2]	
	Mindestmaß (cm)	Schonzeit	Mindestmaß (cm)	Schonzeit
Störe		ganzjährig		ganzjährig
Atl. Lachs		ganzjährig	60	01.09.-31.03.
Meerforelle [1]	25	01.10.-31.03.	45	01.09.-31.03.
Bachforelle [1]	25	01.10.-31.03.	30	01.10.-31.03.
Seeforelle [1]	25	01.10.-31.03.		
Huchen				
Seesaibling				
Bachsaibling				
Regenbogenforelle				
Großrenken (Gr. Maräne)			30	01.10.-31.12.
Kleinrenken (Kl. Maräne)	[3]	[3]	[3]	[3]
Äsche	30	01.03.-15.05.	30	
Hecht	50	01.02.-15.04.	45	[4]
Karpfen			40	
Wildkarpfen	45	15.03.-31.05.	40	
Karausche		ganzjährig		
Schleie	25	01.05.-30.06.	25	
Hasel				
Döbel				
Nerfling (Aland)		ganzjährig	25	
Rotfeder	20	15.03.-31.05.		
Rotauge				
Frauennerfling				
Blei				
Güster				
Rapfen			35	
Barbe	40			ganzjährig
Zährte		ganzjährig		01.05.-31.07.
Nase	25	15.03.-30.04.		ganzjährig
Grasfisch				
Barsch			17	
Zander	50		45	
Wels			70	01.05.-30.06.
Quappe		ganzjährig	30	01.01.-15.02.
Aal	50	01.10.-01.03.	50	01.12.-28.02.

[1]) Keine Entnahme von Exemplaren über 60 cm.

[2]) In Binnengewässern

[3]) Siehe Einzelbestimmungen des Bundeslandes

[4]) Festlegung durch Fischereiberechtigten

Fischarten	Bundesland			
	Niedersachsen		Nordrhein-Westfalen	
	Mindestmaß (cm)	Schonzeit	Mindestmaß (cm)	Schonzeit
Störe [1])		ganzjährig[1])		ganzjährig
Atl. Lachs		ganzjährig[1])		ganzjahrig
Meerforelle		ganzjährig[1])		ganzjährig
Bachforelle	25	15.10.-15.02.	25	20.10.-15.03.
Seeforelle			50	20.10.-15.03.
Huchen				
Seesaibling			30	20.10.-15.03.
Bachsaibling				
Regenbogenforelle	25			
Großrenken (Gr. Maräne)				
Kleinrenken (Kl. Maräne)				
Äsche	30	01.03.-15.05.	30	01.03.-30.04.
Hecht	40	01.02.-15.04.	45	15.02.-30.04.
Karpfen			35	
Karausche				
Schleie			25	
Hasel				
Döbel				
Nerfling (Aland)			25	
Rotfeder				
Rotauge				
Frauennerfling				
Blei				
Güster				
Rapfen		ganzjährig[1])		
Barbe	35		35	15.05.-15.06.
Zährte				
Nase		ganzjährig[1])	30	01.03.-30.04.
Grasfisch				
Barsch				
Zander	35	15.03.-30.04.	40	01.04.-31.05.
Wels	50			
Quappe	35			ganzjährig
Aal	35		50	01.10.-01.03. [2])

[1]) Gilt für Wildfische. Besatzfische dürfen in bestimmten Gewässern gefangen werden. Die dort gültigen Schonbestimmungen beachten.

[2]) Nur im Rhein (Hauptstrom).

Fischarten	Bundesland			
	Rheinland-Pfalz		**Saarland**	
	Mindestmaß (cm)	Schonzeit	Mindestmaß (cm)	Schonzeit
Störe		ganzjährig		ganzjährig
Atl. Lachs		ganzjährig		ganzjährig
Meerforelle		ganzjährig		ganzjährig
Bachforelle	25	15.10.-15.03.	25	01.10.-31.03.
Seeforelle	60	15.10.-15.03.		
Huchen				
Seesaibling				
Bachsaibling				
Regenbogenforelle				
Großrenken (Gr. Maräne)	25			
Kleinrenken (Kl. Maräne)				
Äsche	30	15.02.-30.04.	30	01.03.-30.04.
Hecht	50	01.02.-31.05.	50	15.02.-31.05.
Karpfen	35		35	
Karausche		ganzjährig		
Schleie	25		25	
Hasel	15			
Döbel				
Nerfling (Aland)		ganzjährig		
Rotfeder	15			
Rotauge	15			
Frauennerfling				
Blei				
Güster	15			
Rapfen				
Barbe	35	01.05.-15.06.	40	15.03.-15.06.
Zährte				
Nase	30	15.03.-30.04.	35	15.03.-15.06.
Grasfisch				
Barsch				
Zander	45	15.03.-31.05.	45	15.02.-31.05.
Wels				
Quappe		ganzjährig		ganzjährig
Aal	50		50	

Achtung: In Rheinland-Pfalz gelten in bestimmten Gewässern besondere Regelungen über allgem. Winter- bzw. Frühjahrsschonzeiten. Während dieser Periode kann das Angeln mit Handangelgerät gänzlich untersagt sein.

Fischarten	Bundesland			
	Sachsen		**Sachsen-Anhalt**	
	Mindestmaß (cm)	Schonzeit	Mindestmaß (cm)	Schonzeit
Störe		ganzjährig		ganzjährig
Atl. Lachs	60	01.10.-30.04.		ganzjährig
Meerforelle	60	01.10.-30.04.		ganzjährig
Bachforelle	28	01.10.-30.04.	25	15.09.-31.03.
Seeforelle	60	01.10.-30.04.		
Huchen				
Seesaibling	28	01.10.-30.04.		
Bachsaibling	28	01.10.-30.04.		
Regenbogenforelle	25	01.10.-30.04.	25	
Großrenken (Gr. Maräne)	30	01.10.-31.12.	30	
Kleinrenken (Kl. Maräne)			12	
Äsche	35	01.01.-15.06.	30	01.12.-15.05.
Hecht	50	01.02.-30.04.	50	15.02.-30.04.
Karpfen	40		35	
Karausche	15	01.02.-30.06.		
Schleie	25		25	
Hasel				
Döbel				
Nerfling (Aland)	20[1]			
Rotfeder	20			
Rotauge				
Frauennerfling				
Blel				
Güster				
Rapfen	40	01.01.-31.05.	40	
Barbe	50	15.04.-30.06.	45	01.04.-30.06.
Zährte		ganzjährig	30	
Nase		ganzjährig [1]		ganzjährig
Grasfisch				
Barsch				
Zander	50	01.02.-31.05.	50	15.02.-31.05.
Wels				
Quappe		ganzjährig	30	
Aal	50		50	

[1]) Ausnahmeregelungen

Fischarten	Bundesland			
	Schleswig-Holstein [1])		Thüringen	
	Mindestmaß (cm)	Schonzeit	Mindestmaß (cm)	Schonzeit
Störe		ganzjährig		ganzjährig
Atl. Lachs	60	01.10.-28.02.		ganzjährig
Meerforelle	40	01.10.-28.02.		ganzjährig
Bachforelle	30	01.10.-28.02.	30	01.10.-31.03.
Seeforelle				
Huchen				
Seesaibling				
Bachsaibling				
Regenbogenforelle				
Großrenken (Gr. Maräne)	30			
Kleinrenken (Kl. Maräne)				
Äsche	35		35	01.02.-31.05.
Hecht	45	15.02.-30.04.	50	15.02.-30.04.
Karpfen	35		35	
Wildkarpfen	35		35	
Karausche			15	01.04.-31.05.
Schleie	25		25	
Hasel		ganzjährig	20	01.04.-31.05.
Döbel			20	
Nerfling (Aland)				ganzjährig
Rotfeder			15	
Rotauge				
Frauennerfling				
Blei				
Güster				
Rapfen	50			ganzjährig
Barbe		ganzjährig		ganzjährig
Zährte		ganzjährig		ganzjährig
Nase		ganzjährig		ganzjährig
Grasfisch				
Barsch				
Zander	45	15.03.-15.05.	45	01.04.-31.05.
Wels	70	01.05.-30.06.	50	
Quappe	35	01.01.-28.02.	30	01.11.-31.03.
Aal	50		50	01.11.-28.02.

[1]) Gilt für Binnengewässer.

Mindestmaße und Schonzeiten für Fische der Nordseeküstengewässer

Fischarten	Bundesland Schleswig-Holstein	
	Mindestmaß (cm)	Schonzeit
Lachs	60	01.10.-31.12.
Meerforelle	40	01.10.-31.12.
Hering	20	
Finte	30	
Kabeljau (Dorsch)	35	
Schellfisch	30	
Wittling	27	
Makrele	30	
Meeräsche	40	
Steinbutt	30	
Glattbutt	30	01.06.-31.07.
Seezunge	24	
Scholle	27	Rogner 01.02.-30.04.
Flunder	25	Rogner 01.02.-30.04.
Kliesche	23	

Mindestmaße und Schonzeiten für Fische der Ostseeküstengewässer

Fischarten	Bundesland Meckl.-Vorpommern		Bundesland Schleswig-Holstein	
	Mindestmaß (cm)	Schonzeit	Mindestmaß (cm)	Schonzeit
Lachs	60	15.09.-14.12.	60	01.10.-31.12.
Meerforelle	45	15.09.-14.12.	40	01.08.-31.12.
Dorsch (Kabeljau)	35		38	
Wittling			23	
Kliesche	25		23	
Scholle	25		25	Rogner 01.02.-30.04.
Flunder	25		25	Rogner 01.02.-30.04.
Hering			11	

Gerätepraxis

Wichtig! Immer mitzuführendes Zubehör (bei einer praktischen Fischerprüfung in dieser Reihenfolge erwähnen):

1. Passender Kescher (z.B. Watkescher oder langer Stielkescher)
2. Maßband o.ä.
3. Fischtöter
4. Messer
5. Rachensperre (nur bei Hechtausrüstung)
6. Hakenlöser.

Als »weidgerecht« geltende Gerätezusammenstellungen für verschiedene Fischarten:

Angeln im Süßwasser

Forellen, Barsche (Spinnfischen)
Spinnrute: Wurfgewicht 10-30 g, Länge bis 2,10 m • Mittlere Stationärrolle • Schnur: Tragkraft 6-8 kg (Monofil: 0,25-0,30 mm), Stahlvorfach nötig, wenn Hechte vorkommen • 1 Wirbel an jedem Ende des Stahlvorfachs • Kunstköder: Spinner, Blinker, Wobbler, Twister (kleine bis mittlere Größe).

Hecht, Zander (Spinnfischen)
Spinnrute: Wurfgewicht 40-80 g, Länge 2,40-3,00 m • Große Stationärrolle • Schnur: Tragkraft 10-15 kg (Monofil: 0,35-0,45 mm) • Stahlvorfach, 1 Wirbel an jedem Ende des Stahlvorfachs • Kunstköder: Spinner, Blinker, Wobbler, Gummifisch, Twister • Alternativ bei totem Köderfisch: entsprechendes Spinnsystem. Zubehör: Rachensperre.

Karpfen (Posenangeln)
Karpfenrute: Wurfgewicht 20-60 g, Länge 3,30-3,90 m • Mittlere Stationärrolle • Schnur 10-15 kg (Monofil: 0,35 bis 0,45 mm) • Pose entsprechender Tragkraft, angepasste Bleibeschwerung • Vorfach 10 % schwächer als Hauptschnur • Hakengröße 6 und größer • Köder: Teig, Würmer, Mais, Kartoffel, Kichererbsen.

Aal (Grundangeln)
Grundrute: Wurfgewicht 40-80 g, Länge 2,00-2,70 m • Große Stationärrolle • Schnur 10-15 kg (Monofil: 0,35 bis 0,45 mm), Laufblei, Vorfach 10 % schwächer als Hauptschnur • Wirbel zwischen Vorfach und Hauptschnur • Hakengröße: 6 und größer • Köder: Tauwurm, Mistwurmbündel, kleiner toter Köderfisch.

Rotaugen, Rotfedern, Brassen (Posenangeln)
Matchrute: Wurfgewicht bis 20 g, Länge 4-7 m • Kleine Stationärrolle • Schnur 2-6 kg (Monofil: 0,15-0,25 mm), passende Pose und Bleibeschwerung • Vorfach 10 % schwächer als Hauptschnur • Verbindung zwischen Hauptschnur und Vorfach: z.B. in einander gesteckte Schlaufen • Hakengröße 10 und kleiner • Köder: Teig, Made, Wurm, Hanf.

Rotaugen, Rotfedern, Brassen (Grundangeln mit Schwingspitze)
Rute mit Schwingspitze: Länge 2,70 bis 3,00 m, Wurfgewicht bis 40 g • Kleine Stationärrolle • Schnur: 2-6 kg (Monofil: 0,15-0,25 mm), Bissanzeiger: Schwingspitze, passendes Grundblei • Vorfach 10 % schwächer als Hauptschnur • kleiner Wirbel zwischen Vorfach und Hauptschnur • Hakengröße 10 und kleiner • Köder: Teig, Made, Rotwurm, Kartoffelstückchen.

Forellen, Äschen (Fliegenfischen)

1. Fischen mit Trockenfliege (auch leichte Nymphe):

Fliegenrute: Länge 2,40-2,70 m • Mittlere Fliegenrolle: schwimmende Fliegenschnur DT-F oder WF-F, AFTMA 5-6 zzgl. 50 m Nachschnur • Verjüngtes Fliegenvorfach 2,70-3,60 m (und länger) • Trockenfliege, leichte Nymphe.

2. Fischen mit beschwerter Nymphe, Nassfliege, Streamer:

Wie vorher, aber auch sinkende Fliegenschnur möglich, Länge des Vorfachs zwischen 1,50 und 3,00 m, Verjüngung nicht zwingend notwendig • Nymphenfischen eventuell mit Bissanzeiger.

Hecht, Zander, Huchen (Fliegenfischen)

Fliegenrute: Länge 2,70-3,00 m • Große Fliegenrolle: Fliegenschnur WF-S (sinkend oder sinkender Schusskopf) AFTMA 7-9 zzgl. 100 m Nachschnur • Monofilvorfach (0,40-0,50 mm) 1 m lang, für Hecht zusätzlich 30-40 cm Stahlvorfach (10 kg Tragkraft) • Hechtstreamer: Hakengröße 3/0-6/0.

Lachs, Huchen (Fliegenfischen)

(Zweihändige) Fliegenrute: Länge 3,60 bis 4,50 m • Schwere Fliegenrolle: Fliegenschnur DT, WF AFTMA 10-12 (je nach Saison: sinkend oder schwimmend, Schusskopf (ST)) zzgl. 200 m Nachschnur • Monofilvorfach 0,35-0,50 mm • Lachsfliegen, Streamer: Hakengröße 1/0-6/0.

Angeln im Meer

Dorsch (Pilkangeln)

Pilkrute, schwere Grundrute: Wurfgewicht 100-200 g, Länge 2-3 m • Schwere Stationärrolle oder Multirolle • Schnur: 15 bis 25 kg (Monofil: 0,45-0,50 mm) • Meereswirbel • Pilker: 50-200 g.

Plattfische (Brandungsangeln)

Brandungsrute: Wurfgewicht 100-250 g, Länge 3,60-5,00 m • Schwere Stationärrolle oder Multirolle • Schnur: 8-15 kg (Monofil: 0,30-0,45 mm) • Brandungsblei • Brandungsvorfach • Meereswirbel zwischen Vorfach und Hauptschnur • Hakengröße 2 und größer • Köder: Watt- oder Seeringelwurm, toter Fisch.

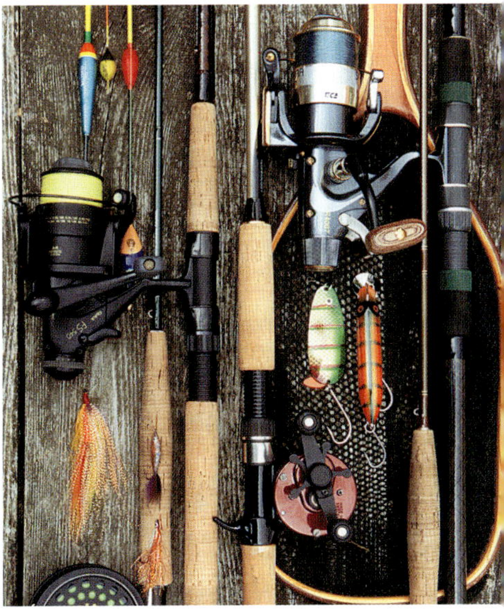

Stichwortverzeichnis

Fettgedruckte Zahlen sind Hauptverweise; Buchstaben mit Zahlen (A-1) verweisen auf das jeweilige Kapitel (A = Fischkunde) und die Nummer der Frage mit Antwort.

G

K

L

Über den Autor

Alexander Kölbing ist promovierter Fischereibiologe, der als öffentlich beeidigter Sachverständiger für Fischerei gearbeitet hat und fast 30 Jahre lang für das Bayerische Fernsehen tätig war.

Unter Mitarbeit von

Hans Eiber angelt seit 1968. Er fährt regelmäßig zum Angeln nach Irland auf Forelle (Brown Trout) und Hecht in den großen Kalksteinseen im Westen der Insel. Seine Spezialität: Fliegenfischen auf alle Fischarten, die sich mit dieser spannenden Methode fangen lassen. Hans Eiber ist als Autor für verschiedene Fachzeitschriften wie »Fisch und Fang«, »Fisch und Fliege«, »Die Pirsch« tätig und hat mehrere Fachbücher zum Thema Angeln und Fliegenfischen geschrieben.

Impressum

BLV ist eine eingetragene Marke der GRÄFE UND UNZER VERLAG GmbH, www.blv.de

ISBN 978-3-96747-096-3

5. Auflage 2025 der vollständig überarbeiteten Neuausgabe des Titels »Fischerprüfung«
ISBN 978-3-8354-1665-9

Projektleitung: Ariane Heger
Unter Mitarbeit von Hans Eiber
Lektorat: Christine Weidenweber
Bildredaktion: Adriane Andreas, Natascha Klebl (Cover)
Herstellung: Gloria Schlayer
Umschlaggestaltung: kral & kral design, Dießen a. Ammersee
Layout und Satz: Anton Walter, Gundelfingen
Druck und Bindung: Livonia Print, Lettland

Umwelthinweis
Nachhaltigkeit ist uns sehr wichtig. Der Rohstoff Papier ist in der Buchproduktion hierfür von entscheidender Bedeutung. Daher ist dieses Buch auf PEFC-zertifiziertem Papier gedruckt. PEFC garantiert, dass ökologische, soziale und ökonomische Aspekte in der Verarbeitungskette unabhängig überwacht werden und lückenlos nachvollziehbar sind.

Wichtiger Hinweis
Das vorliegende Buch wurde sorgfältig erarbeitet. Dennoch erfolgen alle Angaben ohne Gewähr. Weder Autor noch Verlag können für eventuelle Nachteile oder Schäden, die aus den im Buch vorgestellten Informationen resultieren, eine Haftung übernehmen.

Bildnachweis
Cover/U1: AdobeStock;
Alle Fotos von **Hans Eiber**, außer: **H. G. Arndt**: 248; **Bayerische Landesanstalt für Fischerei, Starnberg**: 42, 58, 71 (Nr. 2), 232-2, 233-2, 234, 238, 241, 245-2, 245-4; **Beck**: 25, 57, 71 (Nr. 3, 4), 247-4; **Biosphoto**: 138; **Blickwinkel**: 88,100, 130; **Hermann Eisenbeiss**: 270, 275; **Fischgesundheitsdienst Bayern e.V.**: 232-1, 233-1, 237-1, 239-1; **Getty Images**: 2/3; Hansen: 45, 69; **Andreas Hartl**: 15, 180; **Frank Hecker**: 160; **Herkner**: 71 (Nr. 5, 6), 245-1, 245-3; **Alexander Kölbing**: 12, 13, 65, 66, 67, 159, 247-1, 247-2; **Marko König**: 237-2, 239-2; **Manfred Limbrunner**: 214; **Jürgen Plomann**: 195; **Reinhard-Tierfoto**: 41, 47, 48-1; **Kurt Seifert**: 71 (Nr. 1), 178, 196, 203; **Uwe Tessenow**: 156; **Zeitler**: 31-1, 53;
Grafiken: Barbara von Damnitz, Roland Beck, Hans Eiber;
Illustrationen S. 80–173: Jürgen Scholz, Dresden

Liebe Leserin und lieber Leser,
wir freuen uns, dass Sie sich für ein BLV-Buch entschieden haben. Mit Ihrem Kauf setzen Sie auf die Qualität, Kompetenz und Aktualität unserer Bücher. Dafür sagen wir Danke! Ihre Meinung ist uns wichtig, daher senden Sie uns bitte Ihre Anregungen, Kritik und Lob zu unseren Büchern. Haben Sie Fragen oder benötigen Sie weiteren Rat zum Thema?
Wir freuen uns auf Ihre Nachricht!

GRÄFE UND UNZER Verlag
Grillparzerstraße 8
81675 München
www.gu.de/kontakt | hallo@gu.de